수험무역
INTERNATIONAL TRADE ENGLISH
실무영어

한올출판사

머리말

수험무역영어(관세사무역영어, 국제무역사무역영어, 무역영어검정시험등)를 준비하면서 수험무역영어는 단순한 영어 실력을 평가하는 시험이 아니라 무역실무에 대한 이해 정도를 영어로 가늠하는 시험이라는 것을 많은 시행착오를 겪은 후에 알게 되어 수험무역영어를 준비하는 많은 수험생 여러분들을 위해 본서를 출간하게 되었습니다.

수험무역영어를 준비하기 위해 무역실무 책들을 구입하고 학습한 후에 다시 무역영어 책들을 구입하고 학습하는 번거로움을 줄이기 위하여 본서는 무역실무와 무역영어를 동시에 학습하여, 수험무역영어 관련 시험에 대비할 수 있도록 하였습니다.

무역실무를 처음 접하시는 분들을 위해서 무역실무에서 나오는 용어해설을 국문과 영문으로 해설하였으며 무역실무에서 실무적으로 중요한 관련 절차를 해설함으로써 보다 쉽고 빠르게 무역실무를 이해하실 수 있도록 하였습니다.

국제무역은 격지자간에 일어나는 간접적인 거래이기 때문에 국내거래보다 많은 위험요소를 가지고 있습니다. 이러한 위험요소를 줄이기 위해서 국내거래보다 많은 절차적인 요소를 가지고 있으며 이러한 절차를 이해하는 것이 무역실무 이해의 핵심입니다. 그리고 이러한 절차를 이해하기 위해서 가장 중요한 것이 무역실무에 나오는 무역용어의 이해입니다.

따라서 본서에 나오는 대로 무역용어를 이해하시고 기본무역실무 이론을 절차적 측면에서 이해하시고 영문으로 확인하신다면 무역실무와 무역영어를 동시에 효과적으로 학습하실 수 있을 것입니다.

PREFACE

끝으로 부족한 내용을 계속 보완할 수 있도록 여러가지 충고와 격려를 하여 주신 여러분들에게 이 기회를 빌려 다시 한번 감사드리며, 이 책의 출간을 위해 배려해 주신 한올출판사 임순재 사장님과 편집부 여러분께 다시 한번 감사드립니다.

끝으로 부모님께 이 책을 바칩니다.

2010년 03월 19일

김 병 수

차 례

CHAPTER _1 무역실무 절차의 개요

CONTENTS

CHAPTER 2 영문해석 무역실무절차의 개요

CONTENTS

CONTENTS

CONTENTS

CHAPTER 4 국제무역결제

CHAPTER 5 국제무역운송

CONTENTS

CONTENTS

CHAPTER 7 국제무역분쟁

무역실무 절차의 개요

Chapter 1

1 해외시장조사(overseas market research)와 거래선발굴

해외시장조사는 수출입 절차의 최초 단계로서 특정상품에 대한 판매 또는 구매가능성을 조사하는 것을 의미한다.

해외시장은 국내시장과는 달리 지역적인 격리성, 상관습 및 언어 등에서 많은 차이가 있기 때문에 그 조사 방법에 있어 많은 어려움이 있다. 그러나 외국과 무역거래를 함에 있어 비용과 위험을 최소화하고 부가가치를 극대화시키기 위해서는 사전에 신속 정확한 해외시장조사가 필수적인 전제조건으로 그 방법에 있어 우선 목적 시장의 전반적 개황(정치, 경제, 문화, 사회, 풍토, 기후, 언어 등)을 조사한 다음 취급상품에 대한 세부적인 내용(무역관리제도, 시장특성, 수요와 공급, 유통구조, 경쟁대상, 거래처 등)을 조사하는 일련의 단계를 거치게 된다.

거래처를 발굴하기 위한 방법에는 자체 홍보물을 이용하는 방법, 해외 광고를 통한 방법으로서 국내발간 해외배포용 매체광고, 국외발간 매체광고를 통한 거래처발굴 등이 있고 해외공공기관을 이용하는 방법과 인터넷을 통한 방법, 각종 사절단 및 전시회 참가방법 등이 있다.

2 신용조회(Credit Inquiry)

상거래를 할 경우 사전에 상대회사의 신용상태를 확인하는 것이 상거래에 대한 위험을 예방할 수 있기 때문에 신용조회는 무역거래의 기본사항이다. 특히, 국제무역이 신용을 바로 이루어지고 있기 때문에 신용조회가 그 만큼 중요하다고 할 수 있다.

신용조회에 있어서 필수적으로 조사 내용에 포함해야 하는 것으로 보통 해당 업체의 상도덕(Character)과 지급능력(Capital) 및 거래능력(Capacity) 등을 들고 있는데 이는 신용도측정요소로서 「Three C' s」라고 한다.

이라한 Three C' s 이외에 거래조건(Condition), 담보능력(Collateral), 거래통화(Currency), 소속국가(Country) 가운데 두 가지를 추가시켜 「Five C' s」라고도 한다.

신용조사는 현지업자를 통한 동업자조회(Trade Reference), 은행조회(Bank Reference) 또는 상업흥신소(Mercantile Agency) 나 기타 기관 등을 통하여 이루어진다.

3 거래제의 및 권유장

(1) 거래제의(Business Proposal)

신용도가 높은 거래처를 선정하였으면 거래제의서한(Letter Proposing Business)을 거래처에 보내고 거래개시를 교섭한다.

(2) 권유장(Circular Letter)

권유장(Circular Letter)은 일반적으로 같은 문장으로 인쇄된 것을 수신자명만 기입하여 다수의 거래처에 보내는 서한을 말하며 안내장이라고도 한다. 권유장(Circular Letter)에는 회사의 주소, 지점 설치, 주소 변경, 중요 인사이동 그리고 상품, 회사방침, 가격 및 서비스의 변경 등을 거래처에 통지하는 일반통지(안내장: General Announcement)가 있고 이밖에 거래처를 상공인명부(directory)에서 선정한 경우에는 이들 거래처 후보자에게 발송하는 거래제의, 신제품의 소개, 특별판매, 가격표 개정에 관한 판매권유장(Sales Circular Letter)이 있다.

4 거래조회(Trade Inquiry)와 응답

(1) 거래조회(Trade Inquiry)

거래조회서한(Trade Inquiry Letter)은 상품의 매매에 관한 문의로서 구체적으로 매수인이 매도인에게 상품의 매매조건(품질, 가격, 선적, 결제조건 등)을 조회하면서 상품목록(catalog), 가격표(price list) 및 견본(sample) 등의 발송을 요구하는 서한이다.

(2) 조회에 대한 응답

조회에 대한 응답은 신속하게 하여야 하며 조회를 수신한 일자에 바로 회답을 하는 것이 바람직하다.

5 청약과 승낙

청약(Offer)이란 청약자(offeror)가 피청약자(offeree)에게 계약을 체결하고자 하는 의사표시이며, 승낙(Acceptance)은 피청약자가 청약자에 대하여 그 청약에 응하여 계약을 성립시킬 목적으로 행하는 의사표시이다.

무역계약의 성립은 청약에 의해 승낙이 있으면 즉시 성립된다.

6 | 매매계약의 체결

무역계약을 체결할 때는 그 내용을 명확히 하는 동시에 장래의 오해와 분쟁을 방지하기 위하여 이를 문서화하여 서명한 계약서가 요구된다.

이러한 계약서의 내용은 계약의 본질에 관한 내용, 계약상품에 관한 내용, 매매계약의 성립에 관한 내용, 무역분쟁의 해결에 관한 내용으로 구분된다.

매매계약서에 기재된 사항은 일반적으로 거래시마다 결정하여야 할 사항, 즉 품명, 품질, 규격, 수량, 가격, 선적 등에 관한 사항과 일반적으로 모든 거래에 공통되는 사항, 즉 불가항력, 무역조건, 권리침해, 클레임제기기한, 중재, 준거법 등에 관한 사항으로 나눌 수 있다.

7 | 수출신용장의 내도

수출업자는 무역계약을 체결하게 되면 동 계약서상의 결제조건에 약정한 대로 대금결제수단인 신용장(Letter of Credit: L/C)을 통지은행(advising bank)을 통하여 수령하게 된다. 수출업자는 신용장을ㅇ 수령한 경우 유효한 신용장인가를 점검하고 당초 당사자간에 계약한 내용과 신용장조건과 상이한 점이 있는지의 여부를 점검하여야 하며 만일 상이하거나 일방에 불리한 문언이나 모호한 문언이 있는 경우 즉시 신용장조건을 변경하여 줄 것을 수입업자에게 요청하여야 한다.

8 | 수출승인

(1) 수출가능 여부의 확인

수출가능여부의 확인이란 해당 물품이 수출가능한지의 여부와 거래형태, 그리고 이에 따른 대금 회수방법이 현행법상 허용되는지의 여부를 확인하는 절차를 의미한다.

(2) 수출승인

수출승인이란 대외무역법상의 수출입공고 등에 의하여 수출이 제한되는 품목을 수출할 수 있도록 하는 절차이다.

9 수출물품의 확보 및 무역금융

(1) 수출물품의 확보

수출물품을 확보하는 방법에는 자체 제조 · 생산하는 방법 또는 완제품을 내국신용장 또는 구매승인서에 의하여 구매하는 방법이 있다.

수출물품제조용 원자재를 조달하기 위해서는 내국신용장(Local L/C) 또는 구매승인서에 의하여 국내에서 구매하는 방법과 수입 L/C 등을 개설하여 수입하는 방법이 있다.

(2) 무역금융

수출업자의 자금부담을 덜어주고 수출을 촉진하기 위한 무역금융제도가 있다. 무역금융은 수출을 증대하기 위하여 수출물품의 선적 또는 수출대금의 입금 전에 수출업자에게 필요한 자금을 원화로 지원하는 단기수출지원자금이다. 소요원자재 수입자금, 제조 · 생산에 소요되는 자금에 대하여 생산자금을 지원하고 수출업자는 수출신용장 또는 내국신용장을 근거로 무역금융을 통해 필요한 자금을 조달할 수 있다.

10 | 해상운송 및 보험계약체결

(1) 해상운송계약체결

물품을 생산하고 자체 물품검사가 이루어진 후 포장을 완료하게 되면 수출업자는 선적을 위하여 국제물품운송을 담당하는 운송인(carrier)과 미리 물품운송계약을 체결하여야 한다. 특히 해상운송을 통하여 물품을 운송하는 경우 수출업자는 선사의 운항표를 참조하여 운송인에게 선복요청서(Shipping Request: S/R)를 송부하면 운송인은 선복을 예약(booking)하게 된다.

(2) 운송보험계약체결

화물보험은 선박이나 항공기로 운송되는 화물이 통상적인 운송과정에서 발생한 사고로 손상을 입었을 경우 그 손해에 보상하는 보험이다. 정형무역거래조건이 CIF나 CIP일 경우에는 수출물품의 운송 중의 위험을 담보하기 위하여 수출업자는 보험회사와 화물보험계약을 체결하여야 한다.

11 | 수출통관

수출통관정차라 함은 수출하고자 하는 물품에 대해 세관에 수출신고를 하고 필요한 검사 및 심사를 거쳐 수출신고수리를 받아 물품을 선박 또는 비행기에 적재하기까지의 절차를 말한다.

12 | 수출대금의 회수

수출물품의 선적을 완료한 수출업자는 환어음과 신용장에서 요구하는 선적서류

(shipping documents) 즉, 상업송장(Commercial Invoice), 선하증권(Bill of Lading), 보험증권(Insurance Policy), 포장명세서(Packing List), 원산지증명서(Certificate of Origin) 등의 서류를 구비하여 거래외국환은행에 환어음의 매입 또는 추심을 의뢰한다. 매입의뢰를 받은 외국환은행은 선적서류가 신용장 조건과 일치하는지의 여부를 검토하고 환어음을 매입하고 수출대금을 수출업자에게 지급한다.

13 관세환급 및 사후관리

(1) 관세환급

수출환어음을 매입완료한 후 수출업자는 운송수단에 적재확인필 면장원본을 입수하여 관세환급을 받는다. 관세환급이란 수출품 제조에 소요된 원재료의 수입시에 납부한 관세 등을 수출에 제공된 때에 수출업자에게 되돌려 주는 제도를 의미한다.

(2) 사후관리

사후관리는 무역업자가 정당한 절차(수출입승인)에 따라 물품을 수출입하고 수출입된 물품의 대금이 인정된 결제방법에 의거 정당하게 결제되었는지 여부를 관리함으로써 수출입절차를 유지하고 나아가 국내산업을 보호하고 물자의 국내수급을 원활히 하고자 하는 제도이다.

무역거래에 따른 사후관리는 수출입승인의 사후관리, 외화획득용 원료의 사후관리로 구분된다.

14 클레임 및 분쟁해결

클레임이란 당사자간의 거래계약이행시 그 계약의 일부 또는 전부의 불이행으로 인하여 발생하는 손해를 상대방에게 청구할 수 있는 권리를 의미한다.

클레임의 유형은 품질, 선적, 포장, 결제, 수량, 서류, 계약과 관련된 클레임으로 구분되는데 이러한 클레임을 해결하기 위한 방법으로는 화해(amicable settlement), 알선(intercession), 조정(mediation), 중재(arbitration), 소송(litigation) 등이 있다.

Chapter 2 영문해석 무역실무절차의 개요

❶ An exporter look for business connections through his commercial travellers, chamber of commerce, commercial inquiry agencies, exchange banks, business friends, business directories, etc., and after the selection he dispatches to prospective importers his "Trade Circulars" enclosing catalogues, price lists, samples and other necessary information.

수출업자는 자신의 사업목적의 여행객, 상공회의소, 상업흥신소, 외환은행, 사업동료, 상공인명부 기타 등을 통하여 거래처를 물색하며 거래처를 선정한 후 전도유망한 수입업자에게 카탈로그, 가격목록, 견본, 기타 필요한 정보를 동봉한 권유장(Trade Circulars)을 발송한다.

❷ An Importer expresses an intention of entering into the transaction with the Exporter after a careful investigation of various information. The Exporter inquires of the credit standing of the Importer and their mode of doing business through his bank reference or trade reference, from which the Exporter may receive a satisfactory report on the credit and business standing of the firm.

▸ 수입업자는 다양한 정보를 자세히 조사한 후 수출업자와 거래관계를 개시하고자 하는 의사를 표현한다. 수출업자는 은행 신용조회처(bank reference) 혹은 동업자조회처(trade reference)를 통하여 수입업자의 신용상태와 사업을 행하는 방식을 조회한다. 조회처로부터 수출업자가 수입업자의 신용상태와 거래상태에 관한 만족스러운 보고를 수취할 수 있다.

❸ The exporter sends to the Importer the "Agreement (or Memorandum) of General Terms and Conditions of Business".

▸ 수출업자는 수입업자에게 일반거래조건협정서 혹은 각서(Agreement [Memorandum] of General Terms and Conditions of Business)를 발송한다.

❹ The Agreement of the Memorandum is to be returned after having been signed by the Importer.

▸ 수입업자는 협정서 혹은 각서에 서명한 후 수출업자에게 한 통을 발송한다.

❺ The Exporter sends a firm offer to the Importer.

▸ 수출업자는 수입업자에게 확정청약(firm offer)을 발송한다.

❻ The Importer makes a counter offer against the firm offer from the Exporter.

▸ 수입업자는 수출업자가 발송한 확정청약에 대하여 반대청약(counter offer)을 한다.

❼ The Exporter inquires of his suppliers about the price and quantity, etc. of the goods referred to from the Importer.

▸ 수출업자는 수입업자가 조회한 물품의 가격, 수량, 기타에 대하여 납품업자에게 조회한다.

❽ Having received the replies from the suppliers, the Exporter makes an "estimate".

⟫ 납품업자로부터 회답을 수취한 후 수출업자는 견적서(estimate)를 작성한다.

⑨ The Exporter makes a new firm offer against the counter offer from the Importer.

⟫ 수출업자는 수입업자가 발송한 반대청약에 대하여 새로운 확정청약을 한다.

⑩ The Importers accepts the offer by the cable and sends the order to the Exporter.

⟫ 수입업자는 전신으로 청약을 승낙하고 수출업자에게 주문(order)을 한다.

⑪ The Importer applies for the issuance of a "Letter of Credit(L/C)" in favor of the Exporter through a Correspondent [Issuing] Bank in order to facilitate drawing a draft.

⟫ 수입업자는 환어음을 발행하는 것을 쉽게 하도록 코레스[개설]은행(Correspondent Bank)을 통하여 수출업자를 수익자로 하여 신용장(Letter of Credit: L/C)의 개설을 의뢰한다.

⑫ The Correspondent [Issuing] Bank in the importing country notifies the establishment of L/C to the Notifying [Negotiating] Bank in the exporting country.

⟫ 수입국에 있는 코레스[개설]은행은 수출국에 있는 통지[매입]은행에게 신용장 개설을 통지한다.

⑬ The Importer cables the Exporter of the L/C opened.

⟫ 수입업자는 수출업자에게 개설된 신용장을 타전한다.

⑭ The Notifying Bank [Negotiating Bank] notifies the establishment of L/C to the Exporter.

⟫ 통지[매입]은행은 수출업자에게 신용장의 개설을 통지한다.

⑮ The Exporter buys the goods ordered from the local suppliers usually on credit a/c or Local L/C base.

⇒ 수출업자는 신용계정이나 내국신용장으로 국내납품업자로부터 주문된 물품을 구매한다.

⑯ The Exporter packs and marks the purchased goods for exportation, and makes "Invoices".

⇒ 수출업자는 수출을 위해 구매된 물품을 포장하고 화인을 표시하고 송장(invoice)을 작성한다.

⑰ The Exporter applies for the cargo space to a steamship company.

⇒ 수출업자는 선사(shipping company)에 선복예약 신청을 한다.

⑱ Against the application, a "Shipping Order" is issued.

⇒ 수출업자의 신청에 대해 선적지시서(Shipping Order)가 발행된다.

⑲ The Exporter tenders to the Customs Authorities an "Exporter Declaration(E/D)" attached with an Export License, if required (19')

⇒ 수출업자는 세관에 수출승인(Export License: E/L)을 첨부하여(요구되는 경우) 수출신고서(Export Declaration: E/D)를 제출한다.

⑳ After the approval of the Export Declaration, an "Export Permit" is granted.

⇒ 수출신고서의 수리 후에 수출통관필증(Export Permit: E/P)이 교부된다.

㉑ The Exporter loads the goods on board the vessel against the tender of the Shipping Order and the Export Permit.

⇒ 수출업자는 선적지시서와 수출통관필증의 제시에 대해 물품을 본선상에 선적한다.

㉒ After the completion of the loading of the cargo, a "Mate's Receipt (M/R)" is issued.

···》 화물의 선적완료 후에 본선수취증(Mate' s Receipt)이 발행된다.

㉓ A "Bill of Lading" is issued from the steamship company against the tender of the M/R.

···》 본선수취증의 제시에 대해 선사는 선하증권(Bills of Lading: B/L)을 발행한다.

㉔ The Exporter applies for marine insurance contract by tendering an "Insurance Application Slip" to the insurance company.

···》 수출업자는 보험회사(Insurance Company)에 보험청약서(Insurance Application Slip)를 제출함으로써 해상보험계약을 신청한다.

㉕ Against the application, an "Insurance Policy" or "Insurance Certificate" is issued.

···》 청약서에 대해 보험회사는 보험증권(Insurance Policy) 혹은 보험증명서(Insurance Certificate)를 발행한다.

㉖ The Exporter prepares "Commercial Invoices", "Specifications", "Weight and Measurement List", and other minor documents.

···》 수출업자는 상업송장(Commercial Invoice), 명세서(Specification), 중량 및 용적 증명서(Certificate (or List) of Weight and Measurement), 기타 서류를 준비한다.

㉗ The Exporter has to get "Consular Invoice" verified, if required; he procures an "Certificate of Origin", an "Inspection Certificate" or "Certificate of Health" and other certificates or documents, if required.

···》 수출업자는 요구되는 경우 인증된 영사송장(Consular Invoice)을 입수하여야 하고 원산지증명서(Certificate of Origin), 검사증명서(Inspection Certificate), 위생증명서(Certificate of Health) 그리고 요구되는 경우 기타 증명서 또는 서류를 획득한다.

㉘ The Exporter draws on the L/C Issuing Bank a "Documentary Draft" accompanied by the Bills of Lading, the Insurance Policy, the Commercial Invoices and other necessary documents in exact conformity with the terms of the L/C.

▸ 수출업자는 신용장 개설은행앞으로 신용장조건과 정확히 일치한 선하증권, 보험증권, 상업송장, 기타 필요서류가 수반되는 화환어음을 발행한다.

㉙ Against the presentation of the Documentary Draft to the Negotiating Bank, the Exporter receives the proceeds, the net value of the bill of exchange, from the Negotiating Bank.

▸ 매입은행에 화환어음의 제시와 상환으로 수출업자는 대금 즉, 화환어음상의 정미가액(net value)을 매입은행으로부터 수취한다.

㉚ The Negotiating Bank dispatches the Documentary Draft to their Correspondent Bank, usually the L/C Issuing Bank.

▸ 매입은행은 자신의 코레스은행인 신용장 개설은행에 화환어음을 송부한다.

㉛ The Exporter dispatches "an Advice of Shipment", enclosing a copy of a set of the documents.

▸ 수출업자는 전통의 서류사본을 동봉하여 선적통지(Advice of Shipment)를 발송한다.

㉜ The Issuing Bank presents the draft to the Importer.

▸ 개설은행은 수입업자에게 환어음을 제시한다.

㉝ Upon the presentation of the draft, the Importer pays the bill if it is drawn under D/P terms, or accepts the bill if drawn under D/A terms.

▸ 환어음 제시시에 환어음이 지급도(Documents against Payment: D/P)조건으로 발행된 경우에는 환어음을 지급하고 인수도조건으로 발행된 경우에는 환어음을 인수한다.

㉞ Against the payment or acceptance of the bill, the Importer obtains the shipping documents from the Issuing Bank.

››› 환어음의 지급이나 인수에 대하여 수입업자는 발행은행으로부터 선적서류(shipping documents)를 입수한다.

㉟ The Importer tenders the B/L endorsed to the steamship company.

››› 수입업자는 선사에게 선하증권을 배서 인도한다.

㊱ Against the tender of the B/L, the Importer obtains an "Delivery Order(D/O)" from the steamship company.

››› 선하증권의 제시와 상환으로 수입업자는 선사로부터 인도지시서(Delivery Order)를 입수한다.

㊲ The Importer tenders an "Import Declaration(I/D)" together with an "Import License" if issued by MOCIE(Ministry of Commerce, Industry and Energy) and a "Certificate of Origin" if required, to the Customs Authorities.

››› 수입업자는 산업자원부에 의해 발행된 경우 수입승인(Import License)과 필요한 경우 원산지증명서와 함께 수입신고(Import Declaration: I/D)를 세관에 제출한다.

㊳ An "Import Permit" is granted when the import duties would have been paid if the goods are dutiable.

››› 물품이 관세부과대상인 경우에 수입관세가 지급될 때 수입통관필증(Import Permit)이 교부된다.

㊴ Against the tender of the "Delivery Order(D/O)", the Importer takes delivery of the goods from the master of the ship.

››› 인도지시서의 제시와 상환으로 수입업자는 본선의 선장으로부터 물품을 인수한다.

㊵ The Importer lodges claims against damages or losses, of any, with the insurance company accompanied by a "Survey Report", an Insurance Policy and other documents required. The claims will be indemnified against these documents.

▸ 수입업자는 손상 및 멸실이 있는 경우 그러한 손상이나 멸실에 대하여 검정인 보고서, 보험증권, 기타 필요한 서류를 첨부하여 보험회사에 보험금을 청구한다. 보험금은 이러한 서류에 대하여 지급될 것이다.

㊶ The Importer disposes of the imported goods to local clients.

▸ 수입업자는 국내고객에게 수입물품을 처분한다.

㊷ The Importer pays the bill, if drawn on a usance basis to the L/C Issuing Bank (or the Drawee Bank) on its maturity day.

▸ 수입업자는 기한부로 환어음이 발행된 경우 만기일에 개설은행에 환어음을 지급한다.

㊸ The L/C Issuing Bank remits the proceeds to the Negotiating Bank in the exporting country usually on Telegraphic Transfer(T/T); thus the account is fully settled and the whole procedure is completed.

▸ 개설은행은 대금을 전신환으로 수출국의 매입은행에 송금한다. 따라서, 계정이 완전히 청산되며 전체의 절차가 완료된다.

Chapter 3 국제무역계약

1 국제무역계약 입문 용어 해설

❶ 가격조건

무역계약의 구성조건으로서 가격에 대한 조건이다. 무역가격을 산정하는 기초가 되고 가격의 구성내용을 표시한 무역조건인 CIF, FOB 등의 Incoterms가 사용된다. 무역의 거래가격을 어느 나라의 통화로 표시하고 결제하는가를 명시한다.

❷ 가격증감약관

물가나 환율의 변동에 따라 거래계약가격, 공사청부금액, 노동자의 임금 등을 변경하는 것을 미리 계약에 규정하는 조항을 말한다.

❸ 간이인도

매매가 이루어지기전에 물품은 이미 매수인에 의해 점유되고 매매후의 실제의 수도는 행해지지 않고 당사자의 의사표시로서 인도가 이루어진 것으로 추정하는 경우를 말한다.

④ 간접수출

제조업자가 자국내에 있는 무역상사를 통해서 해외에 수출하는 것을 말한다.

⑤ 개별계약

어떤 거래가 성립될 때마다 그 거래에 대해서 계약서를 작성하는 것을 말한다.

⑥ 개장

무역상품이 최종소비자에 제공되기 위한 포장으로서 상품 하나하나에 대해서 행하여지는 내부포장을 말한다.

⑦ 거래권유장

거래권유장이라는 것은 거래개시를 희망하고 미지의 거래처로 보내서 자사를 소개하거나 거래관계의 창설을 권유하는 서한이다.

⑧ 검사증명서

수출검사법에 규정된 품질기준에 합격하면 수출검사기관이 검사증명서(검사합격증)를 발급한다.

⑨ 검역증명서

동식물, 식료품, 약품 등의 수출입에 관하여 각 나라는 일정한 기준을 설정하고 있다.수출단계에서 수출국의 기준뿐만 아니라 수입국의 기준을 충족시킬 것을 요구받고 있다. 이들 기준을 충족하고 있다는 취지의 공적인 증명서로서 수출입 절차에 필요한 서류이고 선적서류에 포함된다.

⑩ 견본검사

수입물품의 성질, 수량 장치장소, 수입자의 신용도 등을 감안하여 수량 확인이 중요시 되지 않는 물품으로서 견본을 채취하여 검사를 실시하는 것을 말한다.

⑪ 견본매매

상품 전체를 대표하는 상품의 일부 또는 1개를 사용한 견본에 의해서 당해 상품의 품질을 표시하여 결정하고 계약을 성립시키는 매매를 견본매매라고 한다.

⑫ 계약위반

계약조건대로 이행하지 않는 것을 말한다. 이러한 경우 계약의 상대방은 손해배상청구권 또는 특정이행명령을 요구하는 권리를 가진다.

⑬ 계약의 해제

계약체결후 유효하게 성립하고 있는 계약의 효력을 당사자일방의 의사 표시에 의해 계약관계를 소급적으로 해소함으로써 계약이 처음부터 있지 않았던 것과 같은 상태로 복귀시키는 것을 의미한다.

⑭ 계약이행보증

계약상의 채무자가 약정대로 계약을 이행하는 것을 제3자가 보증하는 것을 말한다. 채무자자가 계약을 불이행한 경우 보증을 한 자는 보상금을 지급하거나 채무자를 대신하여 계약을 이행하는 것을 확약하는 것을 말한다.

⑮ 공용송장

송장에는 상업송장과 공용송장이 있고 공용송장은 구체적으로는 세관송장과 영사송장의 두 종류를 말한다. 이들 송장은 수입통관 할 때 과세가격의 결정, 덤핑방지 등의 목적으로 사용된다. 매수인이 신용장에서 선적서류로서 공용송장을 첨부하는 것을 요구하는 경우 매도인은 공용송장을 준비하여 선적서류를 첨부하여야 한다.

⑯ 과부족인용조건

화물의 성질상 정확하게 계약수량을 인도하기 어려운 경우는 선적중량조건, 양륙중량조건의 어느 것을 채용하더라도 약간의 과부족을 인정하지 않으면 거래 할 수 없다. 따라서 5%의 과부족이 발생하여도 매도인은 클레임을 제기당하지 않고 나중에 과부족 분에 대하여 계약가격에 의거하여 정산하면 된다.

⑰ 교차라이센싱

기술의 변화가 급격한 경우에 두 기업간에 서로 기술을 공여하기로 계약하는 것을 가리킨다.

⑱ 교차청약

쌍방이 동일한 내용을 동시에 청약하는 경우로서 우연히 동시에 상호청약을 하였기 때문에 청약과 승낙을 구분할 수 없지만 영미법에서는 계약이 성립하지 않는 것으로 간주하지만 한국의 경우 성립하는 것으로 간주한다.

⑲ 국제상업회의소

1920년에 창립되었고 파리에 본부를 둔 국제경제협력기관이다. 세계 각국의 상업회의소가 가맹되어 있고 가맹국에는 국내위원회가 설치되고 인코텀즈, 신용장통일규칙, 추심통일규칙 등의 제정 및 보급에 전력하고 있다.

⑳ 권리침해조항

매수인이 지정한 상표, 디자인, 특허 및 기술 등을 채택하여 제조 · 공급한 물품에 향후 예기치 않은 특허침해문제가 발생할 수도 있다. 이를 미리 계약서 내에 명시하여 매도인의 책임을 면제하도록 규정한 조항이다.

㉑ 규격매매

상품의 품질이 규격에 의거하여 결정되는 매매이다.

㉒ 낙성계약

무역계약은 매매당사자 쌍방의 의사표시 합치만으로 성립하고 계약성립을 위하여 당사자간에 아무런 급여를 요하지 않는 낙성계약이다.

㉓ 대리인

대리점계약에 의거하여 본인의 영업을 전부 또는 일부를 대행하는 자를 말한다. 대리행위에서 발생한 권리, 의무는 본인에게 귀속되고 대리인은 보수로서 수수료를 받는다.

㉔ 대응구매

연계무역의 한 형태로서, 두 개의 별도의 계약에 의해서 수출액의 일정비율에 상응하는 물품을 대응 수입하는 방식의 거래이다. 대응구매도 구상무역과 마찬가지로 환거래가 발생하며, 대응수입의무가 제3국으로 전가될 수 있다.

㉕ 도달주의

도달주의는 피청약자의 승낙의 의사표시가 청약자에게 도달한때 계약의 성립을 인정한다.

㉖ 독점계약

수출입을 전문으로 하는 특정 상사간에 매매를 국한시키는 계약을 말한다.

㉗ 독점대리권

대리점의 영업활동을 적극적으로 하게 하는 목적에서 대리점을 일정지역에 대해서 한 회사로 한정하고 그 회사로 하여금 해당지역내의 영업활동을 독점적으로 위임하는 경우, 그 독점적 대리권을 말한다.

㉘ 매도청약

매도인의 매도의사를 말하며 무역거래에서 일반적인 청약이라 하면 매도청약을 의미한다.

㉙ 매수청약

매수인의 매입의사를 말하며, 보통 매입주문서와 같은 형식으로 이루어진다.

㉚ 매입위탁송장

수출업자에게 상품매매를 위탁하는 경우에, 수출업자가 수입업자의 매입대리인으로서 선적 시 작성하는 서류이다.

㉛ 명세서에 의한 매매

구조, 성능, 특징, 규격 등을 상세히 알려주는 설명서나 명세서, 도해목록, 설계도 또는 청사진등을 제시하여 이로써 거래할 상품의 품질을 약정하는 매매방법이다. 선박, 철도차량, 발전기 등 거대한 기계류 따위에 활용된다.

㉜ 무역계약

무역계약이란 국제간에 이루어지는 매매계약으로서 매도인이 매수인에게 계약상품의 소유권을 양도하여 상품을 인도할 것을 약속하고 매수인은 이를 수령하고 그 대금을 지급할 것을 약정하는 계약이다.

㉝ 무역금융

무역금융은 수출상이 수출이행에 소요되는 자금을 필요한 시점에서 지원 받는 선적전 금융이며 사전금융을 말한다.

㉞ 무역어음

무역어음이란 무역업체가 인수기관과 일정한 약정에 의해 발행대상인 신용장을 근거로 인수기관을 지급인으로 하여 발행하고 동 인수기관이 인수하는 기한부 환어음으로써 할인기관에 어음을 할인 매각하여 자금을 조달하는 것이다.

㉟ 무확약청약

시황, 즉 시황변동에 따라 사전통고없이 제시가격이 변동될 수 있음을 조건으로 한 오퍼이다.

㊱ 물품매도확약서

무역대리업자가 무역거래에 있어서 매매 당사자에게 상품의 명세 및 가격조건등을 주 내용으로 하여 매입 및 매도의사를 문서로 발행한 물품공급에 관한 확약서이다.

㊲ 반대청약

오퍼가 제시되면 상대방이 이를 바로 승낙하는 경우는 흔치않다. 왜냐하면, 피청약자는 그 나름대로의 각격수준이나 그 밖의 거래조건을 생각하고 있을 것이며, 가능한 한 그것에 접근시키려 할 것이기 때문이다. 그럴 경우 피청약자는 당초에 청약자가 제시한 원 청약의 내용 가운데 일부를 수정하여 반대로 오퍼를 제시하게 되는 바, 이러한 오퍼를 반대청약이라 한다.

㊳ 반품허용조건오퍼

다량의 물품을 오퍼와 함께 보내되 판매 후 남은 물품을 반품하기로 하는 조건으로 발행되는 오퍼로 서적 따위의 위탁판매에 주로 쓰여진다.

㊴ 발신주의

발신주의는 피청약자가 승낙의 의사표시를 발송한 때 계약이 성립된다.

㊵ 본인

물품계약을 체결할 당시 매매당사자를 확정짓는 용어로 사용되는 데, 당사자가 자기의 계정과 위험을 갖고 거래하는 당사자를 지칭한다. 이와 반대되는 용어는 대리인이라고 한다.

㊶ 불가항력조항

불가항력의 개념은 주로 사업상 당사자가 그의 고의나 과실의 유무에도 불구하고 의무이행의 절대적 책임을 부담해야 하는 불이익을 사전에 제한하기 위하여 쓰여진 개념이며, 천재지변의 개념보다는 넓은 의미로 천재지변을 포함하는 개념이다. 불가항력조항의 의의와 효과는 규정된 조항의 범위 내에서 우발적인 사고의 발생으로 인하여 실제 불가항력의 사태가 발생했을 경우에 계약당사자는 약정된 계약의 이행으로부터 면책된다는 내용이 규정되어 있는 조항이다.

㊷ 불완전이행

불완전 이행이란 이행지체 · 이행불능에 해당하지 않는 채무불이행의 제3의 유형으로서 채무자가 채무의 이행으로서 이행을 하였으나 그것이 채무의 내용에 합당한 이행이 아닌 경우를 가리킨다.

㊸ 불요식계약

무역계약은 그 성립을 위하여 당사자간의 합의 외에는 다른 특별한 방식을 필요로 하지 않는 불요식계약이다.

㊹ 불특정물

계약을 체결할 때 인도상품을 계약의 대상으로 확정하지 않고 종류만을 정한 물품을 말한다. 특정물은 나중에 인도된다.

㊺ 불확정청약

유효기간의 명시가 없거나 확정적 혹은 취소불능이라는 문구가 없는 경우의 오퍼이다. 피청약자의 승낙이 있기 전까지는 청약자가 그 내용을 임의로 변경, 취소 또는 철회할 수 있다.

㊻ 최종확인조건부오퍼

오퍼는 승낙이 있으면 계약이 성립되지만 최종확인조건부오퍼는 상대방이 승낙하여도 그것만으로 계약이 성립되지 않고 다시 최종확인조건부오퍼를 한 자가 최종적으로 확인하여야 계약이 성립된다. 즉 청약자의 최종 확인조건부 청약을 의미하고 법률적 의미에서는 청약이 아니라 청약의 유인이라고 할 수 있다.

㊼ 상표매매

상표에 의해 품질을 결정하는 매매를 말한다. 이는 국제적으로 인정된 물품에 대해서는 품질을 그 회사의 상표나 브랜드에 의해서 결정함으로 매매가 이루어지는 거래를 말한다.

㊽ 선착순판매조건부오퍼

한정 수량의 상품을 다수의 상대방에게 오퍼를 하는 조건으로 매수인이 승낙을 해도 이미 상품을 판매한 때에는, 오퍼의 효력이 소멸된다. 승낙을 빨리 한 당사자에게 판매한다.

㊾ 선적견본

매도인은 화물을 선적할 때 그 중의 일부를 골라 적출품의 견본으로서 선적하기 조금 전에 적재화물과 동일한 것을 소포 항공편으로 발송하거나 선적 후에 이것을 발송한다. 전자의 경우를 선발견본이라 하고 후자를 선적견본이라 한다. 이 선적견본에 의하여 매수인은 적하품 전체의 품질을 확인한다.

㊿ 선적수량조건

이 조건은 선적항에서 화물을 선적할 때 선적수량이 계약수량이면 매도인은 자기의 책임을 완수하는 조건이다. 따라서 수송중의 감량은 매수인의 부담이다.

51 선적전검사

매수인 자신이 수출국 등에서 행한 검사나, 매수인의 요청에 의한 특정기관이 미리 행한 검사를 말하며, 이러한 검사비용을 선적 전 검사비용이라 하며 매수인이 부담하는 것을 원칙으로 한다.

52 선적품질조건

품질결정의 시기를 규정하기 위한 조건으로서 매도인이 계약에 규정된 대로의 품질의 상품을 선적하면 비록 그 상품이 양하시에 손해가 있더라도 책임은 부담하지 않는다는 조건이다.

53 승낙

승낙은 청약에 대응해 계약을 성립시킬 목적으로 특정의 청약 수령자가 청약자에게 행하는 의사표시로, 피청약자가 지정한 방법에 따라 청약조건에 대하여 구두나 행위로 청약에 대하여 그 청약의 내용 또는 조건들을 수락하고 계약을 성립시키겠다는 동의를 표시하는 것을 말한다.

54 쌍무계약

쌍무계약은 계약의 결과로 당사자들이 서로 채무를 부담하는 계약을 의미한다.

55 라이 텀스

런던시장에 있어서 곡물류의 거래에 이용되는 양륙품질조건의 매매를 말한다. 도착한 화물에 손해가 발생한 경우에는 매수인은 가격인하를 요구할 수 있으나 인수를 거부할 수 없다. 다만 손상이 심하여 다른 용도가 없을 때 인수를 거부할 수 있다.

56 약인

한 쪽의 약속에 대한 다른 한 쪽의 반대급부를 말한다. 영 · 미법상 계약의 중요한 원인으로서, 계약에 따른 약속에 대하여 교환되는 현재의 대가로서 제공되는 행위를 말한다. 즉, 금전 · 재산권의 양도, 행위의 금지 또는 행위 및 행위의 금지에 관한 법률관계의 변동 등을 말한다.

57 양륙수량조건

이 조건에서는 양륙항에서 화물을 양화할 때의 중량을 대금계산의 기준으로 하고, 수송 도중에 일어난 감량은 매도인의 부담이 된다.

58 양륙품질조건

물품의 도착, 양륙 또는 인도가 행해지는 목적항 또는 목적지에서 검품하는 조건으로 도착품질조건이라고도 한다.

(59) 반대견본

무역거래에서 품질을 결정할 경우, 일반적으로 견품에 의한 방법이 가장 많이 이용된다. 당사자 사이에 최초로 제시되는 견본을 원견본이라 하며 원견본에 대하여 수정을 요구하게 되면 이를 반대견본이라 한다. 반대견본은 원견본에 대한 새로운 견본이 되며 상대방이 이를 수락하면, 승인견본이 된다.

(60) 오퍼상

외국의 수출업자의 위임을 받은 자 또는 외국 수출업자의 지사나 대리점이 국내에서 외국의 수출업자를 대리하여 물품매도확약서의 발행을 주된 업으로 하고 부수적으로 수출물품의 구매알선행위를 업으로 영위하는 자를 말한다.

(61) 완전합의조항

당사자 사이의 합의사항은 모두 계약서에 기재된다는 것을 전제로 "이 계약서 작성 이전에 있었던 당사자 간의 구술 및 서면합의는 기속력을 상실한다"는 내용을 규정하는 조항으로 그 내용은 "이 계약은 양 당사자 간의 합의내용을 완결짓는 것이며, 이 계약의 목적과 관련된 이전의 양 당사자 간의 모든 협상 및 의사표명, 양해, 약정 등을 대체하고, 양 당사자의 서면합의에 의하지 아니하고는 수정될 수 없다"는 취지를 규정하는 것이 일반적이다.

(62) 요지주의

단지 물리적으로 승낙의 의사표시가 청약자에게 도달할 뿐만 아니라 현실적으로 청약자가 그 내용을 알았을 때 계약성립을 인정하는 것이다.

(63) 원견본

계약조건에서 품질의 기준을 약정하기 위해 상대방에게 송부하는 견본을 말한다.

(64) 위탁판매

위탁자(수출업자 또는 제조업체)가 위탁판매계약에 근거하여, 수탁자에게 상품의 판매를 위탁하는 것을 말한다. 이 경우 현지에서 매매계약이 성립하기 전에 사전에 당해 물품을 발송하는 것이 특징이다. 화물의 소유권은 위탁자가 보유하고, 상품이 판매되는 경우 위탁자는 수탁자에게 위탁수수료를 지불한다. 이는 외국에 있는 수탁자에게 물품을 무환으로 수출하여 당해 물품이 판매된 범위 안에서 대금결제가 이루어지는 위탁판매수출과 그 반대인 위탁판매수입이 있다.

⑥⑤ 유상계약

계약당사자 쌍방이 상화 대가적 관계에서 급부가 있는 계약, 즉 매도인의 물품인도에 대한 매수인의 대금지급이 있어야하는 계약으로서 물품인도와 대금지급이 상호대가적 의미를 지니는 급부와 반대급부를 구성하는 계약을 말한다.

⑥⑥ 이행거절

계약당사자의 일방이 이행기 전에, 이행기가 도래해도 계약을 이행할 의사가 없음을 표명하는 것이다.

⑥⑦ 이행불능

채권이 성립한 후에 채무자에게 책임 있는 사유로 이행이 불가능하게 되는 경우, 즉 채무자의 귀책사유로 인하여 후발적 불능이 되는 경우를 가리킨다.

⑥⑧ 이행지체

채무가 이행기에 있고 그 이행이 가능함에도 불구하고 채무자가 그에게 책임있는 귀책사유로 채무내용에 따른 이행을 하지 않는 것을 의미한다.

⑥⑨ 일반거래협정서

일반거래협정서는 매매계약의 당사자들이 거래를 할 때마다 구체적으로 약정해야하는 계약내용에 대한 제반 사항을 제외하고, 어느 경우에도 공통으로 적용되는 기본적인 일반적 거래조건을 양 당사자 간에 합의하여 결정하고, 이것을 문서화하여 양 당사자가 서명하여 교환, 소지하는 계약의 거래조건에 관한 일반적인 협정서이다. 일반거래조건협정서의 필요성은 무역거래에서 거래방법의 예측 가능한 일관성 유지, 장래 발생할지도 모르는 무역분쟁이나 클레임의 예방을 위하여 최초 거래개시 이전에 반드시 포괄적 준칙이 필요하기 때문이다.

⑦⓪ 판매적격품질조건

수입지에서 인수한 현물에서 내부의 하자가 발견되어 판매가 불가능한 부분에 대하여는 매수인이 매도인에게 배상을 요구할 수 있는 품질조건이다. 목재, 냉동수산물, 광석 등의 거래에 주로 적용되는 조건으로 내부의 부패나 기타의 잠재하자가 외관상으로는 확인하기가 곤란한 물품에 적용된다. 매도인이 인도한 물품은 판매적격성을 지닌 것임을 보증하는 조건을 말한다.

⑦① 재고잔류조건청약

재고잔류조건청약은 승낙의 의사표시가 청약자에게 도달했을 때(또는 발신되었을 때) 미판매 재고가 남아 있는 분에 한해 유효하다는 조건으로 발행된 청약이다.

⑦② 점검 후 매매조건 청약

점검 후 매매조건 청약은 오퍼와 함께 보낸 물품을 피청약자가 점검한 후 구매의사가 있으면 송금하고 그렇지 않으면 물품을 반환토록 한 오퍼로 점검 후 구매조건 오퍼라 부르기도 한다.

⑦③ 점유개정

매도인이 물품을 점유하고 있다가 매매후에도 점유권의 양도인인 매도인이 매수인의 대리인으로 계속 물품을 점유하고 있는 경우를 말한다.

⑦④ 조건부오퍼

청약자의 오퍼 내용에 조건이 달려 있는 오퍼를 말한다. 즉, 이는 피청약자가 수락할 경우에도 청약자의 단서에 의해서 계약이 성립되기 때문에 엄격한 의미에서 청약의 유인에 해당된다고 볼 수 있다.

⑦⑤ 조회

수입업자가 제품 수입 시 수출업자에 대하여 상품의 가격, 공급수량, 선적기간, 결제조건 등의 제시를 요구해 오는 경우를 말한다. 조회를 받은 수출업자는 수입업자가 요구하는 제반 사항을 기입하여 회답을 하며 필요시에는 카탈로그나 견본 등도 송부해 준다.

(76) 준거법

2국의 당사자간에 물품매매계약이 체결될 때 당해 계약을 규율할 근거가 되고 규범 밖의 사항을 관할하는 법을 의미한다.

(77) 청약

청약은 청약자가 피청약자에게 일정한 조건으로 계약을 체결하고 싶다는 취지의 의사표시이다. 즉, 일정 내용의 계약을 성립시킬 목적으로 언어나 행동으로 하는 법적 구속력을 가진 확정적 의사표시이다.

(78) 청약의 유인

상대방이 청약을 하도록 유도하는 계약체결을 위한 예비행위나 예비교섭의 의사표시로 상대방이 이를 수락하더라도 계약은 성립되지 않으며, 상대방의 승낙에 대한 재차 승낙이 있어야만 계약이 성립된다.

(79) 청약의 철회

청약의 철회는 청약의 효력을 소멸시키는 의사표시이다. 이는 반드시 상대방에게 통지되어야 하고, 그 통지는 상대방이 청약을 승낙하기 전에 상대방에게 도달해야 한다.

(80) 충당

매도인이 매수인에게 물품의 인도와 더불어 물품의 소유권과 위험을 이전하는 것을 말하며 매도인이 계약의 목적물인 불특정물품에 충당을 함으로써 특정물품이 된다.

(81) 특정물

매매계약의 목적물로서 선택된 현품을 말하며 특별한 경우를 제외하고 특정물품의 매매는 거의 행해지지 않는다.

(82) 특정이행

계약상의 의무를 강제적으로 이행시키는 것이다.

⑧③ 판매오퍼

무역거래에서 매도인이 매수인에게 가격, 수량, 결제 등의 거래 조건을 제시하여 계약을 체결하려고 하는 의사표시를 말한다. 국제무역거래에서 오퍼라고 하면 대부분이 이 판매오퍼를 지칭하는 것이다.

⑧④ 편무계약

당사자 일방이 채무를 부담하는 계약으로서 당사자가 서로 채무를 부담한다고 해도 그 채무 상호간에 대가적 의미가 없는 계약은 이에 해당되고 증여, 소비대차, 위임 등이 그 예이다.

⑧⑤ 평균중등품질조건

동종상품 중 평균적이며 중등의 품질을 뜻하는 것으로 곡물매매에서 많이 쓰이는데, 선적지에서 해당계절 출하물품의 평균중등품을 표준으로 하고 선물거래일 때는 전년도 수확물의 평균중등품의 가격을 기준으로 정하고 인도물품의 품질수준은 새로 수확한 물품의 평균중등품으로 한다. 평균중등품 품질조건이 표준품매매의 일반적 기준이다. 주요 물품에 있어서 이 표준품은 법규에 의거하여 공공기관이 정하고 그 규격과 격차도 일정하게 되어 있다.

⑧⑥ 포괄계약

포괄계약은 특정품목에 대해서 일정기간 또는 연간계약을 해 놓고 필요할 때마다 선적해 주는 경우에 사용되는 계약형태이다.

⑧⑦ 표준품매매

표준으로 인정되는 것을 기초로 하여 가격을 결정하고 실제로 인도된 상품의 품질이 이 표준품과 다른 경우 가격의 증감으로 조정하는 거래를 말한다.

⑧⑧ 하드쉽 · 크로스

불가항력적인 사태가 발생하였을 때 계약 당사자가 가격조정이나 기한의 연장 등의 계약내용을 조정하기 위하여 상호간에 성실하게 교섭한다는 것을 약속하는 약관을 말한다.

⑧⑨ 해외시장조사

해외시장조사란 해외시장의 개척과 수출증진을 목적으로 무역상사가 특정시장의 제반환경 및 동향을 조사 · 분석하는 일련의 과정을 말한다.

⑨⓪ 확정청약

확정청약은 오퍼의 유효기간 내에는 그 내용의 변경이나 취소 또는 철회가 불가능하며, 피청약자도 그 청약에서 정하여진 유효기간 내에 승낙하여야만 매매계약이 유효하게 성립되는 오퍼이다. 확정청약에는 유효기간이 명시되어 있거나 또는 확정적이나 취소불능의 문구가 있어야 하고 가격이나 수량, 선적, 대금결제 등 여러 가지 거래조건이 확정적으로 제시되어 있어야 한다. 확정오퍼라 할지라도 피청약자에게 도달하기 전 또는 도달과 동시에 청약자가 그 내용을 변경, 취소 또는 철회할 수 있다.

⑨① 후발적 위법

비엔나협약이나 영국에서는 후발적 위법이 청약에 미치는 효력에 대한 규정이 없지만 미국에서는 청약이 행하여진 후 승낙이 되기 전에 계약의 이행이 위법이 되는 경우 그 청약은 효력을 잃게 된다.

⑨② 후발적 계약이행불능

후발적 계약이행불능이란 계약이 체결된 후 예상 외의 돌발적인 사태로 인하여 당사자들의 고의나 과실없이 계약의 목적 달성이 불가능하게 되어 계약이 자동 소멸되고 당사자의 의무가 면책되는 것을 말한다. 후발적 계약이행불능이 성립되기 위해서는 계약체결시에 당사자들이 예상할 수 없었던 돌발적인 사태가 계약체결 후에 발생하여 후발적으로 계약이행이 불가능하여야 한다.

2 국제무역계약 입문 영문 용어 해설

① A contract of sale of goods: A contract by which the seller transfers or agrees to transfer the property in goods to the buyer for a money consideration, called price.

··))▶ 물품매매계약: 매도인이 대금이라는 금전상의 약인을 대가로 매수인에게 물품의 소유권을 이전하거나 이전할 것을 합의하는 계약. 〈영국물품매매법 제2조 (1)〉

❷ Seller: Vendor, A person who sells or contracts to sell goods.

··))▶ 매도인: 매각인, 물품을 판매하거나 판매하기로 계약한 자.

❸ Buyer: Purchaser, A person who buys or contracts to buy goods.

··))▶ 매수인: 구매자, 물품을 매수하거나 매수하기로 계약한 자.

❹ Exporter: A person who exports or contracts to export goods or carries or sends the goods to another country or other countries for purpose of sale.

··))▶ 수출업자: 물품을 수출하거나 수출하기로 계약한 자 또는 매매를 목적으로 다른 국가 또는 기타 국가로 물품을 운반하거나 송부하는 자.

❺ Importer: A person who imports or contracts to import goods or brings goods from another country or countries for purpose of sale.

··))▶ 수입업자: 물품을 수입하거나 수입하기로 계약한 자, 또는 매매를 목적으로 다른 국가나 국가들로부터 물품을 반입하는 자.

❻ Applicant: In the documentary credit process, normally the buyer or importer, who applies for a letter of credit in favour of the seller(beneficiary).

··))▶ 개설의뢰인: 화환신용장 거래과정에서 일반적으로 매도인(수익자)을 수익자로 하여 신용장을 개설 신청하는 매수인 또는 수입업자.

❼ Beneficiary: In documentary credit context, generally the seller or exporter, in whose favor the documentary credit is opened by the applicant.

·))) 수익자: 화환신용장과 관련하여 일반적으로 신용장이 개설의뢰인에 의해 자신을 수익자로 하여 개설되는 매도인 또는 수출업자.

❽ Shipper: Any person by whom or in whose name or on whose behalf a contract of carriage of goods by sea has been concluded with a carrier, or any person by whom or in whose name or on whose behalf the goods are actually delivered to the carrier in relation to the contract of carriage by sea.

·))) 송화인: 스스로 또는 자신의 명의로 또는 대리인에 의하여 운송인과 해상화물운송계약을 체결한 모든 자, 또는 스스로 또는 자신의 명의로 또는 대리인에 의하여 해상운송계약과 관련하여 화물을 운송인에게 실제로 인도하는 모든자.

❾ Consignee: The person entitled to take delivery of the goods.

·))) 수화인: 화물의 인도를 수령할 권리가 있는 자.

❿ Accounter: The selling party, the exporter, the seller in any transaction.

·))) 채권자: 매도하는 자, 어떤 거래에서 수출업자, 매도인.

⓫ Accountee: The buying party, the importer, the buyer in any transaction, namely, account party.

·))) 채무자: 매수하는 자, 어떤 거래에서의 수입업자, 매수인, 즉 채무자.

⓬ Home trade: Trade that is also termed domestic trade and refers to the buying and selling of goods and commodities for delivery within the borders of the country.

·))) 내국거래: 국내거래로도 명명되고 국가의 국경내에서의 인도를 위한 물품 및 상품의 매수 및 매도를 언급하는 거래.

⓭ Foreign trade: Trade that is also termed overseas trade or international trade and means trade with foreign countries and is subdivided into export trade, import trade, transit trade etc.

·))) 대외무역: 해외무역 또는 국제무역으로도 명명되고 대외국가들과의 거래를 의미하고 수출무역, 수입무역, 통과무역 등으로 세분되는 무역.

⑭ Export(Import) merchant: Merchants that buys the goods and have some stocks on his own account, and sells them on his best discretion and at his own risk.

·))) 수출(수입)상인: 물품을 매수하고 자신의 계정으로 약간의 재고를 가지고 자신의 최선의 판단과 자신의 위험으로 그것들을 판매하는 상인.

⑮ Export(Import) commission house: A party that acts as export middleman and buys goods for his principal or a foreign buyer usually in accordance with his indent order, ships them abroad and demands a commission for the service rendered.

·))) 수출(수입)대리상: 수출 중간상으로서 행동하고 일반적으로 위탁매입주문서에 따라서 자신의 본인이나 대외 매수인을 위해 물품을 구매하고 본선에 선적하고, 제공된 용역에 대하여 수수료를 요구하는 당사자.

⑯ Market: A region in which goods can be bought and sold or demand, market price.

·))) 시장, 시황, 시가: 물품이 구매되고 판매되는 지역 또는 수요, 시가

⑰ Firm: A business company or partnership of two or more persons.

·))) 기업: 거래기업 또는 2명 이상의 파트너십.

⑱ Connection: The relation between trading partners or a business associate.

·))) 거래관계, 거래처: 거래당사자간의 관계 또는 영업동료

⑲ Line: A business, profession, trade etc., a type of goods.

·))) 장사, 직업, 품목: 장사, 직업, 거래 등, 물품의 형태

⑳ Catalog: A list of goods with information about them.

··)) 카탈로그: 물품에 대한 정보가 있는 물품의 목록

㉑ Price list: A commercial paper which lists the items, unit price, the time of delivery, sample number etc.

··)) 가격표, 가격목록: 물품, 단가, 선적시기, 견본번호 등을 열거하고 있는 상업 서류

㉒ Title: Style or firm name

··)) 사명: 회사명 또는 기업명

㉓ Specialty: A particularly fine or best product

··)) 특제품: 특별하게 세련되거나 좋은 제품

㉔ Market Research: The first step to be taken by an exporter who intends to cultivate new markets and to study the marketability or salability of his lines of merchandise.

··)) 시장조사: 새로운 시장을 개척하고자 하고 자신의 상품품목의 시장성이나 판매성을 검토하기 위해 수출업자에 의해 이루어지는 첫 번째 절차.

㉕ Sole agent: An agent who is given the sole right to sell the exporter's product in a particular area.

··)) 독점대리인: 특정지역에서 수출업자의 상품을 판매하는 독점적 권리를 제공받은 대리인.

㉖ Del credere agent: An agent who makes himself responsible for any bad debts through insolvency, etc., this usually meaning a higher commission and also having a considerable bearing on the exporter's methods of payment.

··)) 지급보증대리인: 지급불능 등을 통한 어떤 악성부채에 대해 자신이 책임을 지도록 하는 대리인, 이는 일반적으로 더 높은 수수료를 의미하고 또한 수출업자의 지급방식에 상당한 관계를 가지고 있음.

㉗ Consignment agent: An agent who imports and holds stock, but does not pay until goods are sold. His use might affect exporter's invoicing procedure.

⋯▸ 위탁판매대리인: 수입하여 재고를 유지하지만 물품이 판매되기 전까지 지급하지 않는 대리인. 이러한 대리인의 이용은 수출업자의 송장작성절차에 영향을 미칠 수 있다.

㉘ Credit inquiry: Request of analysis of character, capital and capacity of the company in question.

⋯▸ 신용조회: 해당 회사의 상도덕, 지급능력 및 거래능력의 분석의 요청.

㉙ Credit standing: The current credit status as the result of analysis of 3C's or 5C's.

⋯▸ 신용상태: 3C's or 5C's의 분석의 결과로서 현재의 신용상태.

㉚ Reference: The giving of the name of another person who can offer information or recommendation, or the person so indicated.

⋯▸ 조회, 조회처: 정보나 추천을 제공할 수 있는 다른 자의 이름을 제공하는 것 또는 그렇게 표시된 자.

㉛ Credit information: The information regarding credit standing that a trader obtain on his prospect from trade reference or bank reference.

⋯▸ 신용정보: 동업자 신용 조회 처나 은행 신용조회 처로부터 무역업자가 자신의 예상 구매자에 대해 획득하는 신용상태와 관련한 정보.

㉜ Credit: A promise of future payment in kind or in money given in exchange for present money, goods, or services.

⋯▸ 신용: 현재의 금전, 물품 또는 서비스의 교환의 대가로 주어진 물품으로 또는 금전으로 장래지급의 약속.

㉝ Credit Inquiry: Inquiry about ability and intention of promise to pay(credit standing) on the basis of 3C's by way of bank reference or trade reference.

···▶ 신용조회: 은행조회처나 동업자조회처를 통하여 3C's에 근거하여 지급할 능력과 약속의 의도(신용상태)에 관한 조회.

㉞ Capital: The net financial worth of a person or company.

···▶ 지급능력: 개인이나 기업의 순 재정적 가치.

㉟ Capacity: The ability to manage one's personal affairs or the affairs of one's company so as to be able to pay debts when due.

···▶ 거래능력: 만기시에 부채를 지급할 수 있도록 하기 위한 한 개인의 업무 또는 한 기업의 업무를 처리하는 능력.

㊱ Character: Reputation, especially with respect to the manner in which debts are discharged.

···▶ 상도덕: 특히 부채가 상환되는 방법과 관련한 명성.

㊲ Sample: A part, piece or item taken or shown as representative of a whole thing, group, species, etc., that is, specimen, pattern.

···▶ 견품: 전체, 집단, 종류의 대표(표본)로서 추출되거나 보여지는 일부 또는 부분 또는 품목 즉, 견본, 패턴.

㊳ Feeler samples: Test samples.

···▶ 시험견본: 점검견본

㊴ Original sample: A commercial sample that the seller send the buyer directly among a set of samples regarding the covering goods.

···▶ 원견본: 관련 물품과 관련한 한조의 견본 중에서 직접 매도인이 매수인에게 발송하는 상업견본

㊵ Estimate: A general calculation of size, value, etc.

···▶ 견적(서): 크기, 가액 증의 종합적인 계산

㊶ Discount: A reduction from a usual or list price.

할인: 통상적인 가격 또는 목록가격으로부터 감액.

㊷ Quantity discount: The giving of the quantity more than the contracted quantity.

수량할인: 계약수량보다 더 많은 수량을 제공하는 것.

㊸ Sample: Specimen that is usually applied to that of agricultural or raw products such as wool, cotton, silk, wheat, seeds, etc., to foodstuffs such butter, lard, etc., to liquids such as wine, spirits, oil, etc., and to certain manufactured articles such as leather, sugar, etc.

견본: 양모, 원면, 비단, 밀, 종자 등과 같은 농산물 또는 원료상품, 그리고 버터, 라드 등과 같은 식료품 그리고 포도주, 음료, 오일 등과 같은 액체품 그리고 가죽, 설탕 등과 같은 특정 제조품에 적용되는 견품.

㊹ Pattern: Specimen that is chiefly applied to that of soft goods such as piece goods of silk, wool, cotton, etc., and some other manufactured articles.

패턴: 주로 실크, 양모, 원면 등 면제품과 같은 직물상품과 어떤 다른 제조품목에 적용되는 견본.

㊺ Standard or type: A sample or specimen representing a certain recognized and well-known quality.

표준 또는 형태: 승인되거나 잘 알려진 특정 품질을 대표하는 견본.

㊻ Specification: Drawing, photographs, or illustrated catalogues taking the place of samples for the articles, from which a part cannot be taken as representative of the whole, such as furniture, clocks, motorcars, machinery, etc.

명세: 일부가 가구, 시계, 자동차, 기계류 등과 같이 전체의 대표로서 추출될

수 없는 품목에 대한 견본을 대신하는 도면, 사진, 또는 도해 카탈로그.

47 Seller's sample: The sample which is submitted by the seller to the buyer.

▸ 매도인 견본: 매도인에 의해 매수인에게 송부되는 견본.

48 Buyer's sample: The sample which sent from the buyer accompanied by his inquiries or orders.

▸ 매수인 견본: 매수인의 조회나 주문에 수반되고 매수인으로부터 송부된 견본.

49 Duplicate sample: The sample which the seller retains at his own possession in order to prove that the goods shipped are strictly in conformity with it.

▸ 자가보관용 견본: 선적된 물품이 견본과 정확히 일치한다는 것을 증명하기 위하여 매도인이 자신의 소유로 보관하는 견본.

50 Shipment samples: Samples which are actual portions taken from the goods shipped or about to be shipped. The exporter forwards them by the quickest available route to the overseas buyer for purposes of reference. Such samples give advantages to the overseas buyer, who is enabled to dispose of his purchase to arrive, i.e. before the cargo actually reaches him, and to check the goods on arrival by comparison with these.

▸ 선적견본: 선적되거나 선적될 예정인 물품으로부터 선정한 실제물품인 견본. 수출업자는 참조용으로 해외의 매수인에게 이용 가능한 가장 신속한 항로로 이것들을 송부한다. 그러한 견본은 해외의 매수인에게 이점들을 제공하는데 해외의 매수인은 즉, 실제로 물품이 도착하기 이전에도 도착할 자신의 구매품을 처분할 수 있으며 이것들과 비교하여 도착시에 물품을 점검할 수 있다.

51 Offeror: A person who makes an offer.

▸ 청약자: 청약을 하는 자.

52 **Offeree:** A person to whom an offer is made.

→ **피청약자:** 청약이 그 앞으로 이루어지는 자.

53 **Offer:** Generally speaking, a promise or commitment to perform or refrain from performing some specified act in the future, and in the viewpoint of international commerce, a proposal to do a thing or pay an amount, usually accompanied by an expected acceptance, counter offer, return promise or act. A manifestation of willingness to enter into a bargain, so made as to justify another person in understanding that his assent to that bargain is invited and will conclude it.

→ **청약:** 미래에 어떤 특정한 일을 이행하거나 그 이행을 삼갈 것이라는 약속 또는 서약, 국제상거래의 관점에서 일반적으로 기대된 승낙, 반대청약, 회답 약속 또는 행위가 수반되고 어떤 것을 행하거나 금액을 지급하고자 하는 제안. 자진해서 계약을 체결하고자 하고 계약에 대한 자신의 약속이 유인되고 계약을 체결할 것이라는 이해에서 다른 자를 인정하기 위하여 이루어지는 의향의 표명.

54 **Free offer:** An offer which is open for a reasonable time in which the offerer merely states the terms and conditions on which he sells certain merchandise without binding the offeree to accept it within a specified period.

→ **자유청약:** 상당한 기간 동안 유효한 청약으로 명시된 기간 내에 피 청약자가 승낙하도록 구속하지 않고 어떤 상품을 판매하고자 하는 조건을 단지 서술한 청약.

55 **Firm offer:** An offer which offeror gives offeree irrevocable and acceptance against it concludes a contract.

→ **확정청약:** 피 청약자에게 취소 불능적으로 제공되는 청약이고 이에 대한 승낙으로 계약이 체결된다.

56 Counter offer: Statement made by the offeree to the offeror relating to the same matter as the original offer and proposing a substituted bargain differing from that proposed by the original offer.

반대청약: 원청약과 동일한 내용과 관련되고 원청약에 의해 제의된 것과 다른 대체된 계약을 제안하는 것으로서 피청약자가 청약자에게 하는 진술

57 Acceptance: The offeree' s notification to the offeror that the offeree agrees to be bound by the terms of the offeror' s offer. The terms of acceptance have to be the mirror image of the terms of the offer.

승낙: 피청약자가 청약자의 청약의 조건에 의해 구속된다는 것을 동의하는 청약자에 대한 피청약자의 통지. 승낙의 조건이 청약의 조건과 완전히 일치해야 한다.

58 An offer: A proposal made by one party to the other to enter into a legally binding contract, and an acceptance is the act of assenting to the offer.

청약: 법적으로 유효한 계약을 체결하기 위하여 한 당사자가 타 당사자에게 행하는 제안, 그리고 승낙은 청약에 대한 동의의 행위이다.

59 Firm offer: An irrevocable offer to sell or buy certain goods at a given price within a given time.

확정청약: 주어진 시간내에 주어진 가격으로 특정 물품을 매도하거나 매수하기 위한 취소불능 청약.

60 Counter offer: A reply to an offer which purports to be an acceptance but contains additions, limitations or other modifications is a rejection of the offer and constitutes a new offer.

반대청약: 승낙인 것을 의도하지만 추가, 제한, 기타 수정을 포함하고 있는 청약에 대한 응답은 청약에 대한 거절이며 새로운 청약을 구성한다.

61 Free offer: An offer open for a reasonable time in which the offeror

merely states the terms and conditions on which he sells certain merchandise without binding the offeree to accept it within a specified period.

▸ 자유청약: 특정한 기간내에 청약을 승낙하도록 피청약자를 구속하지 않고 특정 상품을 자신이 팔고자 하는 조건을 단지 청약자가 언급하고 있는 상당한 기간 동안에 유효한 청약.

62 Offer without Engagement, or Offer subject to Market Fluctuation: Offer made on condition that the quotation the offeror gives is the market price of the day, and he does not bind himself to accept an order at the said price without further negotiation. It is often used by traders in their Price List when quoting the price of certain articles liable to sudden market fluctuation.

▸ 예약불능청약 또는 시황변동조건부 청약: 청약자가 제공하는 견적이 당일의 시장가이고 자신이 추가적인 협상 없이 상기 가격으로 주문을 수락하도록 구속하지 않는다는 조건으로 이루어지는 청약. 이 청약은 갑작스런 시황변동이 있기 쉬운 특정 물품의 가격을 견적할 때 가격목록에서 거래업자에 의해 종종 사용된다.

63 Agreement: A meeting of two or more minds in regard to the terms of a contract and it usually broken down into two events – an offer by one party to form a contract, and an acceptance of the offer by the person to whom the offer is made.

▸ 합의: 계약의 조건과 관련하여 둘 또는 그 이상의 의견의 만남. 그것은 통상적으로 두 가지 즉, 계약을 형성하기 위한 한 당사자에 의한 청약과 청약이 그 앞으로 이루어진 자에 의한 청약의 승낙으로 분류된다.

64 Contract: An agreement that can be enforced in court, formed by two or more parties, each of whom agrees to perform or to refrain from performing some act now or in the future.

▸ 계약: 법정에서 강제될 수 있고 둘 또는 그 이상의 당사자에 의해 성립되는 합

의. 그 당사자들의 각각이 현재나 미래에 어떤 행동을 이행하거나 이행하는 것을 삼가는 데 합의한다.

⑥⑤ Sales contract: A contract for the sale of goods under which the ownership of goods is transferred from a seller to a buyer for a price.

매매계약: 대금에 대해 물품의 소유권이 매도인으로부터 매수인에게 이전되는 물품매매계약.

⑥⑥ Whereas clause: A "whereas" clause of a contract is but an introductory or prefatory statement meaning "considering that" or "that being the case" and is not an essential part of the operating portions of the contract.

설명조항: 계약의 설명조항은 단지 "~고려하여" 또는 "그것이 ~하는 경우이므로"를 의미하는 도입 또는 서두의 진술이고 계약의 운영부분의 중요한 내용이 아니다.

⑥⑦ Force majeure: A term or condition that relieves either party from contract obligation if major unforseen events beyond their control prevent compliance; typically the obligation is suspended for resumption at a later time.

불가항력: 통제할 수 없는 주요 우연한 사건이 (계약)준수를 방해하는 경우 계약의무로부터 어느 일방을 면제하는 조항 또는 조건; 전형적으로 그 의무는 나중에 재개를 위해 정지된다.

⑥⑧ Del credere: A guarantee by which an agent selling goods on credit guarantees as to the solvency of the buyer.

지급보증: 외상으로 물품을 판매하는 대리인이 매수인의 지급능력에 대하여 약속하는 보증.

⑥⑨ Agency: The term "agency" signifies relations existing between two parties by which one is authorized to perform or transact certain business for the others.

·))) 대리(권): "대리권" 이라는 용어는 두 당사자간에 존재하는 관계를 의미하며 이에 의해 한 당사자는 다른 당사자를 위하여 특정업무를 수행하거나 처리하도록 수권된다.

70 Exclusive contract: A contract by which one binds himself to sell to or buy from only one person for his total requirements.

·))) 독점계약: 오직 한 사람에게 판매하거나 자신의 수요품에 대하여 구매할 것이라고 자신을 구속하는 계약.

71 Del credere agency: Type of agency who makes himself responsible for any bad debts through insolvency, etc. This usually offers a higher commission and also has a considerable bearing on the exporter' s methods of payment.

·))) 지급보증대리인: 지급불능 등을 통한 어떤 불량채권에 대하여 자신이 책임을 지는 대리점의 형태. 이것은 일반적으로 더 높은 수수료를 제공하고 또한 수출업자의 지급방식에 상당한 관계를 가진다.

72 Consignment: Sales that the goods which are being shipped are not of the execution of definite orders received by the shipper, but the goods sent out abroad to be sold at the best prices obtainable.

·))) 위탁: 선적되고 있는 물품이 송화인에 의해 접수된 명확한 주문의 이행이 아니지만 외국으로 발송되는 물품이 획득될 수 있는 최선의 가격으로 판매될 것이라는 매매.

73 Whereas clause: A "whereas" clause of a contract is but an introductory or prefatory statement meaning "considering that" or "that being the case" and is not an essential part of the operating portions of the contract.

·))) 설명조항: 계약의 설명조항은 단지 "~고려하여" 또는 "그것이 ~하는 경우"이므로를 의미하는 도입 또는 서두의 진술이고 계약의 운영부분의 중요한 내용이 아니다.

(74) Agency: The term that signifies relations existing between two parties by which one is authorized to perform or transact certain business for the others.

▸ 대리권: 두 당사자간에 존재하는 관계를 의미하며 이에 의해 한 당사자는 다른 당사자를 위하여 특정 업무를 수행하거나 처리하도록 수권되는 용어.

(75) Installment contract: The contract which requires or authorizes the delivery of goods in separate lots to be separately accepted, even though the contract contains a clause "each delivery is a separate contract" or its equivalent.

▸ 할부계약: 비록 계약이 각각의 인도가 별도의 계약이라는 약관이나 이와 동등한 것을 포함하고 있을지라도 별개의 여러 편으로 된 물품의 인도가 개별적으로 인수되도록 요구하거나 인가하는 계약.

(76) Act of God: An event that is beyond human control, especially one in which something is damaged or someone is hurt.

▸ 천재(지변): 인간의 통제를 벗어난 사건 특히 물건이 손상되거나 사람이 상처를 입는 사건.

(77) Principal: The term that describes one who has permitted or directed another to act for his benefit and subject to his direction and control.

▸ 본인: 제3자에게 자신의 이익을 위해 그리고 자신의 지시나 통제에 따라 행동하도록 허락하거나 지시하는 자를 의미하는 용어.

(78) Premise: The place used where the delivery point is the seller's place.

▸ 하치장: 인도장소가 매도인의 장소인 경우에 사용되는 장소.

(79) Consensual contract: The nature of sales of contract which consists of the mutual promises.

▸ 낙성계약: 상호약속을 구성하는 매매계약의 본질.

(80) Consignment agent: Agent who imports and holds stock, but does

not pay until goods are sold. His use might affect exporter's invoicing procedure.

🔊 위탁판매대리인: 재고를 수입하고 유지하지만 물품이 판매되기 전까지 지급하지 않는 대리인. 그 사용은 수출업자의 송장작성 절차에 영향을 미친다.

81 Implied contract: Contract inferred from conduct of parties.

🔊 묵시적 계약: 당사자들의 행위로부터 추론되는 계약.

82 Shipper: The person handing over the goods for carriage, the person who makes the contract with the carrier.

🔊 화주: 운송을 위해 물품을 인도하는 자와 운송인과 계약을 체결하는 자.

83 Delivery: Seller's fulfillment of his delivery obligation which is specified in the A4 clauses or buyer's obligation to take or accept delivery of the goods(taking Delivery)

🔊 인도, 인수: A4조항에서 명시된 매도인 자신의 인도의무이행 또는 물품의 인도를 받아들이거나 수락하는 매수인의 의무(인수하는 것)

84 Placing the goods at the disposal of buyer: Being made available to buyer at a particular place or handing over the goods in the 1980 United Nations Convention on Contracts for the International Sale of Goods.

🔊 매수인의 임의처분의 상태로 둠: 특정상태에서 매수인에게 이용 가능하게 하는 것 또는 1980년 물품매매계약에 관한 UN협약에서의 물품을 인도함.

85 Charges: Charges as are a necessary consequence of the import as such and which thus have to be paid according to the applicable import regulations.

🔊 경비: 오로지 수입 그 자체의 필요한 결과인 것으로서 적용 수입규정에 따라서 지급되어야 하는 그러한 경비

86 Ship: Synonym as vessel, has to be used when it is an ingredient in

the trade term itself such as in "free alongside ship".

···▸ 본선: 선박과 동의어, "선측인도조건"(FAS)에서와 같이 선박이 무역조건 그 자체에서 하나의 요소인 경우에 사용되어야 함.

87 Checking: Synonym as inspection, to be used with respect to the seller's delivery obligation under A4.

···▸ 점검: 검사와 동의어, A4하에서 매도인의 인도의무와 관련하여 사용되어야 함.

88 Inspection: Synonym as checking, to be used for the particular case when a "pre-shipment inspection" is performed.

···▸ 검사: 점검과 동의어, 선적전검사가 수행되어야 하는 특정한 경우에 대해서만 사용되어야 함.

89 Duty: The terms that includes the responsibility for and the risk of the carrying out of customs formalities and the payment of formalities, customs duties, taxes and other charges.

···▸ 관세: 통관수속을 이행하는 책임과 그 위험 그리고 수속비용, 관세, 세금, 그리고 기타경비의 지급을 포함하는 용어.

90 "C"-terms: The terms that require the seller to contract for carriage on usual terms at his own expense. Therefore, a point up to which he would have to pay transport costs must necessarily be indicated after the respective term.

···▸ "C"조건들: 매도인에게 자신의 비용과 통상적인 조건으로 운송계약을 체결할 것을 요구하고 있는 조건들. 그러므로 매도인이 운임을 지급하여야 하는 지점은 각각의 조건 다음에 반드시 표시되어야 한다. 〈서문 9.3〉

91 The FOB contract: Contract which is regarded as a shipment contract and not as an arrival contract. The point of delivery is fixed to the ship's rail and the risk of loss of or damage to the goods is transferred from the seller to the buyer at that very point.

▸ FOB계약: 도착지계약이 아니라 선적지계약으로 간주되는 계약. 인도지점은 선측난간으로 고정되어 있으며 물품의 멸실이나 손상의 위험은 바로 그 지점에서 매도인에서 매수인으로 이전된다.

92 Order: A request or commission to make or supply the goods with a view to contracting as offer.

▸ 청약과 같이 계약할 목적으로 물품을 제조하거나 공급하도록 하는 요구 또는 위탁.

93 Acknowledgement: Declaration of the execution of an order with a view to contracting as acceptance.

▸ 확인: 승낙과 같이 계약을 할 목적으로 주문의 이행에 대한 선언.

94 Purchase order: The document for acquiring goods from vendors.

▸ 구매주문서: 판매자로부터 물품을 획득하기 위한 서류.

95 Sales Note: Sales contract made out by the seller to sell the goods.

▸ 매도약서: 물품을 매매하기 위하여 매도인에 의해 작성된 판매계약서.

96 Purchase Note: Purchase contract made out by the buyer to purchase the goods.

▸ 매수약서: 물품을 구매하기 위해 매수인에 의해 작성된 매수계약서

97 Condition: A future and uncertain event upon the happening of which is made to depend on the existence of an obligation, or that which subordinates the existence of liability under a contract to a certain future event.

Provisions making effect of legal instrument contingent upon an uncertain event.

▸ 조건: 그 발생이 의무의 존재에 따라 이루어지거나 또는 특정 장래의 사건에 계약에 의거한 책임의 존재가 종속되는 장래의 불확실한 사건. 법적 증서의 효력을 불확실한 사건에 따라 부수적으로 하는 규정.

98 **Sales by sample:** A sales contract in which it is the understanding of both parties that the goods exhibited constitute the standard with which the goods not exhibited correspond and to which deliveries should conform.

▸ **견품매매:** 제출된 물품이 제출되지 않은 물품이 일치하고 인도품이 일치하여야 하는 표준을 구성한다는 것이 양당사자의 이해인 매매계약.

99 **Sea-Damaged Terms (S.D.):** The contract on sea-damaged terms is rather more favorable for the buyer than that on tale quale. This contract usually provides either that the seller is liable for damage by sea water in transit or that the buyer shall be entitled to reject grain damaged by sea water or condensation. Damage by sea water is one of the chief perils to which cargoes afloat are exposed. Other are those of sweating and especially in the case of long voyage, weevils.

▸ **해상손상조건(S.D.):** S.D.조건으로의 계약은 T.Q.조건으로의 계약보다 매수인에게 좀더 유리하다. 이 계약은 일반적으로 운송 중의 해수에 의한 손상을 매도인이 책임을 지거나 매수인은 해수 또는 응고에 의한 손상된 곡물을 거절할 수 있다고 규정한다. 해수에 의한 손상은 해상운송 중인 화물이 노출되는 주요 위험의 하나이다. 다른 위험은 한습손의 위험이고 특히 장기항해의 경우에는 바구미이다.

100 **Rye Terms (R.T.):** The contract on rye terms is the most favorable one for the buyer, as it means that the seller guarantees the condition of grain on arrival. This contract does not mean that damaged grain can therefore be refused by the buyer. It indicates that damages may be claimed when the grain delivered is not up to the standard on account of sea damage above a certain percentage that can ordinarily be expected. The seller therefore assumes the risk.

▸ **호밀조건:** 호밀조건으로의 거래는 매수인에 대하여 가장 유리한 조건인데 매

도인이 도착시의 곡물의 상태를 보증하는 것을 의미하기 때문이다. 이 조건은 그러므로 손상된 곡물이 매수인에 의하여 거절될 수 있다는 것을 의미하지는 않는다. 그것은 인도된 곡물이 통상적으로 기대될 수 있는 특정비율 이상의 해상손해 때문에 표준에 이르지 않았을 때 그 손상이 손해배상청구될 수 있다는 것을 의미한다. 그러므로 매도인이 위험을 부담한다.

101 Indent: An order made by the indenter to a foreign exporter (indentee) to purchase certain merchandise at the price specified in it. The indent becomes a binding order only after the indentee has agreed to supply the goods at the price specified.

→ 위탁매입: 그것에 명시된 가격으로 특정물품을 구매하도록 위탁자가 외국의 수출업자(수탁자)에게 행하는 주문. 이 위탁매입은 수탁자가 특정된 가격으로 물품을 공급하기로 합의한 이후에만 구속적인 주문이 된다.

102 Open Indent: An indent that contains no instructions as to the firms supplying the goods.

→ 개방 [매입처미지정] 위탁매입: 물품을 공급하는 기업에 대한 지시를 포함하지 않고 있는 위탁매입.

103 Closed Indent: An indent that specifies the firm or firms, from which the goods must be procured.

→ 특정 [매입처지정] 위탁매입: 물품이 구입되어야 하는 기업이나 기업들을 명시하고 있는 위탁매입.

104 Indent with price limit: An indent that contains instructions as to the price limit at which the indentee can buy the goods.

→ 지정가 위탁매입: 수탁자가 물품을 구매할 수 있는 가격제한에 대한 지시를 포함하고 있는 위탁매입.

105 Indent without price limit: An indent that contains no instructions as to the price limit at which the indentee can buy the goods.

›› 미지정가 위탁매입: 수탁자가 물품을 구매할 수 있는 가격제한에 대한 지시를 포함하지 않고 있는 위탁매입.

106 Limit: The fixed price given by a client to his broker or agent for the purchase or sometimes the sale of any securities or saleable commodities.

›› 지정가격: 어떤 유가증권 또는 판매가능한 상품의 구매 또는 때때로 판매를 위하여 자신의 중개상이나 대리인에게 고객이 제시하는 지정가격.

3 | 국제무역계약실무 기본 이론

1) 무역이란 무엇인가

(1) 무역은 어떻게 시작되었나

① 무역이란

무역이란 국내간 또는 국제간에 행하여지는 상업행위, 즉 상품 · 기술 · 용역 등을 교환 · 매매하는 경제적 활동으로서, 국제간에는 주로 화물의 수출입에 의하여 이루어진다.

② 무역의 역사

무역은 기원전 2500년에서 1500년경 이집트, 앗시리아, 바빌로니아, 페니키아 등지에서 시작되었는데, 이 당시 크레테섬 원주민들은 무역을 주업으로 한 최초의 민족이었다.

무역은 산업발전에 따른 생산력 증가와 교통의 발달로 점차 늘어났는데, 19세기 후반에서 20세기 초반 사이에 급격한 증대를 보였다.

그러나 1914년 제1차 세계대전으로 인해 불어닥친 세계공황으로 경제가 침체되면서, 각국은 자국의 경기회복을 위해 엄격하게 수입을 통제하기 시작했다.

그로 인해 나라마다 수출계획을 세워도 타국의 수입제한에 부딪쳐 저지되면서, 세계무역총량은 감소되었다.

그후 제2차 세계대전을 겪으면서, 각국은 국가간 경제정책에 협조의 필요성을 느끼게 되어, 1944년 7월 미국의 브레튼우즈에서 44개국의 대표들이 모여 브레튼우즈 협정을 맺기에 이르렀다. 이때 합의한 것이 국제간의 금환본위제로 하는 것이었다.

한편 UN 산하에 국제무역기구(ITO)를 두어 세계무역자유화를 꿈꾸었지만 실패하였고, 1947년 10월 '관세 및 무역에 관한 일반협정(GATT)'이 조인되면서 비로소 세계무역자유화의 기틀이 마련되었다.

그러나 1960녀대에는 월남전, 1970년에는 원유파동이 일어나면서 극심한 경기불황과 물가상승이 동시에 나타나는 스태그플레이션이 계속되었는데, 이로 인해 각국은 다시 신보호무역주의 정책을 펴기 시작했다. 그후 우루과이라운드에서는 GATT를 대체하는 강력한 세계무역기구(WTO)를 설립해, 제조업 제품만 아니라, 농산물, 서비스, 직접투자 등도 자유무역 체제에 포함시킴으로써 WTO 체제하의 새로운 국제무역질서가 자리잡게 되었다.

그러나 세계는 자국의 이익을 위해 지역이 같은 여러 나라가 경제연합을 결성해 공동으로 대응하고 있는데, 현재 EU, NAFTA, AFTA, APEC 등이 결성되어 세계는 점점 지역주의 경향이 가속화되고 있다.

(2) 무역 시장조사는 어떻게 하나

① 수출시장조사

어떤 상품이든 수출을 하려면 먼저 수출시장을 개척하고 그에 맞춰 적절한 수출 전략을 세워야 한다.

수출시장조사는 무역을 시작하기 위한 맨 처음 단계이다. 거래를 시작할 때 상대 시장을 알지 못한 상태에서 접근하면, 그것은 총없이 전쟁터에 나가는 것과 다를 바 없다.

즉, 220V를 쓰는 나라를 상대로 110V의 전자제품을 수출하는 것이 불가능하듯이 먼저 상대 시장의 상황을 보다 깊고 정확하게 인식하는 것이 꼭 필요하다.

수출시장조사 방법에는 직접방법과 간접방법이 있다.

직접방법은 회사의 직원을 대상국에 파견하여 필요한 정보를 직접 수집 · 조사하는 방법이고, 간접방법은 국내외 전문 조사기관에 의뢰하여 자료를 입수하거나 대한무역투자공사, 한국무역협회, 상공회의소 등에서 발간하는 조사 자료나 통계 등을 이용해 간접적으로 자료를 수집 · 조사하는 방법이다.

② 신용조사

수출시장조사를 마친 다음에는 거래처를 선정해야 한다.

거래처를 선정할 때는 가장 믿을 수 있는 곳을 선택해야 하는데, 그러기 위해서는 거래 상대방에 대한 신용조사가 필요하다.

무역에 있어 신용조사란 거래처의 신용상태를 조사하는 것으로 다음의 세 가지 조사방법이 있다.

첫째, 은행을 통해 신용상태를 알아보는 방법이다. 거래은행을 통해 상대거래처의 거래은행에 신용상태를 조회해보는 것이다. 은행 간에는 정보교환이 가능하기 때문에 그 회답 내용을 자기가 거래하는 은행으로부터 보고 받을 수 있다.

둘째, 상대 거래처와 거래 관계가 있는 거래처에 의뢰해 상대방의 신용상태를 조사, 보고하게 하는 방법이다. 그러나 신용조회처와 조사대상 회사와의 친밀도에 따라 보고서의 내용이 달라질 수 있는 결점이 있다.

셋째, 상업 흥신소에 의뢰하는 방법이다. 조사대상 회사에 대해 상세한 조사보고서를 얻고 싶을 때 이 방법을 활용한다. 세계적으로 유명한 흥신소로는 던 흥신소(Dun & Bradstre Inc)가 있다.

2) 무역거래는 어떻게 이루어지나

(1) 거래제의와 조회는 어떻게 하나

① 거래제의 방법

시장의 특색과 수요의 성격 등 시장에 대한 조사를 통해 예상 거래처를 선정해서 신뢰할 수 있는 거래처라고 생각되면 거래제의를 해야 한다.

거래제의는 대개 예상 거래처에 우편이나 팩스로 발송하는 방법이 가장 많이 쓰인다. 거래제의서에는 거래제의서를 발송하게 된 경위, 판매(혹은 구매)품목과 조건, 연락처, 인사, 서명 등을 확실하게 기재해야 한다.

② 거래문의

거래처로부터 오는 문의를 조회(Inquiry)라고 한다. 거래제의서를 받은 상대 거래처에서는 거래제의서에 관심이 있을 경우 상품목록(Catalog), 가격표(Price List), 견본(Sample) 등과 구체적인 조건을 문의하는 조회서식을 보내온다.

③ 조회회답

이때 거래제의자는 상대방에게 자신의 회사를 구체적으로 알려 호감을 줄 수 있도록 조회에 응해야 한다. 그러므로 사전에 영문으로 된 회사 안내서(Brochure), 상품목록을 준비해 놓아야 한다.

실질적인 무역교섭의 시작은 거래제의에 대한 상대방의 조회로부터 시작되므로, 수입자로부터 조회를 받으면 수출자는 신속하게 조회사항에 대한 회답을 해야 한다. 이 경우 수입자는 자기가 수입하고자 하는 상품을 골라 이 상품에 대한 청약(Offer) 발송을 요구하기도 한다. 이때 수출자는 지체없이 청약서(Offer Sheet)을 발송해 주어야 한다.

(2) 청약에는 어떤 것이 있나

① 청약(Offer)의 발송

청약(Offer)이란 수출자가 수입자에게 가격, 수량, 품질, 결제, 선적 등의 거래 조건을 예시하며, 매매계약을 체결하고 싶다는 의사표시를 말한다.

보통 청약은 수출자가 수입자에게 발송하는 것이다. 그러나 경우에 따라 수입자가 수출자에게 발송할 때도 있다.

ⓐ 청약의 내용

청약의 내용에는 상품명과 상품번호, 코드번호, 품질, 포장방법, 지급조건, 가격, 운송방법 기타 원산지, 유효기간, 선적기한, 보험종류의 내용이 있다.

그리고 청약 발송시에는 샘플(Sample)과 가격표(Price List)도 함께 발송하는 것을 잊지 말아야 한다.

ⓑ 반대청약

수입자는 청약조건을 자기쪽으로 좀더 유리하게 제시해 다시 보내올 수도 있다. 이런 경우를 반대청약(Counter Offer)이라고 한다. 이렇게 몇 번이고 청약이 오가면서 적정선을 조정하다 보면, 서로 원하는 조건에서 합의하게 되는데, 이때 비로소 거래가 이루어지게 된다.

② 청약의 종류

청약은 기능적인 면으로 볼 때 세 종류로 구분된다.

ⓐ 판매청약과 구매청약

청약의 주체가 판매자인가, 구매자인가에 따라 판매청약과 구매청약으로 분류된다.

판매청약(Selling Offer)이란 수출업자(판매자)가 수입업자(구매자)에게 일정한 조건을 제시하며 매매계약하자고 제의하는 것을 말하며, 구매청약(Buying Offer)이란 반대로 수입업자(구매자)가 수출업자(판매자)에게 제의하는 것을 말한다.

ⓑ 확정청약과 자유청약

청약에 대한 승낙 회답기간의 유무를 기준으로 확정청약과 자유청약으로 나누어진다.

확정청약(Firm Offer)이란 청약의 유효기간이라 할 수 있는 승낙회답기간을 정해 놓은 청약을 말하며, 자유청약(Free Offer)이란 확정청약과 반대로 유효기간이 명시되어 있지 않은 청약을 말한다.

ⓒ 국내청약과 국외청약

청약 발송지가 국내인가 또는 국외인가에 따라 국내청약과 국외청약으로 분류된다.

(3) 주문은 어떻게 하나

① 주문 방법

수출업자의 청약을 수입업자가 승낙하거나 수입업자의 청약을 수출업자가 승낙하면 비로소 매매계약이 체결된다. 수입업자는 수출업자의 견본, 상품 목록, 가격표 등의 자료를 보고 여러 가지 통신수단을 이용해 주문한다. 이때 간단한 주문에는 보통 '주문서한'이 사용되는데, 서한 본문에는 주문내용이 기재된다. 그러나 주문내용이 복잡한 경우에는 형식이 정해진 주문서(Order Sheet)에 주문내용을 기입한다.

수입업자가 주문서를 수출업자에게 보내면, 수출업자는 주문승낙서를 수입업자에게 보냄으로써 비로소 무역계약이 성립된다.

② 승낙서한

승낙이란 상대방의 확정적인 의사표시를 말하며, 이것은 계약이 성립되는 것을 의미한다. 승낙서한을 보낼때는 주문승낙서, 또는 매도계약서를 첨부해야 하며, 상대방의 청약에 대하여 승낙을 하게되면 쌍방간에 계약이 성립된다.

(4) 무역계약은 어떻게 체결하나

① 일반거래조건협정서

수출업자와 수입업자가 상호 승낙을 통해 무역계약이 성립되면 이제 계약서 또는 주문청구서를 작성해야 하는데, 무역환경이 언제 어떻게 바뀔지 모르므로 무역계약은 일반 국내 계약보다 훨씬 더 신중하게 작성해야 한다.

협의를 통해 쌍방에 공통으로 적용되는 일반적인 거래조건들을 결정한 뒤, 이것을 문서화해 서로 교환 소지하게 되는데, 이 문서를 일반거래조건협정서라고 한다.

② 매매계약서

보통 수입업자가 보내온 주문서에 따라 무역거래가 이루어지는 경우엔 매매계약서 대신 수출업자가 발행하는 주문신청서로 대용하기도 한다. 그러나 금액이 많은 장기계약과 같은 경우에는 주문서, 주문청구서 외에 매매계약서를 작성하여 거래 조건을 상세히 기재하고 확인해 두는 것이 중요하다. 무역거래는 언어, 관습이 다른 외국과의 거래이므로 계약을 하다보면 계약조건에 대한 오해나 분쟁이 발생하는 경우도 있으므로, 이런 경우 매매계약서는 객관적인 판단의 기초자료로 매우 중요한 역할을 한다.

3) 무역계약 조건에는 어떤 것이 있나

(1) 무역계약시 갖춰야 할 기본조건

무역매매계약을 체결할 때 반드시 합의가 이루어져야 하는 몇 가지 기본조건이 있다.

첫째, 품질(Quality)에 관한 조건, 둘째, 수량(Quantity)에 관한 조건, 셋째, 가격(Price)에 관한 조건, 넷째, 선적(Shipment)에 관한 조건, 다섯째, 보험(Insurance)에 관한 조건, 여섯째, 결제(Payment)에 관한 조건 이상의 여섯 가지 조건을 '무역계약의 기본조건' 이라고 한다.

① **품질조건(Quality Terms)**

품질조건에서는 품질의 결정방법, 결정시기, 증명방법 등이 고려되어야 한다. 품질을 결정하는 방법에는 견본을 보고 품질을 결정하는 견본매매방법, 설명에 의해 품질을 결정하는 설명매매방법이 있다. 설명매매는 다시 표준품, 상표, 규격, 명세서 매매로 구분된다. 이밖에도 점검매매가 있는데, 이것은 현물을 직접 확인하는 것을 말한다.

ⓐ **견본매매(Sales by Sample)**

견본을 기준으로 하여 거래상품의 품질을 결정하는 방법으로, 대부분의 무역거래가 견본매매로 이루어지고 있다. 견본매매의 경우 수출업자는 거래의 기초가 되는 견본과 선적하는 물품의 품질(Quality), 명세(Description), 상태(State)의 세 가지가 일치하는 물품을 보내야 한다.

ⓑ **설명매매(Sales by Description)**

■ 표준품매매

표준품매매란 견본을 이용할 수 없기 때문에 표준품으로 품질을 결정하는 방법으로, 표준품매매의 품질표시 방법에는 세 가지가 있다.

첫째, 평균중등품질(FAQ)조건으로 곡물의 선물거래에 사용되는 것인데, 동종물품 가운데 품질이 중급정도되는 물품을 인도하기로 하는 조건이다.

둘째, 판매적격품질(GMQ)조건은 외국산 원목이나 냉동어류거래에 사용되며,

수출업자가 인도물품의 판매적격성을 보증하는 조건이다.

셋째, 보통표준품질(USQ)조건은 주로 원면거래에서 사용되는 것으로 공인표준기준에 의하여 결정되는 보통품질을 표준품의 품질로 정하는 조건이다.

■ 상표매매

세계적으로 유명한 상표일경우에는 상표이름만으로도 품질을 믿을 수 있어 따로 견본을 볼 필요가 없다. 이런 걸 상표매매라고 하는데, 예를 들면, 로렉스 시계라든가 니콘 카메라 등이 여기에 해당한다.

■ 규격매매

수출국의 공적 규정에 의하여 거래상품의 규격이 정해져 있는 경우에는 견본을 이용할 필요가 없다.

■ 명세서매매

차량, 의료기기, 선박 등 견본을 이용하기가 곤란한 경우에는 명세서를 보고 품질을 결정한다. 그러므로 명세서에는 재료, 성능, 구조 등에 대해 상세히 설명되어 있어야 하며, 때로 보조적인 설명을 위해 청사진이나 설계도 등이 추가로 제시되기도 한다.

② 수량조건(Quantity Terms)

ⓐ 수량단위

· 중량(Weight)–g, kg, ton: 원재료의 경우 거의 중량단위로 거래한다.
· 용적(Measurement)–cbm(입방미터), cft(입방피트): 모래나 액체류의 거래에 사용된다.
· 개수(Number)–Piece, Dozen, Gross(144개): 잡화나 기계, 완구등의 거래에 사용된다.
· 포장(Pakage): 원면, 시멘트 등의 거래에 사용된다.
· 길이(Length)–Meter, Feet, Yard: 직물, 전선 등의 거래에 사용된다.
· 면적(Square)–SF: 타일, 합판 등의 거래에 사용된다.

ⓑ 수량의 결정시기

대량의 덩어리 화물의 경우는 하역작업이나 해상수송중 사정으로 습도나 온도의 변화에 따라 적하품의 중량에 증감이 발생할 수 있다. 따라서 수출업자는 수량을 확인하는 시점에 따라 선적수량조건과 양륙수량조건 중 하나를 선택해야 한다.

수량의 결정시기에 대한 특약이 없는 경우에는 선적수량조건이 결정되고, 원재료, 농수산물, 광산물의 경우에는 양륙수량조건으로 거래한다.

ⓒ 과부족인용조건

화물의 성질상 곡물이나 광산물 같은 경우에는 정확하게 계약수량을 인도하기가 어렵다. 이 경우 선적수량조건, 양륙수량조건 중 어느 것을 채용하더라도, 약간의 손실이나 소모가 있기 마련이다. 따라서 수출업자는 약간의 손실로 인해 클레임이 제기되는 것을 막기 위해 계약시 수량 앞에 'about, approximately' 등의 문자를 붙여야 한다. 그러므로 'About, Approximately' 등의 표현이 씌어 있는 문서의 경우는 10% 이내의 과부족을 허용하고 있다.

③ 가격조건(Price Terms)

ⓐ 거래통화

어느 나라의 통화로 표시할 것인가의 문제는 양 당사가가 서로 협의하여 결정해야 한다. 왜냐하면 동일한 명칭의 통화라고 하더라도 통용국가에 따라 통화의 대외 가치가 다르기 때문이다.

ⓑ 가격산정

무역거래에서는 인코텀즈에 규정되어 있는 정형거래 조건 중 어느 하나의 조건을 가격산정의 기준으로 채택한다.

정형거래조건은 단순히 계산조건을 나타내는 것일 뿐만 아니라, 수출업자가 부담해야 하는 의무에 대해서도 정의되어 있다.

④ 선적조건(Shipment Terms)

선적조건에는 어디(Where)에서 어떠한 방법(How)으로 언제(When) 인도할 것인지에 대해 약정되어 있어야 한다. 그래야 선적에 무리가 없고 분쟁의 소지도 없앨 수 있다.

'어디에서' 선적하느냐 하는 것은 FOB, CIF 등의 '정형거래조건'에 이미 결정되어 있고, 또 '어떠한 방법'으로 대금을 결제할 것인지는 대금결제 방법과 관련되므로 '결제조건'에서 약정한다. 따라서 '선적조건'에서는 화물을 언제 인도할 것인지 하는 인도시기만을 약정한다. 무역거래의 경우 약속한 상품을 어떤 특정일에 인도한다는 것은 매우 어려운 일이다. 그러므로 특정일이 아니라 특정기간으로 약정하게 된다.

ⓐ 선적시기(Shipment Times)

무역의 특성상 선적시기는 단월 또는 연월로 나누는 것이 보통이다.

■ 단월(單月)조건

예를 들어, 선적조건을 5월 선적이라고 정하면 5월1일부터 5월31일까지 수출업자는 계약상품을 선적하면 된다.

■ 연월(連月)조건

예를 들어 선적조건이 3~5월일 경우에는 3월1일부터 5월31까지 사이에, 특약이 없는 경우 1회 선적으로 발송하면 된다.

ⓑ 분할선적(Partial Shipment)

분할선적이란 계약상품을 여러 번으로 나누어 시간간격을 두고 선적하는 것으로, 수입업자가 분할선적을 원할 경우 분할 횟수, 수량, 선적시기 등을 계약조건에 명시해 놓아야 한다.

ⓒ 환적(Trans Shipment)

환적이란 선박에서 선박으로, 또는 자동차에서 철도 등으로 수출상품을 옮겨 싣는 것을 말한다. 단 거래계약서에 '환적금지'라는 문구가 있는 것은 환적이 불가능하다.

⑤ 보험조건(Insurance Terms)

화물을 해외로 운송하는 경우 반드시 해상보험에 가입해 두는 것이 좋다. 그래야 불의의 재난시 보상받을 수 있다.

해상수송 도중에 폭풍우, 또는 암초에 부딪혔을 때 등 예기치 못한 일들로 인해 손해를 입었을 경우에는 보험회사가 이를 보상해 준다. 만약 수출업자가 보험에 들지 않은 채 운송 도중 사고가 나면 그로 인해 발생되는 손해는 모두 수출업자가 책임을 져야 한다. 그러므로 보험이 부보되지 않은 무역거래는 거의 없으며, 어느 한쪽이든 부보하지 않으면 무역거래는 실현되지 않는다.

부보의 범위를 구약관에서는 손해의 형태를 기준으로 단독해손 부담보(FPA), 분손담보(WA), 전위험담보(A/R)로 나누고, 신약관에서는 손해의 원인을 기준으로 ICC(A), ICC(B), ICC(C)로 나누고 있다.

⑥ 대금결제조건(Payment Terms)

수출업자 입장에서는 계약 직후에 대금을 받을 수 있다면 가장 안전한 방법이겠지만, 수입업자 쪽에서는 상품도 받지 않고 지불을 하게 되면 약속한 상품이 제대로 입수되지 않을 지도 모른다는 불안함을 갖게 마련이다. 따라서 양쪽의 이해를 어떻게 균등하게 절충시키느냐가 문제가 되는데, 이것을 해결하는 방법으로 나온 것이 바로 '화환어음' 결제방법이다.

화환어음 결제방법이란 수출업자는 무역품 발송과 동시에 외국환은행에서 어음의 대금을 지급받을 수 있고 수입업자는 화환어음의 지급과 동시에 무역물품을 입수하는 방법이다.

무역대금의 결제를 시기에 따라 나눠보면 세가지 방법이 있다.

ⓐ 선지급(Advance;선불)

수입업자가 주문과 동시에 무역품의 대금을 지급결제하는 방법으로 주문불(CWO;cash with order)이라고도 한다.

ⓑ 동시지급(Concurrent)

무역상품이 목적지에 도착하면 수입업자가 직접 상품을 검사한 후, 수출대금을 선적과 동시에 결제하는 방법이다.

· 현금상환지급방식(COD): 무역상품 선적시 대금을 지급하는 방식
· 서류상환지급방식(CAD): 서류 상환시 대금을 지급하는 방식
· 일람출급신용장방식(At Sight L/C): 신용장을 제시하는 대로 즉시 대금을 지급하는 방식

ⓒ 후지급(Deferred;후불)

무역상품이 수입지에 도착한 후 일정 기간이 경과된 후 지급하는 방식이다. 수입업자에게 유리한 방법으로, 수입업자는 물품을 입수하여 검사한 뒤 대금을 지급한다.

(2) 인코텀즈에 수록된 정형거래조건

① 인코텀즈(Incoterms)

인코텀즈란 ICC가 중심이 되어 제정한 '무역조건의 해석에 관한 국제규칙'을 말한다. 1936년 제정된 이래, 여섯 번이나 삭제 또는 추가, 보완 작업을 거쳐, 2000년에 다시 개정된 인코텀즈에는 13가지 정형거래조건이 수록되어 있다.

오늘날 실제 거래에서는 대부분 정형거래조건을 이용해 무역계약이 이루어지고 있으며, 특히 매매계약 산출에 있어서 범세계적으로 가장 널리 채택되어 사용되고 있다.

② 정형거래조건

ⓐ 공장인도(EXW)조건

정형거래조건 중 수출업자의 의무가 가장 적은 조건이다. 수출업자가 자신의 영업장에서 계약과 일치하는 무역물품을 수입업자의 임의처분상태로 적치하는 방법으로, 수입업자가 물품을 인수 가능하도록 두었을 때 수출업자의 인도의무가 완료되는 조건이다. 따라서 무역계약이 체결되면 수출국에서의 수출허가 취득 및 수출통관 의무는 수입업자의 의무에 속하게 된다. 뿐만 아니라 물품의 운송에 들어가는 모든 비용과 위험을 수입업자가 책임져야 하므로 수입업자에게 불리한 조건이다.

ⓑ 운송인인도(FCA)조건

수출업자가 수출통관을 마친 무역물품을 지정된 장소, 즉 인도지역에서 수입업자가 지정한 운송인의 관리하에 물품을 인도하였을 때 수출업자의 인도의무가 끝나는 조건이다. 이 조건에서는 인도인의 관리하에 물품이 입수된 이후에는 수입업자가 운송비와 보험료를 지급해야 하며, 이때의 운송비와 보험료는 매매가격에 포함되지 않는다.

ⓒ 선측인도(FAS)조건

수출업자가 미리 약속된 선적항에 적치하는 방법으로 인도할 때 수출업자의 인도의무가 완료된다. 선측인도조건은 해상, 내수로 운송의 경우에만 사용된다.

ⓓ 본선인도(FOB)조건

수출업자가 수출통관을 마친 무역품을 약속한 선적항에 인도하는 정형거래조건이다.

ⓔ 운임포함(CFR)조건

수출업자가 해상운송계약이나 내수로운송계약을 체결하고서 운임을 지급한 후 수출통관을 마친 무역물품을 선적항에서 본선의 선상에 인도하는 조건이다. 이 조건에서는 수출통관 및 물품인도전까지의 비용은 수출업자가 부담하며, 무역물품이 본선에 인도된 이후의 비용은 수입업자가 부담해야 한다.

ⓕ 운임 · 보험료포함(CIF)조건

운임포함조건에 해상보험료를 합한 것으로, 수출업자가 해상운송 및 내수로운송과 해상보험계약을 체결하고서 운임과 해상보험료를 지급한 후, 수출통관을 마친 무역물품을 선적항에서 본선의 선상에 인도하는 조건이다.

ⓖ 운송비지급(CPT)조건

운임포함조건과 비슷한 조건으로 수출업자가 약속된 목적지까지 운송계약을 마친 후 최초의 운송인의 관리하에 인도하는 조건이다.

ⓗ 운송비 · 보험료지급(CIP)조건

운송비지급조건에 보험료가 가산된 조건으로, 운송 도중 일어날 수 있는 화물손상에 대비해 적하보험을 체결해야 하는 조건이다. 이 조건은 운송비지급조건 및 운송인인도조건과 마찬가지로 복합운송을 포함하는 모든 운송방식에 이용이 가능한 조건이다.

ⓘ 국경인도(DAF)조건

수출업자가 무역물품을 국경의 약속된 인도장소에서 수입업자의 임의처분하에 인도하는 조건이다.

ⓙ 착선인도(DES)조건

수출업자가 무역물품을 지정목적항 본선의 선상에서 수입업자의 임의처분하에 인도하는 시점에 수출업자의 인도의무가 완료되는 조건이다.

ⓚ 부두인도(DEQ)조건

부두인도조건은 수출업자가 수입지의 지정된 목적항의 부두상에서 수입업자가 계약물품을 임의 처분할 수 있도록 함으로써 그 의무가 완료되는 조건이다.

ⓛ 관세미지급 인도(DDU)조건

계약물품을 관세미지급상태로 수입국의 지정장소에서 수입업자가 인수가능하도록 인도하는 조건이다.

ⓜ 관세지급 인도(DDP)조건

수출업자가 무역물품을 수입국내의 약속된 장소에서 관세지급상태로 수입업자의 임의처분 상태로 인도하는 시점에 수출업자의 인도의무가 끝나는 조건이다.

4 국제무역계약관련 절차

(1) 국제무역계약 성립 절차

(1) 시장조사(market research)

⇩

(2) 거래선의 발굴(seeking connections)

⇩

(3) 신용조회(credit inquiry)

⇩

(4) 거래제의(circular letter; business proposal)

⇩

(5) 조회(inquiry)

⇩

(6) 오퍼(offer)

⇩

(7) 반대오퍼(counter offer)

⇩

(8) 승낙(acceptance)

⇩

(9) 계약(contract)

5 국제무역계약관련 필수 영단어

■ 당사자 관련 대명사 표현

· we: 당사(our company)
· you: 귀사(your company)
· they: 동사(their company)
· our bank: 당사의 거래은행(회사), 당행(은행)

■ 기업 · 상품관련 단어

기업 : company, concern, house, firm, corporation
· Co. Inc.(Incorporated): 미국회사
· Co. Ltd., Pty. Ltd.: 호주, 남아공(Pty=Proprietary)
· (Pte.) Ltd.: 영국(Pte.=Private)
· Parent Company: 모회사
· Subsidiary Company: 자회사
· Holding Company: 지주회사
· Affiliated Company: 계열회사
· Cooperative: 협동조합
· Partnership: 합명회사
· Limited Partnership: 합자회사

상품
· goods(상품, 화물, 물품), merchandise(시장에서 매매되는 물품), commodity, article, product, manufacture, item(품목), line(제품계열), ware(세공품)

■ 무관사 집합적 물질명사

종류
· merchandise(상품), furniture(가구), clothing(의류), produce(농산물), stationery(문방구), machinery(기계류), crockery(그릇류), food(음식)

특징
· ① 관사를 쓸 수 없고, ② 단수취급으로 단수동사 사용, ③ 양을 나타낼 때 much와 little로 수식, ④ 수를 셀 때는 a piece of~, an article of~, two pieces of~등으로 표현.

거래당사자 관련 용어

거래기준별 거래당사자의 명칭

구 분	수출업자	수입업자
매매관계	Seller(매도인)	Buyer(매수인)
무역관	Exporter(수출업자)	Importer(수입업자)
신용장관계	Beneficiary(수익자)	Applicant(개설의뢰인)
선적관계	Shipper, Consignor(송화인)	Consignee(수화인)
어음관계	Drawer(발행인)	Drawee(피발행인)
계정관계	Accounter(채권자)	Accountee(채무자)
지급관계	Payee(수취인)	Payer(지급인)

기타 거래당사자 및 거래 관련 표현

기타 거래당사자

- principal: 본인
- agent: 대리인
- selling agent: 판매대리인
- buying agent: 매입대리인
- sub-agent: 하위대리인
- sole agent: 총 대리점
- wholesaler: 도매업자
- retailer: 소매업자
- distributor: 유통업자
- self-addressed envelope: 반송용봉투
- request: 요청, 요구(requirement, demand)

거래 관련 표현

- extensive trade: 폭넓은 거래
- square business: 공정한 거래(fair trade)
- business proposal: 거래제의
- business terms: 거래조건(trade terms)
- prospect of business: 거래전망
- mode of business: 거래방법(way of doing business, way of business, business method)
- business call: 거래선의 방문
- spot transaction: 현물거래(spot dealing)
- line of business: 영업종목(business items, handling terms, description of business, kind of business, outline of business)
- policy of business: 영업방침(business policy)
- scale[size] of business: 영업규모

- business standing[status]: 영업상태
- business site: 영업장소(location of business, place of business, premises)
- right of business: 영업권
- office[working]hour: 영업시간
- business guide: 영업안내
- business office: 영업소
- results of business[operation]: 영업실적
- well-established exporter: 잘 설립된 수출업자
- long-established importer: 오래 전에 설립된 수입업자
- seasonal merchandise: 계절상품
- summertime product: 여름상품
- a strong[good] seller: 잘 팔리는 상품
- rapidly selling merchandise: 회전이 빠른 상품
- hit product: 히트 상품
- merchandise line: 취급 상품
- higher margin market: 고부가가치 상품시장
- promising market: 유망한 시장
- production capacity: 공장생산능력
- advertising budget: 광고예산
- advertising agency: 광고회사
- contract terms: 계약조건
- propriety technology: 독자기술
- leading-edge technology: 첨단기술
- price range: 가격 대
- overseas[foreign]sales: 해외매상[매출]
- sales territory: 영업담당구역
- business hours: 영업시간
- world-class company: 세계기업
- listed[quoted]company: 상장기업
- import barrier: 수입장벽
- non-tariff barrier: 비관세장벽
- trade friction: 무역마찰
- agent agreement: 대리인[점]계약
- agent commission: 대리인[점]수수료
- reliable firm: 신뢰할 수 있는 회사

· right firm: 적절한 회사
· line of business: 영업종목
· responsible dealers: 책임있는 취급업자
· good favour: 좋은 호의
· full details: 완전한 세목
· booklet: 소책자
· selling outlet: 판매경로
· quotation: 견적서
· sole agency: 독점대리권
· good turnover: 좋은 매상고
· connection: 거래관계
· high-priced line: 고가품
· credit inquiry: 신용조회
· 3C' s: character(상도덕), capacity(거래능력), capital(지급능력)
· 5C' s: 3C' s+(condition(거래조건), collateral(담보능력), currency(거래통화), country(소속국가) 중 2개)
· credit reference: 신용조회처
· trade reference: 동업자 신용조회처
· credit information: 신용정보
· commercial agency: 상업흥신소
· credit report: 신용조사보고
· good credit status[standing]: 양호한 신용상태
· integrity: 성실성(sincerity)
· reputation: 명성
· reputable position: 명성있는 지위
· attitude toward business: 영업태도
· willingness to meet obligation: 채무변제 애행태도
· financial status[standing]: 재정상태
· authorized capital: 수권자본
· paid-up capital: 납입자본
· turn-over: 매출액, 매상고
· career: 경력
· goodwill: 영업권
· candid opinion: 솔직한 의견(frank opinion)
· net worth: 순자산

· current account: 당좌계정
· scope of one' s transactions: 거래의 규모
· trade circles: 사업계, 무역업계
· valuable information: 가치있는 정보
· prompt attention: 조속한 배려
· the company mention: 문제의 회사, 해당회사(the company in question)
· captioned house: 언급된 회사
· monthly limit of credit: 월간 신용한도
· punctual delivery: 정확한 인도
· trade inquiry: 거래조회
· inquiry: 조회(enquiry)
· letter of inquiry: 조회장(서신)
· large inquiry: 대량의 조회(big inquiry, bulky inquiry)
· further inquiry: 추가적인 조회
· many inquiry: 많은 조회
· brisk inquiry: 활발한 조회
· new inquiry: 새로운 조회
· numerous inquiry: 무수한 조회
· seller' s sample: 매도인 견본
· buyer' s sample: 매수인 견본
· original sample: 원견본
· counter sample: 반대견본
· shipping sample: 선적견본
· sample of [no] commercial value: 유상상품[무상견품]
· a full [complete] range [set] of samples: 견본일체
· brisk [active, good, strong, great] demand: 많은 수요
· feeler sample: 시험견본(test sample)
· quality sample: 질이 좋은 견본
· pattern: (n) 견본, 표본(옷감)(sample)
· offeror: 청약자
· offeree: 피청약자
· offer sheet: 청약서, 물품매도확약서
· buying offer: 매입[매수]청약(buyer' s offer, bid)
· selling offer: 매도청약(seller' s offer)
· firm offer: 확정청약

- free offer: 불확정청약
- counter offer: 반대청약
- original offer: 원 청약
- combined offer: 복합청약
- offer subject to prior sale: 선착순매도조건부[잔고조건부] 청약(offer subject to being unsold)
- offer subject to seller's final confirmation: 매도인 최종확인부 청약
- offer on sale or return: 판매 후 잔품 인수조건부 청약
- offer on approval: 점검[승인]부 청약
- offer without engagement: 예약불능 청약
- offer by cable: 전신청약(cable offer)
- offer from some person: 어떤 사람으로부터의 청약
- advantageous [favorable] offer: 유리한 청약
- attractive offer: 매력적인 청약
- large offer: 대량의 청약
- small offer: 소량의 청약
- validity of offer: 청약기한(offering period)
- promise: 약속
- promisor: 약속자
- promisee: 수약자
- agreement: 합의, 협정서
- a contract of sale of goods: 물품매매계약
- mutual assent: 상호합의
- existing goods: 현존품
- future goods: 미래품
- specific goods: 특정물
- unascertained goods: 불특정물
- draft-agreement: 협정서초안
- consensual contract: 합의계약, 낙성계약
- bilateral contract: 쌍무계약
- remunerative contract: 유상계약(compensatory contract)
- informal contract: 불요식계약
- formal contract: 요식계약
- consideration: 약인
- exclusive contract: 독점계약

· master contract: 포괄계약
· case by case contract: 개별계약
· divisible contract: 가분계약
· entire contract: 불가분계약
· force majeure: 불가항력
· proper law: 준거법(governing law)
· implied terms: 묵시조건
· express terms: 명시조건
· jurisdiction: 재판관할
· purchase contract: 매수계약서, 매입계약서
· sales contract: 매매계약
· sales note: 매(도)약서
· purchase note:매(수)약서
· contract sheet: 계약서
· actual delivery: 현실적 인도
· constructive delivery: 추정적 인도
· delivery by attornment: 양도승인에 의한 인도
· symbolic delivery: 상징적 인도
· property: 소유권
· beneficial right [interest]: 수익권[수익이익]
· security right [interest]: 담보권[담보이익]
· possession: 점유권
· concurrent condition: 동시이행조건
· conditions subsequent: 해제조건
· precedent condition: 정지조건
· termination of contract: 계약의 종료
· mutual rescission: 상호해제
· contract under seal: 날인계약
· repudiation of performance: 이행거절
· failure of performance: 이행해태
· fundamental breach: 중대한 위반, 기본적 위반
· immaterial breach: 사소한 위반(partial breach)
· frustration of contract: 계약목적 달성불능
· warranty: 담보
· trade terms: 무역조건

· international rules for the interpretation of trade terms: 무역조건의 해석을 위한 국제규칙
· any other mode of transport: 다른 운송방식
· a documentary credit: 화환신용장
· transfer of ownership: 소유권이전
· other property rights: 기타 재산권
· breaches of contract: 계약위반
· exemptions from liability: 의무의 면제
· the incorporation of standard terms: 표준조건의 삽입
· individually negotiated terms: 개별협상조건
· the consequences of breach of contract: 계약위반의 결과
· applicable law:준거법
· contemporary commercial practice: 동시대의 상관습
· the reception point: 인수지점
· customs clearance: 통관
· payment of duty obligations: 관세지급 의무
· the loading and unloading obligations: 선적 및 양륙 의무
· demurrage charges: 체선료
· principle of good faith and fair dealing: 선의의 원칙과 공정거래
· customs brokers: 통관업자
· freight forwarders: 운송주선업자
· an ingredient in the trade term itself: 무역조건 그 자체에서의 한 요소
· inspection of the goods: 물품의 검사
· pre-shipment inspection: 선적전 검사
· premature passing of risk and costs: 위험과 비용의 조기이전
· appropriation: 충당
· arrival contracts: 도착지 계약
· critical points: 분기점
· the allocation of risk: 위험의 배분
· freight collect: 운임후불
· congestion: 체선, 체화
· labour disturbances: 노동쟁의
· liner terms: 정기선 조건
· misnomer: 오용, 오기
· charterparty: 용선계약서

· proof of delivery: 인도증명
· bill of lading: 선화증권
· sea waybill: 해상운송장
· transport document: 운송서류
· incontrovertible proof: 명백한 증거
· Institute Cargo Clauses: 협회화물약관
· Institute of London Underwriters: 런던보험자협회
· insurance cover: 보험부보
· minimum cover: 최소부보
· medium cover: 중간부보
· theft, pilferage: 도난, 발화
· most extended cover: 최대 확장 부보
· signify arrival contract: 도착지계약을 나타내다
· evidence departure [shipment] contract: 출발지[선적지]계약을 나타내다
· these commonly used variants: 이러한 일반적으로 사용되는 변형
· collecting vehicle: 집화차량
· authoritative definitions: 권위있는 정의
· terminal handling charges: 터미널처리 비용
· stowage and trimming of the goods: 물품의 적입과 트리밍
· intra-European Union trade: 유럽연합내 거래
· other free trade areas: 다른 자유무역지대
· registration of successive holders of a bill of lading: 선화증권의 연속적인 소지인의 등록
· liner way bill: 정기선 운송장
· freight receipts: 화물수취증
· variants of such expressions: 그러한 표현들의 변형
· "no-disposal" clause: "처분불능"약관
· order sheet: 주문서(indent)
· repeat order: 재주문
· initial order: 초기주문
· trial order: 시험주문
· additional order: 추가주문
· regular order: 정기주문
· small order: 소량주문
· large order: 대량주문

· the goods ordered: 주문품
· execution of order: 주문의 이행
· acceptance of order: 주문의 인수[승낙]
· cancellation of order: 주문의 취소
· shipment of an order: 주문품의 선적
· invitation of order: 주문의 권유
· Sale Note: 매(도)약서
· Purchase Note:매(수)약서
· confirmation of order: 주문확인서
· settlement of account: 대금결제
· sales by sample: 견본매매
· sales by standard: 표준품매매
· sales by specification: 명세서매매
· salse by inspection: 점검매매
· price: 가격(cost, value, quotation)
· market price: 시장가격
· maximum price: 최고가격(highest [ceiling] price)
· minimum price: 최저가격(lowest [rock-bottom] price)
· retail price: 소매가격
· wholesale price: 도매가격
· present price: 현재가격(ruling price)
· domestic price: 국내가격
· fixed price: 정가
· invoice price: 송장가격
· basic price: 기본가격
· export price: 수출가격
· factory price: 공장가격
· net price: 정미가격
· contract price: 계약가격
· cost price: 매입가격
· reasonable [moderate, fair, right, low, inexpensive] price: 적당한 가격, 저렴한 가격
· stiff price: 터무니없이 비싼 가격
· competitive price: 경쟁가격
· high [expensive] price: 높은 [비싼] 가격

· list price: 목록가격
· price asked: 요청가격(price named)
· quoted price: 견적가격(price offered)
· price rise: 가격 인상(price raising)
· discount: 할인 가격(reduced [bargain] price)
· unit price: 단가
· bargain price: 특매가격
· consignment without limit: 자유 [시가] 위탁(시가에 맡기는 위탁)
· consignment with limit: 지시위탁(판매가격의 최저한을 지시)
· quantity: 수량(volume)
· delivered quantity: 인도수량
· contract quantity: 계약수량
· shipped quantity: 선적수량(loaded quantity)
· quantity available: 입수가능 수량
· quantity buying: 다량 매입
· quantity certificate: 수량증명서
· additional quantity: 추가수량
· full [entire] quantity: 전체수량
· considerable [enormous, large] quantity: 상당한 수량
· sufficient quantity: 충분한 수량
· quantity discount: 수량할인
· a quantity discount of 10%: 10%의 수량할인
· wrong quantity: 틀린 수량
· more or less clause [terms]: 수량과부족허용조항[조건]
· landed quantity terms: 양륙수량조건
· shipped quantity terms: 선적수량조건
· Long Ton = 2,240 lbs (영국톤)
· Short Ton = 2,000 lbs (미국톤)
· Metric Ton = 2,204 lbs (프랑스톤)
· small gross: 12 × 10 = 120
· gross: 12 × 12 = 144
· great gross: 12 × 12 × 12 = 1,728
· acceptance of the contract quantity: 계약수량의 수락
· deficiency of quantity: 수량부족(shortage)
· difference in quantity: 수량상이

· determination of quantity: 수량의 결정
· maximum quantity acceptable: 최대 인수가능 수량
· minimum quantity acceptable: 최소 인수가능 수량
· quality sample: 품질견본
· quality terms: 품질조건
· standard quality: 표준품질
· average quality: 평균품질
· contract quality: 계약품질
· Fair Average Quality: 평균중등품질(F.A.Q.)
· Good Merchantable Quality: 판매적합품질(G.M.Q.)
· Usual Standard Quality: 보통품질, 통상품질(U.S.Q.)
· landed quality terms: 양륙품질조건
· shipped quality terms: 선적품질조건
· medium quality: 중등품질
· prime quality: 1등품질
· excellent [superior] quality: 우수품질
· best quality: 최상품질
· inferior quality: 열등품질
· quality certificate: 품질증명서
· quality control: 품질관리
· quality determination: 품질결정
· quality guarantee: 품질보증(guarantee of quality)
· bad quality: 조악품질
· quality analysis: 품질분석
· debasement: 품질저하(deterioration in quality)
· complaint of quality: 품질에 대한 불만
· difference in quality: 품질차이
· improvement of quality: 품질의 개선
· inspection of quality: 품질의 검사
· superiority of quality: 품질의 우수성
· perfect [sound, genuine] quality: 완전한 품질
· export packing: 수출포장
· inner packing: 내장
· outer packing: 외장
· packer: 포장인

· bad packing: 불량포장
· durable packing: 내구성 포장
· inadequate [inferior, faulty] packing: 부적절 포장
· packing materials: 포장재료
· packing included: 포장비 포함
· packing charges [expenses]: 포장비
· packing list: 포장명세서
· packing instructions: 포장지시
· packing marks: 포장주의 표시
· package: 포장용기
· packing method: 포장방법
· carton: 종이상자(paper case)
· caution mark: 주의표시(care mark)
· handle with care: 취급주의
· fragile: 깨지기 쉬움
· time of delivery [shipment]: 인도[선적]기일, 납기(delivery [shipping] date)
· earliest delivery [shipping] date: 최단기 인도[선적, 납기]
· the possible time of shipment: 가능한 선적기일
· immediate [prompt, urgent] shipment: 조속한 선적
· shipment during January: 1월 선적(January shipment)
· shipment during July/August: 7/8월 선적
· delivery [shipment] within two months: 2개월 이내의 인도[선적]
· shipment by June 30: 6월 말까지 선적(shipment not later than June 30)
· punctual shipment: 정시선적
· final [last] shipment: 최종선적
· early shipment: 조기선적
· monthly shipment: 월별선적
· regular shipment: 정기선적
· partial shipment: 분할선적
· first shipment: 제1회 선적
· deferred shipment: 지연선적
· delay in shipment: 선적지연

6 국제무역계약관련 필수 영숙어

· at once: 즉각적으로(promptly, without loss of time)
· on receipt: 수취하자마자, 수취시에(at the moment of receipt, as soon as you receive, when you receive)
· by separate post[mail]: 별도우편으로(under separate post, separately)
· for: ~에 대하여, ~에 관련하여
= with regard[respect, reference] to
= regarding, respecting, concerning, referring[relating] to
= as regards, as for, as to
· be of service[help] to you: 귀사에게 도움이 되다.
· replace[substitute] A by[with] B: A를 B로 대체하다.
· substitute A for B: B 대신에 A를 사용하다.
· the above goods: 상기의 제품(the captioned goods, the above-mentioned goods)
· at work: 작동중인(in operation, working, in motion)
· in case (that): ~ 하는 경우(provided (that), providing (that), so that, in case of + 구)
· agree with + 사람: ~ 와 동의하다(consent to), ~에게 적합하다(suit, fit)
· agree to + 사물 (의견, 조건, 계획): ~에 동의하다.
· match: ~와 동등하다, 일치하다(be up to, correspond with, be in accord [accordance, agreement, line]with)
· look forward to + ing: ~을 고대하다(anticipate, long for)
· apologize for: ~에 대해 사과하다(make[offer] an apology for)
· apologize to A for B: A에게 B에 대해 사과하다.
· be in a position to do: ~할 수 있다.(be capable of + ing, be able to do, can)
· tap new markets: 시장을 개척하다
· hit the market: 출시하다
· conduct business: 영업하다(carry on[engage in, handle, do, run, operate] business)
· trade in: 영업을 하다(make a business of)
· break up business: 영업을 그만두다(close[discontinue, give up, wind up] business)

- secure business: 거래를 확보하다
- retire from business: 거래에서 손을 떼다
- leave a business in one's hand: 거래를 맡기다
- increase business: 거래를 늘이다
- kill a business: 거래를 망치다
- deal with a firm: 한 기업과 거래하다(do a deal with a company, carry on transaction with a concern)
- look for a trade connection: 거래선을 찾다(seek a new business relationship)
- have business relation with: ~와 거래 관계가 있다(have trade connec tions with, have been in business relation with, have an account with, be doing business with)
- conclude a contract of business agreement: 거래 관계를 맺다(establish business relations)
- open an account: 거래를 시작하다(commence a business, start a business, open business, set up business, establish a business, enter into a business relation, do business)
- close a business: 거래를 끝내다.
- offer a business relation: 거래 관계를 신청하다.
- discontinue one's business relation: 거래 관계를 끝내다(break off one's business relation)
- open an account with: ~와 거래를 개시하다(enter into business relations with, do business with, get in touch with, be in business relations with)
- establish[open, enter into, start] business connections with: ~와 거래를 개시하다
- look forward to~ing: ~을 기대하다
- upon[on] receipt of: ~을 받는 즉시, 받는 대로
- hear from: ~로부터 소식을 듣다(출처)
- hear of[about]: ~에 대해 듣다(내용)
- replying to: ~에 대한 응답으로(answering, in reply to, in reference to)
- place[put] A on the market: A를 시장에 내놓다
- enjoy[have] a good reputation: 좋은 명성을 유지하다
- be (not) in a position to do: ~할 수 있다.(없다)
- have some connections in: ~에 약간의 거래관계를 가지고 있다.

· there is no demand[market] for A: A제품에 대한 수요가 없다
· be engaged in~ing: ~에 종사하다(be occupied in, take service in)
· be engaged in exporting: 수출에 종사하다
· introduce A to B: A를 B에게 소개하다
· operating[running] at [one's full] capacity: 완전 가동되는
· be out of stock: 품절이다(be exhausted [cleared], be no longer in stock)
· extend our business to one's market: 당사의 사업을 어느 시장으로 확대하다
· expand our trade: 당사의 거래를 확대하다
· the last word of this line: 이러한 품목의 최신[상] 제품
· to a mutual profit: 상호이익이 되게
· a narrow [large] margin of profit: 적은[많은] 이윤[이문]
· communicate directly with: ~와 직접 연락[교환]하다
· refer to: ~에게 조회하다
· learn your name: 귀사 명을 알다
· considerable experience and know-how: 상당한 경험과 노하우
· as a trial: 시험적으로(on a trial basis)
· early and favorable reply: 조속하고 우호적인 응답
· place an order with: ~에게 주문하다
· for your information [reference, guidance]: 참고로
· prospective selling agent: 전망 있는 판매 대리인
· command excellent sales: 잘 팔리다
· enter into nice and agreeable business: 좋은 거래를 시작하다
· as a reference: 신용 조회처로서
· inquire about + 회사, inquire for + 상품: 조회하다
· owe A to B: A는 B의 덕분이다.
· their sincere way of conducting [doing] business: 사업을 행하는 성실한 방법
· make[offer] an apology for one's fault: 잘못을 사과하다
· furnish A with B: A에게 B를 제공하다(furnish B to A)
· without any responsibility: 어떤 책임도 없이
· on our part: 당사측에서(on our end[side])
· with regard to: ~에 관하여(in respect to [of], in reference to, as for [to], concerning)

· for one's files: 자료용으로
· be of [some, great] service to: ~에게 [약간, 크게] 도움이 된다.
· refer A to B: A에게 신용조회처로 B를 언급하다
· treat ~in (strict) confidence: 극비로 취급하다 (treat ~as (strictly, absolutely) confidential, keep[consider] ~confidential)
· be held [kept, treated] as strictly confidential: 극비로 취급되다
· feel disposed to: ~하고 싶은 기분이다(feel inclined to, feel like~ing)
· be responsible for:~에 책임을 지다(answer for, take [assume] the responsibility for [of])
· assume no responsibility for: ~에 대해 책임을 부담하지 않다
· maintain an account with: ~와 거래를 유지하다
· to our satisfaction: 당사가 만족스럽게
· meet one's commitments [obligations]: 채무를 변제하다
· supply A with B: A에게 B를 제공하다(furnish [provide] A wiht B)
· upon your request [demand]: 귀사의 요청시에, 귀사가 요청할 때(at one's request)
· be good for this amount: 이러한 금액을 지급할 수 있다.
· under negotiation: 조회[교섭]중(be working, be negotiation)
· inquire for: 조회하다(상품)(inquire about(회사), make an inquiry for)
· refer to a matter: ~에 대해 조회하다
· have a good inquiry for some goods: 어떤 상품에 대한 좋은 조회가 있다
· receive inquiries on some goods: ~에 대한 조회를 접수하다(receive inquiries for some goods)
· solicit inquiries for: ~에 대한 조회를 권유하다
· cable an inquiry for: ~에 대한 조회를 타전하다
· free of charge: 무료로(no charge, gratis, without pay)
· by separate post: 별봉으로(under separate cover, by another post [mail], separately)
· in reply to: ~에 대한 응답으로(in response [answer] to, replying to, answering)
· be up to: ~에 달하다(be equal to, conform to)
· be in the market for: ~을 사려고 하고 있다. ~을 구하고 있다(be ready to buy)
· your samples at their face value for our order: 당사의 주문에 대한 액면가의 귀사의 견본

· be suitable for:~에 적합하다
· be acceptable to:~에 수용할 수 있다
· on credit: 신용[외상]으로
· in cash: 현금으로
· take [receive] order: 주문을 받다
· have no capacity to do: ~할 능력이 없다(cannot)
· on favorable terms: 우호적인 조건으로
· at your present prices: 귀사의 현재가격으로
· make every effort: 최선을 다하다(do one's best [utmost], try one's utmost)
· look forward to ~ing: 기대하다
· at a small charge: 얼마 안되는 요금으로
· at moderate charge: 적당한 요금으로
· accept an offer: 청약을 승낙하다
· extend an offer: 청약을 연장하다
· make an offer: 청약하다(offer, submit an offer)
· make a counter offer: 반대청약하다
· renew an offer: 청약을 갱신하다
· hold [keep] an offer open [good, valid, effective]: 청약을 유효하게 하다(leave an offer valid [effective, open, good, in force])
· offer remains in force until: 청약이 ~일까지 유효하다(offer holds valid for a period of)
· offer firm subject to your reply here(received by us, reaching us [here]) by~: ~일까지 귀사의 응답을 조건으로 확정 청약하다
· offer A firm: A에게 확정 청약하다(give [make] A a firm offer)
· make A a firm offer for B: B제품에 대한 확정청약을 A에게 하다
· cancel an offer: 청약을 취소하다
· confirm an offer: 청약을 확인하다
· modify an offer: 청약을 수정하다
· have an offer from: ~로부터 청약을 수취하여 있다.
· at the price of: ~의 가격으로
· as (you) requested: 요청한 바와 같이(complying with [in accordance with] your request)
· conditional on: ~을 조건으로 하는
· without notice: 통지없이

- in compliance with: ~에 일치하여, ~에 따라(in conformity with, as requested in, complying with, in accordance with, in line with)
- reject~ing: ~하는 것을 거절하다
- refuse to R.V.: ~하는 것을 거절하다
- enter into a contract: 계약을 맺다
- execute an agreement: 협약을 작성하다, 계약을 작성하다
- rescind the contract: 계약을 파기하다[최소하다]
- terminate this Agreement: 계약을 종료시키다
- be valid [effective, in force] on[by] October: 10월 1일에[까지] 발효하다
- be automatically renewed for another period of two years: 다음 2년의 기간 동안에 자동적으로 갱신되다.
- be conducted on the following terms and conditions: 다음과 같은 조건으로 이루어지다.
- in accordance with the terms and conditions given below: 하기의 조건에 따라
- for the sale of the Products within the Territory: 그 영역내에서 동물품의 매매를 위하여
- appoint the Agent: 대리인을 지정하다
- act as principals to principals [agents]: 본인대 본인[대리인] 자격으로 행동하다
- on their own account and responsibility: 자가의 계산과 책임으로
- unless otherwise especially specified: 달리 명시되지 않는 한
- if otherwise not stipulated: 달리 규정되지 않는 한
- if no other conditions are particularly agreed on: 어떤 다른 조건이 특별히 합의되지 않는 경우
- except in circumstances beyond the seller's control: 매도인의 통제를 벗어난 상황을 제외하고
- except in cases where firm offers are accepted: 확정청약 승낙되는 경우를 제외하고
- unless otherwise stated in fax, telex or letters: 팩스, 텔렉스 또는 서한에서 달리 규정되지 않는 한
- be quoted on(the basis of) CIF New York in U.S Dollars: 미달러화로 CIF뉴욕가격으로 견적되다
- including the date of despatch: 타전일자를 포함하여
- subject to a variation 10% plus or minus: 10%의 과부족을 조건으로

· at seller's option: 매도인의 선택으로(at the option of the seller)
· have the option of reselling the contracted goods: 계약물품을 전매할 선택권을 가지다.
· for buyers' account: 매수인의 계정으로
· be filed within thirty (30) days: 30일 이내에 제기되다
· from the date of final discharge of the goods: 물품의 최종양륙일자로부터
· at destination: 목적지에서
· accompanied by proof certified by an authorized surveyor: 공인감정인에 의해 인증된 증명서가 수반된
· waive any claim: 어떤 클레임을 포기하다
· be made out in U.S. Dollars: 미 달러화로 작성되다
· claims payable in New York: 보험금은 뉴욕에서 지급될 수 있음.
· hold seller harmless from liability for any infringement: 매도인이 어떤 권리침해에 대한 책임으로부터 해를 입지 않도록 하다(hold seller irresponsible for any infringement)
· be equal to the sample: 원견본과 동일하다(comply with the pattern, come up to the swatch)
· the sample on which an order is given: 주문이 이루어진 견본
· be covered subject to ICC(A): ICC(A)조건으로 부보되다(be insured on ICC(A), be insured on ICC(A))
· be covered on ICC(A) including War Risks: 전쟁위험을 포함하여 ICC(A)조건으로 부보되다
· be correct in all details: 모든 세목에서 정확하다
· have any objection to: ~에 반대하다, ~에 이의가 있다.
· subject to the Agreement previously exchanged: 이전에 교환된 협정서의 적용을 받는
· cure the breach: 위반을 시정하다
· be compensated by the defaulting party: 위반자에 의해 보상되다
· present a bill of lading or other maritime document to the buyer: 매수인에게 선화증권 또는 다른 해상서류를 제시하다.
· place the goods at the disposal of the buyer: 물품을 매수인의 처분상태로 두다.
· at destination: 목적지에서
· owing to various impediments: 다양한 장애에 기인한

· improve upon the drafting and presentation of Incoterms: 인코텀즈의 초안과 제시를 개선시키다.
· invite views and responses to successive drafts: 연속적인 초안에 의견과 반응을 요청하다
· bring the goods to the place of destination: 물품을 목적지까지 운송[운반]하다
· mirror the position of the buyer: 매수인의 지위를 반영하다
· with respect to the same subject matter: 동일한 주제에 대하여
· fulfill his delivery obligation: 자신의 인도의무를 이행하다
· be bound to accept delivery of the goods: 물품의 인도를 수락하여야 한다
· not conform to the stipulations in the contract of sale: 매매계약에서의 규정과 일치하지 않다.
· lie entirely outside the scope of Incoterms: 전적으로 인코텀즈의 영역밖에 있다.
· be made available to the buyer: 매수인에게 이용가능하게 되다
· in connection with the import: 수입과 관련하여
· best suit his purpose: 자신의 목적에 가장 적합하다
· pass the ship' s rail: 선측난간을 통과하다
· conform with contractual or official stipulations: 계약상의 또는 공적 규정에 일치하다
· have a continuing commercial relationship: 지속적인 상거래관계를 가지다
· through the medium of brokers: 중개를 통하여
· in bulk without identification of the quantity: 수량의 확인없이 벌크상태로
· no more than: 단지
· retain the traditional principle of the seller' s minimum obligation under EXW: EXW조건하에서 매도인의 최소의무의 전통적인 원칙을 유지하다
· be loaded on a collecting vehicle: 집화차량에 선적되다
· not unloaded from the seller' s vehicle: 매도인의 차량으로부터 양륙되지 않은
· take out insurance: 보험계약을 체결하다
· bear the insurance cost: 보험비용을 부담하다
· fall within the category of shipment contracts: 선적지계약의 범주에 속하다

· by a usual route: 통상의 항로로
· in a customary manner: 관례적인 방법으로
· fall upon the buyer: 매수인에게 귀착되다, 매수인의 부담이다
· be relieved of any further risk: 어떤 추가적인 위험이 면책되다
· as the preferred mode of payment: 선호되는 지급방식으로서
· be necessarily for the account of the buyer: 반드시 매수인의 계정[부담]이다
· procure several contracts of carriage: 수개의 운송계약을 주선하다
· transhipment of the goods at intermediate place: 중간장소에서의 물품의 환적
· with the addition of the word "afloat": "항해중" 이란 단어가 추가된
· regard these expressions as equivalent to CFR: 이러한 표현을 CFR과 동일한 것으로 간주하다
· contain a reference to the charterparty: 용선계약서에 대한 참조를 포함하다
· create problems particularly in connection with documentary credit transactions: 화환신용장거래와 관련하여 특별하게 문제를 야기하다
· contain clauses or notations expressly declaring a defective condition of the goods and/or the packaging: 물품 및/또는 포장의 결함상태를 명시적으로 선언하는 조항이나 단서를 포함하다
· be shipped in conformity with the stipulations of the contract of sale: 매매계약의 규정에 따라[에 일치하게]선적되다
· constitute the shipper's declarations: 화주의 선언을 구성하다
· only "said to be" as inserted in the document: 서류에 삽입된 대로 단지 "인 것으로 언급된"
· be responsible for stowing the container: 컨테이너 적입에 대하여 책임을 지다
· procure insurance for the benefit of the buyer: 매수인을 위하여 보험을 조달하다
· limit the seller's insurance obligation to the minimum cover: 매도인의 보험의무를 최소부보로 제한하다
· insurance against war, riots, civil commotion, strikes or other labour disturbance: 전쟁, 폭동, 소요, 동맹파업 또는 기타 노동쟁의에 대한 보험
· the party domiciled in the country concerned: 관련국가에 거주하는 당사자

· fulfil an important function: 중대한 기능을 수행하다
· owe the other an obligation: 타당사자에게 의무를 부담하다
· make a contract of insurance: 보험계약을 체결하다
· rely on a well-established custom of the trade: 잘 확립된 거래관습에 의존하다
· to the effect that: that이하의 취지로
· the risk of fortuitous loss of or damage to the goods: 물품에 대한 우연한 멸실이나 손상의 위험
· be put to much unnecessary trouble and cost: 불필요한 많은 곤란과 비용에 처하게 되다
· go beyond the stipulations of Incoterms: 인코텀즈의 규정을 능가하다
· with precision: 정확하게
· keep themselves duly informed of: 자신들이 정히 통지받도록 하다
· clarify their legal position: 자신들의 법적 지위를 명확히 하다
· have the right or duty to name: 지정할 권리나 의무를 가진다
· passing the goods through coustoms of the country of export or import:물푼을 수출 또는 수입국가의 세관을 통하여 통관시키는 것
· clear the goods through customs: 물품을 통관시키다
· acting there on his behalf: 그곳에서 그를 대리하는
· clear the goods for import: 수입을 위해 물품을 통관하다
· depart from this under the trade terms EXW and FAS: 거래조건 EXW와 FAS하에서 이것으로부터 일탈하다[일치하지 않다]
· as a consequence thereof: 그 결과로서
· vary according to the type and duration of the transport envisaged: 예정된 운송 형태와 기간에 따라 다양하다
· at the time of the conclusion of the contract: 계약체결시에
· be arranged in his own interest: 자신을 위해서 준비되다
· comply with any mandatory rules applicable to the export of the goods: 물품의 수출에 적용되는 어떤 강제규칙에 부응하다
· out of place: 부적합한, 부적절한
· stowed in containers or loaded on lorries or wagons: 컨데이너에 적입되거나 트럭이나 유개차에 선적되다
· tender the proper document to the buyer: 매수인에게 적절한 서류를 제공하다
· proof of delivery of the goods on board the vessel: 본선상에서의 물품의 인도증명

- evidence of the contract of carriage: 운송계약의 증거
- a means of transferring rights to the goods in transit to another party: 운송중인 물품에 대한 권리를 제3자에게 이전하는 수단
- by the transfer of the paper document: 종이서류의 이전에 의해
- name the party entitled to receive the goods at destination: 목적지에서 물품을 인수할 권리가 있는 자를 지정하다
- issue bills of lading in several originals: 수통의 원본으로 선화증권을 발행하다
- be received in good order and condition: 양호한 상태로 수취되다
- selling the goods in transit: 운송중 물품을 판매하는 것
- be prevented from disposing of the goods by giving new instructions to the carrier: 운송인에게 새로운 지시를 함으로써 물품을 처분하는 것을 하지 못하게 하다
- contain such a barring function: 그러한 방지 기능을 포함하다
- have resort to ICC Arbitration: ICC중재에 회부하다
- your utmost cooperation in this matter: 이 문제에 대한 귀사의 최대협력
- for their own account: 동사 자신의 계정으로
- draw [withdraw, take out] one' s custom from A: A로부터 물건을 사지 않다
- give one' s custom to A: A를 단골로 하다
- on consignment: 위탁판매조건으로
- as principals to principals: 본인 대 본인으로서, 본인 대 본인 자격으로
- General terms and conditions of business: 일반거래조건
- be at the seller' s option: 매도인의 선택사항이다
- make out: 작성하다
- have any objection to: ~에 반대하다
- beyond the seller' s control: 매도인이 통제할 수 없는
- take A as B: A를 B로 간주하다(regard [look upon, think of, consider] A as B)
- in due course: 오래지 않아
- on a freight collect basis: 운임후불조건으로
- quote A for B: B제품에 대하여 A에게 견적하다(quote A B)
- order: 주문하다(give [pass, place, send, make] an order)
- be no market [demand] for A: A에 대한 수요가 없다
- out of make: 생산이 중단된

· in the make: 제작[건설]중
· reserve the right to do:~할 권리를 유보하다
· give A a trial order: A에게 시험주문하다
· accept an order: 주문을 인수하다
· cancel an order: 주문을 취소하다
· execute [fill, fulfil, carry out] an order: 주문을 이행하다
· confirm an order: 주문을 확인하다
· decline an order: 주문을 거절하다
· close an order: 주문을 종결하다
· have large orders: 많은 주문이 있다.
· receive a large order: 대량의 주문을 접수하다
· have many orders in hand: 접수한 많은 주문을 가지고 있다.
· ship an order: 주문을 선적하다
· place repeat orders with A: A에게 반복적으로 주문하다
· prove [turn out] suitable for: ~에 적합하게 되다
· be on the rise [advance]: 상승세이다
· above the market price: 시장가격보다 높게
· below the market price: 시장가격보다 낮게
· Price rise [gain, advance]: 가격이 상승하다
· Price fall [decline, loose]: 가격이 하락하다
· raise [advance, go up, run up] in price: 가격이 오르다
· name [set, mark] a price: 가격을 정하다
· quote: 가격을 견적하다(estimate, figure out)
· accept a price: 가격을 수락하다(agree to a price)
· sell for small prices: 저렴한 가격에 팔리다
· sell some goods at a discount of 10%: ~10%할인으로 제품을 판매하다
· give A a special discount of 5% off: ~에서 5%의 특별 할인을 A에게 제공하다
· export some goods at a price below cost: 원가이하의 가격으로 물품을 수출하다
· set a price on some goods: 어떤 물품에 대한 가격을 정하다
· reduce [bring down, lessen, lower, cut(down)] a price by ~%: ~%정도 가격을 내리다
· raise [uplift, advance, hike, increase] a price by ~%: ~%정도 가격을 올리다

- exceed the minimum quantity: 최소수량을 초과하다
- estimate quantity: 수량을 견적하다
- inspect quantity: 수량을 검사하다
- accept the whole quantity: 전수량을 인수하다
- specify a quantity: 수량을 명시하다
- obtain quantities: 대량을 입수하다
- offer a substantial quantity: 상당한 수량을 제공하다
- ship some goods in equal monthly quantities: 매월 등량으로 물품을 선적하다
- deliver the contract quantity: 계약수량을 인도하다
- maintain [keep up to, retain] quality: 품질을 유지하다
- secure [obtain] a quality: 품질을 확보하다
- debase quality: 품질을 저하시키다
- standardize qualities: 품질을 표준화하다
- vary in quality: 품질에서 변화가 있다.
- Quality tallies with a standard: 품질이 표준과 일치하다
- check quality: 품질을 점검하다
- complain of quality: 품질을 불평하다
- be of good [superior] quality: 좋은 품질이다
- be of bad [inferior] quality: 나쁜 품질이다
- be the same quality as~: 품질이 ~와 동일하다
- be above the average quality: 품질이 표준 이상이다
- be below the average quality: 품질이 표준 이하이다
- be equal to the sample: 품질이 견본과 같다(be the same quality as the sample)
- be of superior quality to~: 품질이 ~보다 우수하다
- be of inferior quality to~: 품질이 ~보다 열악하다
- be in full quality to the grade: 품질이 규격과 동일하다
- come up to: ~에 미치다, 이르다(be equal to)
- No Throw Down: 던지지 말 것
- repack the goods: 물품을 재 포장하다
- unpack goods: 포장을 열다(open packing)
- The goods must be packed: 물품은 포장되어야 한다.
- pay attention to the packing: 포장에 주의하다
- pack the goods carefully: 물품을 신중하게 포장하다

- pack the goods so as to·withstand the damage: 손상에 견딜 수 있도록 물품을 포장하다
- pack the goods into case: 물품을 상자에 넣다
- delivery [shipment] within three months after receipt of order: 주문 수취 후 3개월 이내의 인도[선적]
- shipment [delivery] as contracted [stipulated]: 계약된[규정된] 대로의 선적[인도]
- complete [execute] shipment: 선적을 완료[이행]하다
- request prompt shipment: 조속한 선적을 요구하다
- ship the goods in three monthly instalments: 화물을 3개월 할부 선적하다
- press shipment: 선적을 독촉하다
- promise shipment: 선적을 약속하다
- request [demand] shipment: 선적을 요구하다
- guarantee shipment: 선적을 보증하다
- keep the time of shipment: 선적일을 지키다
- effect [make] shipment: 선적하다
- delay shipment: 선적을 연기하다
- expedite shipment: 선적을 조속히 하다
- extend shipment: 선적기일을 연장하다
- ship the goods by October 10: 10월 10일까지 선적하다(effect shipment by October 10)
- inform how soon the goods will be delivered: 인도기일을 알려주다 (advise how long it will take to make shipment)

7 국제무역계약관련 핵심 무역영어 용법

1) 회사의 표현

(1) 「주식회사」의 표현

- Company(Co.): The General Motors Company, Hyundai Motors Company

· Limited (Ltd.): Hitachi Limited, Daelim Works, Ltd.
· Company, Limited (Co., Inc.): LG Corning Co., Ltd.
· Company, Incorporated (Co., Inc.): The Brown Co., Inc., Gerge Lynch & Co., Inc.
· Incorporated (Inc.): Time Inc. CBS Sony. Inc.
· Corporation (Corp.): Daewoo Motors Corporation

cf. Corporation의 용법

미국에서는 민간기업의 법인에 사용된다.

영국에서는 국영기업에 사용된다.

(2) 「회사」

· company, firm, corporation, concern ; business concern
· house ; business house ; business organization, office

(3) 「상사」

· trading concern ; commercial concern
· business house ; trading house ; commercial house
· general [integrated] trading company (종합상사)
· specialized trading company (전문상사)

(4) 귀시 (貴市)의 회사

"a firm in your city" 및 "a firm of your city"를 일부러 구별해 보면 전자의 in은 「장소」의 in 이므로 「귀시(貴市)에 있는 회사」를 뜻하고 「소재관계」에 중점을 둔 것이고 후자의 어느 「소속」의 of이므로 「귀시에 속하는 회사」를 뜻하고 「소속관계」에 중점을 둔 것이고, 다음의 문례에서 in 및 of의 용법을 보기로 한다. ①, ②는 in의 용례 ③, ④는 of의 용례이다.

① We are exporters of Silk Piece Goods and wish to do business with a reliable firm in your country.

② We have learned from our friends in San Francisco that you are one of the first-class manufacturers and exporters of air-conditioners in the United States.

③ Your name have been given by Messrs. Wilson & Co. of New York.

④ We shall be grateful if you will inform us in confidence of the solvency of Brown & Co. of your city.

①, ②는 in 앞에 firm, exporters 등의 보통명사가 오고 ③, ④는 Wilson & Co., Brown Co.처럼 어느 것도 of 앞에 고유명사가 온다.

2) introduce(소개하다)

introduce 라는 동사가 가장 일반적으로 사용되는 문형은 다음과 같다.

· introduce + 명사 + to + 명사(사람, 회사 등)

☞ introduce a new product to a customer

직접목적어가 긴 경우에는 그 문장을 알기쉽게 하기 위하여 순서를 거꾸로 한다. introduce to you a new product that our supplier has developed 신제품을 시장에 소개하는 경우에는 introduce는 다음의 문례처럼 사용된다.

· introduce + 명사〈상품〉 (+ into[in] = 명사 〈시장등〉)

☞ Sambo Inc. has recently introduced a new data-base service.

☞ introduce a new model personal computer in the U.S. market.

「당사를 한국의 일류수출업자로서 당사를 귀사에 소개한다.」

(×) We would like to introduce us to you as korea' s leading exporters.

(○) We would like to introduce ourselves to you as korea' s leading exporters.

3) HOWEVER와 THEREFORE의 용법

(×) We are pleased to receive your order. however the goods you order are out of stock.

(×) We specialize in household goods. therefore we are able to meet your meed.

위와같은 영어는 흔히 볼 수 있는데 HOWEVER, THEREFORE는 어느 것도 부사이므로 접속사처럼 절과 절을 연결하는 역할을 할 수 없다. 위의 예문은 다음과 같이 접속사 but, so를 사용하여

· We are pleased to receive your order, but the goods you order are out of stock.

· We specialize in household goods, so we are able to meet your need. 로 하거나,

또는 HOWEVER, THEREFORE를 살리려면 두 개의 글로 나누어

· We are pleased to receive your order. However, the goods you order are out of stock.

· We specialize in household goods. Therefore, we are able to meet your needs. 로 하거나,

또는 세미콜론(semicolon)을 사용하여

· We are pleased to receive your order; however, the goods you order are out of stock.

· We specialize in household goods; therefore, we are able to meet your need. 로 하여야 한다.

또한 두 낱말 모두 글중에서 사용될 때에는 그 낱말의 앞과 뒤에 콤마(comma)가 필요하다.

· We are pleased to receive your order; the goods you order, however, are out of stock.

· We specialize in household goods; we, therefore, are able to meet your need.

4) be interested in

be interested in~(~에 관심이 있다, ~에 흥미가 있다)는 다음 두 가지 용법으로 사용된다.

(1) be interested in 뒤에 상품명만을 쓰는 경우

이 경우, 그 상품을 수입하고 싶어하는지 수출하고 싶어하는지는 context(문맥)나 situation(상황)을 보면 알 수 있다.

예 ① We are now particularly interested in computers.

▸ 당사는 현재 특히 컴퓨터에 관심이 있다.

② He is much interested in this proposition.

▸ 그는 이 제안에 큰 흥미를 갖고 있다.

(2) be interested in 뒤에 동명사가 오는 경우

· We are interested in importing [purchasing] computers and computer products from your country.

▸ 당사는 귀국으로부터 컴퓨터 및 동제품을 수입[매입]하는데 관심이 있다.

※ 이 경우 in the import [the purchasing] of~와 같은 명사구문을 사용하면 글이 문어체가 되어 좋지 않다.

5) RECOMMEND & SUGGEST, WISH & HOPE

「이 특별오퍼를 이용할 것을 권유한다」를

(○) We recommend you to avail yourselves of this special offer. 로 할 수 있는데

(×) We suggest you to avail yourselves of this special offer. 로는 할 수 없다.

suggest는 recommend처럼 suggest + 사람 + to 부정사라는 표현는 할 수 없다.

recommend, suggest는 모두 that절을 수반할 수 있다.

· We recommend that you should avail yourselves of this special offer.

· We suggest that you should avail yourselves of this special offer.

미국에서는 should를 생략하는 경우가 많다.

이와 마찬가지로 wish 및 hope에 대해서도

(○) We wish you to place regular orders with us. 로 할 수 있는데

(×) We hope you to place regular orders with us. 로 할 수 없다.

둘다 that 절을 수반할 수 있다.

We wish that you will place regular orders with us.

We hope that you will place regular orders with us.

이 밖에 동사 + 사람 + 부정사의 형을 취하는 동사는 다음과 같다.

advise, allow, ask, compel, enable, encourage, entitle, expect, force, help, induce, instruct, invite, oblige, request, require, want, etc.

6) in (on ; at) the market

in the market ; on the market ; at the market의 차이점을 보면 다음과 같다.

「시장은 의류시장처럼 거래가 행하여지는 구체적인 장소를 나타내는 경우, 유럽시장처럼 일정지역을 가리키는 경우 이 밖에 어느 특정의 경우 거래관계상황 그 자체를 가리키는 경우의 세가지 종류로 나눌 수 있다. 국제무역에서 「시장」이라하면 후자의 두 개의 경우를 가리키는 경우가 보통이다. 그 어느 경우에서도 「시장에서」 라는 부사구로서 또는 「시장에서의」라는 형용사구로서 in the market나 on the market가 사용되며, at the market는 구체적인 장소(시장)의 경우에 사용된다. We bought these radios at the market. 무역거래에서는 at the market를 사용하는 상황은 거의 발생하지 않는다.

무역거래에서는 「시장에서(는)」 이라는 경우에 in the market를 사용하는 것이 일반적이다.

(a) We are looking for the goods which can be sold at 10 dollars or less in our market.

→ 당사는 이곳 시장에서 10달러 이하로 판매가능한 상품을 찾고 있다.

(b) Your goods are very popular in this market.

→ 귀사의 상품은 이곳 시장에서 대단한 인기가 있다.

(c) Mr. R. Hammond reports a large demand for this machine in his market.

→ R. 하몬드씨로 부터의 보고에 의하면 그의 시장에서 이 기계에 대한 수요가 크다고 한다.

at the market(시가 (市價)로)는 at the market price의 뜻이다.

· It will not be easy to buy your requirements at the market.

→ 귀사의 수요를 시가로 구입하는 것은 쉽지 않을 것이다.

put (or place)~on the market~을 발매하다

· ABC Company placed their new computer on the market in June.

→ ABC 회사는 6월에 컴퓨터의 신제품을 시장에 내놓았다.

7) information의 수(數)

information은 불가산명사이므로 복수형으로 할 수 없고 부정관사도 붙지 않는다. 「각종의 정보」를 informations로 하지 않고 information from various sources 또는 many kinds of information으로 해야된다.

(1) a piece of information (한개의 정보)

(2) a little information (소량의 정보)

(3) a small amount of information (소량의 정보)

(4) a considerable amount of information (상당한 양의 정보)

(5) up-to-date information (최신의 정보)

(6) We hope this information will be of use to you. (이 정보가 귀사에 유용하게 될 것을 희망한다.)

(7) If you need any additional information concerning these changes, please let us know. (귀사가 이들 변경된 추가정보를 필요로 한다면 알려 주십시오.)

8) inconvenience과 trouble의 용법

(1) We regret we have given you much trouble.

(2) We regret we have given you much inconvenience.

(3) We regret we have caused you much trouble.

(4) We regret we have caused you much inconvenience.

위의 문례들은 문법적으로 맞는다. 동사를 give로 하느냐 cause로 하느냐가 문제인데, 사전에는 give trouble이나 give inconvenience의 문례도 많다. native speakers에 의하면 cause를 사용하는 것이 좋다고 한다. 따라서 다음과 같이 표현하는 것이 좋을 것이다.

(1) We regret we have caused you inconvenience.

(2) We regret we have caused inconvenience to you.

(3) We regret we have inconvenienced you.

(4) We regret we have put you to inconvenience.

9) 한국어에 영향받은 잘못 ①

「~인데~」라는 조사는 영어로 but, although로 번역하기 쉽다. 예컨대 「당사는 20년간 자전거를 수출하고 있는데, 이번에 미국에 지점을 개설하려고 한다.」

(×) We have been exporting bicycles for twenty years, but we intend to open a branch in the United States.

(○) We have been exporting bicycles for twenty years, and we intend to open a branch in the United States.

「의」는 항상 전치사 of로 번역해서는 않되고 in을 사용해야 되는 경우가 많다.

「수요의 증가」

(×) an increase of demand

(○) an increase in demand

「색의 차이」

(×) a difference of color

(○) a difference in color

10) 상품에 대한 표현

(1) Goods: 항상 복수이다. 따라서 this goods 으로 할 수 없고 the goods 또는 these goods 로 해야 된다. goods를 사용하여 「이 화물」이라고 표현한 때에는 This article(unit, piece) of the goods가 된다. many goods 또는 three goods 라고 할 수 없고 three articles (units, pieces) of the goods로 해야 된다. 동사도 복수 동사가 온다. These goods are mine.

- goods in stock (재고품)
- goods in process (제조과정)
- goods in bond (보세품)
- goods in hand (소지품)
- goods made to order (주문품)
- defective goods (결함품)
- rejected goods (불합격품)
- manufactured goods (완성품)
- semi-manufactured goods(미완성품)
- piece goods (옷감, 피륙)

(2) article: 품목, 물품의 뜻이고 가산명사(countable noun)이다.

- article(s) of export (수출품)
- article(s) of food (식료품)
- article(s) of furniture (가구)
- article(s) of utility (실용품)
- inflammable article(s) (가연성 상품)
- toilet articles (화장품)

(3) Merchandise: 시장에서 판매되는 goods란 뜻의 이 낱말은 불가산명사(uncountable noun)이므로 -s를 붙이지 않는다.

Ex. No merchandise can be returned. (반품사절)

(4) Commodity(상품, 물품, 산물, 화물): 복수형으로 사용할 수 있다.

예 household commodities(가정용품), staple commodities(중요상품),

prices of commodities(물가), general merchandise(일반상품, 잡화)

(5) Product(산물, 제품): 천연산품 및 공업품의 양쪽의 뜻을 가지고 있다. countable noun이므로 단수, 복수 다같이 사용된다.

예 a Korean manufacture.

그러나 「제조, 제작」의 뜻을 가진 명사는 uncountable이다.

예 iron manufacture.

· natural products (천연산물)
· agricultural products (농산물)
· fishery products (어산물)
· forestry products (임산물)
· industrial products(공업제품)

(6) 기타: product(농산물,수확물), ware(제품, 세공품), item(품목), line(품종), line of business(업종), shipment(적하품), cargo(화물), consign ment(적하품)

11) machinery(기계류), equipment(설비), facilities(시설)

(1) machinery: 「기계(류)」를 의미한다. 불가산명사이므로 복수형도 없고 부정관사가 붙지 않는다.
이것은 받는 동사로 단수형뿐이다.

(×) There are many machineries in our factory.

(○) There is much machinery in our factory.

(2) equipment: 「설비」를 의미한다. 불가산명사이므로 부정관사가 붙지 않는다.

· This hospital has not much medical equipment.
  ➡ 이 병원에는 의료설비가 많지 않다.

다만 "equipment"는 의미가 바뀌는데, 복수형이 될 수도 있다. 또한 앞에 형용사가 있으면 부정관사를 붙일 수 있다.

· a sufficient equipment (충분한 설비)
· laboratory equipments (실험실의 개개의 기구)
· laboratory equipment (실험설비)

(3) "facilities"는 「시설, 설비, 기관, 편의」라는 의미가 있다. 통상 복수형으로 사용된다. "facilities' 와 복합한 명사는 다음과 같다.

· communication facilities 통신시설

· manufacturing (production) facilities 생산시설

· storage facilities 창고보관시설

(4) 「기계」 equipment, machinery, machine의 차이

equipment는 어떤 특정 목적을 달성하는 데 필요한 모든 기계, 도구, 기구, 설비 등에 관한 일반적인 용어이다. 예컨대, production equipment는 어떤 제품을 생산하는데 필요한 모든 것을 포함한다.

equipment는 uncountable noun이므로 부정관사를 취할 수 없고 복수로도 사용할 수 없다. 앞에 형용사가 오는 경우 부정관사를 붙일수 있고 복수로 할 수 있다.

machinery도 uncountable noun으로서 기계류의 일반적인 용어이다.

a machine은 개개의 기계의 뜻으로서 countable noun이다. 개개의 기계는 a piece of machinery 또는 a piece of equipment로 표현할 수도 있다.

12) 시장(market)에 관한 표현

(1) 시장을 찾는다(to find a market for)

· They are finding very large markets for their own products all over the world.

→ 그 회사는 세계 각 처에 그 회사의 제품을 위한 큰 시장을 찾고 있다.

(2) (~을) 시장에 출하하다

to put... on sale, to put [place, offer]... on the market, to market, to release

· SAMSUNG will put the newest models on the market soon.

→ 삼성은 곧 시장에 최신 모델을 출하할 것이다.

(3) (~을) 시장에서 구하고 있다 (to be in the market for)

· Sears Roebuck is in the market for the more sophisticated computers.

→ 시어스, 로벡은 보다 더 고성능의 컴퓨터를 시장에서 구하고 있다.

13) 부정관사의 유무

(1) 가산(Countable) 보통명사라도 다음과 같은 경우, 부정관사는 생략된다.

① 관용화되어 있는 표현

· be separate mail (post), under separate cover, by sample post,

· by surface mail, by rail, by ship, etc.

② 관직(보통 그 일을 하는 사람이 오직 한 사람인 경우)을 나타내는 명사가 보어 또는 동격어의 역할을 하는 경우

· Mr. Brown was elected president of ACME Trading Company.

· Mr. Anderson, chairman or RCA Corporation, is said to be credited with the recovery of this Corporation.

③ office of, post of, rank of, title of의 다음에 오는 명사

· In a short time he rose to the rank of vice president.

(2) 불가산(Uncountable) 추상명사, 고유명사는 다음과 같은 경우 부정관사를 부친다.

① 추상명사가 수식어를 수반하고 있는 경우

· We have a considerable demand of PC.

· We do a good business with you.

② 고유명사가 보통 명사화되어 상품명 등을 나타내는 경우

· We are thinking of two Sonatas instead of a BMW.

비교: We want to employ a typist and stenographer.

→ 당사는 타자도 치고 속기도 할 수 있는 사람 1명을 고용하기를 원한다.

· We want to employ a typist and a stenographer.

→ 당사는 타자원 1명과 속기사 1명을 고용하기를 원한다.

14) demand(수요)의 수(數)

(1) demand(수요) 앞에 「대소, 강약」을 나타내는 형용사 (great, large, considerable, steady, moderate, small 등)가 붙는 경우에는 다음의 문례처럼 부정관사가 붙는다.

· There is a steady demand here for high-class goods of this type.

→ 이러한 종류의 고급품에 대해서는 이곳에서 확고한 수요가 있다.

· A growing demand for this item can be expected in this market.

→ 이곳 시장에 있어서 이 품목에 대한 수요의 증대가 기대된다.

(2) 다만 much나 부정의 의미인 little이 붙는 경우에는 다음의 문례처럼 부정관사가 붙지 않는다.

· There is not much demand for his book.

→ 그의 책에 대한 큰 수요가 없다.

· There is little demand for the goods.

→ 그 상품에 대해서는 거의 수요가 없다.

또한 demand에 형용사가 붙어 있어도 「대소, 강약」을 나타내지 않는 경우에는 foreign demand, worldwide demand, domestic demand처럼 부정관사가 붙지 않는다.

「대소, 강약」을 나타내는 형용사에 대해서도 in ~demand의 경우에는 붙지 않는다.

① This article is in great demand. (이 품목은 수요가 크다.)

② The machine is in strong demand.

(3) demand가 단독으로 추상적으로 사용되는 경우에는 관사가 붙지 않는다.

· We are working three shifts, but we cannot meet demand.

→ 우리들은 3교대로 일하고 있으나 그대로 수요를 채울 수 없다.

한정되는 경우에는 정관사가 붙는다.

· The demand for this article greatly exceeds the supply.

→ 이 품목의 수요는 공급을 크게 초과하고 있다.

(4) demand가 「요구」의 뜻으로 사용될 때 복수가 된다.

· demands by unions for wage increases

→ 노동조합에 의한 임금인상요구

15) your letter of May 7, in which you express 이냐 in which you expressed 이냐

5월 7일자 서한에서 상대방이 말한 것은 분명히 과거이지만 현재형을 사용하는 것이 일반적이다.

(1) We thank you for your letter of May 2, in which you express your desire to open an account with us in various Korean-made Sundry Goods.

(2) We thank you for your letter of 20th September, in which you offer to act as our agents in South Africa.

16) export 인가 be exporting 인가

「당사는 컴퓨터를 수출하고 있다.」

(1) We export computers.

(2) We are exporting computers.

We export computers = We are exporters of computers.

(당사는 컴퓨터의 수출업자이다.)가 된다. 따라서 통상적인 거래, 주요한 업무를 나타내는 때에는 현재형이 적당하다. We are exporting computers. (당사는 (일시적으로) 컴퓨터를 수출하고 있다.) 이므로 한정된 기간동안만 컴퓨터를 수출하고 있다는 것을 뜻한다.

단순현재는 비한정적 계속을, 진행형은 한정적 계속을 나타낸다.

· My watch works perfectly. (영속적인 상태)

· My watch is working perfectly. (일시적인 상태)

· I live in Wimbled. (영주)

· I am living in Wimbled. (일시적거주)

17) 틀리기 쉬운 전치사

(×) Your attention on this matter will be appreciated.

(×) Your consideration about this matter will be appreciated.

(×) Your assistance on this matter will be appreciated.

(×) Your cooperation about this matter will be appreciated.

전치사는 앞에 있는 명사와 함께 외우는 것이 좋다. attention to, consideration of, assistance in, cooperation in처럼 외워야 한다.

위의 글은 맞게 고치면 다음과 같다.

(○) Your attention to this matter will be appreciated.
(이 건에 귀사가 주의를 경주해 주면 고맙겠다.)

(○) Your consideration of this matter will be appreciated.
(이 건을 검토해 주시면 고맙겠다.)

(○) Your assistance in this matter will be appreciated.
(이 건에 관하여 귀사가 도와주시면 고맙겠다.)

(○) Your cooperation in this matter will be appreciated.
(이 건에 관하여 귀사가 협력해 주시면 고맙겠다.)

이밖에 your review of the records(그 기록에 대한 귀사의 검토) ; your attendance at the meeting(그 모임에의 귀사의 출석); your information about(or concerning) the matter(그 것에 관한 귀사로부터의 정보); your suggestions on the matter(그 건에 관한 귀사의 제의) 등도 외워 두는 것이 편리하다.

18) 한국어에 영향받은 잘못 ②

(–으로부터 시작한다)

(1996년 4월 1일부터 영업을 시작한다.)를

(×) We will start business from April 1, 1996으로 쓰면 틀린다.

☞ start, begin와 같이 기점을 나타내는 낱말이 일시(日時)에 대하여 사용되는 경우에는 from과 함께 사용될 수 없다.

(○) We will start business on April 1, 1996으로 해야 맞는다.

(×) We must begin to work from 9.00 a. m.

(○) We must begin to work at 9.00 a. m.

(×) We started to manufacture from last year.

(○) We started to manufacture last year.

☞ 다만 as가 붙은 as from은 start, begin과 함께 사용할 수 있다.

· We will start business as from April 1, 1996.

이 as from은 법률문서에서 사용되는 표현이다.

19) 주의해야 될 비교의 연구

「귀사의 가격은 다른 회사보다 싸다」라는 한국어에 대하여

(×) Your price are more competitive than other competitors.

로 하는 사람을 볼 수 있는데, 이것으로는 price(가격)과 competitors(경쟁회사)를 비교하는 것이 된다. 가격이면 (가격)과 동종류의 것을 비교하여야 된다.

(○) Your prices are more competitive than other competitors'.

이 경우 competitors'의 뒤에 있는 prices가 생략된 것이다.

이러한 때에는 that, those가 많이 사용된다.

· The quality of this consignment is quite equal to that of the earlier consignment.

· Our prices are lower than those of our competitors.

20) Refer「(신용을) 조회하다」의 용법

「조회하다」의 뜻인데, 자동사로서 「인물, 능력에 대해서 ~에 조회하다」라는 뜻과 타동사로서 「사람을 ~에 조회시키다, 사건 · 문제 등을 ~에 맡기다」의 두 가지 뜻이 있다.

(1) 자동사의 예

· You may refer to the Korea Exchange Bank, Seoul, for further information.

→ 추가 정보에 관해서는 서울에 있는 한국외환은행에 조회하라.

· For more detailed information, please refer to the Chase Manhattan Bank, New York.

→ 보다 상세한 정보를 위해서는 뉴욕에 있는 the Chase Manhattan Bank에 조회하라.

(2) 타동사의 예

· We refer you to the Bank of America, Seattle, for our credit standing.

→ 당사의 신용상태에 관해서는 귀사가 시애틀에 있는 the Bank of America에 조회하기 바란다.

21) 「극비로」

in strict confidence; as strictly confidential; in strict secrecy

명사의 confidence에는 크게 나누어 「신용, 자신」이라는 의미와 「비밀」이라는 의미가 있다. 전자의 형용사는 confident, 후자의 형용사는 confidential 이다.

· Any information you may give us will be treated in strict confidence.

→ 귀사가 당사에 제공하는 어떠한 전보도 극비로 취급될 것이다.

· We understand that this information will be kept as strictly confidential.

22) amount to~의 용법

amount 이라는 동사는 「(액 또는 양이) ~에 달한다」라는 뜻으로서 사람이 주어인 경우에는 그 술어로서 사용될 수 없다.

(○) The bill amounts to $500. (청구금액은 500달러이다.)

(○) His debt amounts to $1,500. (그 차금은 1,500달러에 달한다.)

(×) Workers amount to 2,000.

(○) Workers total 2,000.

또한 amount라는 동사는 진행형으로 사용할 수 없다.

(×) The check is amounting to $300.

(○) The check amounts to $300.

23) To + 부정사 및 동명사

「10월중에 선적할 수 없다」를 "We are impossible to effect shipment during October"로 표현하는 초보자도 적지 않다. impossible은 「할 수 없다」라는 의미라도 사람을 주어로 할 수 없다. "we"를 주어로 하려면 "We are unable to effect shipment during October." impossible을 사용하면 "It is impossible for us to effect shipment during October."로 하여야 된다.

이와 같이 영어를 공부하는데 단순히 단어의 뜻만 외워서는 아니되고 그 단어의 용법도 배워야 된다.

특히 동사의 경우 그 사용법, 동사의 pattern 등에 정통하여야 된다. 예컨대 continue라는 낱말은 to + 부정사, 동명사 양쪽을 수반하다.

· We continue to do business with the firm in question.

· We continue doing business with the firm in question.

그러나 이것과 반대되는 뜻을 나타내는 discontinue는 동명사만을 수반하고 부정관사를 수반하지 않는다.

(○) We discontinued doing business with the firm in question.

(×) We discontinued to do business with the firm in question.

또한 다음과 같은 낱말의 경우에는 to + 부정사, 동명사의 양쪽을 수반하는데, 뜻이 같기도 하고 다르기도 하다.

· I like to swim.
· I like swimming.
· I forgot to post your letter.
· I forgot posting your letter.
· Try to do it.
· Try doing it.

이와 마찬가지로 이를 동사로 된 명사형의 낱말의 용법도 제각기 다르다. 뒤에 오는 명사를 수식하는 구가 to + 부정사이어야 되는 것도 있고 of + 동명사이어야 되는 것도 있고 어느 것도 사용될 수 있는 것도 있다. 예컨대 hope가 동사인 경우 We hope to succeed in marketing these goods. 로서 to + 부정사를 수반하지만, 명사의 경우 We have the hope of succeeding in marketing these goods. 로 한다.

(×) We have the hope to succeed in marketing these goods. 라고는 하지 않는다.

(×) We are pleased to announce our decision of placing regular orders with you.

(○) We are pleased to announce our decision to place regular orders with you.

opportunity는 양쪽 다 사용한다.

· Thank you for giving us the opportunity to take up your agency.
· Thank you for giving us the opportunity of taking up your agency.

24) 혼동하기 쉬운 표현

TO + 부정사 및 TO + 동명사

「2, 3일 중에 귀사의 회답을 받기를 기대한다.」

(×) We look forward to hear from you within the next few days.

(○) We look forward to hearing from you within the next few days.

(×) We opened a branch with a view to extend our export field.

(○) We opened a branch with a view to extending our export field.

(×) The mistake was due to have packed them carelessly.

(○) The mistake was due to having packed them carelessly.

(cf. Our Import Licence is due to expire on May 31.)

(×) We are used to handle fragile goods.

(○) We are used to handling fragile goods.

(cf. We used to have wide connections with first-class manufacturers.)

25) experience and knowledge of ~

(×) He was employed by MBI Corporation because of his experience and knowledge of the field of electronics.

(○) He was employed by MBI Corporation because of his experience in and knowledge of the field of electronics. 은 맞지만 이 of 이하의 형용사구는 knowledge 뿐만 아니라 experience로 수식하므로 문제가 있다.

☞ his experience of the field of electronics는 틀린 것이고 experience in으로 해야 맞다.

26) congratulations on과 for

for를 사용하여도 틀린 것은 아니지만, on(upon)을 더 많이 사용한다. congratulations는 반드시 복수로 한다.

· Please accept our heartiest congratulations on your recent promotion.

 ▶ 귀하의 승진을 축하한다.

· Congratulations on the opening of your new office.

 ▶ 귀하의 새로운 사무실의 개설을 축하한다.

27) 주어와 술부동사의 일치

① and로 연결되어 있어도 동일 인물을 표시할 때에는 단수

· The company's president and chief executive officer makes major decisions.

→ 그 회사의 회장 겸 사장이 모든 중요 결정을 한다.

② and로 연결되어 있어도 each, every로 수식되어 있을 때에는 단수

· Each secretary, receptionist and typist has a chance to advance on job.

→ 비서, 접수원, 타자원에도 각각 승진의 기회가 있다.

③ either A or B, neither A nor B, not only A but also B의 경우, 뒤쪽의 주어 B의 수에 일치

· Neither the employer nor the employees are satisfied with the final decision.

→ 고용주, 종업원 모두 그 최종 결정에 불만족이다.

④ A as well as B, A together with B, A accompanied by B, A in addiction to B의 경우, 앞쪽의 주어 A의 수에 일치

· Mr. Spence, as well as other members is likely to support this plan.

→ 스펜서씨도 다른 회원들과 마찬가지로 그 계획을 지지할 것 같다.

⑤ 집합명사의 경우, 전체에 중점을 두어 하나의 집합체로 보는 경우에는 단수, 구성원 하나 하나에 중점을 두고 있는 경우에는 복수

· The management staff is trying to put an end to this dispute with employees.

→ 경영자 측은 종업원들과의 분쟁을 종식시키려고 노력하고 있다.

· The management staff are arguing among themselves over this dispute.

→ 경영자들은 이번 분쟁을 둘러싸고 의견이 분열되어 있다.

⑥ the number of ~는 [~의 수]의 뜻으로 단수
a number of ~는 [약간의~]의 뜻으로 복수

· The number of applicant is increasing.
  ⇒ 응모자의 수는 증가하고 있다.

· A number of applicant are not keen to be employed.
  ⇒ 응모자중에는 꼭 취직하려는 열의가 없는 자도 약간 있다.

⑦ most of~, half of~, part of~, some of~의 경우, of의 뒤에 오는 명사가 불가산 명사인 경우 단수, 가산명사인 경우 복수

· Most of the work has been done.
  ⇒ 일은 거의 다 끝났다.

· Most of the employees prefer to be paid weekly.
  ⇒ 종업원의 거의 전부가 주급제도를 선호하고 있다.

⑧ more than one은 단수

· More than one customer is dissatisfied with the article.
  ⇒ 이 물품을 불만족하게 생각하고 있는 고객은 한 명도 없다.

⑨ 양, 수를 나타내는 표현(낱말, 숫자)은 한 묶음으로 생각되는 경우 단수

· A hundred dollars has been collected.
  ⇒ 100달러가 회수되었다.

⑩ 형태상으로는 복수라도 의미적으로는 단수인 낱말은 단수

· "The New York Times" carries lots of ads of well-known companies.
  ⇒ 뉴욕 타임스에는 유명회사의 광고가 많이 실려 있다.

28) 단수형과 복수형

(1) 통상 복수형으로 사용되는 낱말

① GOODS(상품)

· The goods are expected to be delivered by the end of May.

② (PREMISES(건물을 포함한 토지)

· The above promises are suitable for your factory.

③ THANKS(감사)

· Our best thanks are due to Mr. Brown for his cooperation.

④ PROCEEDS(수익)

· The proceeds of the sale amount to five million dollars.

⑤ FUTURES(선물)

· Futures here have advanced as much as 40 per cent.

⑥ SPOTS(현물)

· Sports enjoy increased popularity.

(2) 통상 단수형으로 사용되는 낱말

① PERCENT(율)

· Sixty percent of our customers are in the United States.

② GROSS(그로스 ; 12 dozen)

· 100 gross of transistor radio are on the way to you.

③ DOZEN(다스)

· 20 dozen of FX-1 Cameras were received by us on May 27.

· 500 dozen of AF-5 Automatic Camera were received by us July 12.

(3) 단수형과 복수형의 뜻이 다른 낱말

① damage와 damages

damage는 [손해]를 의미하는데 대해 damages는 [손해배상금]을 의미한다.

· The damage is covered by marine insurance.

· We claimed for damages against the exporter.

② TERM 및 TERMS

TERM은 [시기]를 의미하고 TERMS는 [조건]을 의미한다.

· We would like you to extend the term of shipment.

· We would like you to vary the terms of shipment.

③ SHIPMENT 및 SHIPMENTS

SHIPMENT는 [선적행위]를 가리키는 경우와 개개의 [선적품]을 가리키는 경우가 있다. 따라서 선적품이 2회이상인 경우 복수형이 되는데, 1회의 선적은 비록 몇 만 톤이 되더라도 a shipment 이다.

· Please insure all shipments on ICC(B).

29) 계약(서)에 관한 표현

(1) 계약서

한국에서는 단순히 「계약서」라고 부르는 것도 영어에서는 여러 가지로 부른다.

① memorandum; note: 각서계약, 각서, 비망록

② minutes of meeting: 의사록

③ letter of Intent: 예비적 합의, 자기 회사의 임원회의의 승인을 조건으로한 =「가계약」을 말한다.

④ agreement: 합의, 약정, 계약, 협정서, 넓은 의미의 합의로서 법률적 강제력이 없는 것과 법률적 강제가 있는 contract를 포함한다. 미국 통일상법전 (UCC§ 1-201(3))

⑤ contract: 계약, 약정, 법률적 강제력(enforceable by law)이 있는 것을 말한다(UCC 1-20100)

영미계약법상 계약(contract)이 유효하게 성립하기 위해서는 날인증서(deed)의 형식에 의거하거나 약인(consideration)의 존재가 필요하다. 약인이란 대가(對價)란 뜻으로서 요컨대 계약의 내용이 'give and take' 이어야 된다. 따라서 「증여계약」(gift)은 약인이 없으므로 날인증서가 없는 한 contract가 되지 않는다.

⑥ covenant: (광의의 뜻) 약정, 계약, 계약조항, 특약, 약관
(협의의 뜻) 날인계약, 날인계약증서

광의의 뜻으로는 contract와 거의 동일하며 협의의 뜻으로는 날인증서(deed)에 의한 계약을 말한다.

⑦ deed: 날인증서, deed에는 내용적인 「계약」과 물리적인 「계약서」의 양쪽의 의미가 있고 이것은 계약서의 한가지 양식이다. 양피(羊皮) 또는 종이의 서면 상에 서명(sign)하고 날인(seal)하고 교부(delivery)하는 일정방식에 따라 작성된 증서를 말한다.

(2) (계약서)가 발효하다

to come [go] into effect [force] ; to become effective; to take effect

· This agency agreement shall come into effect as of January 1, 1996.

→ 이 대리점 계약은 1996년 1월 1일부터 발효한다.

(3) 계약을 체결하다

to conclude [close] a contract, 명사형은 conclusion of a contract

to enter into a contract, to make a contract

(주) contract 대신에 agreement 등을 사용해도 된다.

(4) 계약을 이행하다

· to execute a contract	명사형은	execution of a contract
· to carry out a contract	명사형은	carrying-out of a contract
· to fulfil a contract	명사형은	fulfillment of a contract
· to perform a contract	명사형은	performance of a contract

(5) 계약을 이행하지 않는다

· to break a contract	명사형은	breach of a contract
· to fail a contract	명사형은	failure of a contract
· not to fulfil a contract	명사형은	non fulfillment of a contract

(6) 계약을 변경하다

· to renew a contract　　명사형은　　renewal of a contract

(7) 계약을 취소하다

· to cancel a contract　　명사형은　　cancellation of a contract

30) 시제(Tense)에 대한 주의사항

(1) 현재형

① 왕래, 발착 등의 동사는 현재형으로 미래의 대용을 한다.

· When does the ship leave for Bangkok?

· It leaves on Sunday.

· Our plant commences operation on August 10.

② 시(時), 이유, 조건 등을 나타내는 부사절 중에서는 현재형이 미래의 대신으로 사용된다.

· We must finish this job before our manager leaves for Europe.

· We will ship your order as soon as we receive a letter of credit.

(2) 현재진행형

왕래, 발착 등의 동사는 현재진행형으로 가까운 미래를 나타낸다.

· His plane is arriving at Kimpo Airport at 15:00

· We are sending you a check in a few days.

(3) 현재완료형과 과거형

어느 과거의 동작의 현재 상태에 대하여 말하는 경우에는 현재완료형을 사용한다.

· We have received you letter of August 10 enclosing the latest catalog and price list.

· Our sales have shown remarkable progress this year.

· We have had many bitter experiences in our dealings with that company so far.

다만 다음과 같은 경우에는 과거형을 사용하여야 된다.

· Your president arrived here yesterday.

· When did the ship arrive?

(4) 특수한 미래형

① 법률의 미래

계약서 등의 법률문에서 2인칭 명사 뒤에 shall을 사용하여 「~이어야 한다」는 뜻을 나타낸다.

· All goods sold in accordance with this agreement shall be shipped within the stipulated time.

② 습관, 능력의 will

기술문서 등에서 현재의 습관이나 능력을 나타내는 경우에 사용된다.

· A compass will indicate [= has a habit of indicating] north and south.

· The container will hold [= has a capacity of holding] two gallons of water.

③ 가정법미래

동사 앞에 should를 붙여서 improbability(비개연성)을 나타낸다.

· Although we are fully confident of the quality of our battery, we will repair or replace it with a new one free of change if anything should happen to go wrong with it.

(5) 시제의 일치

무역 영어에서는 주절(主節)의 동사가 과거형이더라도 종속절의 내용이 그 문장을 쓰고 있는 시점에서 현재 또는 미래의 경우에는 그대로 현재형이나 미래형이 사용된다.

- We learned that your company is engaged in the research, development, design and manufacture of components or materials for use in the predication of Electrochromic Display.
- During my visit to your factory I discovered that you make actuators for parking meter barriers.
- I was shown a sample of a sun blind control unit which I understand is manufactured by one of your associate companies.

31) 대리점(Agent)에 관한 표현

(1) agency – agent

어느 위임장(Power to attorney)의 –절에 "...through the agency of Mr. Blank or his agents acting on his behalf"라고 되어있는 것이 있다. 이 agency는 agent의 activity(활동), operation(움직임)을 가리키는 대리업무, 대리행위를 말하는 agent와 무차별하게 혼용하여서는 아니된다.

agency는 대리업자의 office를 말하는 것이고 agent는 대리업자 자신(person)을 가리키는 것이다.

- They hold agencies for best known firms.
  - ▶ 상대방은 가장 유명한 상사의 대리점을 하고(맡고) 있다.

※ 이 경우 agents라고 하면 제대로 뜻이 통하지 않는다.

- We want to undertake exclusive agency for canned goods.
  - ▶ 통조림 제품의 독점 대리점을 인수하고 싶다.

※ 이것을 agents로 바꾸면 to undertake a person + to assume the duty of attending to a person의 뜻이 된다.

- We have decided to entrust to you our agency for your city.
  - ▶ 귀시의 당사 대리점을 맡기기로 결정하였다.

· German buying agents are open to accept buying agencies from British importers.

→ 독일의 매입대지점이 영국 수입업자의 매입대리점이 되는 것을 원하고 있다.

· Old-established export merchants in London require manufacturer's agency for the Near and Far East.

→ 런던의 전통있는 수출상이 제조업자의 근동 및 극동지역의 대리점이 되는 것을 원하고 있다.

(2) agent-representative

이 두말은 대리인, 대리점의 뜻으로 동의어로 사용되는 일이 있다.

· An exporter may conduct business through appointed representatives, branch offices or subsidiary companies.

- establish an agency: 대리점을 설치하다
- secure agency: 대리권을 얻는다
- act as an agent for ~: (~의) 대리점이 된다
- a legal representative: 법률상의 대행자
- the relationship between a principal and his agent: 당사자 본인과 대리인의 관계
- a representative of a British company in Seoul: 영국회사의 서울에서의 대리인
- an exclusive (selling) agent, a sole (selling) agent (for a company / for a product): 총판매대리점
- the general agent: 총 대리점
- an agency commission, an agency fee: 대리점수수료

32) Principal(본인), Agent(대리인)

(1) principal: 본인, 자기의 계정과 위험부담(on one's own account and risk)으로 거래하는 자

(2) on a principal-to-principal basis: 본인 대 본인 베이스. 쌍방이 모두 본인의 자격으로

(3) agent: 대리인, 대리점, 본인을 대리하여 본인의 위험과 계정 (at the risk and for the account of Principal)으로 제3자와의 매매 등의 행위를 하는 권한을 위임받은자로서 그 보수로 수수료(commission)를 받는다.

· We are acting as agent for A. (당사는 A를 대리하고 있다.)

(4) agency: 대리업, 대리권, 대리관계(이상은 uncountable noun), 대리업자, 대리점(실질적으로 agent와 같은 뜻으로 사용되는 경우도 있지만, 보통 agent인 영업소의 뜻으로 사용된다.)

(5) agency agreement: 대리점 계약, 대리인 협정

agency에는 정부기관, agent에는 정부기관의 직원이란 뜻도 있다. 또한 through the agency of(사람)에는 「사람의 중재로」라는 용법도 있다.

(6) representation:

① 대리권: We have the Hyundai representation.
(현대의 대리점을 하고 있다.)

② 대리되어 있는 것: We have no representation in the U.S.
(미국에 대리점을 갖고 있지 않다.)

(7) representative: 대리인(agent), 출장판매원, 주재원

overseas representative: 해외주재원

(8) to represent(사람): (사람)을 대표하다, (사람)의 대리점이 되다.

(9) distribution: 판매점, 배급업자, 통상 도매업자의 뜻으로 사용되는데, 특히 제조업자 등이 그 상품의 판로로서 우선적으로 공급하는 업자를 말한다. 판매점 계약(distributorship agreement)을 맺는 것이 통례이다.

(10) Sole[Exclusive] selling agent: 독점 판매 대리점. 일정지역에서의 독점 판매권(Sole distribution)을 수여받은 distributor를 독점 판매점이라고 부르는 일도 있는데, 그 경우의 판매점은 대리인(agent)이 아니고 본인이다.

판매업자를 뜻하는 낱말로서 위에서 설명한 것 이외에 merchant(상인: 〈미국〉소매상, 〈영국〉도매상 특히 무역상), jobber(미국도매상, 비교적 소규모의 것), dealer(상인, 특히 소매상, 그 중에서도 제조업자와 특약이 있는 소매상을 말하는 경우가 많다), wholesaler(도매상), retailer(소매상) 등이 있다.

(11) consignment: 위탁판매(sale on consignment), 위탁판매품, 위탁품 (goods shipped on consignment)

매도인으로서의 위탁자(consignor)로부터 수탁자(consignee)에게 보내진 상품의 소유권은 수탁자가 그 나라의 매수인에게 판매한 시점에서 위탁자로부터 매수인에게 이전된다.

to consign에는 위탁판매를 위해서 상품을 보내다라는 뜻 이외에 단순히 보내다(to send, ship)라는 뜻이 있고, consignment에는 적하품, consignor에는 송하인, consignee에는 수하인이라는 일반적인 뜻이 있다는 점에 유의하여야 된다.

33) 분사구문의 용법

무역영어에서는 분사구문이 많이 사용되고 있지 않지만 다음 두가지 문례를 보면 분사구문을 사용한 문장이 간결하고 명료하다.

(1) Since we have no objection to the agreement you drafted, we will send you the duplicate duly signed.

(2) Having no objection to the agreement you drafted, we will send you the duplicate duly signed.

다만, 분사구문의 의미상의 주어(sense-subject)가 생략되어 있는 경우 주절(主節)의 주어와 같아야 된다. 다음과 같은 잘못은 하지 않도록 주의해야 한다.

(×) Completing shipment, the shipping documents, together with the covering draft, must be presented to our bank for negotiation.

(○) Completing shipment, we must present the shipping documents, together with the covering draft, to our bank for negotiation.

(×) Upon receiving the covering L/C, your order will be shipped immediately.

(○) Upon receiving the covering L/C, we will ship your order immediately.

또한 분사구문이 독자의 sense-subject를 가지고 주절의 주어와 관계없이 독립되어 있는 것도 있다. 이러한 분사구문은 독립분사(Absolute Participle)라고 부른다. 독립분사는 다음과 같이 사용된다.

(1) The due date coming on [= when the due date came on], we honored the draft.

(2) The discrepancies being corrected [= As the discrepancies were corrected], our bank accepted our documentary bill.

(3) At sight of this First of Exchange (Second being unpaid = provided Second is unpaid) pay to the Hanil Bank or order the sum of US dollars Ten Thousand Only...

위와 같은 독립분사중에서 being, having been이 생략되어 다음과 같이 된 것도 있다.

(4) Work (being) over [=When work was over], he left the room.

(5) The goods (having been) insured [= As the goods had been insured], we received the insured amount from the marine insurance company.

또한 독립분사의 sense-subject가 "We" 등의 일반적인 "사람들"의 의미로 사용되는 경우, 생략되어 문장중에 없는 것도 있다. 이것은 분사구문의 특수한 형태라고 볼 수 있다.

(1) Considering [= If we consider] the delivery time, the goods should have been shipped from Bangkok direct to Nahhodka, not through Korea.

(2) Talking [= If we talk] of catalogues, have you seen our new general catalogue?

(3) Granting [=Though we grant] that she was a new employee, such an error should have been avoided.

(4) Supposing [= If we suppose] that he visits our Dusseldorf office, who shall we assign to take care of him because our representative is now in summer vacation?

분사구문에 있어서 시제 (Tense)는 주절중의 시제와 동시 (同時)인 것은 현재분사로, 그 이외의 것은 과거분사로 나타낸다.

(1) Living [= As I live] in a remote village, I rarely have visitors.

(2) Living [= As I lived] inn a remote village, I rarely had visitors.

(3) Having lived [=As he has lived] abroad, he is a good English speaker.

(4) Having lived [=As he had lived] aborad, he was a good English speaker.

34) 조회(inquire)와 관련된 표현

to inquire of 사람(회사) about 사항 (자동사)

· The president inquired of his general manager about the marketing schedule.

→ 사장은 부장에게 마케팅 스케쥴에 대하여 물어보았다. (조회하였다.)

to inquire 사항 of (from) 사람(회사) (타동사)

· They have inquired the price of us.

→ 그 회사는 당사에게 그 가격에 대하여 조회하였다.

· 조회: inquiry ; enquiry
· 조회서관: letter of inquiry
· 큰 조회: large inquiry; big inquiry; bulky inquiry
· 추가 조회: further inquiry
· 좋은 조회: excellent inquiry
· 많은 조회: many inquiries
· 활발한 조회: brisk inquiry
· 새로운 조회: new inquiry
· 무수한 조회: numerous inquiries
· 동일한 조회: the same inquiry
· 몇 개의 조회: several inquiries
· 조회중: under negotiation; be working; be negotiating

· 조회하다: inquire of ; inquire about ; make an inquiry for
· 조회하라: refer to a matter
· 좋은 조회가 있다: be in good inquiries
· ~에 좋은 조회가 있다: have a good inquiry for ~
· ~의 조회를 권유하다: solicit inquiries for~
· ~의 조회를 타전하다: cable an inquiry for~
· 다른 회사로부터 유사한 조회가 있다: The similar inquiries came through other companies.
· 귀사 조회는 신속하고 최선의 수배를 받는 중이다: Your inquiry is having our best and prompt attention.
· 그 물품의 조회를 하였다: We inquired for the goods.
· 그 물품에 대량의 조회가 있다: We have a large inquiry for the goods.
· 귀사의 제품명에 대해 거래처로부터 상당한 수의 조회를 받았다: We have received a number of inquiries from our trade connections for your products.

35) 견본(Sample, Pattern, Specimen)에 관련된 표현

「견본(sample)」도 거래에 자주 사용된다. 거래의 기본이 되는 「원견본」은 original sample, 「제2견본 ; 비치견본; 부견본」은 duplicate sample, 「제3견본」은 triplicate sample이라 한다. 선적할 때 거래 상대방에 보내는 견본은 「선적견본(shipping sample)」이라 하고 사전에 제시하는 견본은 「선발견본(advance sample)」이라 한다.

또한 상품의 색깔(color) 및 모양(pattern)을 표시하는 것을 color sample 또는 pattern이라 하며 일반적으로 잡화품의 견본은 sample이라 하고 옷감, 피복 등의 견본은 pattern, 기계제품의 견본은 specimen이라 한다.

seller' s sample은 매도인이 매수인에게 보내는 견본이고 buyer' s sample은 매수인이 매도인에게 보내는 견본이다.

counter sample은 buyer' s sample이 보내 온 경우 그것에 대하여 매도인이 만들어 보내는 공급 가능한 상품의 견본이다.

36) 재고(품) (stock)에 관한 표현

(1) 기본표현

- 신품: new stock
- 재고품: old stock
- 매잔품(賣殘品): dead stock
- 재고품은 바닥이 나고 있다: A stock is low[short]
- ~을 매입하다: to put~in stock ; to stock~; to lay in a stock of~
- ~의 재고품이 있다: to keep[carry; have] a stock of[in]~
- ~을 보유하고 있다: to have~in stock; to have~on hand
- 재고가 있다: to be in stock
- 재고품에서 ~을 공급하다: to supply~ from stock
- ~의 재고를 깨끗이 치우다: to clear the stock of~
- 재고품을 처분하다: to dispose of a stock
- 재고품을 청산하다: to make[effect] a clearance of a stock
- 품절이 되다: to be exhausted; to be cleared; to be out of stock
- ~의 매입을 위해서 재고를 청산하다: to clear a stock for~

(2) 기본문례

① 이러한 종류의 트랜지스터 라디오에 대한 수요증가 때문에 당사 재고가 대단히 줄어 들고 있다.

Because of the increased demand for this type of transistor radio set, our stocks are running very short.

② 이 물품은 재고가 풍부하므로 어떠한 주문도 주문인수 후 1개월 이내에 선적할 수 있다.

As we have an ample stock of these goods, we will be able to ship any order within a month after its receipt.

③ 현재의 수요가 계속된다면 당사의 현재 재고는 부족하게 되지 않을까 생각한다.

We are afraid that our current stock will run short if the present demand continues.

37) Price 관련용어

(1) 「가격을 제시하다」 - to quote(타동사)
- to quote to(자동사) to는 자주 생략된다.

· 당사는 귀사에 다음 모델의 가격을 제시한다.

➠ We quote you the prices for [on] the following models.

· 다음의 품목에 대하여 견적하라.

➠ Would you please quote (to) us on [for] the items listed below.

(2) Price 관계의 형용사

① 「가격이 싼」 - low (싼), moderate(타당한), modest(타당한), reasonable (타당한), competitive, workable(시장에서 팔 수 있는), rock-bottom(최저의), best possible(최저의), lowest possible(최저의)

· 품목의 가격은 싸다.

➠ The price of this item is low.

= This item is low in price.

= This item is low-priced.

= This item is of low price.

· 귀사의 가격이 싸다면 대량주문을 하겠다.

➠ If your price is competitive, we will place a substantial order with you.

· 당사는 귀사가 즉시 그 최저가격을 수락할 것을 권유한다.

➠ We would recommend that you accept the lowest possible price soon.

② 「가격이 높은, 비싼」 - high, unreasonable, unworkable, big

· 이 품목의 가격은 높다」

➠ The price of this article is high.

= This article is high in price.

= This article is high-priced.

= This article is of high price.

· 귀사의 경쟁자는 모두 귀사보다 싸게 팔고 있다. 귀사의 가격은 너무 높다.

→ Your competitors are all underselling you, and your price is too high.

가격이 비싸다는 형용사는 a high price, The prices of the goods are high. The goods are high in price.처럼 사용된다. good price는 매도인에게는 비싼 가격, 매수인에게는 싼 가격을 뜻한다. bad price는 이와 반대이다.

(3) Price 관계의 명사

① 가격인상: raise(미국), rise(영국), increase, mark-up

· 올해는 등유의 가격인상은 없을 것이다.

→ There will be no price rise[hike] for heating oil this year.

② 가격인하: price cut, price reduction, cut(reduction) in price.

(4) Price 관계의 동사

① 가격이 올라가다」(자동사): advance, gain, go up, increase, rise,

· 야채의 가격이 올라갔다.

→ The prices of vegetables have gone up

가격이 급등하는 경우에는 다음과 같은 표현이 사용된다.
jump, skyrocket, soar, spiral, surge

② 가격을 올리다」(타동사): raise the price, increase the price, boost the price

· 최근의 원재료의 가격인상 때문에 당사의 가격을 인상하지 않을 수 없다.

→ Because of the recent rise in price of raw materials, we have to raise our price.

③ 가격을 내리다: cut the price, lower the price, reduct the price. reduce...in price, shade the price (가격을 조금씩 내리다).

· 구형 모델의 가격은 인하되었다.

➡ The old models have been reduced in price.

④ 가격이 내리다」(자동사): come down, collapse, decline, dip, fall, go down, sag

· 최근 물가가 약간 내려갔다.

➡ Lately commodity prices have come [gone] down slightly.

➡ Lately commodity has come [gone] down in price slightly.

가격이 급락하는 경우 다음과 같은 표현이 사용된다.

drop, plummet, plump, plunge

· 미국 달러화는 어제의 뉴욕 외환시장에서 지금까지의 최저로 하락하였다.

➡ The U. S. dollar plunged to a new low on the London foreign exchange market yesterday.

(5)「물가는 상승 경향이 있다」의 표현

The prices [show, are in] [an upward, an advancing, a hardening, a rising] tendency.

① 설탕시장은 지난번부터 확실히 상승 기세에 있고 이는 얼마 동안 계속될 것이라고 생각한다.

➡ There has been decidedly in a hardening tendency in the sugar market or some time, which we believe will continue for some period.

② 원면 가격은 지난 계절의 전기 가격을 상회할 것이 거의 확실하다.

➡ It is highly probable that the price of cotton will even top the opening price of the last season.

③ 노동임금 및 원료비가 언제 올라갈지 모르는 현 상황하에서는 어느 확정기간 동안의 가격을 보증하는 것은 불가능하다.

➡ Under the present conditions, with the cost of labor and raw materials likely to go up any day, it is impossible for us to guarantee the prices for any definite period.

(6) 가격의 종류

① 상한가격: maximum price

② 최저가격: minimum price, lowest price, rock-bottom price

③ 시장가격: market price

· The price of our product is a little higher than the market price. But orders are rushing in owing to the excellent quality of our product.

▸ 당사 제품의 가격은 시장가격보다 약간 비싸지만 그 우수한 품질 때문에 주문이 쇄도하고 있다.

④ 정가: fixed price

· What is the fixed price of this article?

▸ 이 물품의 정가는 얼마인가?

· We ask you to discount by 5% off list price.

▸ 가격표 가격에서 5%를 할인해 줄 것을 요구한다.

⑤ 선물가격: future price

· Please let us have three months future price of this article.

▸ 이 물품의 3개월 앞의 선물 가격을 통지하다.

⑥ 최저수출가격: check price, floor price

· How much is the check price of this item?

⑦ 할인가격: discount price

· Please quote your discount price for this article.

▸ 이 물품의 할인가격을 제시하다.

⑧ 싼 가격: reasonable price, moderate price, low price, inexpensive price

· If you quote really a reasonable price, we are prepared to place a large order with you.

▸ 귀사가 실제로 싼 가격을 제시하면 귀사에 대량 주문할 용의가 있다.

⑨ 가격인상: advance in price, increase in price, rise in price

⑩ 가격인하: discount, reduction in price, cut in price

⑪ 가격의 하락: fall in price

· prime cost: 원가
· contract price: 계약가격
· flat price: 균일가격
· all-round price: 제 비용포함가격
· fair price: 공정가격
· offered price: 신청가격
· quoted price: 견적가격
· retail price: 소매가격
· wholesale price: 도매가격
· unit price: 단가
· The price goes up[rises]: 가격이 상승하다
· The price goes down[falls]: 가격이 하락하다
· producer price: 생산자 가격
· consumer price: 소비자 가격
· fluctuation of price: 가격변동
· price margin: 가격차
· competitive price: 경쟁가격
· lowest price possible: 최저가능가격
· exorbitant price: 부당가격
· declaration of price: 가격표시
· The prices are skyrocketing: 가격이 급등하다
· The prices are sharply declining: 가격이 급락하다
· price adjustment: 가격조정
· agreement on prices: 가격협정
· declaration of value: 가격표시
· stipulated cost: 규정가격
· producer price: 생산자가격
· customer price: 소비자가격
· ex-factory price: 공장인도가격

(7) 가격 앞에 오는 at 및 for의 용법

가격을 말할 때 보통 "at" 또는 약호 @를 사용하여 단가를 표시한다.

이것은 1단위에 대한 비율이므로 할인율, 속도, 이자율 등은 모두 "at"로 표시한다.

· at US$10.00 per set / at a discount of 30% / at a speed of 40 m. p. h. (miles per hour) / at 5 percent interest p. a. (per annum) / GNP of the country increased at the rate of 10% p.a.

가격의 총액, 증권, 송장, 수표, 서류의 액면금액을 말할 때에는 "for"를 표시한다.

· a check for US $300 / an invoice for the amount / They sold at it for Stg. £ 1,000.

38) 「가격할인」의 영어표현

(1) 할인의 종류

① Discount(할인)

일반적으로 사용되는 낱말

· a 5% discount, a discount of 5% (5%의 할인)

② Reduction(가격인하)

reduce(가격을 싸게 하다)의 뜻으로서 양자간에 거래에서 영속적으로 할인하는 경우에 사용된다.

③ Deduction(공제)

금액에서 일정금액을 일시적으로 공제하는 것을 뜻한다.

④ Concession(가격할인)

매매 쌍방간에 타협해서 가격을 정하는 것을 뜻하고 일시적인 것과 연속적인 것이 있다.

⑤ Allowance(가격할인)

여러 가지 사정을 감안하여 일정금액 또는 일정비율을 할인하는 것. Claim에 대한 adjustment로서 가격을 인하하는 것은 「할인」이란 말을 사용해도 allowance라고 해야지 discount라고 해서는 안된다. allowance는 주로 품질불량이나 수량부족등 매도인에게 잘못이 있는 경우의 조정을 위한 가격인하에 사용된다.

⑥ rebate(상품대금의 환급)

(2) discount의 종류

- cash discount: 현금할인
- quantity discount: 수량할인
- trade discount: 동업자할인
- special discount: 특별할인

(3) 「~%의 할인을 하다」

to make [give, grant, allow, accord, offer] 사람 a discount of~%

· a ~% discount

※ discount 대신에 reduction이나 allowance도 사용된다.
다만 allow 및 allowance는 중복되지 않는 것이 좋다.

· 당사는 귀사에 가격표에서 5%의 할인을 해 주겠다.

➭ We will make you a discount of five percent from [off, on] the list price.

39) 품질(Quality)에 관한 표현

(1) 기본표현

- 품질견본: quality sample
- 표준품질: standard quality
- 평균품질: average quality
- 계약품질: contract quality
- 중등품질: medium quality
- 일등품질: prime quality

· 우수품질: excellent quality
· 최고급 품질: best quality
· 열등품질: inferior quality
· 품질증명: quality certificate
· 조악품질: bad quality
· 품질저하: deterioration in quality
· 품질의 차이: difference in quality
· 품질의 고정: complaint of quality
· 품질의 보증: guarantee of quality
· 품질의 검사: inspection of quality
· 품질의 유지하다: maintain quality, keep up to the quality
· 품질을 표준화하다: standardize qualities
· 품질에 변화가 있다: vary in quality
· 품질이 좋다: be of good quality, be of superior quality
· 품질이 나쁘다: be of bad quality, be of inferior quality
· 품질이 같다: be the same quality as
· 품질은 견본대로 이다: be equal to the sample
· 품질이~보다 우수하다: be of superior quality to~
· 품질이~보다 뒤떨어지다: be of inferior quality to~
· 품질이 규격에 맞는다: be in full quality to the grade
· 품질의 개선: improvement of quality
· 품질의 우수성: superiority of quality
· 품질을 떨어뜨리다: debase quality

(2) 기본문예

① 이 물품은 견본과 일치하지 않는다는 고정을 말씀드리지 않을 수 없다.

▸ We regret to complain that this article does not tally with your sample.

· 이 물품: these goods, this article, this item.

· 견본과 일치하다: tally with the sample, be up to the sample, match with the sample.

· 고정을 말하다: complain. complain 다음에 절이 올 때에는 complain

that~처럼 that을 사용하지만 명사나 구(phrase)가 올 때에는 complain of your shipment 또는 complain of your shipping our goods처럼 of를 사용한다.

② 8월 1일에 도착한 선적품은 같은 선박의 것이라도 품질에 큰 차이가 있기 때문에 판매하는 데 있어서 어려운 상황에 처해 있다는 것을 유감스러우나 통지한다.

▸ We regret to inform you that we are in an awkward situation in selling the shipments arrived on August 1 since the qualities are very different from each other even in the same ship.

· **8월 1일에 도착한 선적품**: the shipments arrived on August 1, the ship ments received on August 1.

③ 품질은 당사가 보낸 견본과 같다는 것을 반드시 확인하라.

▸ Please be sure to make sure that the quality is equal to the sample we sent to you.

· **품질은**: the quality is, the quality must be.
· **당사가 보낸 견본**: the sample we sent to you, the sample we sent you.
· **~과 같다**: be equal to, tally with
· **반드시 확인하라**: be sure to make sure, be sure to confirm[affirm]. 명령문으로 하기보다 호의를 표시하는 Please be sure~로 하는 쪽이 좋다.

④ 당사가 주문한 건설 기계는 계약명세서와 일치하는 것이 보증되어야 한다는 것을 지적하지 않을 수 없다.

▸ We have to point out that the construction machine we ordered must be guaranteed to be up to the specifications contracted.

· **당사가 주문한 건설 기계**: the construction machine we order.
· **계약한 명세서대로**: be up to the specifications contracted.
· **보증되어야 한다**: must be guaranteed.
· **지적하지 않을 수 없다**: we have to point out.

⑤ 귀사 품질은 우수한 것처럼 보이기 때문에 시험적으로 주문한다. 만약에 품질이 당사 기대대로 라면 당사는 곧 추가 주문을 하겠다.

⇛ As your quality seems to be excellent, we make a trial order. If the quality is up to our expectations, we will send you further orders soon.

· 귀사 품질은 우수하다: your quality is excellent.

· 시험적으로 주문하다: make a trial order

· 당사의 기대 대로이다: be up to our expectations, tally with our expectation.

· 추가 주문: further orders

· 주문하겠다: we will place an order with you. we are prepared to make an order.

⑥ 유감스러우나 귀사 1급품은 경쟁자의 2급품보다 뒤떨어져 있다.

⇛ We regret to say that your goods of first quality are inferior to those of second quality of the competitors.

· 일급품: first quality

· ~보다 뒤떨어지다: be inferior to~

⑦ 견본이 본사 제품의 품질을 정확히 대변한다는 사실에 유의하기 바란다.

⇛ Please note that the sample will exactly represent the quality of our manufactures.

⑧ 원료의 믿을 만한 품질은 귀사를 흡족하도록 할 것이 분명하다. 그것은 또한 한국내에서나 극동 제국에서도 명성을 얻고 있다.

⇛ You may be certain that the dependable quality of the material will give you every satisfaction. It has won a high reputation both in Korea and in other Far Eastern countries.

⑨ 당사는 고급 도기류를 판매하고 있다.

⇛ We are selling high grade china ware.

⑩ 당사 견본에 가장 근사한 품질의 상품을 보내 주면 고맙겠다.

⇛ We would appreciate your sending us goods of the closest quality to our sample.

(3) Quality의 형용사, 전치사

① 상당의, 우수한: superior, excellent, extra, high, good, first-class

② 중등의, 보통의: average, medium, ordinary, second-class, standard

③ 열등의, 뒤떨어진: inferior, low, poor, below average, third-class

Quality의 견본과 표준과의 비교

to be equal to, the same as

· to be up to the grade: 표준 품위에 달하다
· to be above the average: 평균이상
· to be superior to~: ~보다 우수하다
· to be inferior to~: ~보다 뒤떨어지다
· to be similar to~: ~와 유사하다
· to be below the standard(표준에 달하지 못하다)

40) 수량(Quantity)에 관한 표현

(1) 기본표현

· 수량: quantity, volume
· 계약수량: contract quantity
· 적재수량: loaded quantity
· 다량매입: quantity buying
· 수량증명서: quantity certificate
· 전 수량: full quantity, entire quantity
· 상당한 수량: considerable quantity
· 막대한 수량: enormous quantity
· 충분한 수량: sufficient quantity
· 수량할인: quantity discount
· 수량의 차이: difference in quantity
· 10%의 수량할인: a quantity discount of 10%
· 수량의 부족: deficiency of quantity, shortage
· 최대 인수가능 수량: maximum quantity acceptable

- 최소 인수가능 수량: minimum quantity acceptable
- 수량을 검사하다: inspect quantity
- 전 수량을 인수하다: accept the whole quantity
- 수량을 명시하다: specify a quantity
- 많은 양을 입수하다: obtain quantities
- 매월 같은 양을 선적하다: ship some goods in equal monthly quantities

(2) 기본문예

① 당사는 1,000톤의 콩을 꼭 필요로 하고 있다. 7월 또는 그 이후의 선적으로 전 수량을 입수할 수 있는지를 통지해 주면 고맙겠다.

▸ We are in keen demand for 1,000 tons of soybeans and shall appreciate hearing from you if the full quantity will be available for July or later shipment.

② 이 물품은 입수가능 수량이 한정되어 있으므로 지체없이 요구되는 수량을 매입할 것을 권유한다.

▸ As the quantity of this article is quite limited, we advise you to stock the quantity you demand without loss of time.

③ 대량 매입에 대해서는 수량 할인으로서 정가에서 5%를 할인해 준다.

▸ For a purchase of large quantities, we are prepared to make a 5% quantity discount off the fixed price.

(3) 수량단위(Quantity Unit)의 표시방법

무역 영어에서는 상품의 수량을 표현해야 되는 경우가 많다. 「100대」의 라디오라고 할 때 one hundred sets of radios 또는 one hundred units of radio receivers 라고 쓴다. 여기에서 hundred, thousand 또는 dozen과 같은 수량의 단위는 그 앞에 one, two, three와 같은 수사가 붙어 있는 경우에는 복수형을 쓰지 않는다는 점에 주의해야 한다. 라디오는 radio 만으로는 「전파」의 뜻으로 오해할 우려가 있으므로 정식으로 radios라고 복수형을 사용하던가 radio receiver 또는 radio set처럼 「수신기」란 낱말을 넣는 것이 좋다.

수량 단위의 표현에는 다음과 같은 것이 있다.

- 100개: one hundred pieces, one hundred units
- 100필: one hundred pieces
- 100다스: one hundred dozen
- 100통(통조림): one hundred cans
- 100상자: one hundred cases, one hundred cartons.
- 100야드: one hundred yards[yds.]
- 100파운드: one hundred pounds
- 100켤레: one hundred pairs of shoes
- 100매: one hundred sheets
- 100권: one hundred copies
- 100병: one hundred bottles of wine
- 100회: one hundred times
- 100불: one hundred dollars, $100.00
- 100명: one hundred people, one hundred passengers
- 100미터: one hundred meters
- 100도: one hundred degrees in centigrade

기타 「약 50개」처럼 애매하게 수를 표현하는 경우는 about fifty units, around fifty pieces, some fifty sets, fifty or so pieces, approximately fifty sets처럼 쓴다.

이 「약」이 보다 많다는 뜻을 나타낼 때에는 more than fifty, above fifty, over fifty, upward of fifty와 같이 쓰면 좋으며 보다 적은 뜻을 나타낼 때에는 less than fifty, below fifty, under fifty와 같이 쓰면 좋다. 「50개를 초과하지 않을 것」은 "The goods must not exceed fifty pieces."이다.

「50개 이상」은 fifty units or more 또는 exceeding fifty sets, no less than fifty pieces로 한다.

「50개 이하」는 fifty units or less 또는 not exceeding fifty sets, less than fifty pieces로 한다.

「1다스당 100불」은 one hundred dollars per dozen, $100.00 per dozen이다.

41) Offer에 대한 영어 표현

(1) Offer의 동사

「~을 오퍼하다」 - to offer, to make an offer for [on], to offer...firm 확정오퍼 하다.

· 당사는 이들 물품들을 특별가격으로 귀사에 오퍼한다.

➡ We can offer you these goods at this special price.

· 당사에게는 귀사의 동업자보다 좋은 오퍼를 보내달라.

➡ Would you please make us a better offer for this item than your competitors

· 당사는 이들 품목을 귀사에 확정오퍼 하겠다.

➡ We will offer you firm these items = We will offer you these items firm.

(2) Offer의 명사

· **매도오퍼**: selling offer, seller' s offer
· **매입오퍼**: buying offer, buyer' s offer
· **전보에 의한 오퍼**: offer by cable, cable offer
· **어느 물품의 오퍼**: offer for some goods
· **어느 사람의 오퍼**: offer from some person
· **카운터 오퍼한다**: counter offer, make a counter offer
· **이 오퍼는 4월 7일까지 유효하다**

This offer is open [available, effective, good, valid] until April 7.
This offer remains in force until April 7.
This offer holds valid for a period of three days.

(3) Offer의 기본문예

① 「귀사의 9월 20일자 조회에 대하여 당사는 신제품을 다음과 같이 귀사에 오퍼한다.

· We are pleased to offer you our new products as follows in regard to your inquiry of September 20.

· Concerning your inquiry of September 20, we are glad to make the following offer to you for our new products.

· Referring to your inquiry of September 20, we are pleased to submit the following offer to you for our new products.

· As to your inquiry of September 20, we have the pleasure of making the following offer to you for our new products.

② **오퍼를 연기하다**: extend an offer

· 당사의 10월 10일의 오퍼를 12월 31일까지 연기한다.

➡ We extend our offer of October 10 until December 31.

③ **텔렉스로 오퍼하다**: telex offer

· 6월 21일자 귀사 서한에 대한 회답으로 귀사에 다음과 같은 오퍼를 텔렉스 하였다.

➡ In response to you letter of June 21, we have just telexed you the following offer.

④ **~의 단가로 오퍼하다**: offer at a price~

· 이 물품을 1다스당 미화 10달러로 오퍼한다.

➡ We offer you this article at US$10.00 per dozen.

⑤ **~의 가격으로 오퍼하다**: offer for a sum~

· 이 한 세트 전부를 1,000달러로 오퍼한다.

➡ We offer you all this lot for $1,000.

⑥ **시가변동 조건부**: subject to market fluctuations

· 가격표의 가격은 모두 시가변동 조건부이다.

➡ All list prices are subject to market fluctuations.

⑦ **당사 최종확인 조건부**: subject to our final confirmation

· 당사 최종확인 조건부로 다음의 물품을 오퍼한다.

⇒ We are pleased to offer you the following goods subject to our final confirmation.

⑧ **귀사 가격보다 약 5% 싼 가격으로:** at about 5% lower prices than yours

· 귀사 오퍼는 승낙할 수 없다. 귀 지역의 어느 회사는 유사품을 귀사 가격보다 약 5% 싼 가격으로 오퍼하고 있다.

⇒ Your offer is not acceptable to us. Another firm in your area is offering similar articles at about 5% lower prices than yours.

⑨ **즉시 선적할 수 있는 양:** the quantity available for prompt shipment

· 즉시 선적할 수 있는 양은 한정되어 있다. 이 기회를 놓치지 말 것을 권한다.

⇒ The quantity available for prompt shipment is limited. We would advise you not to miss this opportunity.

42) subject to~

"This order is subject to cancellation without liability."

이 글의 subject는 형용사이고 to를 수반하여 conditional on~ 「~을 조건으로」의 의미로 사용된다.

형용사로서의 용법은 다음과 같다.

· This offer is subject to prior sale.
· This offer is subject to being unsold.
· This offer is subject to our confirmation.
· The prices are subject to change with or without notice.
· The prices are subject to market fluctuations.

형용사로서의 subject to 사용법 이외에 다음과 같이 부사적으로 사용될 수도 있다.

· We agree to your proposal, subject to the approval by the board of directors.
· Subject to your consent, we propose to send it to you.
· We offer this product, subject to your reply received here by June 4th.

43) 재고(stock)에 관한 영어 표현

(1) 재고

① stock: 일반적인 용어로서 단수, 복수 양쪽으로 쓰인다. 판매용의 재고라는 적극적인 의미가 있다.

② inventory: 「재고품」, 「재고목록」의 의미로서 적극적인 의미는 없다. 조사해보니 이 만큼의 재고가 있었다는 느낌을 주는 용어이다.

③ bag-log: 팔고 남은 물품(remainder)의 재고라는 뜻이다.

(2) 재고가 있다

① 사람이 주어

to carry [have, hold, keep] a stock of

to have... in stock

to have... on hand

· 당사는 이 품목의 재고를 대량으로 가지고 있다.

→ We carry a large stock of this item.

· 몇 개의 품목의 재고가 적으므로 다음의 것은 항공편으로 보내 달라.

→ As we have a small stock of a few items, please air the followings :

· 귀사는 이 모델의 부품의 재고를 가지고 있는가?

→ Do you have the components of this model in stock?

· 당사는 귀사가 조회한 상품의 재고를 가지고 있다.

→ We have on hand the goods you have inquired about.

② 물품이 주어

to be in stock　　　to be on hand

· 이들 최신 모델이 다음달에 재고가 있다는 것을 귀사에 보증할 수 없다.

→ We cannot guarantee you that these newest models will be in stock next month.

(3) 재고가 적다

① 사람이 주어

to have a short stock of

· 당사는 부품의 재고가 적다.

→ We have a short stock of the parts.

② 물품이 주어

to be short of stock

to be in short supply

· 이 시점에서 그 재료의 재고가 적다.

→ At this moment the materials are short of stock.

(4) 재고가 줄고 있다 (stock 또는 물품이 주어)

to run low

to run short

· 최근의 주문 쇄도 때문에 당사의 재고가 줄고 있다.

→ Because cf a recent rush of orders, our stock is running low.

· 기름이 줄고 있다.

→ The oil is running short.

(5) 재고가 없다

① 사람이 주어

to carry [have, hold, keep] no stock of

to have.... out cf stock

· 그 회사는 그것들의 재고가 없다.

→ They have them out of stock.

② 물품이 주어

to be of stock

· 이 형의 핸드백은 지금은 품절이다.

▸ Handbags in this style are now out of stock.

(6) 재고가 소진되다

① 사람이 주어

· 당사는 1주일 이내에 재고가 소진될 것이다.

▸ We will run out of stock within one week.

② stock 또는 물품이 주어

to run out

to be exhausted

· 재고가 소진되면 전 가격으로 다시 응할 수 없을 것이다.

▸ When the stock runs out, we will be unable to repeat the previous price.

44) 한국어와 영어의 표현차이

(1) COLLOCATION 동사 + 명사

영어에서는 coat, hat, shoes, ring, watch, lipstick은 모두 wear라는 동사를 취한다. 그런데 그것을 한국어를 사용하여 표현하면 「코트」는 「입는다」, 「모자」는 「쓴다」, 「구두」는 「신는다」, 「칼」은 「찌른다」, 「반지」는 「낀다」, 「시계」는 「찬다」, 「립스틱」은 「바른다」와 같이 목적어에 따른 동사가 다르게 온다.

영어에서도 같은 것이 있는데 「이 회사와는 20년간의 거래관계가 있다」에 대하여

(×) We have been making business with this firm for twenty years.

라고는 말하지 않는다. 「거래관계가 있다」는 make business가 아니고 do business로 해야 된다.

(○) We have been doing business with this firm for twenty years.

또한 「주문한다」는 것도 다음과 같이 make an order로 하지 않는다.

(×) We have decided to make an order with you.

place를 사용하여 다음과 같이 말하여야 한다.

(○) We have decided to place an order with you.

이와 마찬가지로 「전력을 다한다」는 것도 effort는 make를 사용하고 best는 do를 사용한다.

· We will make very effort to resume production.

· We will do our best to resume production.

이와 같이 어느 명사에는 어느 동사를 사용한다는 것이 정해져 있다. 이것을 COLLOCATION 이라고 한다.

(2) 자동사와 타동사

「대량 주문시의 조건에 대하여 이야기할 용의가 있다」에 대하여 다음과 같이 영작하는 사람이 많다.

(×) We are prepared to discuss about for bulk orders.

아마도 한국어의 「에 대하여」를 직역한 것 같다.

(○) We are prepared to discuss the terms for bulk orders.

이와 마찬가지로 resemble에서도 to가 붙지 않는다.

(×) The enclosed alternative resembles to your requirement XII.

(○) The enclosed alternative resembles your requirement XII.

또한 equal이라는 낱말도 형용사로서 사용될 때에는 다음과 같이 be equal to로서 사용된다.

The goods must be equal to our sample in design.

그러나 동사의 경우는 타동사이므로 to가 붙지 않는다.

(×) The goods must equal to our sample in design.

(○) The goods must equal our sample in design.

★☆ 주의: "합계"를 나타내는 두 개의 동사

· amount는 자동사

Your order amounts to 1 million dollars.

· total은 타동사

Your order totals 1 million dollars.

45) apologize의 용법

apologize는 to apologize to someone for something의 형으로 사용된다.
apologize to you that~처럼 that clause를 수반할 수 없다.

(○) We apologize to you for not replying to your letter sooner

(×) We apologize to you that we did not reply your letter sooner.

46) 혼동하기 쉬운 표현

(1) TILL & BY

① Till: 이 낱말은 어느 시점 「까지」 동작이 계속되고 있는 것을 말한다.

· This contract will be valid till the end of this month.

② By: 이 낱말은 어느 시점 「까지」 동작이 완료되어 있는 것을 나타낸다.

· We must have the Bs/L by the end of this month.

이 글의 By를 Till로 바꿔서
We must have the Bs/L till the end of this month로 하면
「이달 말까지 계속해서 B/L을 가지고 있어야 된다」는 의미가 된다. 또한 Till 대신에 Until을 사용할 수도 있다. Until은 til에 비해 다소 문어적(文語的)인 낱말이지만 미국에서는 자주 사용되고 있다.

(2) WITHIN A WEEK & WITHIN THE WEEK

이 두 가지의 차이는 A와 THE라는 부정관사, 정관사의 차이뿐이지만 이것에 의하여 의미는 전혀 다르게 된다.

within a week는 "during the next seven days" 즉 「1주일(7일) 이내에」의 의

미이지만, within the week는 "before Sunday" 「이주 사이에」의 의미가 된다.

따라서 금요일을 기점으로 Goods must be delivered within a week. 라고 말하면 다음의 금요일까지 7일의 여유가 있지만 Goods must be delivered within the week. 라고 하면 남은 일은 토요일 1일뿐이다.

(3) 이전, 이후, 이상, 이하

business letter에서 수량, 기일은 중요 사항이다. 이들 표현은 착오, 오해, 애매한 점이 많다.

① 수량

- 100을 초과한 (100을 포함하지 않음): more than 100, over 100, above 100, in excess of 100, exceeding 100.
- 100 이상 (100을 포함): not less than 100, 100 and more, 100 and over, 100 and up, 100 and above, 100 and upwards
- 100 이하 (100을 포함): not more than 100, 100 and less, 100 and under, 100 and below, 100 and downwards
- 100미만 (100을 포함하지 않음): less than 100

② 시기(時期)

다음과 같이 해석된다.

ⓐ 시기(始期)

- from October 15 = October 16 →
- commencing with October 15 = October 15 →
- after October 15 = October 16 →

ⓑ 종기(終期)

- by October 15 = → October 15
- before October 15 = → October 14

그러나 보다 정확하게 표현하려면 다음과 같이 하면 된다.

- till and including October 15 = → October 15

· till and [excluding, not including] October 15 = → October 14

· from October 15 to November 15, both (days) [included, inclusive] = October 15 → November 15

(4) 이전, 이하, 이상, 이하

· 4월 3일 이전: on or before April 3
· 4월 3일 이후: on or after April 3
· 4월 3일 이래: from and including April 3
· 오늘부터: from and including today (or this date)
· 10파운드 이상: £ 10 or (or and) above (or over)
· 10파운드 이하: £ 10 or (or and) less (or below)
· 100이상: 100 or (or and) more
· 100이상 200 까지: 100 up to 200 both inclusive (100도 200도 포함)
(미국식으로 말하면: 100 through 200)
· 100 이상 200 미만: 100 up to 200

· We want to sell the goods at a price not exceeding £25 per 1b.

➡ 그 물품을 1파운드당 25파운드 이하로 팔고 싶다.

· This contract will come into effect from and including March 2.

➡ 이 계약은 3월 2일부터 발효한다.

47) at(일자 앞의)

at May 7, 1996처럼 일자에 at가 붙어 있는 것은 「~일 현재: ~일의 시점에서」이라는 뜻으로 자주 사용되고 있다. 즉 5월 7일은 「하나의 시점」으로 생각한 경우에 at가 사용된다. 예컨대 we received your sample on May 7. 라고 말한 경우 5월 7일 중의 일정시간에 접수하였다는 것을 뜻한다. 그러나 Your balance with our bank at June 30, 1996 is as follows: 라고 말한 경우 6월 30일 중의 어느 일정기간을 가리켜서 말하는 것이 아니고 6월 30일 전체를 하나로 묶어서 말하는 것이다. 1일의 전체로서의 최종시점을 가리키는 것이다. 이상의 설명에서 at가 on 보다 엄밀한 표현이라고 볼 수 있다.

(a) This is to certify that the above are the balance of your account with us at (the close of) 30th June, 1996 (at the close of~ 하면 「그 날의 영업시간의 최종시점」 하는 것이 명확하게 된다.

또한 「~일 현재」라는 의미도 at of~가 사용되는 경우도 있다.

· The rule takes effect as of July 1, 1996.

48) meet인가 meet with인가

meet에는 수요, 요구, 필요 등을 「충족시키다, 응하다」라는 의미로 사용될 때에는 타동사이므로 전치사 with가 필요 없다.

(×) We meet with the customer' s requirement.

(○) We meet the customer' s requirement.

한편 meet with 「~을 경험하다, 받는다」라는 의미가 있다. 따라서 「요구」를 충족시킨다는 뜻으로 meet with는 사용될 수 없다.

49) provide인가 provided that 인가

「~이라는 조건이면」 이라고 말할 때 provided that~ 이나 that가 생략된 provided를 사용할 수 있다. 그러나 providing은 사용할 수 없다.

(○) We would like to place a big order with you for your newly developed product provided (that) the sample proves satisfactory in our testing.

(×) We would like to place a big order with you for your newly developed product providing the sample proves satisfactory in our testing.

50) 할인(discount, reduction, allowance)

(1) 명사의 의미

· discount: 일반의 할인, 수량할인 등 좋은 조건하에 행하여지는 할인

· reduction: 가격인하로서 좋은 조건이나 나쁜 조건도 없는 할인

· allowance: 손해배상을 위한 할인

discount 와 allowance 사이에는 위와 같은 nuance의 차이가 있다.

· We are ready to allow you a 10 percent discount on your initial order.

 ▸ 첫 주문에 대하여는 10%의 할인을 해 줄 용의가 있다.

· We are prepared to give you a 25% allowance to compensate you for the defects in the goods.

 ▸ 그 물품의 결함에 대한 보상으로서 25%의 할인을 해 줄 용의가 있다.

· discount에는

 ▸ quantity discount
 (수량할인 = 일정 수량을 초과하는 주문에 대한 할인)

 ▸ trade discount
 (업자 할인 = 일반소비자에 대한 것이 아니고 업자에 대하여 해주는 할인)

 ▸ settlement discount
 (결제할인 = 매도인에게 유리한 결제조건에 대하여 해주는 할인)

(2) 동사의 의미

① discount: 「할인하다, 가격인하 하다」의 뜻이며 discount는 은행용어이다. 어음에 기재된 금액으로부터 지급기일까지의 이자를 공제하는 것은 discount(할인하다)라고 한다.
어음을 할인하여 은행에 매도하는 것은 negotiate라고 한다.

② reduce: 「감하다, 줄이다」의 뜻이다. reduce는 단독으로 「가격인하 하다」의 뜻으로 사용할 수 없다. price와 함께 사용하여야 가격인하의 뜻이 된다. 따라서 discount와는 큰 차이가 있다.

· reduce the speed of a car

 ▸ 차의 속도를 줄이다

· reduce his weight by 5 kgs

 ▸ 체중을 5kg 줄이다

· His salary was reduced by 15%

⟫ 그의 봉급은 15%가 줄었다

· reduce prices of a wide range of products

⟫ 광범위한 제품의 가격을 인하하다

· give a 10% reduction in price

⟫ 10% 가격 인하를 하다

· We never make a reduction in price.

⟫ 당사에서는 일체 가격인하가 없다.

③ deduct: 「공제하다」의 뜻이다.

· deduct 10% from one' s salary for income tax.

50) an annual 250,000 TV sets는 맞는가

25만대는 복수이지만 연간 25만대를 단일의 수량을 나타내는 것으로 간주하면 an annual 250,000 sets로 사용할 수 있다. 즉 복수 명사 sets에 부정관사 an을 붙일 수 있다. 이것은 「복수의 통합(unification of plurals)」이라고 부른다. 어순(語順)은 다음과 같다.

부정관사 + 형용사 + 수사(數詞) + 복수명사

· an additional 20 pages (추가 20페이지)

· a mere 10 copies (단지 10부)

이와 같이 핵이 되는 주어가 복수이더라도 의미상 단일의 개념을 나타내므로 부정 관사가 함께 사용되고 단수 동사를 사용한다.

51) sample, pattern 및 specimen

· sample: 전체의 성질 등을 예시하는 것으로서 그 전체에서 고른 일부분을 말한다.

· pattern: 옷감, 의류 또는 장식적 모양과 관계된 물품의 견본.

· specimen: 자연과학의 분야, 즉 기계부품의 견본.

52) 주문(Order)에 관한 영어 표현

(1) 「주문하다」의 표현

① 귀사에 이 물품을 주문하다

· We place an order for these goods with you.
· We pass an order for this commodity to you.
· We order this item from you.
· We enclose our order for these goods to you.
· We are pleased to give an order for this article to you.

② 이 주문을 확인하라

· Please let us have your confirmation on this order.
· Please confirm this order.
· Please send us your order confirmation.
· We hope that you will make an order confirmation.
· We request you to confirm this order.
· We would like you to confirm this order.

③ 주문 조달에 착수하다: proceed with an order

· 즉시 주문 조달에 착수해달라
  ➡ Please proceed with an order immediately.

④ 주문을 이행하다: execute an order, carry out an order, fulfill an order

· 10월 20일까지 이 주문을 이행하라.
  ➡ Please execute this order by October 20.

⑤ 주문을 권유하다: canvass for an order, induce for an order

· 주문을 권유하고 있으므로 이달말까지는 좋은 주문을 모을 수 있을 것이다.
  ➡ We are canvassing for an order, we will be able to build up a good order by the end of this month.

⑥ 주문을 서두르다: hasten an order

· 재고가 늘고 있으므로 주문을 서둘러라.

▸ As our stocks are increasing, please hasten the order.

⑦ 다량의 주문이 밀려 있다: have large orders in hand

· 당사는 현재 다량의 주문이 밀려 있으므로 8월 10일까지 선적하는 것은 어렵다.

▸ As we have large orders in hand, it will be difficult for us to make shipment by August 10.

· receive a large order: 대량 주문을 받다
· make up an order: 주문서를 작성하다
· hurry an order: 주문이행을 급히하다
· have many orders in hand: 주문이 쇄도하고 있다
· a rush of order; a flood of orders, a deluge of orders: 주문쇄도
· place an order: 주문을 하다
· place a constant order: 일정량을 주문하다

(2) 주문의 종류

① 첫 번째 주문: initial order, first order

· 이것은 당사의 첫 번째 주문이므로 선적에 대해서 특별한 배려를 해달라.」

▸ As this is our initial order, please pay your special attention.

② 재주문: repeat order

· 귀사 상품의 품질과 가격이 만족스럽다면 귀사에 재주문하겠다.

▸ If the price and quality of your goods are satisfactory, we will place our repeat orders with you.

③ 시험 주문: trial order

· 이 상품에 대해서 시험 주문을 해주면 그 품질이 얼마나 우수한지를 알 수 있을 것이다.

›› If you place a trial order for this article with us, you will find how excellent it is.

④ 주문품: goods ordered, order, goods to order

· 귀사 주문품은 선적 준비가 되어 있으므로 금주중으로 선적을 완료하겠다.

›› We are ready for shipment of your order, we will complete shipment in this week.

- order sheet: 주문장
- repeat order: 재주문
- initial order: 첫주문
- trial order: 시험주문
- additional order: 추가주문
- regular order: 정규주문
- small order: 소량주문
- large order: 대량주문
- acceptance of an order: 주문의 인수
- execution of an order: 주문이행
- decline an order: 주문을 거절하다
- order blank: 주문용지
- have large orders: 대량주문이 있다
- fulfil an order: 주문을 이행하다
- ship an order: 주문을 선적하다
- book an order: 주문을 기장하다
- your order: the goods ordered: 주문품
- shipment of an order: 주문품의 선적
- cancellation of an order: 주문의 취소

53) consider to place~인가 consider placing~인가

당사는 곧 새로운 주문을 하는 것을 검토중이다.

(×) We are considering to place a new order soon.

(○) We are considering placing a new order soon.

consider가 「~을 고려하다」, 「컴토한다」의 뜻으로 사용할 때에는 consider는 부정사가 아니고 동명사를 목적어로 수반한다.

consider가 「~이라고 생각한다, = believe to be, regard as」의 의미로 사용할 때에는 그 뒤에 as를 붙이지 않는다.

「~를~으로 생각한다」는 「consider + (대)명사 + (to be) + 명사 또는 형용사」로 나타낸다. 이 구문의 to be는 자주 생략된다. We consider ABC Company (to be) a reliable firm.

(×) We consider him as a good salesman.

(○) We consider him a good salesman.

(×) We consider him as competent.

(○) We consider him (to be) competent.

We consider your proposal unacceptable to deal with.

(=We believe your proposal is unacceptable to deal with.)

consider는 타동사이다.

(×) We need to consider about this matter.

(○) We need to consider this matter.

54) began selling 인가 began to sell 인가

(○) Schwab & Co. began selling these goods last year.

(○) Schwab & Co. began to sell these goods last year.

begin은 목적어로서 동명사, 부정사의 어느 것도 목적어로 할 수 있는 동사이다. 동명사형이 부정사형보다 사용도가 높다.

55) 「할 수 없다」 표현의 강도

다음의 표현에는 강도의 차이 즉 nuance의 차이가 있다.

(1) We cannot accept your order.

(2) We are unable to accept your order.

(3) We are not able to accept your order.

(4) We are not in a position to accept your order.

(5) It is difficult for us to accept your order.

(6) It is impossible for us to accept your order.

「할 수 없다」는 표현에서 (5) It is difficult for us to accept your order는 「가능」한가 「불가능」한가가 명확함으로 사용은 피하는 것이 좋다. 나머지 5개의 문장 중에서 부드러운 표현에서 강한 표현으로 옮겨가는 순번은 다음과 같다.

(1) We are not in a position to....

(2) We are unable to...

(3) We are not able to...

(4) It is impossible (for us) to...

(5) We cannot...

56) intention of-ing인가 intention to 부정사인가

(○) They expressed their intention of cancelling their order.

(○) They expressed their intention to cancel their order.

위의 두 문장은 모두 맞는다.

「~의 의지를 표현한다」라는 의미에서는 announce (or declare; disclose; express; show; signify) one's intention to do (or of doing)의 어느 것도 가능하다.

다음의 문례에서는 (1)의 경우 of나 ~ing가 중복되므로 (2)가 좋다고 말할 수 있다.

(1) Thank you for your letter of April 1, informing us of your intention of placing substantial orders for...

(2) Thank you for your letter of April 1, informing us of your intention to place substantial orders for...

위에서 설명 한 대로 intention to do 및 intention of~ing의 어느 것도 가능하지만, 동사 have를 사용할 때에는 사정이 달라진다.

(×) They have no intention to cancel the order.

(○) They have no intention of cancelling the order.

(×) We have an intention to cancel the order.

(○) We have an intention of cancelling the order.

⇒ We intend to cancel the order. 하면 간결하게 된다.

57) high; expensive; dear; costly; high-priced; precious

(1) high: (가격이) 비싸다, 높다

· 그 양복의 가격은 높다

➧ The price of the suit is high.

※ '가격' 이 높다는 것이지, 양복이 높다는 것은 아니다. 양복을 주어로 하면 The suit is high in price. (=high-priced)

(2) expensive: '(물품의 원가 또는 매수인의 재력으로 보아) 비싼' (commanding a high price and especially one that is not based on intrinsic worth or is beyond a prospective buyer' s means)

· 그는 비싼 카메라를 샀다.

➧ He bought an expensive camera.

※ '카메라는 비싸다' 는 The camera is expensive. 인데 the price를 주어로 하면 The price of camera is high. 이다 또한 price를 주어로 한 경우, high 대신에 expensive를 사용할 수도 있다.

(3) dear: '(물품이 품질에 비해) 비싼' (영국의 용법)

· 그것은 너무 비싸다

➧ It' s too dear.

※ the price를 주어로 하면 high를 사용하여 its price is too high로 한다.

(4) costly: '비용이 많이 든, 호화, 진기, 정교 등 때문에 비싼'

· 그녀가 사고 싶은 보석은 비싼 것이었다.

➡ The jewel she wanted to buy was a costly one.

(5) high-priced: '(고가(高價)인, 값이 비싼)'

· 그 가게에서는 값이 비싼 카메라를 취급하고 있다.

➡ They carry high-priced cameras.

(6) precious: '값이 비싼'

· 그녀는 값이 비싼 보석류를 가지고 있다.

➡ She has precious jewelry.

(7) valuable: '값이 비싼, 금전적으로 가치가 있는'

· 그 다이어몬드는 값이 비싸다.

➡ The diamond is valuable.

※ valuable에는 '귀중한' 이란 뜻도 있고 이것을 강조하면 invaluable(헤아릴 수 없을 만큼 귀중한)이 된다. 접두사 in이 붙었다고 '싸다' 는 뜻이 아니다. 이와 같은 말에 priceless '돈으로 살 수 없을 만큼 귀중한' 이 있다. priceless는 '무료' 의 뜻이 아니다.

58) low; cheap; inexpensive; low-priced

(1) low: '(가격이) 싼'

· 그 카메라의 가격은 싸다.

➡ The price of the camera is low.

※ 가격이 low한 것이지 카메라가 low한 것은 아니다. 카메라를 주어로 하면 The camera is low in price (=low-priced).

(2) cheap: '(물품이) 싼'

이 형용사는 값이 싼 것 외에 값이 싸고 품질이 나쁜 뜻도 포함하고 있으므로 사용할 때에는 주의해야 된다.

· 그 가게는 값이 싼 물품만을 취급하고 있다.

➡ They carry cheap items only.

※ 보통 값이 싸다고 할 때에는 inexpensive를 사용하는 것이 좋다.

(3) inexpensive: 값이 싼. 품질에 비해 값이 싼 것을 가리킨다.

· 그 가게는 싸고 좋은 물품을 비치하고 있다.

➡ They carry inexpensive but good articles.

(4) low-priced: 저렴(低廉)한. 문자 그대로 가격이 싼

· 저렴한 팔목 시계를 샀다.

➡ I bought a low-priced watch.

59) price; cost; charge; fare; fee; rate; quotation

(1) price: 가격, 물품 또는 서비스에 대해서 매도인이 붙이는 가격

· 타자기의 가격: the price of the typewriter

(2) cost: 원가, 제조, 입수, 유지 등을 위해서 지급하는 금액

· 타자기의 원가: the cost of the typewriter

(3) charge: 비용, 요금, 서비스, 노동의 대가(요금)

· 주차요금: the charge for parking

(4) fare: 승용차 등의 요금

· 택시요금: the taxi fare

(5) fee: (의사, 변호사 등의) 전문직에 대해서 지급하는 보수, 어느 특권(예컨대, 회원권)을 받기 위한 요금

· 의사의 진료비: the doctor' fee
· 연회비: the annual fee for membership

(6) rate: (전기, 수도, 전화 요금처럼) 일정한 요율에 따라 청구하는 가격
· 수도요금: the water rate

(7) quotation: 시세, 시가, 견적금액
· 밀의 시세: the quotation for wheat
· 교량 보수비의 견적: the quotation for repairing the bridge

60) 신용조회에 관한 용어

A reference(신용조회처) – 신용조회처의 뜻으로 쓰일 때는 countable noun 이므로 부정관사(a)가 붙는다.

Standing(지위, 입장) – state, status, condition으로도 바꿔 쓸 수 있다.

business standing(영업상태), credit standing(신용상태), financial standing(재정상태)의 세 가지를 합해서 단순히 standing이라고 쓸 수 있다.

Any information you may desire – any와 may는 함께 자주 사용된다.

· Any order you may give us will be executed with our best attention.
  ▸ 귀사가 당사에 보내는 어떠한 주문다 당사의 최선의 배려하에 이행될 것이다.

(1) ~과 거래를 개시하다: enter into; start; establish business[relations; connections] with~; open an account with~

① We have had no business[experience] with Messrs. Brown & Co.
  ▸ 당사는 브라운 회사와 거래한 경험이 없다.

② We have been established here as exporters of general merchandise under the title of Dongguk Trading Co., Ltd. for 20 years.
  ▸ 동국무역회사의 상호로 이곳에서 잡화 수출업을 개업한지 20년이 되었다.

③ As we have wide business connections with manufacturers of toys, we are able to fulfill any order within thirty days.
  ▸ 다수의 완구 제조업자와 폭넓은 거래를 하고 있기 때문에 어떠한 주문도 30일 이내에 조달할 수 있다.

※ 다수의 완구제조업자와 폭넓은 거래를 wide business connections with manufacturers로 영역하는 것은 좋지 않다. wide가 있으므로 many는 불필요하다.

④ We have entered into business relations with the company.

⋯▸ 그 회사와 거래관계를 시작하였다.

※ ~와의 거래를 끊다는 break off business relation[connections]; close(up) an account이고 거래를 중지하다는 suspend business로 표현한다.

⑤ We have maintained business relations with Kyeong Dong Trading Co., Ltd. since 1979.

⋯▸ 당사는 1979년 이래로 경동무역회상와 거래를 유지해 왔다.

61) 직책명 앞의 관사의 유무

(1) He is a vice president of the company

(2) He is vice president of the company

(1)은 vice president의 직에 있는 사람이 동일 회사에 몇 사람이 있고 그 중의 하나라는 것을 의미하고 (2)는 소속 단체가 기관에는 통상 과장 1인, 부장도 1인, 사장도 1인인 경우가 많아 직책명 앞에 관사가 없는 글이 많다.

(1) Mr. Kim was appointed sales manager last month.

(2) Mr. Phelps is president of the Bank of New York, Ltd.

62) 의뢰를 나타내는 Ask 및 Request의 용법

Ask는 구어적이고 가벼운 반면, request는 형식적이고 딱딱하며 정중하다. 의뢰를 뜻하는 용법에는 다음과 같은 것이 있다.

(1) 타동사로 의뢰물을 목적어로 하는 경우

· He asked for [requested] a loan from the bank.

⋯▸ 그는 그 은행에 융자를 의뢰하였다.

ask 다음에 for가 있는 경우와 없는 경우 두 가지가 있다.

(2) 타동사로서 사람에 ~하는 것을 의뢰하는 경우 (목적어 + 부정사)의 형을 취하는 것

· They asked [requested] us to approach you on this matter.

⇨ 그 회사는 이것에 대해서 귀사와 교섭하도록 당사에 의뢰하였다.

(3) 목적어로서 That - clause를 취하는 경우

· We would ask[request] that you (should) contact your supplier again to see if he can improve his price.

⇨ 귀사의 공급처와 한 번 더 접촉하여 그 회사가 가격을 조금 인하할 수 있는지를 알아봐 주십시오.

위의 예문에서 improve는 가격을 조금 인하하다의 뜻이며 contact는 Subjunctive Present(가정법 현재)로서 he가 주어로 오더라도 contacts라고 쓰지 않는다. 영국 영어에서는 that절에 조동사 should를 넣는다.

63) We are sending~와 We send~

(1) As requested, we send you the samples by another mail.

⇨ 요구하신 대로 그 견본을 별도우편으로 보낸다.

(2) Thank you for your inquiry, in reply to which we are sending you separately our illustrated catalogue of steel cabinets.

⇨ 귀사 조회를 받고 그 회답으로 당사 스틸제 캐비닛의 그림목록을 별도 우편으로 보낸다.

(3) We will send you a set of samples of our goods on request.

⇨ 귀사의 요구를 받자마자 당사 제품의 견본 한 벌을 보낸다.

(4) By today's post we have sent you a sample bottle of our remarkable new product "MEATEX".

⇨ 오늘 날짜 우편으로 당사의 뛰어난 신제품 "MEATEX"의 견본병을 보냈다

(1)~(3)은 한국에서는 어느 것도 보낸다이다.

(3)은 will(미래시제)이 붙어 있어 앞으로 요구가 있으면 보내겠다는 뜻이다. (1)(2)는 조금 전에 이미 보냈거나 또는 서한을 쓰고 있는 시점에서느 아직 보내지 않았지만, 서한을 보내자마자 동시에 별도우편으로 보낸다는 느낌을 준다. We send보다는 We sending~을 많이 쓰고 있다. (4)처럼 조금 전에 이미 발송한 경우에는 현재완료형을 사용한다.

64) 별도우편으로

별도의 우편이라는 표현에는 다음과 같은 것이 있다.

(1) under separate cover

(2) by another(separate) mail

(3) by separate post

(4) separately by mail

(5) under another cover

(1) 및 (5)는 구식 영어이다. cover가 우편인지 여부가 불명확하다.

(1) We will send you our catalog(ue) separately by mail (or post) (modern style)

(2) We will send you our catalog(ue) by another (or separate) mail (or post). (modern style)

(3) We will send you our catalog(ue) under separate cover. (old-fashioned style)

■ 정중 표현의 정도

정중하게 표현하는데 다음과 같은 것이 있다.

(1) We inform you that...

(2) We would like to inform you that...

(3) We wish to inform you that...

(4) We are pleased to inform you that...

(5) We have the pleasure of informing you that...

(6) We have pleasure in informing you that...

(7) We take pleasure in informing you that...

(1) (2) (3)의 표현은 피하고 직접적으로 표현하는 것이 좋다. (4)-(7)의 표현이 많이 사용된다.

65) your copy of~인가 a copy of your~인가

(1) 귀사 상품의 견본(1개)를 보내시오.

(×) Please send us your sample of the goods.

(○) Please send us a sample of your goods.

(2) 귀사 상품 목록 1부를 보내시오.

(×) Please send us your copy of the catalog.

(○) Please send us a copy of your catalog.

66) 30 years experience인가 30 year's experience인가

30년의 경험이라는 표현은 30 years experience. 30 year's experience 및 30 years of experience 세 가지를 다 사용할 수 있다.

(1) We have 30 years experience in this line of business.

(2) We have 30 year's experience in this line of business.

(3) We have 30 years of experience in this line of business.

(1)에서 years 라는 명사는 experience라는 명사를 수식하여 형용사적으로 사용되고 있다. years는 다시 형용사 "30의"에 의해 수식되어 30 years이 복합 형용사가 되어 있다.

· several years experience: 수년의 경험

· two years service: 2년간의 군복무

67) shade와 colour

· The goods do not correspond to the sample in shade

🔊 그 물품은 색조(색배합)에서 견본과 일치하지 않는다.

· The goods do not correspond to the sample in colour

🔊 그 물품은 색이 견본과 일치하지 않는다.

shade는 같은 청색이라도 엷은 청색 또는 짙은 청색을 말하는 색조(색배합)을 말한다. colour는 적색이라든가 청색이라든가 라는 색을 말한다. 따라서 shade와 colour는 뜻의 차이가 크다.

68) ~에 관해서 [~에 대해서]의 용법

(1) About

구어체의 글에서는 대부분의 경우 about를 사용한다.

· For more information about our service contact, please call us at 725-2215.

🔊 당사의 서비스 계약에 대해서 보다 더 상세한 정보가 필요하다면 725-2215번에 전화하라.

· I certainly appreciate your writing me about the fact that your last bank statement has been delivered to you in an unsealed envelope.

🔊 귀사의 지난번 예금통지가 봉하지 않은 봉투에 들어 있는 채로 귀사에 배달되었다는 사실에 대한 서한을 받은 데 대해 진심으로 감사한다.

(2) Concerning~, Regarding~

원래는 현재분사였는데, 지금은 전치사로 사용되고 있다.

· I shall be in New York from July 10 to July 25.
Would it be convenient to talk to any of your staff there concerning the prospect of business between your firm and ours?

→ 본인은 7월 10일부터 25일까지 뉴욕에 머무를 것이다. 귀사와 당사와의 거래의 가능성에 대해서 그 곳의 간부 누구하고 이야기하는 것이 좋겠는가?

· We are particularly interested in your information regarding the new synthetic fibre called Tevlon for fish netting.

→ 당사는 어망용의 데브론이라고 부르는 새로운 합성섬유에 관한 귀사로부터의 정보에 특히 관심을 갖고 있다.

69) With[In] regard to~, With[In] respect to~, with[In] reference to~

이것들은 모두 ~에 관해서란 뜻인데, 앞의 concerning이나 regarding 대신에 사용될 수 있으며, 뜻이 무게가 있기 때문에 주로 글 첫머리에 놓인다.

· With regard to our exchange of telexes last week and this week concerning a prospective order from Dongguk Trading co., Ltd., we thoroughly canvassed all the forwarding agents here to locate a vessel with space available that could arrive at Pusan on or before October 7 time limit.

→ 동국무역주식회사로부터의 예상주문에 대해 전주 및 금주 상호교환한 텔렉스에 관해 당사는 10월 7일 (수입허가서의) 기한까지 부산항에 도착될 수 있는 선편을 수배하도록 이곳의 운송 대리점들에게 단단히 부탁하였다.

70) Negative(부정어)의 위치

우리말의 그것은 틀리다를 영어로 표현하는 경우 우리 사고방식대로 I think (that) it is wrong으로 쓰기 쉽다. 영어에서는 I don' t think that it is true로 표현한다.

영어에서는 부정어(negative)를 앞에다 쓰는 데 우리말에서는 뒤에다 쓴다.

■ 우리말식 표현

· We think that the strike will not last for more than a month.

→ 그 파업이 한달 이상 계속되지는 않으리라고 생각한다.

■ 영어식 표현

· We do not feel that the strike will last for more than a month.
  ➡ 그 파업이 한 달 이상 계속될 것이라고는 생각하지 않는다.

71) enclose 및 look forward to의 시제(tense)

현재형과 현재진행형의 차이는 기본적으로 다음과 같다. 현재시제는 반복해서 행해지는 계속적 행동, 또는 언제라도 일어날 수 있는 행동에 대하여 말하는 경우에 사용된다.

이에 대하여 현재진행형은 말하고 있는 순간에 진행중인 행동을 서술한다. 또한 현재진행형은 일시적인 상태를 나타내는 경우에 사용되는데, 현재형은 영구적인 상태를 말하는 데 사용된다.

그러나 이러한 차이에도 불구하고 enclose 및 look forward to의 경우, 무역서한에서는 현재형에도 현재진행형에도 사용되고 있으며 같은 뜻을 나타내고 있다. 또한 미국의 무역서한에서는 현재시제를 현재진행형으로 나타내는 경우가 많다.

· We enclose three copies of our catalog.
· We are enclosing three copies of our catalog.
· We look forward to (receiving) your early reply.
· We are looking forward to (receiving) your early reply.

8 국제무역계약관련 주요 국제상관습 및 법제의 영문 해석

1) 무역거래조건의 해석에 관한 국제규칙: 인코텀즈(INCOTERMS 2000)

(1) 인코텀즈의 주요 서문

1. Purpose and scope of Incoterms

The purpose of Incoterms is to provide a set of international rules for the interpretation of the most commonly used trade terms in foreign trade. Thus, the uncertainties of different interpretations of such terms in different countries can be avoided or at least reduced to a considerable degree.

Frequently, parties to a contract are unaware of the different trading practices in their respective countries. This can give rise to misunderstandings, disputes and litigation, with all the waste of time and money that this entails. In order to remedy these problems, the international Chamber of Commerce first published in 1936 a set of international rules for the interpretation of trade terms. These rules were known as "Incoterms 1936". Amendments and additions were later made in 1953, 1967, 1976, 1980, 1990 and presently in 2000 in order to bring the rules in line with current international trade practices.

It should be stressed that the scope of Incoterms is limited to matters relating to the rights and obligations of the parties to the contract of sale with respect to the delivery of goods sold(in the sense of "tangibles", not including "intangibles" such as computer software).

It appears that two particular misconceptions about Incoterms are very common. First, Incoterms are frequently misunderstood as applying to the contract of carriage rather than to the contract of sale. Second, they are sometimes wrongly assumed to provide for all the duties which parties may wish to include in a contract of sale.

As has always been underlined by ICC, Incoterms deal only with the relation between sellers and buyers under the contract of sale, and moreover, only do so in some very distinct respects.

While it is essential for exporters and importers to consider the very practical relationship between the various contracts needed to perform an international sales transaction - where not only the contract of sale is required, but also contracts of carriage, insurance and financing - Incoterms relate to only one of these contracts, namely the contract of sale. Nevertheless, the parties' agreement to use a particular Incoterm would necessarily have implications for the other contracts. To mention a few examples, a seller having agreed to a CFR - or CIF - contract cannot perform such a contract by any other mode of transport than carriage by sea, since under these terms he must present a bill of lading or other maritime document to the buyer which is simply not possible if other modes of transport are used. Furthermore, the document required under a documentary credit would necessarily depend upon the means of transport intended to be used.
Second, Incoterms deal with a number of identified obligations imposed on the parties–such as the seller's obligation to place the goods at the disposal of the buyer or hand them over for carriage or deliver them at destination–and with the distribution of risk between the parties in these cases.
Further, they deal with the obligations to clear the goods for export and import, the packing of the goods, the buyer's obligation to take delivery as well as the obligation to provide proof that the respective obligations have been duly fulfilled. Although Incoterms are extremely important for the implementation of the contract of sale, a great number of problems which may occur in such a contract are not dealt with at all, like transfer of ownership and other property rights, breaches of contract and the consequences following from such breaches as well as exemptions from liability in certain situations. It should be stressed that Incoterms are not intended to replace such contract terms that are needed for a complete contract of sale either by the incorporation of standard terms or by individually negotiated terms.
Generally, Incoterms do not deal with the consequences of breach of contract and any exemptions from liability owing to various impediments. These questions must be resolved by other stipulations in the contract of sale and the applicable law.

Incoterms have always been primarily intended for use where goods are sold for delivery across national boundaries: hence, international commercial terms. However, Incoterms are in practice at times also incorporated into contracts for the sale of goods within purely domestic markets. Where Incoterms are so used, the A2 and B2 clauses and any other stipulation of other articles dealing with export and import do, of course, become redundant.

1. 인코텀즈의 목적과 범위

인코텀즈의 목적은 외국무역에 가장 일반적으로 사용되는 정형거래조건의 해석에 관하여 일련의 국제규칙을 제공하는 것이다. 따라서 각 국가간에 이러한 거래조건에 대한 상이한 해석을 함에 따른 불확실성이 제거될 수 있거나 또는 최소한 상당한 정도로 감소될 수 있다. 흔히 계약당사자는 각 국가간의 상이한 무역관행을 인식하지 못하고 있다. 이로 인하여 시간 및 금전상의 낭비를 초래하는 오해, 분쟁 및 법적 소송이 야기될 수 있다. 이러한 문제를 해소하기 위하여 국제상업회의소는 1936년에 거래조건의 해석에 관한 일련의 국제규칙을 출판하였다. 이 규칙을 "Incoterms 1936"이라고 한다. 그 후 이 규칙은 현재의 국제무역관행과 일치시키기 위해 1953년, 1967년, 1976년, 1980년, 1990년 그리고 현재로는 2000년에 개성과 추가가 행해졌다. 인코텀즈의 범위는 매각된 물품("유형물"을 의미하고, 컴퓨터 소프트웨어와 같은 "무형물"은 포함하지 않는다)의 인도에 관하여 매매계약당사자의 권리와 의무에 관련된 사항에 한정되어 있다는 사실이 강조되어야 한다. 인코텀즈에 대해서는 두 가지 현저한 오해가 있는 것으로 생각된다. 첫째, 인코텀즈는 자주 매매계약이 아니라 오히려 운송계약에 적용되는 것으로 오해받고 있다. 둘째, 인코텀즈는 때때로 당사자가 매매계약에 포함시키고자 하는 모든 의무를 규정하고 있는 것으로 잘못 추측되고 있다. ICC에 의해서 항상 강조되어 왔던 바와 같이, 인코텀즈는 매매계약하에서 매도인과 매수인간의 관계만을 취급하고 있고, 더구나, 일부 매우 명백한 점만을 취급하고 있다. 수출업자와 수입업자가 국제거래매매를 이행하는데 필요한 다양한 계약– 여기에서는 매매계약이 필요하게 될 뿐만 아니라 운송, 보험 및 금융계약이 필요하다 – 간의 극히 실무적인 관계를 고려하는 것은 중요하지만, 인코텀즈는 이들 계약 중의 하나, 즉 매매계약에만 관련되어 있다. 그럼에도 불구하고 특정 인코텀즈의 조건을 사용하기 위한 당사자의 합의는 필연적으로 다른 계약에 영향을 미친다. 어떤 예를 들면 CFR 또는 CIF 계약에 합의하고 있는 매도인은 해상운송 이외의 기타 운송수단으로는 이러한 계약을 이행할 수 없다. 왜냐하면 이들 조건하에서 매도인은 다른 운송수단이 사용된 경우 전혀 가능성이 없는 선하증권 또는 기타 해상운송서류를 매수인에게 제공하여야 하기 때문이다. 더구나, 화환신용장하에서 요구되는 서류는 필연적으로 사용이 의도되어 있는 운송수단에 의해서 결정된다. 둘째, 인코텀즈는 당사자에게 부과되는 많은 특정의무 - 예를 들면, 매수인의 임의처분상태로 물품을 놓아두거나 또는 운송을 위하여 물품을 인도하거나 또는 목적지에서 물품을 인도하여야 하는 매도인의 의무 - 와 이러한 경우에 있어서 당사자간의 위험의 분배를 규정하고 있다. 또한 인코텀즈는 수출입을 위한 물품의 통관의무, 물품의 포장, 인도를 받아야 하는 매수인의 의무 및 각각의 의무가 정당하게 이행되었다는 증거를 제공할 의무를 규정하고 있다. 인코텀즈는 매매계약의 이행에 있어서 극히 중요하지만, 소유권 및 기타 재산권의 이전, 계약위반 및 그 위반에 따른 결과, 그리고 특정 상황에서의 책임의 면제와 같이, 그러한 계약에서 일어나는 수많은 문제는 전혀 취급되지 않고 있다. 인코텀즈는 완전한 매매계약에 필요한 그러한 계약조건을 표준조건의 삽입 또는 개별적으로 교섭된 조건으로 대체할 의도가 없다는 사실이 강조되어야 한다. 일반적으로 인코텀즈는 계약위반의 결과와 여러 가지 장애에 의한 책임의 면제를 규정하지 않고 있다. 이러한 문제는 매매계약의 기타 규정 및 준거법에 의해서 해결되어야 한다. 인코텀즈는 항상 물품이 국경을 넘어 인도를 위해 판매되는 경우에 주로 사용될 목적이었다. 따라서 이는 국제상거래의 조건인 것이다. 그러나 인코텀즈는 실제적으로 단순히 국내시장내의 물품매매계약에도 때로는 삽입되어 있다. 인코텀즈가 이와 같이 사용되는 경우에는 A2와 B2 조항 및 수출입에 관한 기타 조항의 모든 약정은 물론 필요가 없어진다.

19. The bill of lading and electronic commerce

Traditionally, the on board bill of lading has been the only acceptable document to be presented by the seller under the terms CFR and CIF. The bill of lading fulfills three important functions, namely :

- proof of delivery of the goods on board the vessel ;
- evidence of the contract of carriage ;
- a means of transferring rights to the goods in transit to another party by the transfer of the paper document to him.

19. 선하증권과 전자상거래

전통적으로 선적선화증권이 CFR 및 CIF조건하에서 매도인에 의해서 제출되는 유일한 수리가능한 서류이었다. 선하증권은 다음과 같은 세가지 중요한 기능을 수행한다. 즉,

- 본선상으로의 물품 인도의 증명
- 운송계약의 증거 ; 그리고
- 종이에 의한 서류의 이전에 의해서 다른 당사자에게 운송 중의 물품에 대한 권리를 이전하는 수단

(2) 2000년 인코텀즈의 13가지 정형거래조건

EXW

EX WORKS (… named place)

"Ex works"means that the seller delivers when he places the goods at the disposal of the buyer at the seller's premises or another named place(i. e. works, factory, warehouse, etc.) not cleared for export and not loaded on any collecting vehicle.

This term thus represents the minimum obligation for the seller, and the buyer has to bear all costs and risks involved in taking the goods from the seller's premises.

However, if the parties wish the seller to be responsible for the loading of the goods on departure and to bear the risks and all the costs of such loading, this should be made clear by adding explicit wording to this effect in the contract of sale. This term should not be used when the buyer cannot carry out the export formalities directly or indirectly. In such circumstances, the FCA term should be used, provided the seller agrees that he will load at his cost and risk.

1. 공장인도조건 (… 지정장소)

"공장인도"란 매도인이 수출통관절차를 이행하지 않고, 수취용 차량에 적재하지 않은 상태로 매도인의 영업소 또는 기타 지정된 장소(예를 들면, 작업장, 공장 창고 등)에서 물품을 매수인의 임의처분상태로 놓아두었을 때 매도인이 인도하는 것을 의미한다. 따라서, 이 조건은 매도인에 대한 최소한의 의무를 나타내며, 매수인은 매도인의 영업소로부터 물품을 인수하는 데에 수반되는 모든 비용과 위험을 부담하여야 한다. 그러나, 만일 당사자가 출발시의 물품의 적재에 대한 책임과 그러한 적재의 모든 비용과 위험을 매도인에게 부담시키고자 하는 경우에는, 매매계약에서 이러한 취지의 문언을 명시적으로 추가함으로써 이를 명확하게 하여야 한다. 이 조건은 매수인이 직접 또는 간접적으로 수출절차를 이행할 수 없을 경우에는 사용되어서는 안 된다. 이러한 상황하에서는 매도인이 자신의 비용과 위험으로 적재할 것이라고 합의한다면, FCA 조건을 사용하여야 한다.

FCA

FREE CARRIER (… named place)

"Free Carrier" means that the seller delivers the goods, cleared for export,

to the carrier nominated by the buyer at the named place. It should be noted that the chosen place of delivery has an impact on the obligations of loading and unloading the goods at that place. If delivery occurs at the seller's premises, the seller is responsible for loading. If delivery occurs at any other place, the seller is not responsible for unloading.
This term may be used irrespective of the mode of transport, including multimodal transport.
"Carrier" means any person who, in a contract of carriage, undertakes to perform or to procure the performance of transport by rail, road, air, sea, inland waterway or by a combination of such modes.
If the buyer nominates a person other than a carrier to receive the goods, the seller is deemed to have fulfilled his obligation to deliver the goods when they are delivered to that person.

2. 운송인인도조건 (… 지정장소)
"운송인인도"란 매도인이 지정된 장소에서 매수인이 지정한 운송인에게 수출통관된 물품을 인도하는 것을 의미한다. 선택된 인도장소가 그러한 장소에서 물품의 적재 및 양륙의무에 영향을 미친다는 사실에 유의하여야 한다. 인도가 매도인의 영업소에서 행해지는 경우에는 매도인은 적재에 대한 책임을 진다. 인도가 기타의 장소에서 행해지는 경우에는 매도인은 양륙에 대한 책임은 없다. 이 조건은 복합운송을 포함하여 운송수단에 관계없이 사용될 수 있다. "운송인"이란 운송계약에서 철도, 육로, 해상, 항공, 내륙수로 또는 이러한 운송수단을 결합한 운송을 이행하거나 주선하는 자를 의미한다.
매수인이 물품을 수령하기 위하여 운송인이외의 자를 지명한 경우에는 물품이 그러한 자에게 인도될 때 매도인의 물품인도의무는 이행된 것으로 간주된다.

FAS
FREE ALONGSIDE SHIP (… named port of shipment)
"Free Alongside Ship" means that the seller delivers when the goods are placed alongside the vessel at the named port of shipment. This means that the buyer has to bear all costs and risks of loss of or damage to the goods from that moment.
The FAS term requires the seller to clear the goods for export.
THIS IS A REVERSAL FROM PREVIOUS INCOTEMS VERSIONS WHICH REQUIRED THE BUYER TO ARRANGE FOR EXPORT CLEARANCE.

However, if the parties wish the buyer to clear the goods for export, this should be made clear by adding explicit wording to this effect in the contract of sale.
This term can be used only for sea or inland waterway transport.

3. 선측인도조건 (… 지정된 선적항)

"선측인도"란 물품이 지정된 선적항에서 본선의 선측에 인도되었을 때 인도하는 것을 의미한다. 이러한 것은 그 시점으로부터 매수인이 물품의 멸실 또는 손상의 모든 비용과 위험을 부담하여야 한다는 것을 의미한다. FAS 조건은 매도인이 물품의 수출통관절차를 이행할 것을 요구하고 있다. 그러나, 만약 당사자가 수출통관절차를 매수인에게 이행시키고자 하는 경우에는 매매계약에서 이러한 취지의 문언을 명시적으로 추가함으로써 이를 명확히 하여야 한다. 이 조건은 해상 또는 내륙수로운송의 경우에만 사용될 수 있다.

FOB

FREE ON BOARD (… named port of shipment)

"Free On Board" means that the seller delivers when the goods pass the ship's rail at the named port of shipment. This means that the buyer has to bear all costs and risks of loss of or damage to the goods from that point. The FOB term requires the seller to clear the goods for export. This term can be used only for sea or inland waterway transport. If the parties do not intend to deliver the goods across the ship's rail, the FCA term should be used.

4. 본선인도조건 (… 지정선적항)

"본선인도"는 물품이 지정된 선적항에서 본선의 난간을 통과할 때 매도인이 인도하는 것을 의미한다. 이것은 매수인이 그 지점으로부터 물품의 멸실 또는 손상의 모든 비용과 위험을 부담하여야 한다는 것을 의미한다. FOB조건은 매도인에게 수출을 위하여 물품을 통관할 것을 요구하고 있다. 이 조건은 해상운송 또는 내륙수로운송에만 사용될 수 있다. 만일 당사자가 본선의 난간을 횡단하여 물품을 인도할 의도가 없는 경우에는 FCA(운송인인도)조건을 사용하여야 한다.

CFR

COST AND FREIGHT (… named port of destination)

"Cost and Freight" means that the seller delivers when the goods pass

the ship's rail in the port of shipment.
The seller must pay the costs and freight necessary to bring the goods to the named port of destination BUT the risk of loss of or damage to the goods, as well as any additional costs due to events occurring after the time of delivery, are transferred from the seller to the buyer.
The CFR term requires the seller to clear the goods for export. This term can be used only for sea and inland waterway transport. If the parties do not intend to deliver the goods across the ship's rail, the CPT term should be used.

5. 운임포함조건 (… 지정목적항)
"운임포함"이란 물품이 선적항에서 본선의 난간을 통과할 때 매도인이 인도하는 것을 의미한다.
매도인은 지정된 목적항까지 물품을 운송하는 데 필요한 비용 및 운임을 지불하여야 한다. 그러나 물품의 멸실 또는 손상의 위험 및 인도이후에 발생하는 사건에 기인하는 모든 추가비용은 매도인으로부터 매수인에게 이전된다.
CFR조건은 매도인에게 수출을 위하여 물품을 통관할 것을 요구하고 있다.
이 조건은 해상 또는 내륙수로운송에만 사용될 수 있다. 만일 당사자가 본선의 난간을 횡단하여 물품을 인도할 의도가 없는 경우에는 CPT조건을 사용하여야 한다.

CIF
COST INSURANCE AND FREIGHT (… named port of destination)
"Cost, Insurance and Freight" means that the seller delivers when the goods pass the ship's rail in the port of shipment.
The seller must pay the costs and freight necessary to bring the goods to the named port of destination BUT the risk of loss of or damage to the goods, as well as any additional costs due to events occurring after the time of delivery, are transferred from the seller to the buyer. However, in CIF the seller also has to procure marine insurance against the buyer's risk of loss of or damage to the goods during the carriage.
Consequently, the seller contracts for insurance and pays the insurance premium. The buyer should note that under the CIF term the seller is required to obtain insurance only on minimum cover1). Should

the buyer wish to have the protection of greater cover, he would either need to agree as much expressly with the seller or to make his own extra insurance arrangements.
The CIF term requires the seller to clear the goods for export. This term can be used only for sea and inland waterway transport. If the parties do not intend to deliver the goods across the ship's rail. the CIP term should be used.

6. 운임보험료포함조건 (… 지정목적항)
"운임보험료포함"이란 물품이 선적항에서 본선의 난간을 통과할 때 매도인이 인도하는 것을 의미한다.
매도인이 지정된 목적항까지 물품을 운송하는데 필요한 비용 및 운임을 지불하여야 하지만, 물품의 멸실 또는 손상의 위험 및 인도이후에 발생하는 사건에 기인하는 모든 추가비용은 매도인으로부터 매수인에게 이전된다. 그러나 또한, CIF조건에서, 매도인은 매수인이 부담하는 운송중의 물품의 멸실 또는 손상의 위험에 대해서 해상보험을 수배하여야 한다.
결과적으로 매도인은 보험계약을 체결하고 보험료를 지불한다. 매수인은 CIF 조건하에서 매도인은 최소담보의 보험만을 취득하도록 요구된다는 사실에 주의하여야 한다. 매수인이 보다 광범위한 담보로 보호받고자 하는 경우에는 매수인은 매도인과 명시적으로 담보의 정도를 합의하거나, 혹은 자신의 부담으로 별도의 보험을 수배할 필요가 있다.
CIF 조건은 매도인에게 수출을 위하여 물품을 통관할 것을 요구하고 있다.
이 조건은 해상 또는 내륙수로운송에만 사용될 수 있다. 만일 당사자가 본선의 난간을 횡단하여 물품을 인도할 의도가 없는 경우에는 CIP 조건을 사용하여야 한다.

CPT
CARRIAGE PAID TO (… named place of destination)
"Carriage paid to..." means that the seller delivers the goods to the carrier nominated by him but the seller must in addition pay the cost of carriage necessary to bring the good to the named destination. This means that the buyer bears all risks and any other costs occurring after the goods have been so delivered.
"Carrier" means any person who, in a contract of carriage, undertakes to perform or to procure the performance of transport, by rail, road, air, sea, inland waterway or by a combination of such modes.

If subsequent carriers are used for the carriage to the agreed destination, the risk passes when the goods have been delivered to the first carrier.
The CPT term requires the seller to clear the goods for export.
This term may be used irrespective of the mode of transport including multimodal transport.

7. 운송비지급조건 (… 저정목적지)
"운송비지급"이란 매도인이 자신이 지명한 운송인에게 물품을 인도하는 것을 의미하고, 또한 매도인은 지정된 목적지까지 물품을 운송하는데 필요한 운송비를 지불해야 하는 것을 의미한다. 이것은 물품이 인도된 후에 발생하는 모든 위험과 기타 비용을 매수인이 부담하는 것을 의미한다.
"운송인"이란 운송계약에서 철도, 도로, 항공, 해상, 내륙수로 또는 이러한 운송수단을 결합한 운송을 이행하거나 수배하는 것을 인수하는 자를 의미한다.
만일 합의된 목적지까지 운송하는데 여러 운송인이 이용될 경우에는, 물품이 최초의 운송인에게 인도될 때 위험이 이전한다.
CPT조건은 매도인에게 수출을 위하여 물품을 통관할 것을 요구하고 있다.
이 조건은 복합운송을 포함하여 운송수단에 관계없이 사용될 수 있다.

CIP
CARRIAGE AND INSURANCE PAID TO (… named place of destination)
"Carriage and Insurance paid to..." means that the seller delivers the goods to the carrier nominated by him, but the seller must in addition pay the cost of carriage necessary to bring the goods to the named destination. This means that the buyer bears all risks and any additional costs occurring after the goods have been so delivered. However, in CIP the seller also has to procure insurance against the buyer's risk of loss of or damage to the goods during the carriage.
Consequently, the seller contracts for insurance and pays the insurance premium.
The buyer should note that under the CIP term the seller is required to obtain insurance only on minimum cover. Should the buyer wish to have the protection of greater cover. he would either need to agree as much expressly with the seller or to make his own extra insurance arrangements.
"Carrier" means any person who, in a contract of carriage, undertake

to perform or to procure the performance of transport, by rail, road, air, sea, inland waterway or by a combination of such modes.
If subsequent carriers are used for the carriage to the agreed destination, the risk passes when the goods have been delivered to the first carrier.
The CIP term requires the seller to clear the goods for export.
This term may be used irrespective of the mode of transport, including multimodal transport.

8. 운송비보험료지급조건 (… 지정목적지)

"운송비보험료지급"이란 매도인이 자신이 지명한 운송인에게 물품을 인도하는 것을 의미하고, 또한 매도인은 지정된 목적지까지 물품을 운송하는데 필요한 운송비를 지불해야 하는 것을 의미한다. 이것은 물품이 인도된 후에 발생하는 모든 위험과 추가비용을 매수인이 부담하는 것을 의미한다. 그러나 CIP조건에서는, 또한 매도인은 매수인이 부담하는 운송중의 물품의 멸실 또는 손상의 위험에 대해서 보험을 수배하여야 한다.
결과적으로 매도인은 보험계약을 체결하고 보험료를 지불한다.
매수인은 CIP조건하에서 매도인은 최소담보의 보험만을 부보하도록 요구된다는 사실에 주의하여야 한다. 매수인이 보다 광범위한 담보로 보호되기를 희망하는 경우에는 매수인은 매도인과 명시적으로 담보의 정도를 합의하거나, 혹은 자신의 부담으로 별도의 보험을 수배할 필요가 있을 것이다.
"운송인"이란 운송계약에서 철도, 도로, 항공, 해상, 내륙수로 또는 이러한 운송수단을 결합한 운송을 이행하거나 수배하는 것을 인수하는 자를 의미한다.
합의된 목적지까지 운송하는데 여러 운송인이 이용될 경우에는, 물품이 최초의 운송인에게 인도될 때 위험이 이전한다.
CIP조건은 매도인에게 수출을 위하여 물품을 통관할 것을 요구하고 있다. 이 조건은 복합운송을 포함하여 운송수단에 관계없이 사용될 수 있다.

DAF

DELIVERED AT FRONTIER (… named place)

"Delivered at Frontier" means that the seller delivers when the goods are placed at the disposal of the buyer on the arriving menas of transport not unloaded, cleared for export, but not cleared for import at the named point and place at the frontier, but before the customs border of the adjoining country. The term "frontier"may be used for

any frontier including that of the country of export. Therefore, it is of vital importance that the frontier in question be defined precisely by always naming the point and place in the term.
However, if the parties wish the seller to be responsible for the unloading of the goods from the arriving means of transport and to bear the risks and costs of unloading, this should be made clear by adding explicit wording to this effect in the contract of sale.
This term may be used irrespective of the mode of transport when goods are to be delivered at a land frontier. When delivery is to take place in the port of destination, on board a vessel or on the quay(wharf), the DES or DEQ terms should be used.

9. 국경인도조건 (… 지정장소)
"국경인도"란 국경의 지정된 지점 및 장소에서, 그러나 인접국의 세관국경을 넘기전에, 양륙하지 않고, 수출통관은 이행되었지만 수입통관은 이행되지 않은 상태로 도착한 운송수단상에서 물품이 매수인의 임의처분상태로 놓여졌을 때, 매도인이 인도하는 것을 의미한다. "국경"이라는 용어는 수출국의 국경을 포함하여 모든 국경에 사용될 수 있다. 따라서, 이 조건에서는 항상 그 지점과 장소를 지정함으로써 해당 국경을 명확히 정의하는 것이 매우 중요하다.
그러나, 만일 당사자가 도착된 운송수단으로부터의 물품의 양륙에 대한 책임과 양륙의 위험과 비용을 매도인에게 부담시키고자 하는 경우에는, 매매계약에서 이러한 취지에 관한 문언을 명시적으로 추가함으로써 이를 명확하게 하여야 한다.
이 조건은 물품이 육상의 국경에서 인도될 경우에는 운송수단에 관계없이 사용될 수 있다. 인도가 목적항의 선상 또는 부두(안벽)에서 이행되는 경우에는 DES 또는 DEQ조건을 사용하여 한다.

DES
DELIVERED EX SHIP (… named port of destination)
"Delivered Ex Ship" means that the seller delivers when the goods are placed at the disposal of the buyer on board the ship not cleared for import at the named port of destination. The seller has to bear all the costs and risks involved in bringing the goods to the named port of destination before discharging. If the parties wish the seller to bear the costs and risks of discharging the goods, then the DEQ term should be used.
This term can be used only when the goods are to be delivered by

sea or inland waterway or multimodal transport on a vessel in the port of destination.

10. 착선인도조건 (… 지정목적항)

"착선인도"란 물품이 지정된 목적항에서 수입통관되지 않고 본선상에서 매수인의 임의처분상태로 놓여졌을 때 매도인이 인도하는 것을 의미한다. 매도인은 양륙하기 전에 지정된 목적항까지 물품을 운송하는데 따른 모든 비용과 위험을 부담하여야 한다. 당사자가 물품의 양륙비용 및 위험을 매도인에게 부담시키고자 하는 경우에는 DEQ 조건을 사용하여야 한다. 이 조건은 물품이 해상 또는 내륙수로 또는 복합운송에 의해 목적항의 본선상에서 인도될 경우에만 사용될 수 있다.

DEQ

DELIVERED EX QUAY (… named port of destination)

"Delivered Ex Quay" means that the seller delivers when the goods are placed at the disposal of the buyer not cleared for import on the quay (wharf) at the named port of destination. The seller has to bear costs and risks involved in bringing the goods to the named port of destination and discharging the goods on the quay (wharf).The DEQ term requires the buyer to clear the goods for import and to pay for all formalities, duties, taxes and other charges upon import.

THIS IS A REVERSAL FROM PREVIOUS INCOTERMS VERSIONS WHICH REQUIRED THE SELLER TO ARRANGE FOR IMPORT CLEARANCE.

If the parties wish to include in the seller's obligations all or part of the costs payable upon import of the goods, this should be made clear by adding explicit wording to this effect in the contract of sale.

This term can be used only when the goods are to be delivered by sea or inland waterway or multimodal transport on discharging from a vessel onto the quay (wharf) in the port of destination. However if the parties wish to include in the seller's obligations the risks and costs of the handling of the goods from the quay to another place (warehouse, terminal, transport station, etc.) in or outside the port, the DDU or DDP terms should be used.

11. 부두인도조건 (… 지정목적항)

"부두인도"란 물품이 지정된 목적항의 부두(안벽)에서 수입통관되지 아니하고 매수인의 임의처분상태로 놓여졌을 때 매도인이 인도하는 것을 의미한다.

매도인은 지정된 목적항까지 물품을 운송하고 부두(안벽)상으로 물품을 양륙하는데 따른 모든 위험과 비용을 부담하여야 한다.
이 조건은 매수인에게 수입을 위하여 물품을 통관하도록 요구하고, 또한 수입시의 모든 절차비용, 관세, 조세 및 기타 비용을 매수인에게 지불하도록 요구하고 있다.
만약 당사자가 물품의 수입시에 지불하여야 하는 비용의 전부 또는 일부를 매도인의 의무에 포함시키고자 하는 경우에는, 매매계약에서 이러한 취지에 관한 문언을 명시적으로 추가함으로써 이를 명확히 하여야 한다.
이 조건은 물품이 해상 또는 내륙수로 또는 복합운송에 의해 목적항의 본선으로부터 부두(안벽)로 양륙하여 물품이 인도될 경우에만 사용될 수 있다. 그러나 만일 당사자가 부두에서 항구내외의 다른 장소(창고, 터미널, 운송역 등)로 물품을 운반하는 위험과 비용을 매도인의 의무에 포함시키고자 하는 경우에는 DDU 조건 또는 DDP 조건을 사용하여야 한다.

DDU

DELIVERED DUTY UNPAID (… named place of destination)

"Delivered duty unpaid" means that the seller delivers the goods to the buyer, not cleared for import, and not unloaded from any arriving means of transport at the named place of destination. The seller has to bear the costs and risks involved in bringing the goods thereto, other than, where applicable, any "duty"(which term includes the responsibility for and the risks of the carrying out of customs formalities, and the payment of formalities, customs duties, taxes and other charges) for import in the country of destination. Such "duty" has to be borne by the buyer as well as any costs and risks caused by his failure to clear the goods for import in time.
However, if the parties wish the seller to carry out customs formalities and bear the costs and risks resulting therefrom as well as some of the costs payable upon import of the goods, this should be made clear by adding explicit wording to this effect in the contract of sale.
This term may be used irrespective of the mode of transport but when delivery is to take place in the port of destination on board the vessel or on the quay (wharf), the DES or DEQ terms should be used.

12. 관세미지급인도조건 (… 지정목적지)

"관세미지급인도"란 매도인이 지정된 목적지에서 수입통관을 이행하지 않고 도착된 운송수단으로부터 양륙하지 않은 상태로 매수인에게 물품을 인도하는 것을 의미한다. 매도인은 적용할 수 있는 경우에는 목적지 국가에서 수입을 위한 모든 "관세"(이 용어는 통관절차를 이행하는 책임 및 위험, 그리고 통관 수수료, 관세, 조세, 기타 비용의 지불을 포함한다)이외의, 그곳까지 물품을 운송하는데 따른 비용과 위험을 부담하여야 한다. 이러한 "관세"는 적시에 물품을 수입통관을 이행하지 못함으로써 생긴 모든 비용 및 위험과 마찬가지로 매수인이 부담해야 하는 것이다. 그러나, 매도인이 통관절차를 이행하고, 그로부터 발생하는 비용 및 위험, 그리고 물품의 수입시에 지불해야 하는 비용의 일부를 부담하도록 당사자가 원하는 경우에는, 매매계약에서 이러한 취지에 관한 문언을 명시적으로 추가함으로써 이를 명확하게 하여야 한다. 이 조건은 운송수단에 관계없이 사용될 수 있지만, 인도가 목적항의 본선상 또는 부두(암벽)상에서 이행되는 경우에는 DES 또는 DEQ 조건을 사용하여야 한다.

DDP

DELIVERED DUTY PAID (··· named place of destination)

"Delivered duty paid" means that the seller delivers the goods to the buyer, cleared for import, and not unloaded from any arriving means of transport at the named place of destination. The seller has to bear all the costs and risks involved in bringing the goods thereto including, where applicable, any "duty" (which term includes the responsibility for and the risk of the carrying out of customs formalities and the payment of formalities, customs duties, taxes and other charges) for import in the country of destination.

Whilst the EXW term represents the minimum obligation for the seller, DDP represents the maximum obligation.

This term should not be used if the seller is unable directly or indirectly to obtain the import licence.

However, if the parties wish to exclude from the seller's obligations some of the costs payable upon import of the goods (such as value-added tax: VAT), this should be made clear by adding explicit wording to this effect in the contract of sale. If the parties wish the buyer to bear all risks and costs of the import, the DDU term should be used.

This term may be used irrespective of the mode of transport but when delivery is to take place in the port of destination on board the vessel or on the quay (wharf), the DES or DEQ terms should be used.

13. 관세지급인도조건 (… 지정목적지)
"관세지급인도"란 매도인이 지정된 목적지에서 수입통관을 이행하고, 도착된 운송수단으로부터 양륙되지 않은 상태로 매수인에게 물품을 인도하는 것을 의미한다. 매도인은 적용할 수 있는 경우에는, 목적지의 국가에서의 수입에 필요한 모든 "관세"(이 용어는 통관절차를 이행하는 책임 및 위험, 그리고 통관수수료, 관세, 조세, 기타 비용의 지불을 포함한다)를 포함하여, 그곳까지의 물품의 운송에 따른 모든 비용 및 위험을 부담하여야 한다. EXW 조건이 매도인의 최소 의무를 나타내는데 비해, DDP 조건은 최대의무를 나타낸다. 이 조건은 매도인이 직접 또는 간접적으로 수입허가를 취득할 수 없을 경우에는 사용하여서는 안 된다. 그러나, 당사자가 물품의 수입시에 지불해야 하는 비용의 일부(예를 들면, 부가가치세 ; VAT)를 매도인의 의무로부터 제외시키고자 하는 경우에는, 매매계약에서 이러한 취지에 관한 문언을 명시적으로 추가함으로써 이를 명확하게 하여야 한다. 당사자가 수입에 관한 모든 위험과 비용을 매수인에게 부담시키고자 하는 경우에는 DDU 조건을 사용하여야 한다. 이 조건은 운송수단에 관계없이 사용될 수 있지만, 인도가 목적항의 본선상 또는 부두(안벽)상에서 이행되는 경우에는 DES 또는 DEQ 조건이 사용되어야 한다.

2) 국제물품매매계약에 관한 유엔 협약: 비엔나 협약(United Nations Convention on Contracts for The International Sale of Goods 1980)

Article 14 제14조(청약의 기준)

(1) A proposal for concluding a contract addressed to one or more specific persons constitutes an offer if it is sufficiently definite and indicates the intention of the offeror to be bound in case of acceptance. A proposal is sufficiently definite if it indicates the goods and expressly or implicitly fixes or makes provision for determining the quantity and the price.

(2) A proposal other than one addressed to one or more specific persons is to be considered merely as an invitation to make offers, unless the contrary is clearly indicated by the person making the proposal.

(1) 1인 이상의 특정한 자에게 통지된 계약체결의 제의는 그것이 충분히 확정적

이고 또한 승낙이 있을 경우에 구속된다고 하는 청약자의 의사를 표시하고 있는 경우에는 청약으로 된다. 어떠한 제의가 물품을 표시하고, 또한 그 수량과 대금을 명시적 또는 묵시적으로 지정하거나 또는 이를 결정하는 규정을 두고 있는 경우에는 이 제의는 충분히 확정적인 것으로 한다.

(2) 1인 이상의 특정한 자에게 통지된 것 이외의 어떠한 제의는 그 제의를 행한 자가 반대의 의사를 명확히 표시하지 아니하는 한, 이는 단순히 청약을 행하기 위한 유인으로 본다.

Article 15 제15조(청약의 효력발생)

(1) An offer becomes effective when it reaches the offeree.

(2) An offer, even if it is irrevocable, may be withdrawn if the withdrawal reaches the offeree before or at the same time as the offer.

(1) 청약은 피청약자에게 도달한 때 효력이 발생한다.

(2) 청약은 그것이 취소 불능한 것이라도 그 철회가 청약의 도달 전 또는 그와 동시에 피청약자에게 도달하는 경우에는 이를 철회할 수 있다.

Article 16 제16조(청약의 취소)

(1) Until a contracts is concluded an offer may be revoked if the revocation reaches the offeree before he has dispatched an acceptance.

(2) However, an offer cannot be revoked:

(a) if it indicates, whether by stating a fixed time for acceptance or otherwise, that it is irrevocable; or

(b) if it was reasonable for the offeree to rely on the offer as being irrevocable and the offeree has acted in reliance on the offer.

(1) 계약이 체결되기까지는 청약은 취소될 수 있다. 다만 이 경우에 취소의 통지는 피청약자가 승낙을 발송하기 전에 피청약자에게 도달하여야 한다.

(2) 그러나 다음과 같은 경우에는 청약은 취소될 수 없다.

(a) 청약이 승낙을 위한 지정된 기간을 명시하거나 또는 기타의 방법으로 그것이 철회불능임을 표시하고 있는 경우, 또는

(b) 피청약자가 청약을 취소불능이라고 신뢰하는 것이 합리적이고, 또 피청약자가 그 청약을 신뢰하여 행동한 경우

Article 17 제17조(청약의 거절)

An offer, even if it is irrevocable, is terminated when a rejection reaches the offeror.

청약은 그것이 취소불능한 것이라도 어떠한 거절의 통지가 청약자에게 도달한 때에는 그 효력이 상실된다.

Article 18 제18조(승낙의 시기 및 방법)

(1) A statement made by or other conduct of the offeree indicating assent to an offer is an acceptance. Silence or inactivity does not in itself amount to acceptance.

(2) An acceptance of an offer becomes effective at the moment the indication of assent reaches the offeror. An acceptance is not effective if the indication of assent does not reach the offeror within the time he has fixed or, if no time is fixed, within a reasonable time, due account being taken of the circumstances of the transaction, including the rapidity of the means of communication employed by the offeror. An oral offer must be accepted immediately unless the circumstances indicate otherwise.

(3) However, if, by virtue of the offer or as a result of practices which the parties have established between themselves or of usage, the offeree may indicate assent by performing an act, such as one relating to the dispatch of the goods or payment of the price, without notice to the offeror, the acceptance is effective at the moment the act is performed, provided that the act is performed within the period of time laid down in the preceding paragraph.

(1) 청약에 대한 동의를 표시하는 피청약자의 진술 또는 기타의 행위는 이를 승낙으로 한다. 침묵 또는 부작위 그 자체는 승낙으로 되지 아니한다.

(2) 청약에 대한 승낙은 동의의 의사표시가 청약자에게 도달한 때에 그 효력이 발생한다. 승낙은 동의의 의사표시가 청약자가 지정한 기간내에 도달하지 아니하거나, 또는 어떠한 기간도 지정되지 아니한 때에는 청약자가 사용한 통신수단의 신속성을 포함하여 거래의 사정을 충분히 고려한 상당한 기간내에 도달하지 아니한 경우에는 그 효력이 발생하지 아니한다. 구두의 청약은 별도의 사정이 없는 한 즉시 승낙되어야 한다.

(3) 그러나 청약의 규정에 의하거나 또는 당사자간에 확립된 관습 또는 관행의 결과에 따라, 피청약자가 청약자에게 아무런 통지없이 물품의 발송이나 대금의 지급에 관한 행위를 이행함으로써 동의의 의사표시를 할 수 있는 경우에는, 승낙은 그 행위가 이행되어진 때에 그 효력이 발생한다. 다만 그 행위는 전항에 구정된 기간내에 이행되어진 경우에 한한다.

Article 19 제19조(변경된 승낙의 효력)

(1) A reply to an offer which purports to be an acceptance but contains additions, limitations or other modifications is a rejection of the offer and constitutes a counter-offer.

(2) However, a reply to an offer which purports to be an acceptance but contains additional or different terms which do not materially alter the terms of the offer constitutes an acceptance, unless the offeror, without undue delay, objects orally to the discrepancy or dispatches a notice to that effect. If he does not so object, the terms of the contract are the terms of the offer with the modifications contained in the acceptance.

(3) Additional or different terms relating, among other things, to the price, payment, quality and quantity of the goods, place and time of delivery, extent of one party's liability to the other or the settlement of disputes are considered to alter the terms of the offer materially.

(1) 승낙을 의도하고는 있으나 이에 추가, 제한 또는 기타의 변경을 포함하고 있는 청약에 대한 회답은 청약의 거절이면서 또한 반대청약을 구성한다.

(2) 그러나 승낙을 의도하고 있으나 청약의 조건을 실질적으로 변경하지 아니하는 추가적 또는 상이한 조건을 포함하고 있는 청약에 대한 회답은 승낙을 구성한다. 다만 청약자가 부당한 지체없이 그 상위를 구두로 반대하거나 또는 그러한 취지의 통지를 발송하지 아니하여야 한다. 청약자가 그러한 반대를 하지 아니하는 경우에는, 승낙에 포함된 변경사항을 추가한 청약의 조건이 계약의 조건으로 된다.

(3) 특히, 대금, 지급, 물품의 품질 및 수량, 인도의 장소 및 시기, 상대방에 대한 당사자 일방의 책임의 범위 또는 분쟁의 해결에 관한 추가적 또는 상이한 조건은 청약의 조건을 실질적으로 변경하는 것으로 본다.

Article 20 제20조(승낙기간의 해석)

(1) A period of time for acceptance fixed by the offeror in a telegram or a letter begins to run from the moment the telegram is handed in for dispatch or from the date shown on the letter or, if no such date is shown, from the date shown on the envelope. A period of time for acceptance fixed by the offeror by telephone, telex or other means of instantaneous communication, begins to run from the moment that the offer reaches the offeree.

(2) Official holidays or non-business days occurring during the period for acceptance are included in calculating the period. However, if a notice of acceptance cannot be delivered at the address of the offeror on the last day of the period because that day falls on an official holiday or a non-business day at the place of business of the offeror, the period is extended until the first business day which follows.

(1) 전보 또는 서신에서 청약자가 지정한 승낙의 기간은 전보가 발신을 위하여 교부된 때로부터, 또는 서신에 표시된 일자로부터, 또는 그러한 일자가 표시되지 아니한 경우에는 봉투에 표시된 일자로부터 기산된다. 전화, 텔렉스 또는 기타의 동시적 통신수단에 의하여 청약자가 지정한 승낙의 기간은 청약이 피청약자에게 도달한 때로부터 기산된다.

(2) 승낙의 기간 중에 들어 있는 공휴일 또는 비영업일은 그 기간의 계산에 산입된다. 그러나 기간의 말일이 청약자의 영업소에서의 공휴일 또는 비영업일에 해당하는 이유로 승낙의 통지가 기간의 말일에 청약자의 주소에 전달될 수 없는 경우에는, 승낙의 기간은 이에 이어지는 최초의 영업일까지 연장된다.

Article 21　제21조(지연된 승낙)

(1) A late acceptance is nevertheless effective as an acceptance if without delay the offeror orally so informs the offeree or dispatches a notice to that effect.

(2) If a letter or other writing containing a late acceptance shows that is has been sent in such circumstances that if its transmission had been normal it would have reached the offeror in due time, the late acceptance is effective as an acceptance unless, without delay, the offeror orally informs the offeree that he considers his offer as having lapsed or dispatches a notice to that effect.

(1) 지연된 승낙은 그럼에도 불구하고 청약자가 지체없이 구두로 피청약자에게 유효하다는 취지를 통지하거나 또한 그러한 취지의 통지를 발송한 경우에는, 이는 승낙으로서의 효력을 갖는다.

(2) 지연된 승낙이 포함되어 있는 서신 또는 기타의 서면상으로, 이것이 통상적으로 전달된 경우라면 적시에 청약자에게 도달할 수 있었던 사정에서 발송되었다는 사실을 나타내고 있는 경우에는, 그 지연된 승낙은 승낙으로서의 효력을 갖는다. 다만 청약자가 지체없이 피청약자에게 청약이 효력을 상실한 것으로 본다는 취지를 구두로 통지하거나 또는 그러한 취지의 통지를 발송하지 아니하여야 한다.

Article 22　제22조(승낙의 철회)

An acceptance may be withdrawn if the withdrawal reaches the offeror before or at the same time as the acceptance would have become effective.
승낙은 그 승낙의 효력이 발생하기 이전 또는 그와 동시에 철회가 청약자에게 도달하는 경우에는 이를 철회할 수 있다.

Article 23　제23조(계약의 성립시기)

A contract is concluded at the moment when an acceptance of an offer becomes effective in accordance with the provisions of this Convention.
계약은 청약에 대한 승낙이 이 협약의 규정에 따라 효력을 발생한 때에 성립된다.

Article 24　제24조(도달의 정의)

For the purposes of this Part of the Convention, and offer, declaration of acceptance or any other indication of intention "reaches" the addressee when it is made orally to him or delivered by any other means to him personally, to his place of business or mailing address or, if he does not have a place of business or mailing address, to his habitual residence.
이 협약의 제2부의 적용에 있어서, 청약, 승낙의 선언 또는 기타의 모든 의사표시는 그것이 상대방에게 구두로 통지되거나, 또는 기타 모든 수단에 의하여 상대방 자신에게, 상대방의 영업소 또는 우편송부처에, 또는 상대방이 영업소나 우편송부처가 없는 경우에는 그 일상적인 거주지에 전달되었을 때에 상대방에게 "도달"한 것으로 한다.

Article 25　제25조(본질적 위반의 정의)

A breach of contract committed by one of the parties is fundamental if it results in such detriment to the other party as substantially to deprive him of what he is entitled to expect under the contract, unless the party in breach did not foresee and a reasonable person of the same kind in the same circumstances would not have foreseen such a result.
당사자의 일방이 범한 계약위반이 그 계약하에서 상대방이 기대할 권리가 있는 것을 실질적으로 박탈할 정도의 손해를 상대방에게 주는 경우에는, 이는 본질적 위반으로 한다. 다만 위반한 당사자가 그러한 결과를 예견하지 못하였으며, 또한 동일한 종류의 합리적인 자도 동일한 사정에서 그러한 결과를 예견할 수가 없었던 경우에는 그러하지 아니하다.

3) 영국물품매매법(Sale of Goods Act 1979)

2. Contract of sale

(1) A contract of sale of goods is a contract by which the seller transfer or agrees to transfer the property in goods to the buyer for a money consideration, called the price.

(2) There may be a contract of sale between one part owner and another.

(3) A contract of sale may be absolute or conditional.

(4) Where under a contract of sale the property in the goods is transferred from the seller to the buyer the contract is called a sale.

(5) Where under a contract of sale the transfer of the property in the goods is to take place at a future time or subject to some condition later to be fulfilled the contract is called an agreement to sell.

(6) An agreement to sell becomes a sale when the time elapses or the conditions are fulfilled subject to which the property in the goods is to be transferred.

해석

제2조 매매계약

(1) 물품매매계약은 매도인이 대금이라는 금전상의 약인을 대가로 매수인에게 물품의 소유권을 이전하거나 또는 이전할 것을 약정하는 계약이다.

(2) 동일물품의 지분소유자간에도 매매계약은 체결할 수 있다.

(3) 매매계약은 절대적 또는 조건부로 할 수 있다.

(4) 매매계약에 의하여 물품의 소유권이전이 매도인으로부터 매수인에게 이전되는 경우에 그 계약은 매매라고 칭한다.

(5) 매매계약에 의하여 물품의 소유권이전이 장래에 이행되거나 또는 계약 이후에 충족되어야 할 일정한 조건을 전제로 한 경우에 그 계약은 매매의 합의라고 칭한다.

(6) 매매의 합의는 물품의 소유권이 이전되는 데 필요한 시간이 경과되거나 또는 그 조건이 충족된 당시에 매매로 된다.

5. Existing or future goods

(1) The goods which form the subject of a contract of sale may be

either existing goods, owned or possessed by the seller, or goods to be manufactured or acquired by him after the making of the contract of sale, in this Act called future goods.

(2) There may be a contract for the sale of goods the acquisition of which by the seller depends on a contingency which may or may not happen.

(3) Where by a contract of sale the seller purports to effect a present sale of future goods, the contract operates as an agreement to sell the goods.

해석

제5조 현물 또는 선물

(1) 매매계약의 목적을 구성하는 물품은 매도인이 소유 또는 점유하는 현물이거나, 또는 매매계약의 체결 이후에 매도인이 제조 또는 취득하는 물품, 즉 본법에서 정하는 선물이어야 한다.

(2) 매도인이 물품을 취득할 수 있는지의 여부가 발생할 수도 있고 또는 아니할 수도 있는 우연한 사고에 달려 있는 경우에는 그 물품에 대해서도 매매계약은 체결할 수 있다.

(3) 매매계약에 의하여 매도인이 선물을 현재 매매하려는 경우에는, 그 계약은 물품을 매매하는 합의로서 효력이 있다.

16. Goods must be ascertained

Where there is a contract for the sale of unascertained goods no property in the goods is transferred to the buyer unless and until the goods are ascertained.

해석

제16조 불확정물의 확정

불확정물의 매매계약이 존재한 경우에는, 그 물품이 확정되지 아니하는 한 확정되기까지 결코 물품의 소유권은 매수인에게 이전하지 아니한다.

17. Property passes when intended to pass

(1) Where there is a contract for the sale of specific or ascertained goods the property in them is transferred to the buyer at such time as the parties to the contract intend it to be transferred.

(2) For the purpose of ascertaining the intention of the parties regard shall be had to the terms of the contract, the conduct of the parties and the circumstances of the case.

해석

제17조 특정물의 소유권이전

(1) 특정물 또는 확정물의 매매계약이 존재한 경우에는, 물품의 소유권은 계약당사자가 그 이전의 의사표시를 한 당시에 매수인에게 이전한다.

(2) 당사자의 의사표시를 확정하고자 할 경우에는, 계약의 조항, 당사자의 행위 및 그 경우의 사정을 고려하여야 한다.

18. Rules for ascertaining intention

Unless a different intention appears, the following are rules for ascertaining the intention of the parties as to the time at which the property in the goods is to pass to the buyer.

Rule 1

Where there is an unconditional contract for the sale of specific goods in a deliverable state the property in the goods passes to the buyer when the contract is made, and it is immaterial whether the time of payment or the time of delivery, or both, be postponed.

Rule 2

Where there is a contract for the sale of specific goods and the seller is bound to do something to the goods for the purpose of putting them into a deliverable state, the property does not pass until the thing is done and the buyer has notice that it has been done.

Rule 3

Where there is a contract for the sale of specific goods in a deliverable state but the seller is bound to weigh, measure, test or do some other act or thing with reference to the goods for the purpose of ascertaining the price, the property does not pass until the act or thing is done and the buyer has notice that it has been done.

Rule 4

When goods are delivered to the buyer on approval or on sale or return or other similar terms the property in the goods passes to the buyer:

(a) when he signifies his approval or acceptance to the seller or does any other act adopting the transaction;

(b) if he does not signify his approval or acceptance to the seller but retains the goods without giving notice of rejection, then, if a time has been fixed for the return of the goods on the expiration of that time, and if no time has been fixed, on the expiration of a resonable time.

Rule 5

(1) Where there is a contract for the sale of unascertained or future goods by description, and goods of that description and in a deliverable state are unconditionally appropriated to the contract, either by the seller with the assent of the buyer or by the buyer with the assent of the seller, the property in the goods then passes to the buyer; and the assent may be express or implied, and may be given either before or after the appropriation is made.

(2) Where, in pursuance of the contract, the seller delivers the goods to the buyer or to a carrier or other bailee or custodier (whether named by the buyer or not) for the purpose of transmission to the buyer, and does not reserve the right of disposal, he is to be taken to have unconditionally appropriated the goods to the contract.

해석

제18조 의사표시의 확정규칙

별도의 의사표시가 없는 한, 물품의 소유권이 매수인에게 이전하는 시기에 관하여 당사자의 의사표시를 확정할 때에는 다음의 규칙에 따른다.

규칙 1

인도가능한 상태에 있는 특정물의 무조건부의 매매계약이 존재한 경우에는, 물품의 소유권은 계약의 체결당시에 매수인에게 이전하며, 또한 지급의 시기, 인도의 시기, 또는 그 양자가 연기되는지 여부는 중요하지 아니하다.

규칙 2

특정물의 매매계약이 존재하고 또한 매도인이 그 물품에 대하여 인도가능한 상태로 하기 위한 일정한 행위의 의무가 있는 경우에는, 소유권은 그러한 행위가 이행되고 또한 매수인이 그 행위의 완료를 통지받기 전까지는 이전하지 아니한다.

규칙 3

인도가능한 상태에 있는 특정물의 매매계약이 존재하고, 반면에 대금을 확정하기 위하여 매도인지 물품에 관한 중량, 용적, 실험 또는 기타 일정한 행위를 이행하여야 할 의무가 있는 경우에는, 소유권은 그러한 행위 또는 조치가 이행되고 또한 매수인이 그 이행의 완료를 통지받기 전까지는 이전하지 아니한다.

규칙 4

물품이 승인조건부 또는 잔품반환조건부 또는 기타 이와 유사한 조건부의 계약에 따라 매수인에게 인도된 경우에는, 그 물품의 소유권은 다음의 시기에 이전한다.

(a) 매수인이 매도인에게 승인 또는 승낙의 표시를 하거나 또는 그 거래를 수락하는 기타의 행위를 한 때,

(b) 매수인이 매도인에게 승인 또는 승낙의 표시를 하지 아니하고 또한 거절의 통지도 없이 물품을 유보하고 있는 경우에는, 물품의 반송기간이 확정되어 있으면 그 기간이 만료된 때, 또한 그 기간이 확정되어 있지 아니하면 상당한 기간이 만료된 때.

규칙 5

(1) 명세서에 의한 불확정물 또는 선물의 매매계약이 존재하고, 또한 명세서에 일치하며 인도가능한 상태에 있는 물품이, 매수인의 동의를 얻어 매도인에 의하거나 또는 매도인의 동의를 얻어 매수인에 의하여 무조건부로 계약에 충당된 경우에는, 물품의 소유권은 그때 매수인에게 이전한다. 또한 그 동의는 명시적 또는 묵시적으로 할 수 있으며, 또 계약에 충당된 전후에도 할 수 있다.

(2) 계약에 따라 매도인이 물품을 매수인에게, 또는 매수인에게 수송할 목적으로 (매수인이 지정한 여부를 불문하고) 운송인 또는 기타 수탁자 또는 보관인에게 인도하고 또한 그 처분권을 유보하지 아니한 경우에는, 매도인은 물품을 무조건부로 계약에 충당한 것으로 본다.

Memo

Chapter 4 국제무역결제

1 국제무역결제 입문 용어 해설

❶ 개설은행

수입업자의 거래은행 또는 거래은행의 환거래취결은행으로 수입업자의 요청과 지시에 의하여 수출업자가 발행하는 환어음을 지급, 인수 또는 매입할 것을 확약하는 은행을 말한다. 이러한 은행은 또한 신용장을 발행한다고 하여 발행은행이라고 불리운다.

❷ 개설의뢰인

개설의뢰인은 매매계약에 따라 매도인에게 신용장을 개설해 주어야 할 의무가 있는 Buyer-Importer로서 자기 거래은행에 대해서 수출업자 앞으로 신용장을 개설해 달라고 의뢰하게 되므로 개설 또는 신청의뢰인이라는 명칭이 붙는다. Importer, Applicant, Buyer의 명칭 외에도 환어음의 지급인으로서 Drawee, 채무자로서 Accountee, 신용장 개설에 의하여 신용이 부여된다는 뜻에서 Accredited Buyer, 또 화물의 수하인이 되므로 Consignee, 신용장을 개설해 주는 자로서 Opener 등으로 표시되기도 한다.

❸ 거절증서

어음상의 권리의 행사 또는 보전에 필요한 행위를 증명하는 공정증서(公定證書)를 말한다. 이에는 어음의 인수를 거절할 때 사용하는 인수거절증서와 지불이 거절되었을 때 사용하는 지불거절증서가 있으며, 이것이 유일한 증거가 되어 권리의 행사 또는 보전이 이루어진다. 그러나 발행인, 이서인 또는 보증인이 어음상에 거절증서 작성을 면제할 것을 기입하여 서명할 때에는 그 어음의 소지인은 이 증서를 작성하지 않고도 권리를 행사할 수 있다.

❹ 계약이행보증서

수출업자가 상대방에 대하여 수출계약의 확실한 이행을 보증하기 위하여 또는 경쟁입찰에서 계약낙찰자의 계약이행을 확실히 하기 위하여 적립하여야 하는 보증금 또는 보증서를 말하며 입찰보증금의 경우와 마찬가지로 실제로 현금을 적립하는 경우는 드물고, 은행의 지급보증서를 대신 제공하는 것이 보통이다. 이러한 보증금의 적립은 특히 거액의 계약이나 납기까지 장시간을 요하는 계약 또는 외국정부에 대한 플랜트 수출계약 등에 요구된다. 보증서에는 반드시 보증목적, 계약내용을 명시하며 계약이행보증의 금액은 보통 계약금액의 10%이다. 지급보증이행 사유로서는 상품수출계약의 경우 선적불이행, 품질불량 등의 경우라고 할 수 있겠으며, 건설, 용역계약 등의 경우는 공사의 지연, 하자 등이라고 볼 수 있다.

❺ 기한부신용장

신용장에 의하여 발행되는 어음이 일람불어음인 경우를 일람불신용장이라고 하고, 기한부어음인 경우를 기한부신용장이라 한다. 신용장 개설의뢰인이 자기의 신용으로 거래은행에 신용장개설을 의뢰는 하였으나 유동성이 부족하여 화물의 도착과 동시에 대금 지불을 못하게 될 것을 사전에 예견할 수 있으면 수출업자의 양해를 구하여 일람후 30일, 60일과 같은 기한부신용장을 발행하게 된다.

❻ 기한부환어음

환의 국제간의 이동은 환어음, 우편송금 및 전신송금 등의 방법으로 이루어지는데, 환어음의 방법으로 이루어질 경우 지급기한에 따라 일람출급환어음과 기한부환어음으로 구분되는데 후자와 같이 환어음발행 후 일정기간이 경과한 후 결제되는 환어음을 기한부환어음이라고 한다.

❼ 근거계약

어떠한 채권, 채무관계를 발생시킬 목적으로 당사자간에 체결한 계약을 말하며, 신용장거래에 있어서는 신용장 개설의 근거가 되는 계약을 지칭한다.

❽ 금반언설

Omer F. Hershey에 의해 주장된 이 설에 의하면 개설은행이 신용장을 개설한다는 것은 이미 매도인의 어음을 결제할 수 있도록 매수인으로부터 금액 또는 이에 상응하는 것을 수취하고 있음을 나타내는 행위라는 것이다. 따라서 그러한 표시를 신뢰하고 있는 매도인이 이에 따라 행동하게 되면 개설은행은 매수인으로부터 자금을 신탁 받고 있음을 부인할 수 없다는 것이다. 그러나 개설신청인이 개설을 신청함에 있어서 미리 자금을 예탁하는 것이 아니며 또한 이 설에 따르면 개설은행은 수익자가 서류를 은행에 제시하기 전까지는 취소불능신용장이라 할 지라도 임의로 취소할 수 있다는 점에서 비판을 받고 있다.

❾ 기탁신용장

구상무역에서 사용되는 신용장으로 신용장대금은 수출국에서 구상무역으로 수입되는 상품의 지급에만 사용할 수 있도록 한정시키되 신용장금액을 은행의 특별구좌에 기탁되도록 규정된 신용장을 말한다.

❿ 네고

Negotiation의 준말로서 외국환은행이 환어음 및 선적서류를 매입함을 말한다. 반대로 수출업자가 수출환어음을 외국환은행에 매각하는 행위도 네고라고 한다.

⓫ 내국수입 유산스

외국환은행이 기한부수입신용장을 개설하고 동 신용장에 의하여 외국의 수출업자가 발행한 수출환어음을 인수, 매입함으로써 어음기간동안 국내 수입업자에게 공여하는 신용을 내국수입 유산스라고 한다.

⑫ 내국신용장

신용장을 수취한 수출업자가 완제품 구매나 해당제품 제조에 필요한 원,부자재 공급을 받기 위해 원 신용장을 견질 담보로 자기 거래 은행을 개설은행으로 하여 국내의 제조업체를 수혜자로 발행하는 신용장을 말한다.

⑬ 대도

일람불 신용장 조건이나 D/P 조건으로 수입시, 결제 자금이 없을 경우 수입상은 수입화물을 일정한 신탁적 목적에 한해 처분할 것을 명기한 수입 담보물 보관증을 수입대금 결제은행에 차입하고, 선적서류를 교부받아 화물을 통관 후 판매하여 어음대전을 결제하게 되는 것을 대도라 한다.

⑭ 독립채무

보증채무의 대응된 개념으로 사용되는 용어로써, 기존의 채무와 더불어 제3자가 동일 내용의 채무를 부담할 경우 제3자가 부담하는 채무를 독립채무라 한다. 그러나 이는 법률상의 용어는 아니며 신용장거래에서만 사용되는 용어이다.

⑮ 동시지급조건

물품의 선적 또는 인도나 물품을 화체(化體)한 운송서류의 인도와 동시에 대금결제가 이루어지는 동시지급조건에는 COD(Cash on Delivery: 상품인도 결제방식), 즉 현물인도와 동시에 현금결제가 일어나는 조건과 CAD(Cash against Document: 서류인도 결제방식) 즉, 선하증권을 위시한 보험증권, 상업송장 등 운송서류인도와 동시에 현금결제가 이루어지는 조건이 있다.

⑯ 무담보신용장

거래당사자들이 이미 오랜기간 동안 거래를 하여 서로 믿을 수 있는 사이이거나 수출업자가 수입업자의 지점이나 대리인인 경우에는 담보 없이, 즉 관계 선적서류의 첨부 없이 수익자가 발행한 단순한 어음 하나만으로 그것을 지급, 인수 또는 매입할 것을 약정하는 신용장을 무담보신용장이라 한다.

⑰ 무담보어음

수출업자가 선적 후 제 선적서류를 수입업자에게 직접 송부해 주고 난 후에 어음만 작성하여 거래은행을 통하여 추심하여 결제받는 방법이다. 그러나 수입업자가 이 어음을 인수하지 않을지고 모르는 무담보조건이라서 수출업자에게는 불리하므로 서로 믿을 수 있는 거래선이나 운임, 보험료, 수수료 등의 소액거래에만 쓰이는 일종의 후불조건이다. 이를 화환어음과 구별하기 위하여 보통 환어음이라고도 한다.

⑱ 매입신용장

신용장을 근거로 발행된 환어음이 매입될 것을 예상하여 신용장 개설은행이 어음을 발행하는 수익자뿐만 아니라, 어음을 배서하는 매입은행 그리고 재매입시의 선의의 소지인이 되는 재매입은행에 대해서도 지급을 확약하고 있는 신용장을 말한다.

⑲ 매입은행

매입신용장상의 수익자가 수출대금을 회수하기 위하여 신용장조건과 일치하는 운송서류와 환어음을 구비하여 자기 거래은행 또는 매입지정은행에 매입을 의뢰하게 되는데, 이때 어음을 매입하는 은행을 말한다.

⑳ 매입제한신용장

자유 매입 신용장에 반하는 신용장으로서, 신용장 개설은행이 당해 신용장을 근거로 발행되어지는 환어음의 매입을 특정은행으로 제한시키는 경우의 신용장을 말한다.

㉑ 무역어음

무역어음은 수출업자가 수출신용장이나 지급도 및 인수도조건 계약서 등을 근거로 발행한 선적 전의 기한부어음(무역어음)을 금융기관이 인수하고 이를 할인, 매각시킴으로써 그 매각자금을 수출자금으로 활용하도록 하는 제도이다.

㉒ 발행은행

수입업자가 거래하는 외국환은행으로서 신용장개설의뢰인(수입업자)의 요청에 의하여 신용장을 발행하는 은행을 말한다.

㉓ 배서

배서란 일반적으로 어음, 수표, 선하증권, 창고증권 등 지시증권의 증권상의 권리를 양도하는 것을 목적으로 행해지는 행위를 말한다. 보통 증권의 이면에 기재되므로 배서라 한다. 배서의 방식은 통상 원본이나 등본에 법정 사항을 기재하여 양도인인 배서인이 기명날인하고 증권을 피배서인의 기재가 없는 백지식 배서가 있다. 그 밖에 피배서인을 지정하지 않을 뿐만 아니라 적극적으로 소지인에게 지급할 것을 기재한 소지인 출급식 배서도 있다.

㉔ 배서인

어음이나 보험증권 등을 입수한 후 그 뒷면에 서명함으로써 소유권이 이전될 수 있는데 이 경우 서명한 자를 가리켜 배서인이라고 한다.

㉕ 뱅커스 유전스

뱅커스 유전스는 은행이 수출업자에게 수출어음의 할인매입으로 수출대금을 결제하고 수입업자에 대해서는 대금결제를 유예해 주는 것으로서 우리나라의 내국수입유전스제가 전형적인 뱅커스 유전스라고 할 수 있다. 또한 이 뱅커스 유전스는 수출지 은행이 취급하는 것이지만 이 은행이 수입지 은행에 별도의 신용장을 개설해 주고 그 취급당사자가 수입지 은행이 되는 경우도 있다. 따라서 유전스 기간의 이자액이 쉬퍼스 유전스 때에는 수출업자에, 뱅커스 유전스 때에는 은행에 귀속된다.

㉖ 병존적 채무인수

제3자인 채무의 인수인이 종래의 채무자와 더불어 새로이 동일 내용의 채무를 부담할 목적으로 채권자와의 계약으로 종래의 채무자의 채무를 인수하는 행위를 말한다.

㉗ 보증신용장

보증신용장은 고객이 현지은행으로부터 금융서비스를 받거나 화환신용장을 개설받고자 할 때, 자신이 거래은행에 요청하여 그 거래은행이 현지은행(수익자) 앞으로 고객의 채무보증을 확약한다는 뜻으로 개설하는 신용장을 말한다. 따라서 일반적인 화환신용장처럼 물품에 대한 결제수단으로 이용되는 것이 아니고 해외 현지법인이나 지점이 현지에서 금융담보조나 또는 건설, 용역과 관련되 입찰기관에의 입찰보증, 계약이행보증, 하자보증 등에 대한 채무보증의 성격을 띠고 있으며, 운송서류가 없이 단지 채무불이행에 관한 사실 서류와 환어음에 의해서 대듬지급이 확약되므로 무담보신용장이라고도 한다.

㉘ 서류상환불

판매자의 선적서류제공과 동시교환조건으로 구매자가 물품대금을 지불하는 결제방식을 말한다. 이런 경우에 판매자는 관례적인 또는 특약된 선적서류를 구비하여 이를 구매자의 영업소에 전달함과 동시에 이와 교환조건으로 대금을 받는 직접방식과 구매자가 외국환은행을 지불대리인으로 하고 구매자 앞 환어음을 발행하여 그 은행으로 하여금 인수토록 하고 그 대금의 수령을 서류제공의 조건으로 하는 화환어음방법이 있는데, 후자가 무역거래에 있어서 통례로 되어 있으며, CIF 조건 이외의 매매에서는 계약조건으로 이 방법이 결제수단으로 이용되고 있다.

㉙ 상환은행

신용장에 대한 대금지급은 외환거래의 관행상 은행간 계정이체 방식에 따라 결제가 이루어진다. 그러나 신용장상의 통화가 수출국이나 수입국의 통화가 아닌 제3국의 통화일 경우나 또는 개설은행과 예치환 거래계약이 체결되지 않았을 경우에는 제3국에 있는 개설은행의 예치환 거래은행이 그 신용장의 결제은행이 되는 경우가 있다. 이럴 때에는 서류를 매입한 매입은행은 운송서류를 개설은행으로 송부하고 환어음은 상환은행으로 송부하여 대금결제를 받게 된다.

㉚ 상환청구가능 신용장

상환청구 가능 신용장이란 수익자가 환어음을 개설은행이나 확인은행 이외의 타은행에 매입시켰을 경우 매입은행이 그 환어음의 지급인인 개설은행에 의하여 지급 또는 인수가 거절되면 그 매입은행이 환어음의 발행인인 수익자에게 대금을 상환청구할 수 있도록 개설된 신용장을 말한다.

㉛ 상환청구불능신용장

개설은행의 파산 등으로 어음의 인수 또는 지급불능이 되었을 경우 어음의 인수, 지급이 거절되면 매입은행은 어음의 발행인에게 상환을 청구하게 된다. 또한 만일 그 어음이 신용장 조건과 불일치할 경우에는 어음지급인은 지급을 거절할 수 있으며, 이때 어음의 소지인이 어음발행인에게 상환청구를 할 수 없는 신용장을 상환청구불능신용장이라 한다.

㉜ 서류상환인도방식

송금방식에 의한 거래로서, 수출상이 물품을 선적하고 수입자 또는 수출국에 소재하는 수입자의 대리인이나 지사에게 운송서류를 제시하면 서류와 상환하여 대금을 결제하는 방식의 거래이다.

㉝ 송장

"Invoice"라는 용어는 원래 불어의 Envoyer(send)라는 동사에서 유래된 것이며, 매매당사자들이 서로 먼 거리에 있을 경우 매도인이 매수인 앞으로 작성해 보내는 선적화물의 계산서 및 내용명세서이며 매수인의 입장에서는 수입계산서의 역할을 한다.

㉞ 수익자

신용장 개설의뢰인인 수입업자의 지시에 따라 신용장 발행의 혜택을 받는 사람, 즉 신용장을 받는 수출업자를 수익자라고 하며, Accreditee, Addressee 또는 User라고도 불리운다.

㉟ 수입담보화물 선취보증서

선적서류 내도 전에 수입업자가 개설은행의 연대보증을 얻어 선박회사로부터 수입화물을 인도받는 데 제출하는 서류를 말한다. 이와 같은 보증서로 선박회사는 선하증권의 원본을 제시받지 않고도 화물을 수입업자에게 인도해 준다.

㊱ 수취인

환어음금액을 지급 받을 자로, 일반적으로 환어음을 매입한 은행이나 수출상을 지칭한다.

㊲ 신용장

신용장이란 은행의 조건부 지급확약서이다. 즉, 무역거래의 대금지급 및 상품

수입의 원활을 기하기 위하여 수입상의 거래 은행인 신용장 개설은행이 수입상의 요청과 지시에 의해 독자적인 책임으로, 수출상 또는 그의 지시인으로 하여금 신용장에 명시된 조건과 일치하는 운송서류를 제시하면, 수입자를 대신하여 지급이행 또는 신용장에 의해 발행된 어음의 지급, 인수를 수출업자 또는 어음 매입은행 및 선의의 소지인에게 확약하는 증서를 말한다.

㊳ 양도가능신용장

수익자가 신용장상의 권리를 제3자에게 전부 또는 일부를 한번만 양도할 수 있도록 규정된 신용장을 말한다.

㊴ 양도불능신용장

신용장상에 양도가능의 명시적인 문언이 없어 다른 당사자에게 양도할 수 없는 신용장을 말한다.

㊵ 양도은행

양도가능신용장에서 최초수익자의 요청을 받아 그 신용장의 모든 권리와 의무를 제2의 수익자에게 양도하는 은행을 양도은행이라고 한다. 주로 통지은행이 그 역할을 하게 된다.

㊶ 어음매입수권서

은행이 지급보증을 하지 않는다는 점을 제외하고는 신용장과 같은 기능을 가지고 있는 것으로 수입지의 은행이 수입상의 요청에 따라 수출지에 있는 자기의 본지점 또는 환거래은행에 대하여 수출상이 수권서에 명시된 일정조건의 서류를 준비하여 수입상 앞으로 발행된 어음을 제시하면 매입할 수 있는 권한을 부여한 통지서를 말한다.

㊷ 어음매입지시서

수입지의 은행이 수출지에 있는 자기의 본지점 앞으로 수출상이 이러한 조건으로 이 금액이내의 환어음을 발행하였을 경우 지점에서 그 환어음을 매입하여 주기 바란다고 지시하는 것으로 기능면에서 어음매입 수권서와 같지만 동일은행의 본.지점간에만 사용되는 것에 차이가 있다.

㊸ 어음지급수권서

어음지급 수권서는 수입지의 은행이 수입상의 요청에 따라 수출지에 있는 자기의 본지점 또는 환거래은행에 대하여 수출상이 일정한 조건하에 발행하는 어음에 대하여 지급할 것을 지시하는 통지서를 말한다. 어음매입 수권서와 다른 점은 어음이 수입상 앞으로 발행되는 것이 아니라 통지은행 앞으로 발행되는 일람출급어음이며 통지은행은 지급확약 약정을 하지 않고 수출상에게 아무런 통지 없이 취소할 수 있다.

㊹ 어음기한

어음의 지급기한을 말하며 그 지급당일을 만기일이라고 한다. 기한을 정하는 방법에는 세 가지가 있다. ① 미리 만기일을 정한 확정일급, ② 어음발행일자부터 일정한 기간이 지난 일자를 만기일로 한 일부후 정기급, ③ 지급인이 어음을 일람한 후 또는 어음인수 후 일정한 기간이 지난 날을 만기일로 한 일람후 60일 또는 90일급과 같은 일람 후 정기급을 상례로 한다.

㊺ 어음수취인

환어음의 수취인, 즉 대금결제를 받는 사람을 말하는데 환어음거래에서는 발행인인 수출업자가 수입업자에게 지시하여 발행인인 수출업자 앞으로 대금지급을 요구하게 하기 때문에 실제로는 환어음의 발행인과 수취인은 동일인이 된다.

㊻ 어음의 소구권

우리나라 어음법은 '어음의 발행인은 어음의 인수와 지급을 담보하여야 한다' 라고 되어 있다. 즉 어음의 지급인이 인수 또는 지급을 거절할 때에는 발행인은 상환의무를 지게 된다. 그러나 영미법에서는 인수 또는 지급을 담보하지 않는 어음발행도 인정하고 있어 "Without Recourse to Drawer"의 조건으로 발행된 어음은 특별히 주의할 필요가 있다.

㊼ 어음할인

은행이 어음소지인의 매입에 따라 그 할인일로부터 만기일까지의 할인료를 어음의 액면금액에서 공제한 잔액을 의뢰인에게 지급하고 어음상의 채권을 매입하는 것을 말한다.

㊽ 에스크로우 계정

수입하는 나라에서는 수입품이 필요해서 일단 외상으로 수입했으나 외환부족으로 도저히 현금지불 여력이 없으면 수입결제대금을 동결시키고 수출국에다가 결제대금액만큼 수입국의 물품을 구매하도록 하는 것을 말한다.

㊾ 연지급신용장

신용장 조건과 일치한 서류를 신용장에서 지정한 연지급 확약은행에 제시하면 신용장의 구정에 따라 결정되는 만기일에 지급한다고 약정된 신용장을 말한다. 한편 연지급신용장상에는 연지급을 위한 서류를 제시할 은행과 지급 만기일을 지정해야 한다.

㊿ 우편신용장

신용장의 개설이나 전보나 Telex와 같은 신속한 수단으로 이루어지지 않고 항공 우편에 의하여 이루어지는 것을 말한다.

51 우편확인서

신용장이 전신으로 개설되는 경우, 전신신용장은 단순한 정보사항으로 간주하되 개설은행이 사용하는 약식에 신용장조건을 기재한 후 우편으로 통지하는 신용장만을 유효한 증서로 인정할 경우 이를 우편확인서라 한다.

52 원신용장

내국신용장의 발급근거가 되는 신용장을 말한다. 즉, 내국신용장의 개설을 위해 견질담보로 제공된 해외에서 수취한 수출 신용장을 말한다.

53 인수은행

수출업자는 신용장의 내용대로 선적을 완료하면 수입업자 또는 신용장 개설은행 앞으로 환어음을 발행하여 관계 선적서류와 함께 자기 거래은행(대개는 통지은행이 된다)에 이 어음의 매입을 요청하게 되는데, 개설은행의 지시와 신용장 조건에 따라 어음을 매입하는 은행을 광의로 매입은행이라 한다. 이때 은행에 제시되는 어음이 일람불이 아니고 기한부어음일 경우, 이러한 기한부어음을 인수하는 은행을 특별히 인수은행이라고 하며, 인수은행은 그 어음의 만기일에 가서 지급은행이 된다.

㊴ 인수도어음

화환어음 거래에서 지급인이 어음을 인수함과 동시에 선적서류가 인도되는 조건의 어음을 말한다. 지급인인 수입업자는 어음을 지급하지 않고 인수만으로 선적서류를 입수할 수 있고, 어음기일까지에 수입상품을 매출하여 그 대전으로 어음을 결제하면 되기 때문에, 이는 신용이 확실한 수입업자가 아니고는 인정되지 않는다.

㊵ 인수신용장

기한부어음은 지급인에게 제시하여 인수를 받아야 하므로 신용장에 의해 발행된 어음이 기한부어음일 때 이 신용장을 인수신용장이라고 한다. 이러한 신용장에 의거 신용장 수익자는 기한부어음을 발행하여 거래은행으로부터 어음할인을 받아 수출대금을 즉시 회수할 수가 있으며, 한편 신용장 개설 의뢰인(수입업자)은 어음의 만기일까지는 자금납입을 유예받을 수 있어 거래 쌍방에 유리하다.

㊶ 인수도조건

수출상이 수입상과의 매매계약에 따라 물품을 자신의 책임하게 선적하고 D/A 계약서에서 요구하는 운송서류에 기한부 환어음을 첨부하여 자신의 거래은행인 추심의뢰은행에 추심을 의뢰하여 수입상의 거래은행인 추심은행에 추심을 요청함으로써, 환어음의 지급인인 수입상으로 하여금 기한부어음의 인수를 맡아 만기에 대금결제를 약속 받고 선적서류를 인도하는 조건의 결제방식을 말한다.

㊷ 일람불신용장

신용장에 의해서 발행되는 어음이 일람출급어음일 경우 이 신용장을 일람불신용장이라 한다. 최근에는 이 일람불신용장의 경우 일람출급어음의 발행을 생략하고 선적서류 제시만을 조건으로 하는 경향이 있다. 이런 형식을 지급도조건이라고 한다.

㊸ 일람불어음

어음면에 지급기한이 표시되어 있지 않는 어음을 말한다. 이러한 어음이 채권자로부터 제시되면 수취인으로부터 즉시 인수, 지급이 이행되어야 한다. 이 경우에는 제시일이 곧 어음의 만기일이 된다.

⑲ 일람후 어음

어음이 수입업자에게 제시되고 일정기간 후, 즉 30일 또는 60일 후에 지급되는 것을 조건으로 발행한 어음을 말한다.

⑳ 자유매입신용장

매입이 아무 은행에서나 이루어지도록 허용된 신용장만이 자유매입신용장이다. 매입신용장으로써 매입이 특정은행에 지정되었는지의 여부가 분명하지 않는 경우 자유매입신용장으로 간주된다.

㉑ 전대(선수금)신용장

전대신용장은 수출업자의 원료구입비나 물품수집비용으로 신용장 개설의뢰인이 통지은행에게 일정한 조건하에서 수익자에게 수출대금의 전불을 허용하는 신용장을 말하며, 이 전불을 허용하는 약관은 보통 붉은 색으로 표시되어 있다.

㉒ 제한신용장

어음의 매입을 허용하면서 매입은행까지 지정되어 있는 신용장을 말한다. 이 경우 그 지정된 은행이 수익자의 거래은행이 아닌 경우에는 수익자는 환어음을 매각하는 데 두 가지 방법이 있다. 첫째는 자기 거래은행에서 일단 매각하고 그 매입은행으로 하여금 지정된 거래은행에 재매각하도록 하는 방법이고, 둘째는 사전에 매입이 지정된 은행에 가서 지정의 해제를 받아서 자기 거래은행에서 정식으로 매각시키는 방법이다.

㉓ 제시은행

추심거래 방식에서 수입자에게 운송서류와 환어음을 제시하는 은행을 말한다. 추심은행이 수입상의 거래은행이면 추심은행이 제시은행이 되지만, 추심은행이 수입상의 거래은행이 아니면 제시은행이 별도로 존재하게 된다.

⑭ 주문불

수입상이 수출상에게 물품을 주문하면서 미리 대금을 지급하는 선지급 결제 방식을 말한다. 여기에는 주문에 대한 전액을 지급하는 방식과 주문과 동시에 대금의 일부를 지급하고 나머지는 선적 이행에 따라 분할이나 누진식으로 지불하는 방식이 있다.

⑮ 지급신용장

지급신용장이란, 신용장 약정문면에 환어음의 배서인이나 선의의 소지인에 대한 지급약정이 없고, 단지 수익자가 개설은행이나 그 지정은행에 직접 환어음을 제시하면 지급하겠다는 약정만 있는 신용장을 말한다.

⑯ 지급은행

신용장에 의거 수익자가 발행한 환어음에 대해서 직접대금을 지급하여 주는 은행으로서 그 어음금액을 지급하도록 권한을 받은 은행을 말한다. 지급은행은 일반적으로 신용장 개설은행과 예치환 거래계약이 체결된 수출지의 거래은행이나 또는 제3국에 있는 거래은행이 그 상대가 될 수 있다.

⑰ 지급인도조건

수출상이 수입상과의 매매계약에 따라 물품을 선적하고 구비된 서류에 일람출급 환어음을 첨부하여 자기거래은행을 통하여 수입상 거래은행인 수입국의 은행 앞으로 그 어음대금을 추심의뢰하면, 추심의뢰를 받은 수입국측은행(추심은행)은 수입상에게 어음을 제시하여 그 어음대금의 일람지급을 받고 서류를 인도하는 거래방식을 말한다.

⑱ 지급보증서

일반적으로 지급보증서라고 하면 은행이 고객을 대신하여 지급할 것을 약정하는 서류를 말하나 협의로는 유사(類似) 신용장의 하나로서 상업신용장 대신에 수입업자의 거래은행이 수출업자에게 이와 같은 지급보증서를 발행하여 수출업자로 하여금 이것을 믿고 수출을 이행하도록 하는 것을 말한다.

⑥⑨ 지급인

신용장거래에서 환어음의 지급을 위탁받은 신용장 개설은행 또는 수입업자를 말한다.

⑦⓪ 지불수권서

지불수권서는 수입업자의 요청에 따라서 수입업자의 거래은행이 수출지에 있는 본,지점 또는 환거래 취결은행에게 수출업자가 일정조건하에 발행하는 어음에 대해서 지급할 것을 지시하는 통지서로서 어음지급수권서라고도 한다.

⑦① 지정신용장

특정은행에 매입이 지정된 신용장과 지급, 연지급, 인수가 특정은행에 지정된 지급신용장, 연지급신용장, 인수신용장은 모두 지정신용장에 속한다. 매입신용장으로써 매입이 특정은행에 지정되어 있는 경우 지정신용장이다.

⑦② 청산계정

1국이 타국과의 무역대차를 결제할 경우 거래마다 직접 현금결제를 하지 않고, 수출과 수입을 장부에 기장해 두었다가 일정기간을 단위로 그 대차의 잔액만을 현금으로 결제하는 계정방식을 말한다.

⑦③ 추심

은행이 어음을 바로 매입하지 않고 지급지 은행으로부터 취결한 어음대금을 송금받은 후에 취결의뢰인에게 이를 지급하는 역환(逆換)을 말한다. 이와 같이 하는 것은 그 신용이 확실치 않거나 부속서류가 미비하여 은행이 매입을 기피하기 때문이다.

⑦④ 추심어음

환어음의 하나로서 D/A, D/P 등과 같이 추심할 경우 발행되는 화환어음을 추심어음이라 한다.

⑦⑤ 추심은행

D/P, D/A 거래에서 수출지의 추심의뢰은행으로부터 선적서류와 환어음을 최초로 받은 수입지의 은행을 가리킨다. 추심 결제 거래에서는 어음지급인(수입

상)에게 추심서류를 제시하여야 하는데, 추심은행이 수입상과 거래은행일 경우에는 동 은행이 추심은행과 제시은행의 역할을 동시에 행하게 된다.

⑯ 추심의뢰은행

추심어음거래의 경우, 추심의뢰인, 즉 수출상의 추심요구에 따라 금융서류(환어음)와 상업서류(운송서류)를 수입지의 은행으로 송부하여 추심을 의뢰하는 수출지의 수출상 거래은행을 말한다.

⑰ 토마스신용장

구상무역에서 사용되는 신용장으로 수익자가 수출신용장을 사용하기 위해서는 동일한 수입신용장을 개설해야겠다는 각서를 첨부하여야만 유효한 신용장을 말한다.

⑱ 통지은행

수출국에 있는 수입지 개설은행의 본,지점이나 환거래은행으로서 발행된 신용장을 단순히 수익자에게 통지해 주는 은행이며, 거래에 관해서 하등의 책임을 지거나 약정을 하지 않는다.

⑲ 특정신용장

특정신용장이란 신용장상의 수익자가 선적을 완료한 후 수출대금의 회수를 위하여 발행하는 환어음의 매입은행을 신용장에서 금융관계, 자금의 수배 또는 업무상의 연락 등으로 특정은행에 한정하고 있는 것을 말하며, 이를 매입제한신용장이라고도 한다.

⑳ 팩토링

팩토링이란 수출업자가 수입업자에게 물품이나 서비스를 제공함에 따라 발생하는 외상 매출금과 관련 팩토링 회사가 수출상을 대신하여 수입상에 관한 신용조사, 신용위험의 인수, 금융의 제공, 대금의 회수 등의 업무를 대행하는 금융서비스를 말한다. 무신용장 방식의 수출시 국제 팩토링을 이용하면 수출시 외상 수출에 따른 대금불안이 제거되고 수입시에도 신용장 개설없이 팩터의 보증으로 수입을 할 수 있다.

⑧① 화환어음

무역거래에서 사용되는 신용장에 의해서 발행하는 어음이다. 수출대전을 결제받기 위해서 부대서류 없이 어음만 발행되면 무화환어음이라 하고 화물의 선적을 증명하는 선하증권, 상업송장 및 포장명세서 등 부대서류가 필요한 경우를 화환어음이라 한다.

⑧② 확인신용장

이는 발행은행 이외의 제3의 은행이 수익자가 발행하는 어음의 지급, 인수 또는 매입을 확약한 신용장을 말한다.

⑧③ 할인은행

신용장에 의거하여 발행된 환어음 또는 운송서류를 만기 또는 대금지급기일까지의 이자를 공제한 금액으로 할인, 매입하는 은행을 지칭한다.

⑧④ 현금교환인도방식

송금방식에 의한 거래로서, 수입상 소재국에 수출상의 지사나 대리인이 있는 경우 수출상이 물품을 지사 등에 송부하면 수입자가 물품의 품질 등을 검사한 후, 물품과 현금을 상환하여 물품대금을 송금하는 방식의 거래로 주로 귀금속 등 고가품으로서 직접 물품검사를 해야 되는 경우에 이용되는 경우이다.

⑧⑤ 화환신용장

신용장 개설은행이 수익자가 발행한 환어음에 신용장 조건과 일치하는 제반 운송서류 등을 첨부할 것을 조건으로 하여 지급, 인수, 매입할 것을 확약하는 신용장을 말한다. 무역거래에서 이용되는 신용장은 대부분이 화환신용장에 의해 이루어진다.

⑧⑥ 확인은행

신용장 개설은행의 요청에 의하여 신용장을 확인해 주는 은행을 말한다. 신용장확인은행은 확인한 신용장에 대하여는 독자적으로 발행된 어음의 지급, 인수 또는 매입을 이행하여야 한다.

87 환어음

환어음은 국제거래에서 채권자인 어음의 발행인이 채무자인 지급인에게 그 어음상의 표시금액을 채권자의 수취인이나 그 지시인 또는 소지인이 일정한 기간 및 장소에서 제시할 경우 그에게 무조건 지급할 것을 위탁하는 요식, 유가증권으로 지급청구서의 역할을 한다.

88 회전신용장

수출업자와 수입업자 사이에 동종의 상품거래가 상당기간 계속하여 이루어지는 경우에, 거래시마다 신용장을 발행하게 되면 발행비용과 시간이 많이 소요되게 되고, 그렇다고 한꺼번에 금액을 모두 발행하고 분할 또는 할부선적을 요구한다면 수입보증금의 적립이 과중하게 되는 동시에 신용공여 한도가 초과하는 등의 많은 문제점과 불편이 발생하므로, 이러한 부담을 덜기 위하여 일정기간 동안 신용장 금액이 자동적으로 갱신되어 다시 사용할 수 있도록 하는 조건으로 발행되는 특수한 신용장을 말한다.

2 | 국제무역결제 입문 영문 용어 해설

1 Documentary credit: A conditional undertaking by a bank to make payment, often abbreviated to "credit". More precisely, it is a written undertaking by a bank (issuing bank) given to the seller (beneficiary) at the request of the buyer (applicant) to pay a sum of money against presentation of documents complying with the terms of the credit within a set time limit.

▸ 신용장: 종종 "credit"로 약칭되며 은행에 의해 지급할 것이라는 조건부확약. 좀 더 명확하게 그것은 매수인(개설의뢰인)의 요청으로 설정된 시효내에 신용장조건과 일치하는 서류 제시와 상환으로 금액을 지급할 것이라는 은행에 의해 매도인(수익자)에게 제공되는 서면확약이다.

❷ Accountee: Another name for the applicant of documentary credit i.e. the importer or the person for whose account the transaction is made.

→ 채무자: 화환신용장의 개설의뢰인에 대한 다른 이름 즉, 수입업자 또는 자신의 계정으로 거래가 이루어지는 자.

❸ Cash With Order: Payment for goods in which the buyer pays when ordering and in which the transaction is binding on both parties.

→ 주문시 지급: 매수인이 주문할 때 지급하고 그 거래가 양당사자를 구속하는 물품에 대한 지급

❹ Documents against Payment: Instruction for the commercial documents to be released to the drawee only on payment of the Bill of Exchange and it is similar to cash against documents under the terms.

→ 지급도: 환어음의 지급시에만 피발행인에게 상업서류가 인도되도록 하는 지시이고 그것은 조건에서 선적서류 상환도와 유사하다.

❺ Banker's Usance: Usance that the bank gives the importer delay of payment against the time draft which the exporters has drawn and the exporter gets paid from the bank at a sight basis.

→ 은행유전스: 은행이 수출업자가 발행한 정기출급 환어음에 대하여 수입업자에게 지급의 유예를 제공하고 수출업자는 일람출급조건으로 은행으로부터 지급을 받는 유전스

❻ Sight draft: A type of payment by a draft in which a customer normally pays for the goods before he receives them.

→ 일람출급 환어음: 물품을 인수하기 전에 일반적으로 대금을 지급하는 환어음에 의한 대금지급형태

❼ Telegraphic Transfer: A speedy method of settlement as the importer's bankers will send to their correspondent in the exporter's country a coded message ordering that the seller's account should be credited accordingly.

⋯▶ 전신환: 매도인 계정의 대변에 기입되도록 지시하는 암호메시지를 수출업자의 국가에 있는 자신의 코레스은행에 수입업자의 거래은행이 송부할 것이기 때문에 신속한 결제방법

❽ Payee: A party named in an instrument as the beneficiary (the recipient) of the funds. Under letters of credit the payee is the drawer of the draft.

⋯▶ 수취인: 자금의 수익자(수령자)로서 증서에 기명된 당사자. 신용장하에서 수신인은 환어음의 발행자이다.

❾ Demand draft: A bill of exchange which requires payment on presentation.

⋯▶ 요구불 어음: 제시시에 지급을 요구하는 환어음.

❿ Authority to Pay: This document is not a letter of credit, gut merely an advice of the place of payment which also specifies documents needed to obtain payment. It does not oblige any bank to pay. It is much less expensive than a letter of credit and has been largely superseded by documents against payment.

⋯▶ 어음지급수권서: 이 서류는 신용장이 아니고 단순한 지급을 획득하기 위해 필요한 서류를 또한 명시하고 있는 지급장소의 통지이다. 그것은 어떤 은행에게도 지급하도록 의무를 부과하지 않는다. 그것은 신용장보다 훨씬 덜 비용이 들고 주로 지급도조건에 의해 대체되고 있다.

⓫ Documents against Payment: In the case of a sight draft, the documents transferring title to goods are released to the buyer/importer only against cash payment.

⋯▶ 지급도조건: 일람출급 환어음의 경우에 물품에 대한 권리를 이전하는 서류가 현금지급과 상환으로만 매수인/수입업자에게 인도된다.

⑫ Documents against Acceptance: The shipping documents are surrendered to the consignee by the presenting bank upon acceptance of the time draft. The consignee obtaining possession of the goods is thereby enabled to dispose of them before the actual payment falls due.

→ 인수도조건: 정기출급 환어음의 인수시에 제시은행에 의해 선적서류가 수화인에게 인도된다. 그것에 의해 물품의 점유를 획득한 수화인은 실제지급이 만기가 되기 전에 물품을 처분할 수 있다.

⑬ Cash on Delivery: A method of remittance where payment is made against delivery of goods.

→ 물품상환도: 물품의 인도와 상환으로 지급이 이루어지는 송금의 한 방식

⑭ CWO: Payment for goods in which the price is paid in full before shipment is made. This method is usually used only for small deal or payment of cash in advance at the same time when the order is placed.

→ 주문시 지급: 선적이 이루어지기 전에 가격이 전액 지급되는 물품에 대한 지급. 이 방식은 일반적으로 소량거래나 주문이 이루어지는 동시에 현금을 선지급하는 것에 대해서만 이용된다.

⑮ Open account: Credit and billing arrangement whereby the seller bills the buyer periodically and payments are made. It is distinct from cash on delivery where payment is to be made upon delivery of the goods.

→ 장부결제, 상호계정: 매도인이 매수인에게 정기적으로 대금을 청구하고 지급이 이루어지는 신용 및 대금청구협정. 이 협정은 지급이 물품의 인도시에 이루어져야 하는 현금상환도와 다르다

⑯ Cash Against Documents: Payment for goods upon presentation of documents evidencing shipment.

···▸ 선적서류상환도: 선적을 증명하는 서류의 제시시에 물품에 대한 지급.

⑰ Factoring: The process in which the firm buys the outstanding invoices of a manufacturer's customer, keeps the accounts, then obtains payment.

···▸ 팩토링: 기업이 제조업체의 고객의 미지급송장을 매입하고 계정을 유지하고 그리고 나서 지급을 획득하는 과정이다.

⑱ Letter of Credit: The instrument issued by a bank, which guarantees that the bank will honor drafts or other demands for payment in case of complying with the conditions in it.

···▸ 신용장: 은행에 의해 발행되고 그 문서상의 조건이 준수되는 경우 환어음을 인수 · 지급하거나 지급에 대한 다른 요구를 응할 것이라는 것을 보증하는 문서.

⑲ A Documentary Credit: A means whereby an exporter receives payment in exchange for documents that enable the importer to take possession of the goods and a banker's assurance of payment against presentation of specified documents.

···▸ 화환신용장: 수입업자가 물품을 소요할 수 있도록 하는 서류와 상환으로 수출업자가 지급을 받을 수 있는 수단이고 특정서류의 제출과 상환해서 은행이 지급을 확약

⑳ Revolving Credit: A credit that reverts to its original amount after a draft has been paid under credit and under which any unused portion of monthly available amount may be used during any subsequent month.

···▸ 회전신용장: 신용장에 의거하여 환어음이 지급된 후 원래의 신용장 금액으로 환원되고 월별이용가능 금액의 미사용분은 이후의 어떤 월 중에 사용될 수도 있는 신용장.

㉑ Applicant: One who applies to his hank to issue a documentary credit; in the majority of credits issued this person is an importer of goods.

⟫ 개설의뢰인: 화환신용장을 발행하도록 자신의 거래은행에게 의뢰하는 자; 개설된 대부분의 신용장에서 이 자는 물품의 수입업자이다.

㉒ Issuing Bank: The bank that issues the credit at the request of the applicant and guarantees payment to the beneficiary against presentation of the specified documents in compliance with the terms and conditions of the credit.

⟫ 발행은행: 개설의뢰인의 요청으로 신용장을 발행하고 신용장 조건과 일치하여 명시된 서류의 제시에 대해 수익자에게 지급을 보증하는 은행.

㉓ Advising Bank: The bank in the seller's country which is requested by the issuing bank to notify the credit to the beneficiary.

⟫ 통지은행: 수익자에게 신용장을 통지하도록 발행은행에 의하여 요청되는 매도인 국가에 있는 은행.

㉔ Confirming Bank: The bank which adds its own undertaking to that of the issuing bank and is normally in the beneficiary's country and very often the advising bank itself.

⟫ 확인은행: 발행은행의 확약에 자기자신의 확약을 추가하고 일반적으로 수익자의 국가에 있으며 통지은행 자신이 종종 되기도 하는 은행.

㉕ Accepting Bank: The bank that is nominated in the credit to accept a usance bill of exchange drawn on it.

⟫ 인수은행: 자신 앞으로 발행된 기한부 환어음을 인수하도록 신용장에서 지정된 은행.

㉖ Negotiating Bank: The bank that negotiates or discounts the beneficiary's bill of exchange.

⟫ 매입은행: 수익자의 환어음을 매입하거나 할인하는 은행.

㉗ Reimbursing Bank: The bank nominated by the issuing bank to pay claims under the credit to the negotiation or paying bank.

→ 상환은행: 신용장하에서 매입은행이나 지급은행에게 상환청구를 지급하도록 발행은행에 의하여 지정된 은행.

㉘ Expiry Date: Latest date, usually in the country of the beneficiary, on which negotiation or payment of L/C can take place or the deadline for the seller to present documents to the negotiating bank for payment or acceptance.

→ 만기일자, 유효기일: 대개 수익자 국가에서 신용장의 매입이나 지급이 이루어지는 최종일자 또는 지급이나 인수를 위해 매도인이 매입은행에 서류를 제시하는 최종시한이다.

㉙ Paying Bank: The bank that is authorised to make payment to the beneficiary against presentation of stipulated documents.

→ 지급은행: 규정된 서류의 제시와 상환하여 수익자에게 지급하도록 수권받은 은행.

㉚ Clean Credit: Any letter of credit from a bank against which the foreign seller can draw a bill without documentary support. This credit is available only to firms having the best credit reputation.

→ 무담보 신용장: 서류의 지원없이 외국의 매도인이 이와 상환으로 환어음을 발행할 수 있는 한 은행으로부터의 어떤 신용장. 이 신용장은 최고의 신용명성을 가지고 있는 기업체에게만 이용가능하다.

㉛ Irrevocable Credit: A credit which cannot be cancelled or amended without any agreement of the parties concerned.

→ 취소불능 신용장: 관련 당사자의 어떤 합의없이는 취소되거나 변경될 수 없는 신용장

㉜ Transferable Credit: A credit that can be transferred by the original beneficiary to another beneficiary.

⋯▸ 양도가능 신용장: 원수익자에 의해 다른 수익자에게 양도될 수 있는 신용장.

㉝ Sight Payment L/C: A documentary credit which specifically nominates the bank which is to pay the stipulated sum immediately against presentation to it of the required documents and under which a draft would not normally be called for.

⋯▸ 일람출급 신용장: 자신에 대해 요구된 서류의 제시와 상환으로 곧바로 약정된 금액을 지급하여야 하는 은행을 특별히 지정하고 있고 환어음은 일반적으로 요구되지 않는 화환신용장

㉞ Applicant: The person who requests a bank to open a letter of credit in favor of the exporter, is referred to as the opener or accredited buyer considering from his position in the sales contract, becomes the consignee of the contracted goods and eventually the accountee of the drafts.

⋯▸ 개설의뢰인: 수출업자를 수익자로 하여 신용장을 개설하도록 은행에게 요청하고, "오프너" 또는 매매계약에서 자신의 지위를 고려하여 "인증된 매수인"으로 언급되고 계약된 물품의 수화인이 되고 결국 환어음의 채무자가 되는 자.

㉟ Customer: A buyer or other person who causes an issuer to issue a credit. The term also includes a bank which procures issuance or confirmation on behalf of the bank's customer.

⋯▸ 고객: 발행인으로 하여금 신용장을 발행하도록 하는 매수인 또는 기타의 자. 그 용어는 또한 은행의 고객을 대신하여 발행이나 확인을 주선하는 은행을 포함한다. 〈UCC Article 5 Letter of Credit 5-103(g)〉

㊱ Advising bank: The bank that notifies or advises the exporter that a credit has been opened in the exporter's favour. By advising a credit, the bank is only acting as a conduit for the issuing bank.

⋯▸ 통지은행: 신용장이 수출업자를 수익자로 하여 개설되었다는 것을 수출업자에

통지하거나 통보하는 은행. 신용장을 통지함으로써 그 은행은 단지 발행은행을 위한 통로로서 역할을 하는 것이다.

㊲ Letter of Credit: An engagement by a bank or other person made at the request of a customer that the issuer will honor drafts or other demands for payment upon compliance with the conditions specified in the credit. A credit may be either revocable or irrevocable. The engagement may be either an agreement to honor or a statement that the bank or other person is authorised honor.

신용장: 신용장에서 명시된 조건과의 일치시에 개설은행이 환어음을 인수 · 지급하거나 지급에 대한 다른 요구에 응하겠다고 하는 고객의 요청으로 이루어지는 한 은행 또는 다른 자에 의한 약정을 의미한다. 신용장은 취소가능 또는 취소불능일 수 있다. 그 약정은 환어음을 인수 · 지급할 것이라는 합의이거나 은행 또는 다른 자가 인수 · 지급할 것을 수권받는다는 진술일 수 있다.

㊳ Standby Credit: This credit stipulates that a sum will be paid to the beneficiary on demand in the beneficiary submitting a signed statement setting forth that there has been default or non-performance.

보증 신용장: 미이행이나 불이행이 있었다는 것을 설명하는 서명된 진술서를 제출하는 수익자의 요구로 수익자에게 대금이 지급될 것이라고 약정하고 있는 신용장.

㊴ Documentary credit: A letter of credit which requires the beneficiary to present a draft and specified documents.

화환 신용장: 수익자에게 환어음과 명시된 서류를 제시하도록 요구하는 신용장.

㊵ Revocable Documentary Credit: A documentary credit issued in favour of the beneficiary in accordance with the instructions of the applicant and giving the buyer maximum flexibility, since it can be amended, revoked or cancelled without the beneficiary's consent and even without prior notice to the beneficiary up to the moment of payment by the bank at which the issuing bank has made the documentary credit available.

›› **취소가능 화환신용장:** 개설의뢰인의 지시에 따라 수익자를 수취인으로 하여 발행되고 매수인에게 최대 융통성을 제공하는 화환 신용장. 왜냐하면, 그것이 수익자의 동의없이 심지어 발행은행이 화환신용장을 이용가능하게 하였던 은행에 의한 지급의 순간까지도 수익자에게사전통지없이도 변경되고, 철회되거나 취소될 수 있기 때문이다.

41 **Cumulative Revolving L/C:** Revolving L/C where any sum not utilized during the first period carries over and may be utilized during a subsequent period.

›› **누계 [누적] 회전신용장:** 첫 기간 동안에 사용하지 않은 어떤 금액이 이월되고 그 이후의 기간 동안에 사용될 수 있는 회전신용장.

42 **Irrevocable L/C:** A credit which cannot be amended or revoked without agreement of all parties concerned once the beneficiary has been notified of the opening of the credit.

›› **취소불능 신용장:** 수익자가 신용장의 개설을 통지받으면 관련 모든 당사자들의 합의가 없는 경우 변경되거나 취소될 수 없는 신용장.

43 **Negotiation L/C:** Documentary Credit that nominates the bank authorised to effect negotiation under the credit, unless the credit is negotiable by any bank and enables the beneficiary to obtain immediate funds from the bank authorised to negotiate by presenting to that bank the required documents including a sight or usance draft.

›› **매입신용장:** 신용장이 어떤 은행에 의해서 매입가능하지 않으면, 신용장하에서 매입을 하도록 수권된 은행을 지정하고 일람출급 혹은 기한부 환어음을 포함하여 요구되는 서류를 그러한 은행에 제시함으로써 매입하도록 수권된 은

행으로부터 수익자로 하여금 즉각적인 자금을 입수할 수 있게 해주는 화환신용장.

㊹ Revolving credit: A Credit by which under the terms and conditions thereof, the amount is renewed or reinstated without specific amendments to the documentary credit being required. This credit may be revocable or irrevocable, and may rotate (or revolve) in relation to time or value.

회전신용장: 그 조건에 의거하여 화환신용장에 대한 특정의 변경이 요구되지 않고 금액이 갱신되거나 환원되는 신용장. 이 신용장은 취소가능이거나 취소불능일 수 있고 기간이나 금액과 관련하여 회전될 수 있다.

㊺ Red Clause [Anticipatory] L/C, Advance Payment L/C: A advance payment credit allowing pre-shipment advance payment to be made to the beneficiary at the risk and expense of the applicant. Under this credit the bank will honour the exporter's sight drafts up to a specified percentage of the total credit amount against production of certain preliminary documents.

Originally, the clauses specifying a red clause credit were actually printed or typed in red ink, hence the name. Obviously, such credits should only be used when the importer has great trust in the exporter.

선지급신용장: 개설의뢰인의 위험과 비용으로 수익자에게 선적전 선지급이 이루어지도록 허용하는 선지급 신용장. 이 신용장하에서 은행은 어떤 예비적 문서의 제시와 상환으로 총신용장금액의 특정비율까지 수출업자의 일람출급 환어음을 지급한다. 원래 선대 신용장을 명시하고 있는 약관이 실제로 붉은 잉크로 인쇄되거나 타이핑되었는데 그래서 그 이름을 가지게 되었다. 분명히 그러한 신용장은 수입업자가 수출업자를 크게 신뢰하고 있을 때에만 이용되어야 한다.

㊻ Transferable L/C: A credit under which the beneficiary (first beneficiary) may request the bank authorised to pay, incur a deferred payment undertaking, accept or negotiate (the transferring bank), or in the case of freely negotiable credit, the bank specifically authorised in the credit as a transferring bank, to make the credit available in whole or in part to one or more other beneficiary(ies)(second beneficiary(ies)).

→ 양도가능 신용장: 그 수익자(제1수익자)가 지급하고, 연지급확약을 부담하고 인수하거나 매입하기로 수권된 은행(양도은행) 또는 자유매입 신용장의 경우 신용장에서 양도은행으로 특별히 수권된 은행에게 신용장의 전부 또는 일부를 1인 또는 수인의 다른 수익자(제2수익자)에게 이용가능하게 하도록 요청할 수 있는 신용장.

47 Deferred payment L/C: An L/C under which payment by the importer is to take place at a specified time after his receipt of the shipping documents.

→ 연지급 신용장: 수입업자가 선적서류를 인수한 후 명시된 시간에 수입업자에 의한 지급이 이루어져야 하는 신용장.

48 Special L/C: A negotiation credit under which negotiation is restricted to a nominated bank or which is available through a nominated bank only.

→ 특정 신용장: 매입이 지정은행에 한정된 매입신용장 또는 지정은행만을 통해 이용가능한 매입신용장.

49 A back-to-back credit: A credit which is issued at the seller's request to his supplier, against the letter of credit which the seller himself has received from the buyer.

→ 동시개설 신용장: 매도인이 매수인으로부터 접수한 신용장에 대하여 자신의 납품업자에 대한 매도인의 요청으로 발행되는 신용장.

50 Negotiation: The giving of value for Drafts and/or document(s) by the bank authorised to negotiate. Mere examination of the

documents without giving of value does not constitute a negotiation. 〈UCP 500 제10조 (b)(ii)〉

▸ 매입: 매입하도록 수권된 은행에 의하여 환어음 및/또는 서류에 대해 가액을 지급하는 것. 가액을 지급하지 않고 서류의 단순한 점검은 매입을 구성하지 않는다.

51 Shipping date: The date stipulated in the credit for the shipper to load the goods on board the vessel.

▸ 선적일자: 화주가 물품을 본선상에 선적하도록 신용장에서 규정된 일자.

52 Discrepancy: Any deviation from the terms and conditions of a Documentary Credit, or the documents presented thereunder, or any inconsistency between the documents themselves.

▸ 불일치: 신용장조건 혹은 신용장하에서 제시되는 서류로부터 일탈 혹은 서류 자체간에 어떤 모순.

53 Documentary bill: A bill of exchange (draft) which is accompanied by the shipping documents.

화환어음: 선적서류가 수반되는 환어음.

54 Clean Bill: A bill of exchange (draft) which is not accompanied by the shipping documents.

▸ 무화환어음: 선적서류가 첨부되지 않는 환어음.

55 Time Bill: A bill of exchange that is drawn payable at a fixed period.

▸ 기한부 환어음: 지정기간에 지급될 수 있도록 발행되는 환어음.

56 Sight Bill: A bill payable upon presentation.

▸ 일람출급 환어음: 제시시에 지급되어야 하는 환어음.

57 Drawer: The exporter who draws the bill of exchange (draft) which in itself is a claim for payment.

·))) 발행인: 원래 지급에 대한 청구인 환어음을 발행하는 수출업자.

58 Drawee: The person on whom a bill is drawn and who is thereby ordered to pay, when the bill is accepted by him he is known as a acceptor.

·))) 피발행인: 환어음이 그 앞으로 발행되고 이에 의해 지급하도록 지시받고 환어음이 그에 의해 인수될 때 그는 인수자로서 알려져 있는 자.

59 Due Date: The day to which a bill must be paid.

·))) 만기일자: 환어음이 지급되어야 하는 일자.

60 Commercial Invoice: A trade document which is a statement of goods shipped and payment due and describes the goods shipped and lists the price together with details as agreed between the buyer and the seller.

·))) 상업송장: 선적된 물품과 지급해야 할 금액의 명세서이고 선적된 물품을 기술하고 매수인과 매도인간에 합의된 것으로서 세목과 함께 가격을 열거하고 있는 무역서류.

61 Certificate of Origin: A document which declares that goods originated in a particular country, that is to say, a certificate used in export for source of goods.

·))) 원산지증명서: 물품이 특정국가에서 생산되었다는 것을 선언하는 서류 즉, 물품의 원산지에 대하여 수출에서 사용되는 증명서.

62 Manifest: A list showing the number and kinds of items being shipped, as well as other information purpose.

·))) 적하목록: 다른 정보의 용도 뿐만 아니라 선적되고 있는 품목의 수와 종류를 보여주는 목록.

63 Invoice: A statement giving details for quantity and price of goods.

·))) 송장: 물품의 수량과 가격에 대하여 세목을 제공하는 명세서.

64 Pro-forma Invoice: A form of quotation which is issued by the seller to a potential buyer and is an invitation to the buyer to place a firm order and is often required by him so that the authorities of the importer's country will grant him an import license and/or foreign exchange permit.

견적송장: 매도인이 잠재적 매수인에게 발행되고 확정주문을 하도록 하는 매수인에 대한 유인이며 수입국의 당국이 매수인에게 수입승인 및/또는 외환사용 허가를 내주도록 하기 위하여 매수인에 의해 종종 요구되는 견적서.

65 Bill of Exchange: An unconditional written order calling on the party to whom it is addressed to pay on demand or at a future date a sum of money to the order of a named party or to the bearer.

환어음: 지정 당사자의 지시에 따라 또는 지참인에게 요구시에 또는 장래의 일자에 금전의 액수를 송부된 자에게 지급할 것을 요구하는 무조건적 서면지시.

66 Drawee: The person to whom the bill is addressed. This is normally either the buyer or the importer or a bank which will guarantee payment on the buyer's behalf.

피발행인: 환어음이 제출되는 자. 이는 일반적으로 매수인 또는 수입업자 또는 매수인을 대리하여 지급을 보증하는 은행이다.

67 Payee: A party named in an instrument as the beneficiary (the recipient) of the funds. Under letter of credit the payee (the beneficiary) is either the drawer of the draft or a bank.

수취인: 자금의 수익자(수령인)로서 증서에 지정된 자. 신용장하에서 수취인(수익자)은 환어음의 발행인이거나 은행이다.

68 Clean Bill: A bill which is not accompanied by any shipping documents.

무담보 환어음: 단지 어떤 선적서류가 수반되지 않는 환어음.

69 Sight draft: A financial instrument payable upon presentation or

demand. It must be presented for payment by its holder (payee, indorsee or bearer) within reasonable time.

›› 일람출급 환어음: 제시시 또는 요구시에 지불되어야 하는 금융증서. 그것은 상당한 기간내에 그 소지인(수취인, 피배서인 또는 지참인)에 의해 지급을 위해 제시되어야 한다.

(70) Time draft: Bill of exchange called a term bill or usance bill, tenor bill payable at a fixed future time or a determinable future time.

›› 정기출급 환어음: term bill 또는 usance bill, tenor bill이라고 불리고 지정된 장래시점 또는 결정될 장래시점에 지급되어야 하는 환어음.

(71) Clean collection: Collection of financial documents not accompanied by commercial documents.

›› 무담보 추심: 상업서류가 첨부되지 않은 금융서류의 추심.

(72) Promissory note: An unconditional written promise to pay a specified sum of money on demand or at a specified date to, or to the order of, a specified person or to bearer. It is a negotiable instrument and performs more or less the same function as an accepted bill of exchange.

›› 약속어음: 특정인에게 또는 그 지시에 따라 또는 지참인에게 요구시에 또는 특정 일자에 특정 금전액수를 지급할 것이라는 무조건부 서면 약속. 그것은 유통가능 증서이고 인수된 환어음과 동일한 기능을 어느 정도 수행한다.

(73) Invoice: A written account, or itemized statement of merchandise shipped or sent to a purchaser, consignee, factor, etc., with the quantity, value or prices and charge annexed.

›› 송장: 수량, 가액 또는 가격 그리고 추가된 경비와 함께 매수인, 수화인, 위탁판매인에게 선적되거나 송부된 상품의 서면 명세서 또는 항목별 명세서.

(74) Maturity date: The date on which the principal amount of a note,

draft, bond, or other debt instrument becomes due and payable.

➡ 만기일자: 어음, 환어음, 채권 또는 다른 채무증서의 원금이 만기가 되고 지급되어야 하는 일자.

75 Tenor: Time and date for payment of a draft, stated in one of the following forms: At Sight(A/S); A draft is payable upon presentation to the paying bank.

Days Sight(D/S): The draft is payable at a fixed number of days after sight.

Days Date(D/D): The draft is payable on a certain date; eg. 30 days from date of invoice or issuance of other shipping documents.

➡ 기간: 다음 양식의 하나에서 언급된 환어음의 지급에 대한 기간과 일자: 일람출급(A/S): 환어음이 지급은행에 제시시에 지급된다. 일람후(D/S): 환어음은 일람후 지정일자에 지급되어야 한다. 일부후(D/D): 환어음이 특정 일자 즉, 송장일자 또는 기타 선적서류의 발행일로부터 30일 후에 지급되어야 한다.

76 Sight: The time when a bill is presented to the drawee.

➡ 일람: 환어음이 피발행인에게 제시되는 시기.

77 Presentation of a draft for collection: The presentation of the documents by the shipper for the bank to accept and to effect collection through their branch or correspondent at foreign destination and to credit the shipper's account upon receipt of advice that the draft has been paid by the consignee.

➡ 추심을 위한 환어음의 제시: 은행이 인수하여 외국의 목적지에 있는 동행의 지점이나 코레스은행을 통하여 추심을 이행하고 그 환어음이 수화인에 의해 지급되었다는 통지를 수취하자마자 송화인의 계정에 입금하도록 하기 위해 송화인에 의한 서류의 제시.

78 Packing List: Document giving the contents of each individual package, in particular the number and kind of packages, their

contents, overall net and gross weight usually in kilograms, the dimensions and volume, referred to as a packing note, featuring the package marking.

·))) 포장명세서: 개별포장의 내용, 특히 포장의 수와 종류, 그 내용물, 대개 킬로그램으로 된 전체적인 순중량과 총중량, 치수와 용적을 제공하고 packing note 라고도 불리며 포장 화인을 서술하고 있는 서류.

⑦⑨ Inspection Certificate: A statement issued and signed by the appropriate authority, either a governmental entity or a private inspection company, providing evidence that the goods were inspection and detailing the results of such inspection.

·))) 검사증명서: 정부기관 또는 사영 검사회사인 적절한 당국에 의해 발행되고 서명된 것으로서 물품이 검사되었다는 증거를 제공하고 그러한 검사의 결과를 상세하게 기술한 명세서.

⑧⓪ Certificate of Origin: A document certifying the country of origin of specified goods. It is often required by the customs authorities of a country as part of the entry process, for instance, to grant preferential tariff treatment on imports of goods originating in a particular country.

·))) 원산지증명서: 특정 물품의 원산지를 증명하는 서류. 그것은 종종 통관절차의 일부로서 예를 들면, 특정국에서 생산된 물품의 수입에 대한 특혜관세대우를 허가하기 위해 한 국가의 세관당국에 의해 종종 요구된다.

⑧① Customs Invoice: Invoice that gives the customs authorities of the importing country reliable information on which they can assess duty.

·))) 세관송장: 세관당국이 관세를 산정할 수 있는 신뢰할 만한 정보를 수입국의 세관당국에 제공하는 송장.

⑧② Pro-forma Invoice: Invoice enabling a customer to see how much a consignment will cost.

▸ 견적송장: 탁송품이 얼마의 비용이 들 것인가를 고객이 알 수 있도록 해주는 송장.

83 Pro-forma Invoice: Invoice that is a form of quotation by the seller to a potential buyer. It is an invitation to the buyer to place a firm order and is often required by him so that the authorities of the importer's country will grant him an import licence and/or foreign exchange permit.

▸ 견적송장: 매도인이 잠재적 고객에게 하는 견적서인 송장. 이것은 확정주문을 하도록 하는 매수인에 대한 유인이며 수입국의 당국이 매수인에게 수입승인 및/또는 외환사용 허가를 내주도록 하기 위하여 매수인에 의해 종종 요구된다.

84 Certificate of Quality: A written statement that goods are up to the same specifications of those ordered e.g. the same size, quality, etc.

▸ 품질증명서: 물품이 주문된 물품의 동일한 명세서 즉, 동일한 크기, 품질 등에 일치한다는 서면진술.

3 | 국제무역결제실무 기본 이론

1) 무역물품 대금은 어떤 방식으로 결제되나?

(1) 송금을 통한 결제방식

송금방식은 무역물품대금을 외화로 결제하는 방식을 말합니다. 이것은 물품을 인도하는 시기에 따라, 단순송금방식, 현금결제방식, 서류상환방식, 선적통지결제방식으로 나눌 수 있습니다.

① 단순송금방식

이 방식은 무역물품이 선적되기 전에 물품대금을 결제하는 방식으로, 물품대금을 받은 수출업자는 일정기간내에 수입업자에게 물품을 선적해야 한다. 이 방식은 주로 거래금액이 적을 때나 신용이 확실한 관계의 거래에 사용된다.

② 현금결제방식

주로 귀금속이나 시계 등과 같이 고가격 상품을 결제할 때 사용하는 거래방식으로, 수출업자가 물품을 선적한 후 선적서류를 수입국에 있는 수출상의 해외지사나 대리인 또는 거래은행에 송부하고, 물품이 목적지에 도착하면 수입업자가 물품을 검사한 후 인도받으면서 대금과 교환하는 것이다.

③ 서류상환방식

수출업자가 선적서류를 수입업자나 그 대리인에게 직접 인도하면서 물품대금을 결제받는 방식이다. 이 방식은 수출국에 수입업자의 해외지사 등이 있는 경우에 사용되는 방식이다.

④ 선적통지결제방식

수출업자가 물품을 직접 수입업자에게 인수하면 수입업자는 계약에 따른 기간내에 물품대금을 결제하는 방식이다.

(2) 화환신용장을 통한 결제방식

취소불능 화환신용장에 의하여 대금의 전액을 결제하는 조건으로 선적서류의 첨부를 요하는 수출거래 중 가장 많이 사용되는 방식이다. 화환신용장방식에는 일람불화환신용장방식, 기한부화환신용장방식, 전대신용장방식의 세 가지가 있다.

① 일람불화환신용장방식

개설은행에 환어음을 제시하는 즉시 대금이 지불되는 방식으로, 신용장에 의해 발행되는 어음이 일람불어음인 경우에 해당된다.

② 기한부화환신용장방식

어음상의 약속기간이 지난 후 물품대금을 결제받는 방식이다.

③ 전대신용장방식

물품대금의 일부를 미리 결제받는 방식으로, 전대신용장에 미리 결제해주라는 추천문구가 들어 있어야 한다.

(3) 추심결제를 통한 결제방식

국제간의 무역거래는 거래 방법에 따라 신용장에 의한 거래방식과 무신용장에 의한 거래방식으로 나눌 수 있습니다.

이 중에서 무신용장 거래방식에 속하는 것이 추심결제방법인데, 이 방식에서 D/A, D/P 거래방식이 가장 많이 쓰인다. 추심결제방식은 한 마디로 말해 신용장 없이 '신용'에 의해서만 거래되는 방식이다. 추심결제는 수출업자가 수입업자의 신용상태만 믿고, 먼저 물품과 화환어음을 건넨 후 결제가 이루어지므로 쌍방이 매매계약을 성실히 이행해야 한다.

① 지급인도조건방식(D/P)

지급인도조건방식조건이란 수출물품을 선적한 뒤 수출업자가 수입업자를 지급인으로 하는 일람불화환어음을 발행하여 선적서류와 함께 추심의뢰은행을 거쳐 추심은행 앞으로 수출대금을 추심의뢰하면, 추심은행은 수입업자에게 어음을 제시하여 대금지급과 동시에 선적서류를 건네고 추심의뢰은행의 지시대로 대금을 송금하는 방식이다.

② 인수인도조건방식(D/A)

인수인도조건방식은 수출업자가 선적 후 기한부환어음의 인수를 행하고서 수입자의 'Accept' 서명과 함께 선적서류를 건네주고 만기일에 대금을 회수하는 방식이다. 무어음일 경우 'Written Undertaking'을 통해 선적서류를 받는다.

2) 신용장에는 어떤 종류가 있나?

- 신용장은 왜 사용하나

(1) 신용장이란

신용장(L/C)은 신용장(Letter of Credit)을 발행한 개설은행이 수출업자에게 일정한 금액을 지급하겠다고 약속한 지불보증서를 말한다. 신용장은 분류도 여러 가지이고 종류도 다양한데, 무역대금의 결제수단으로 주로 이용되는 것은 화환신용장이다.

(2) 신용장 거래의 특징

신용장 거래는 몇 가지 특징을 갖고 있는데, 그것은 독립성, 추상성, 한계성을 갖는 것이다.

① 독립성

신용장은 매매계약 등에 따라 개설되는 것이지만 일단 신용장이 개설되면 매매계약으로부터 독립된 거래관계가 성립된다. 즉 신용장에서 계약에 관한 참조사항을 말하고 있더라도 계약서에 관여되거나 구속되지 않는다는 것이다.

② 추상성

신용장 거래는 물품거래가 아니라 서류상의 거래이므로 추상성을 갖는다. 신용장 거래의 목적은 상품이나 서비스 또는 계약이행 등에 있지 않고 서류에만 국한된다. 따라서 서류가 신용장의 조건과 일치하면 대금을 지급할 의무가 있다.

③ 한계성

신용장 개설은행에서는 계약상의 손해 또는 위반이 발생할 경우 이를 보호할 의무와 책임이 없다.

(3) 신용장을 사용하는 이유

① 수출업자의 경우

첫째, 수입업자의 신용과 관계없이 개설은행의 신용으로 물품대금지급이 약속되므로 대금회수가 확실하다.

둘째, 신용장이 개설되면 체결된 계약의 일방적인 취소 또는 변경 등을 할 수 없어 거래가 확정된다.

셋째, 수입국의 외환사정 악화에 따른 대외지불 중지 등 환결제 위험을 회피할 수 있다.

넷째, 물품이 선적되면 수입자 소재재의 은행이 신용장을 매입하므로 즉시 수출대금 회수가 가능하다.

② 수입업자의 경우

첫째, 수출업자는 대금회수를 위해 신용장에서 요구한 운송서류를 정확히 제시해야 하므로 계약상품이 제대로 선적될 것이라는 확신을 가질 수 있다.

둘째, 신용장에는 최종선적일과 유효기간이 명시되어 있어, 계약상품이 적기에 도착할 것이라고 확신할 수 있다.

셋째, 선적서류를 받음과 동시에 대금결제를 하므로 상품이 판매되는 기간 동안 대금결제를 연기받는 혜택을 받을 수 있다.

(4) 신용장의 구성요소

① 개설의뢰인(Applicant)

거래은행에 신용장 개설을 의뢰하는 자를 개설의뢰인이라고 한다. 개설의뢰인의 대부분은 수입업자로, 개설의뢰를 하고자 할 때는 개설의뢰서(개설신청서)를 은행에 제출해야 하고, 그 의뢰서에는 개설될 신용장의 제조건으로 명시되어야 할 모든 사항을 기재한다.

② 개설은행(Issuing Bank)

수입업자의 뜻에 따라 수출업자를 '수익자'로 하는 신용장을 발행해주는 은행을 말한다.

③ 수익자(Beneficiary)

수익자는 곧 수출업자를 의미하는데, 즉 일정한 금액의 지급을 보장받는 편익을 누리는 자를 말한다.

④ 통지은행(Advising Bank)

신용장 개설은행이 수익자에게 통지해주는 은행을 말한다.

⑤ 지정은행(Nominated Bank)

신용장상에 지정되어 있는 은행으로 지급이나 약정 등의 권한이 수권된 은행이다.

⑥ 확인은행(Confirming Bank)

개설은행의 지시에 따라 이미 발행(개설)된 신용장을 확인하는 은행이다.

⑦ 상환은행(Reimbursing Bank)

개설은행의 지시에 따라 지급, 인수, 매입을 행한 지정은행에게 자금을 상환해 주는 은행으로, 결제통화를 제3국의 통화로 지정한 경우 제3국에 있는 개설은행의 예치환거래은행이 어음을 결제하게 된다. 상환은행을 '결제은행'(Setting Bank)이라고도 한다.

⑧ 양도은행(Transferring Bank)

양도 가능 신용장의 일부 또는 전부를 양도 실행하는 은행이다.

- 신용장에는 어떤 것들이 있나

(1) 일반신용장

신용장은 크게 일반신용장과 특수신용장으로 나누어지는데, 일반신용장에는 여러 종류의 신용장이 포함되어 있다.

① 취소가능신용장 / 취소불능신용장

취소가능신용장이란 신용장에 "Revocable"이라는 표시가 되어 있는 신용장으로 신용장 개설은행이 수익자에게 일방적으로 신용장 자체를 취소하거나 조건을 변경할 수 있는 신용장이다.

신용장에 'Irrevocable' 이라는 문구가 적혀있거나 '취소가능' 의 표시가 없는 신용장을 취소불능신용장이라 한다. 이 신용장은 개설은행 및 확인은행, 수익자의 합의 없이는 취소나 변경이 불가능하다.

② 일람지급신용장 / 인수신용장 / 연지급신용장

일람지급신용장이란 '일람지급방식(by sight payment: by payment at sight)' 이라는 문구가 명시되어 있는 신용장을 말한다. 일람지급신용장은 환어음의 발행 조건이 없는 것을 원칙으로 한다. 그러나 경우에 따라서는 '일람출급환어음' 을 발행할 수 있는 조건을 제시할 수도 있다.

인수신용장이란 '인수방식(by Acceptance)' 이라고 문구가 명시되어 있는 신용장으로, 원칙적으로 매입(Negotiation)은 인정되지 않는다.

연지급신용장이란 신용장에 '연지급방식(by Deferred Payment)' 이라는 문구가 있는 것으로, 환어음의 발행을 요구하지 않는 신용장을 말한다. 연지급신용장에는 '환어음의 발행에 관한 조건' 이 명시되지 않는다.

③ 확인신용장 / 미확인신용장

확인신용장(Confirmed L/C)이란 개설은행 이외의 제3은행이 수익자가 발행하는 어음의 지급, 인수 또는 매입을 확약한 신용장이다.

미확인신용장(Unconfirmed L/C)이란 확인신용장과 반대로 확약이 되어 있지 않은 신용장을 말한다.

④ 양도가능신용장 / 양도불능신용장

양도가능신용장이란 신용장에 'transferable' 이라는 문구가 명시되어 있는 것으로, 최초의 수익자가 제2수익자에게 신용장의 사용권을 일부 또는 전부 양도할 수 있는 신용장을 말한다.

양도불능신용장이란 신용장에 'transferable' 이라는 문구가 없는 것으로, 제3자에게 양도할 수 없는 신용장이다.

⑤ 매입제한신용장 / 매입무제한신용장

매입제한신용장(Restricted L/C)이란 통지은행 등에 환어음의 매입이 제한되어 있는 신용장이다. 매입무제한 신용장(Unrestricted L/C)이란 어느 은행에서나 매입(Nego)이 가능한 신용장으로, 수출업자쪽에서 보면 조건이 좋은 은행에 매입시킬 수 있기 때문에 유리하다.

⑥ 화환신용장 / 무화환신용장

화환신용장(Documentary L/C)이란 선적서류의 사본과 무담보 어음에 의하여 개설은행이 신용장을 지급, 인수, 또는 매입하는 신용장을 말한다.

무화환신용장(Clean L/C)은 선적서류가 첨부되지 않은 무담보 어음(Clean Bill)의 경우에도 개설은행이 신용장을 지급, 인수, 또는 매입하는 신용장을 말한다.

⑦ 우편신용장 / 전신신용장

우편신용장(Mail L/C)이란 항공우편으로 통지되는 신용장을 말한다.

전신신용장(Cable L/C)이란 개설은행과 통지은행 사이에 전신으로 암호를 교환함으로써 통지되는 신용장을 말한다.

⑧ 상환청구가능신용장 / 상환청구불능신용장

상환청구가능신용장(With Recourse L/C)은 수출업자가 상환의무를 부담하는 신용장이다.

상환청구불능신용장(Without Recourse L/C)은 수출업자가 상환의무를지지 않게 어음을 발행하도록 하는 신용장이다.

(2) 특수신용장

① 회전신용장(Revolving L/C)

회전신용장이란 수출업자나 수입업자가 똑같은 거래를 계속할 경우 거래 때마다 신용장을 개설한다거나 아니면 한꺼번에 개설을 할 경우 비용이 많이 들뿐만 아니라 신용한도 초과 등의 위험과 부담도 따르기 때문에 이러한 문제를 해결하기 위해 일정기간 동안 일정금액의 범위 내에서 신용장 금액이 자동으로 갱신되어 다시 사용할 수 있는 신용장을 말한다.

② 전대신용장(Advance Payment L/C)

수입업자가 수출업자의 생산자금을 위해 대금을 선불해주는 신용장을 전대(前貸)신용장이라 한다.

③ 기탁신용장(Escrow L/C)

나라와 나라 사이에 수출과 수입의 균형을 맞추기 위해 사용되는 신용장이다. 발행되는 어음의 매입대금을 수출업자에게 지급하지 않고 수출업자 명의로 된 기탁계좌에 입금해 두었다가, 수출업자가 원신용장 개설자로부터 수입하는 물품의 결제에만 사용할 수 있도록 규정한 신용장을 말한다.

④ 동시개설신용장(Back to Back L/C)

동시개설신용장은 상호교환 신용장으로 불리기도 한다. 한 나라에서 일정액의 수입신용장을 개설할 경우, 그 신용장은 수출국에서 같은 금액의 수출신용장을 개설하여 오는 경우에만 유효한 신용장을 말한다.

⑤ 토마스신용장(Thomas L/C)

한쪽이 먼저 신용장을 개설하고 상대방은 일정기간 이내에 신용장을 개설하겠다는 보증서를 발행하는 것을 상대방 신용장의 발효조건으로 하는 신용장으로, 주로 국가간의 구상무역에 쓰인다.

⑥ 보증신용장(Stand-by L/C)

국내회사의 해외지사가 현지 은행으로부터 융자를 받고자 하는데 담보가 부족한 경우, 해외법인의 거래은행을 수익자로 하여 개설하는 신용장을 말한다.

⑦ 내국신용장(Local L/C)

원신용장의 수출업자가 국내에 있는 제조업자에게 자기가 받은 신용장을 담보로 거래은행에 새로운 신용장 개설을 요청해 개설된 신용장이 내국신용장이다.

4 | 국제무역결제관련 절차

(1) 신용장 거래절차

① 매매계약체결

수출상과 수입상은 서로가 만족하는 거래를 성실히 이행하기 위해 계약조건에 대한 협의 후 신용장방식으로 대금을 지급하기로 하는 매매계약을 체결하게 된다.

② 신용장발행신청 및 신용장발행

매매계약이 체결된 뒤 수입상은 자신이 거래하고 있는 외국환은행에 수출상 앞으로 신용장을 발행해 줄 것을 요청하게 된다.

신용장발행은행은 수입상의 신용상태 등을 평가하여 수출상 앞으로 신용장을 발행한다.

③ 신용장발행통지

신용장발행은행은 수출국 내 통지은행을 통해 수출상에게 신용장이 발행되었다는 사실을 통지한다.

④ 통지은행의 진위 여부 검토

통지은행은 test key, signature 확인 등을 통하여 발행은행이 발행한 신용장의 진위 여부를 확인한다.

⑤ 수출상의 신용장검토

수출상은 수령한 신용장이 계약조건과 일치하는지, 이행하기 어려운 조건들이 있는지를 검토하여야 한다. 이러한 사항이 있을 경우에는 수입상을 통하여 발행은행으로 하여금 신용장 조건을 변경하도록 요청하여야 한다.

⑥ 상품의 선적 및 운송서류 작성검토

수출상은 내도한 신용장을 충분히 검토한 후 모든 조건의 이행에 차질이 없도록 수출품을 제조, 수집하고 선적기일 내에 수배된 선박에 선적해야 한다.

수출상은 물품을 선적한 후 운송인이 발행하는 운송서류들이 신용장조건과 일치하는지, 서류 상호 간에 모순이 없는지를 충분히 검토하여야 한다.

⑦ 화환어음 발행 및 매입의뢰

수출상은 선박회사에서 발급받은 운송서류와 함께 기본적인 서류를 갖추어 화환어음을 발행(작성)한 후 매입은행에 매입해 줄 것을 의뢰하게 된다. 매입은행은 수출상이 제출한 서류가 신용장조건과 일치할 경우에 한하여 수출상이 발행한 화환어음을 할인하여 매입해 준다.

매입은행은 하자가 있는 서류를 매입하였을 경우에는 신용장발행은행으로부터 어음대금을 받을 수 없기 때문에 매입시 신중을 기해야 한다.

⑧ 서류송부 및 발행은행의 대금지급

매입은행은 수출상의 화환어음을 발행은행에 송부하고 발행은행 역시 이들 서류를 검토한 후 매입은행에 지급을 한다.

⑨ 발행은행의 대금회수 및 수입상의 물품인수

발행은행은 화환어음에 첨부된 운송서류를 수입상에게 제출하고 수출상에 지급한 대금을 수입상으로부터 회수한다.

수입상은 발행은행으로부터 받은 운송서류를 운송인에게 제출하고 물품을 인수한다.

5 | 국제무역결제관련 필수 영단어

- Cash Against Documents: 선적서류상환도조건(CAD)
- Cash On Delivery: 현금[물품]상환도조건(C.O.D)
- payment in advance: 선(불)지급(advance payment, prepayment, Cash before delivery)
- progressive payment: 점진적[누진적]지급

· deferred payment: 연지급
· Cash On Arrival: 착화급(COA)
· Cash With Order: 주문시지급(C.W.O)
· cash payment: 현금지급
· the amount paid: 지급된 금액
· amount of payment: 지급금액
· place of payment: 지급장소
· sight documentary bill: 일람불 화환어음
· a draft under L/C: 신용장하의 환어음
· Documents against Payment: 지급도(D/P)
· Documents against Acceptance: 인수도(D/A)
· payment by 30 d/s draft: 일람후 30일 출급 환어음에 의한 결제
· payment terms: 지급조건(conditions of payment)
· the date of payment: 지급일자(the due date)
· Open Account: 장부결제
· delay in payment: 지급지연
· mode of payment: 지급방식
· obligations: 채무(liabilities, commitments)
· Letter of Credit: 신용장(L/C, credit)
· banker's L/C: 은행 신용장
· commercial L/C: 상업 신용장
· documentary L/C: 화환 신용장
· transferable L/C: 양도가능 신용장
· back to back L/C: 동시개설 신용장
· escrow L/C: 기탁 신용장
· revolving L/C: 회전 신용장
· irrevocable L/C: 취소불능 신용장
· confirmed L/C: 확인 신용장
· special [restricted] L/C: 특정[제한]신용장
· open [general] L/C: 개방[일반]신용장
· clean L/C: 클린 신용장
· opening bank: 개설은행
· notifying bank: 통지은행(advising bank)
· confirming bank: 확인은행
· negotiating bank: 매입은행

· applicant: 개설의뢰인(opener, accreditor)
· beneficiary: 수익자(addressee, accreditee)
· the balance of credit: 신용장 잔액
· the validity of credit: 신용장 유효기간
· the amendment of credit: 신용장 수정[변경]
· extension of credit: 신용장 연장
· the expiration of credit: 신용장 만기
· bill of exchange: 환어음(draft, bill)
· foreign exchange: 외환
· drawer: 발행인(payee: 수취인)
· drawee: 지급인(payer: 지급인)
· endorser: 배서인
· holder: 소지인
· forward exchange: 선물환
· forward exchange contract: 선물환계약
· spot exchange: 현물환
· exchange rate: 환율
· buying of exchange: 환매수
· selling of exchange: 환매도
· exchange fluctuation: 환변동
· exchange office: 외국환거래소
· Telegraphic Transfer: 전신환(T.T)
· documentary bill of exchange: 화환어음
· partial drawings: 분할어음발행
· sight bill(sight draft, draft at sight): 일람출급환어음
· 60 d/s draft: 일람후 60일출급 환어음(60 d/s, draft at 60 d/s)
· usance draft: 기한부(정기출급) 환어음(time [tenor, term] draft)
· The Uniform Customs and Practice for Documentary Credits: 화환신용장통일규칙, 화환신용장관습 및 관행
· standby letter of credit: 보증신용장
· banking day: 은행영업일
· complying presentation: 일치하는 제시
· international standard banking practice: 국제표준은행관습
· confirmation: 확인
· definite undertaking: 명확한 약정, 확약

- arrangement: 약정
- honour: 지급이행하다
- sight payment: 일람출급, 일람지급
- deferred payment: 연지급
- acceptance: 인수
- negotiation: 매입
- reimbursement: 상환
- nominated bank: 지정은행
- presentation: 제시
- presenter: 제시인
- words in the singular: 단수로 되어 있는 단어들
- perforated signature: 천공서명
- electronic method of authentication: 전자적 인증방법
- branches of a bank in different countries: 다른 국가에 있는 한 은행의 지점
- maturity date: 만기일자
- reference: 참조
- an integral part of the credit: 계약의 중요한 부분
- the underlying contract: 기본계약
- proforma invoice: 견적송장, 가송장
- a draft drawn on the applicant: 개설의뢰인 앞으로 발행된 환어음, 개설의뢰인을 지급인으로 발행된 환어음
- expiry date: 만기일자
- the stipulated documents: 약정된 서류, 규정된 서류
- amendment: 조건변경
- apparent authenticity of the credit or amendment: 신용장 또는 조건변경의 외관상 진정성
- partial acceptance of an amendment: 조건변경의 일부승낙
- authenticated teletransmission of a credit or amendment: 신용장이나 조건 변경의 인증된 전송
- operative credit or amendment: 유효한 신용장 또는 조건변경
- mail confirmation: 우편확인장
- in terms not inconsistent with the teletransmission: 전송과 모순되지 않는 조건으로
- preliminary advice of the issuance of a credit: 신용장개설의 사전통지

- authorization: 수권
- receipt or examination and forwarding of documents: 서류의 수취 또는 점검 그리고 송부
- claiming bank: 청구은행
- reimbursing bank: 상환은행
- ICC rules for bank-to-bank reimbursement: 은행간 상환에 관한 ICC 규칙
- reimbursement authorization: 상환수권
- a certificate of compliance: 일치증명서
- nomination: 지정
- occurrence: 사건
- original transport document: 원본의 운송서류
- discrepant document: 불일치한 서류
- discrepancy: 불일치, 하자
- waiver: 권리포기
- refund: 상환, 변제
- original stationery: 원본의 용지
- multiple documents: 복본
- the bank in question: 해당은행, 문제의 은행
- a stamp or notation: 소인이나 표기
- short form or blank back transport document: 약식 또는 이면백지식 운송서류
- charter party: 용선계약서
- transhipment: 환적
- one means of conveyance: 하나의 운송수단
- on board notation: 본선적재부기
- the indication "intended vessel" or similar qualification: "예정된 선박" 또는 유사한 제한의 표시
- the sole original bill of lading: 단일의 원본 선하증권
- LASH barge: LASH 바지선
- non-negotiable sea waybill: 유통불능 해상운송장
- the entire carriage: 전운송, 전체운송
- the flight number and date: 운항번호와 일자
- any signature or stamp of the railway company: 철도회사의 어떤 서명이나 소인

· the original for consignor or shipper: 송화인이나 화주용 원본
· courier receipt: 특송료
· post receipt or certificate of posting: 우편수취증 또는 우송증명서
· shipper' s load and count: 송화인 적입 및 계량
· said by shipper to contain: 송화인에 의한 내장신고
· charges additional to the freight: 운임에 부수하는 경비
· clean transport document: 무사고 운송서류
· insurance document: 보험서류
· insurance policy: 보험증권
· insurance certificate: 보험증명서
· declaration under an open cover: 포괄예정보험에 의거한 확정통지
· cover note: 보험인수증, 보험승낙서
· the amount of insurance coverage: 보험부보의 금액
· the minimum amount of coverage required: 요구되는 부보의 최소금액
· the additional risks to be covered: 부보되어야 할 추가 위험
· a franchise or excess(deductible): 소손해면책율 또는 초과(공제)면책율
· a statement on its covering schedule: 관련첨부서류상에서의 진술
· tolerance: 과부족, 허용오차
· the total amount of the drawings: 어음발행 총액
· partial drawings or shipments: 분할 환어음발행 또는 선적
· a drawing or shipment by instalments: 할부 환어음발행 또는 선적
· sufficiency: 충분성
· accuracy: 정확성
· genuineness: 진정성
· falsification: 위조
· the good faith: 신의
· acts and/or omissions: 작위 및/또는 부작위
· solvency: 지급능력
· performance: 채무이행
· mutilation: 훼손
· interruption of their business: 업무의 중단
· riot: 폭동
· civil commotion: 소요
· insurrection: 반란
· acts of terrorism: 폭력주의의 행위

· lockout: 공장폐쇄
· transferable credit: 양도가능신용장
· transferring bank: 양도은행
· transferred credit: 양도된 신용장
· any request for transfer: 양도요청, 양도에 대한 요청
· invalidate: 무효로 하다
· assignment: 양도
· assignment of proceeds: 대금의 양도
· applicable law: 준거법

6 국제무역결제관련 필수 영숙어

· pay a draft: 환어음을 지급하다
· press a person for payment: 지급을 촉구하다
· be liable for payment: 지급할 의무가 있다.
· request for payment: 지급을 요청하다(ask for payment)
· effect payment: 지급하다
· pay a draft at 30 days after sight: 일람후 30일 출급 환어음을 지급하다
· pay a draft at sight: 일람불 환어음을 지급하다
· advise payment: 지급을 통지하다
· defer payment: 지급을 연기하다
· receive payment: 지급을 받다
· urge payment: 지급을 촉구하다
· guarantee payment: 지급을 보증하다
· pay a bill on presentation: 제시시에 환어음을 지급하다
· pay a sum into a bank: 은행으로 총액을 지급하다
· pay a promissory note: 약속어음을 지급하다
· postpone payment: 지급을 연기하다
· withhold payment: 지급을 유보하다
· meet one's obligations: 채무를 변제하다

- pay a documentary bill in a foreign currency: 외화로 화환어음을 지급하다
- pay a sum against shipping documents: 선적서류상환으로 대금을 지급하다
- draw a draft on a person for payment of account: 계정지급에 대해 ~를 지급인으로 환어음을 발행하다
- credit this amount to one's account: 계정대변에 기재하다[계정에 대기하다](place [enter, carry] this amount to one's credit)
- open [establish, issue] an L/C: 신용장을 발행하다
- cable [telegraph] an L/C: 신용장을 전보로 개설하다(open an L/C by cable)
- amend [correct] an L/C: 신용장을 수정하다
- extend an L/C: 신용장을 연장하다
- increase an L/C: 신용장을 증액하다
- obtain an L/C: 신용장을 획득하다
- instruct the bankers to open an L/C: 은행에게 신용장을 개설하도록 지시하다
- apply for an L/C: 신용장 개설을 의뢰하다
- open an L/C with a bank: 신용장을 은행에서 개설하다
- a credit is valid [available, good, in force] until a certain date: 신용장이 ~일까지 유효하다(a credit remains in force until a certain date)
- open an L/C in favor of buyer: 매수인을 수익자로 신용장을 개설하다
- a credit expires on a certain date: 신용장이 특정일자에 만기가 되다
- open [establish, issue] a letter of credit for A 금액 in favor of B 수취인 at[in] C 발행지 with[through] D 발행은행: C 지역 D 발행은행에서 B를 수익자로 하여 A금액에 대한 신용장을 발행하다
- add one's confirmation to: ~에 자신의 확인을 추가하다
- protect [honor] a draft: 환어음을 인수 · 지급하다
- claim reimbursement on: ~에게 상환을 청구하다
- upon [on] presentation: 제시시에
- draw a draft on a person: ~앞으로 환어음을 발행하다
- remit by T.T.(Telegraphic Transfer): 전신환으로 송금하다
- draw a draft at sight on a bank: 은행앞으로 일람출급 환어음을 발행하다
- negotiate a draft: 환어음을 매입하다
- accept [take up] a draft: 환어음을 인수하다
- present a draft: 환어음을 제시하다

· draft falls due on June 30: 환어음이 6월 30일에 만기가 되다(draft matures on June 30)
· draft is overdue: 환어음이 기한이 지났다
· subject to these rules: 본 규칙에 따르는, 본 규칙이 적용되는
· binding on all parties thereto: 신용장에 대한 모든 관계당사자를 구속하는
· unless expressly modified or excluded by the credit: 신용장에 의해 명시적으로 수정되거나 배제되지 않는 한
· advise the credit at the request of the issuing bank: 개설은행의 요청으로 신용장을 통지하다
· honour or negotiate a complying presentation: 일치하는 제시를 지급이행하거나 매입하다
· add its confirmation to a credit: 신용장에 자신의 확인을 추가하다
· upon the issuing bank's authorization or request: 개설은행의 수권과 요청시에
· constitute a definite undertaking of the issuing bank: 개설은행의 명확한 약정을 구성하다
· pay at sight: 일람시에 지급하다
· pay at maturity: 만기일에 지급하다
· incur a deferred payment undertaking: 연지급확약을 부담하다
· accept a bill of exchange: 환어음을 인수하다
· issue a credit at the request of an applicant: 개설의뢰인의 요청으로 신용장을 개설하다
· the purchase by the nominated bank of drafts and/or documents: 지정은행에 의한 환어음 및/또는 서류의 매수
· by advancing or agreeing to advance funds to the beneficiary: 수익자에게 대금을 선지급하거나 선지급하기로 약정함으로써
· in the case of a credit available with any bank: 어떠한 은행에서도 이용가능한 신용장의 경우에
· be interpreted as a stipulation that: that 이하의 규정으로서 해석되다
· both start and end dates included: 시작일과 종료일 양일을 포함하여
· fulfil any other obligation: 어떤 다른 의무를 이행하다
· not subject to claims or defences by the applicant: 개설의뢰인에 의한 청구나 항변에 저촉되지 않는
· avail itself of the contractual relationships existing between banks: 은행간에 존재하는 계약관계를 이용하다

- deal with documents and not with goods, services or performance: 서류를 처리하지 물품, 서비스 또는 이행을 처리하지 않는다.
- irrevocably bound to honour as of the time: 시점 현재로 취소불능적으로 지급이행하여야 하는
- independent of the issuing bank's undertaking to the beneficiary: 수익자에 대한 개설은행의 확약과는 독립적인
- without recourse: 상환청구없이
- irrevocably bound to honour or negotiate as of the time it adds its confirmation to the credit: 자신이 신용장에 확인을 추가하는 시점 현재로 취소불능적으로 지급이행 또는 매입하여야 하는
- undertake to reimburse another nominated bank: 다른 지정은행에 상환할 것을 약속하다
- advise the credit without confirmation: 확인없이 신용장을 통지하다
- be advised to a beneficiary through an advising bank: 통지은행을 통해서 수익자에게 통지되다
- reflect the terms and conditions of the credit: 신용장의 제조건을 반영하다
- extend its confirmation to an amendment: 조건변경까지 자신의 확인을 확대하다
- inform the beneficiary in its advice: 자신의 통지로 수익자에게 통보하다
- give notification of acceptance or rejection of an amendment: 조건변경의 승낙이나 거절의 통지를 하다
- a presentation that complies with the credit and to any not yet accepted amendment: 신용장과 아직 승낙되지 않는 조건변경에 일치하는 제시
- inform the bank from which it received the amendment of any notification of acceptance or rejection: 조건변경을 송부한 은행에게 승낙이나 거절의 통지를 통고하다
- to the effect that the amendment shall enter into force: 조건변경이 효력을 가진다는 취지의
- irrevocably committed to issue the operative credit: 취소불능적으로 유효한 신용장을 발행하여야 하는
- prepay or purchase a draft accepted or a deferred payment undertaking incurred by that nominated bank: 그러한 지정은행에 의해 인수된 환어음이나 부담된 연지급확약을 선지급하거나 매수하다

· make that nominated bank liable to honour or negotiate: 그러한 지정은행에게 지급이행 또는 매입하도록 부담시키다
· conform with the availability stated in the credit: 신용장에서 규정된 이용가능성과 일치하다
· on first demand by a reimbursing bank: 상환은행에 의한 첫 번째 요구 시에
· for the account of the issuing bank: 개설은행의 비용으로
· be deducted from the amount due to a claiming bank: 청구은행에 지급되어야 할 금액으로부터 공제되다
· remain the obligation of the issuing bank: 여전히 개설은행의 의무이다
· not relieved of any of its obligation: 자신의 어떤 채무로부터 면제되지 않는
· examine a presentation to determine: 결정하기 위해 제시를 심사하다
· on the basis of the documents alone: 오로지 서류에 근거하여
· on their face: 문면상
· each have a maximum of five banking days following the day of presentation: 제시일자 익일로부터 최대 5영업일을 각각 향유하다
· when read in context with the credit: 신용장과 관련해서 해석될 때
· need not be identical to, but must not conflict with, data in that document: 그러한 서류에서의 자료와 일치할 필요는 없으나 상충되지 않아야 한다
· be in general terms not conflicting with their description in the credit: 신용장의 기술과 상충되지 않는 일반적인 용어로 되어 있다
· without stipulating by whom the document is to be issued: 누구에 의해 서류가 발행되어야 하는가를 규정하지 않고, 서류의 발행자를 규정하지 않고
· accept the document as presented: 제시된 대로 서류를 수리하다
· contain a condition without stipulating the document: 서류를 규정하지 않고 조건을 포함하다
· must not be dated later than its date of presentation: 그 제시일자보다 늦은 일자로 기재되지 않아야 한다
· be issued by any party other than a carrier, owner, master or charterer: 운송인, 선주, 선장 또는 용선자 이외의 어떤 당사자에 의해 발행되다
· in its sole judgement: 오로지 자신의 판단으로

- give a single notice to the effect to the presenter: 제시인에게 그러한 취지로 단일의 통지를 제공하다
- hold the documents pending further instructions from the presenter: 제시인으로부터의 추가적인 지시가 있을때까지 서류를 보유하다
- by other expeditious means: 다른 신속한 수단에 의하여
- no later than the close of the fifth banking day: 제5영업일의 마감보다 늦지 않게
- be precluded from claiming that the documents do not constitute a complying presentation: 서류가 일치하는 제시를 구성하지 않았다는 것을 주장하는 것으로부터 배제되다
- claim a refund, with interest, of any reimbursement made: 이자를 포함하여 이루어진 어떤 상환금의 반환을 요구하다
- treat as an original any document bearing an apparently original signature: 분명히 원본의 서명을 포함하고 있는 어떤 서류를 원본으로 처리하다
- in duplicate: 2통으로 (in two fold, in two copies)
- be made out in the name of the applicant: 개설의뢰인의 명의로 작성되다
- accept a commercial invoice issued for an amount in excess of the amount permitted by the credit: 신용장에 의해 허용된 금액을 초과하는 금액에 대하여 발행된 상업송장을 수리하다
- transport document covering at least two different modes of transport: 적어도 2개의 서로 다른 운송방식과 관련된 운송서류
- a named agent for or on behalf of the carrier: 운송인을 대리하거나 대신하는 지정대리인
- the goods have been dispatched, taken in charge or shipped on board: 물품이 발송, 수탁 또는 본선적재되었다.
- subject to a charter party: 용선계약에 따르는, 용선계약이 적용되는
- covered by one and the same transport document: 단일 및 동일한 운송서류에 의해 커버되는
- issued in more than one original: 2통이상으로 발행된
- make reference to another source containing the terms and conditions of carriage: 운송조건을 포함하고 있는 다른 원천에 대하여 참조하다
- the goods have been shipped in a container: 화물이 컨테이너로 선적되었다.

· as evidenced by the bill of lading: 선하증권에 의해 입증된 것으로서
· reserve the right to tranship: 환적할 권리를 유보하다
· be shown as a range of ports or a geographical area: 일련의 제항 또는 지리적 영역으로서 보여주다
· examine charter party contracts: 용선계약서를 심사하다
· contain a specific notation of the actual date of shipment: 실제 선적일자의 특정부기를 포함하다
· bear no marking indicating for whom the document has been prepared: 서류가 누구를 위하여 준비되었는가를 나타내는 어떠한 표시도 가지고 있지 않다
· be loaded on deck: 갑판상에 적재되다
· declare a defective condition of the goods or their packaging: 물품이나 물품의 포장의 하자상태를 선언하다
· be issued and signed by an insurance company, an underwriter or their agents or their proxies: 보험회사, 보험업자 또는 그 대리인이나 그 대리점에 의해 발행되고 서명되다.
· be calculated on the basis of the amount for which honour or negotiation is requested: 지급이행이나 매입이 요구되는 금액을 근거로 하여 계산되다
· contain reference to any exclusion clause: 어떤 면책약관에 대하여 참조하다
· subject to a franchise or excess (deductible): 소손해면책율 또는 초과(공제) 면책율을 조건으로 하는
· fall on a day when: ~하는 일자에 해당되다
· be extended to the first following banking day: 첫 번째 다음 은행영업일까지 연장되다
· used in connection with the amount of the credit or the quantity or the unit price: 신용장금액이나 수량 또는 단가와 관련하여 사용되는
· be construed as allowing a tolerance not to exceed 10% more or 10% less: 상하 10%를 초과하지 않는 과부족을 허용하는 것으로 해석되다
· state the quantity in terms of a stipulated number of packing units or individual items: 규정된 수의 포장단위 또는 개별품목으로 수량을 규정하다
· be shipped in full: 전부 선적되다
· on the same means of conveyance and for the same journey: 동일한 운송수단으로 그리고 동일한 항해로

- consisting of one or more sets of transport documents: 하나 또는 그 이상을 운송서류를 구성하는
- one means of conveyance within the same mode of transport: 동일한 운송 방식내에서의 하나의 운송수단
- outside of its banking hours: 자신의 은행영업시간 이외에
- assume no liability or responsibility for the form, sufficiency, accuracy: 형식, 충분성, 정확성에 대하여 어떠한 의무나 책임을 부담하지 않다.
- the general or particular conditions stipulated in a document or superimposed thereon: 서류에 규정되거나 서류상에 부기된 일반적이거나 특별한 조건
- have taken the initiative in the choice of the delivery service: 인도(배달)서비스의 선택에서 주도권을 행사하다
- when the documents have been lost in transit between the nominated bank and the issuing bank: 지정은행과 개설은행간에 서류가 전송중에 멸실되었을 때
- for errors in translation or interpretation of technical terms: 전문적인 용어의 번역이나 해석상의 오류에 대하여
- upon resumption of its business: 영업의 재개시에
- under a credit that expired during such interruption of its business: 그러한 영업의 중단중에 만기가 된 신용장에 의거하여
- for the purpose of giving effect to the instructions of the applicant: 개설의뢰인의 지시를 이행하기 위하여
- for the account and at the risk of the applicant: 개설의뢰인의 비용과 위험으로
- liable for any commissions, fees, costs or expenses ("charges"): 어떤 수수료, 요금, 비용, 경비 "부과금"에 대하여 책임을 지는
- charges cannot be collected or deducted from proceed: 부과금이 대금으로부터 징수되거나 공제될 수 없다
- conditional upon the receipt by the advising bank: 통지은행에 의한 수취를 조건으로 하는
- bound by and liable to indemnify a bank against all obligations and responsibilities imposed by foreign laws and usages: 외국의 법률과 관습에 의해 부과되는 모든 의무와 책임에 구속되고 이에 대해 은행에 보상할 책임이 있는
- under no obligation to transfer a credit: 신용장을 양도할 의무가 없는

· except to the extent and in the manner expressly consented to by that bank: 그러한 은행에 의해 명시적으로 합의된 범위와 방법에 의한 경우를 제외하고
· available in whole or in part to another beneficiary: 다른 수익자에게 전부 또는 일부 이용가능한
· be transferred in part to more than one second beneficiary: 2명 이상의 제2수익자에게 분할 양도되다
· provided partial drawings or shipments are allowed: 분할 환어음발행 또는 선적이 허용되는 경우
· cannot be transferred at the request of a second beneficiary to any subsequent beneficiary: 제2수익자의 요청으로 그 이후의 어떤 수익자에게 양도될 수 없다
· indicate if and under what conditions amendments may be advised to the second beneficiary: 변경이 제2수익자에게 통지될 수 있는지의 여부와 그 조건을 명시하다
· rejection of an amendment by one or more second beneficiary does not invalidate the acceptance by any other second beneficiary: 하나 또는 그 이상 제2수익자에 의한 변경의 거절은 어떤 다른 제2수익자에 의한 승낙을 무효로 하지 않는다
· for any second beneficiary that rejected the amendment: 변경을 거절한 제2수익자에 대하여
· the percentage for which insurance cover must be effected: 보험부보가 이행되어야 하는 비율
· be substituted for that of the applicant in the credit: 신용장에서의 개설의뢰인의 이름으로 대체되다
· The first beneficiary has the right to substitute its own invoice and draft for those of a second beneficiary: 제1수익자는 제2수익자의 송장과 환어음 대신에 자신의 그것들로 대체할 수 있는 권리를 가진다.
· upon such substitution: 그러한 대체시에
· draw under the credit for the difference: 신용장에 의거하여 그 차액에 대하여 환어음을 발행하다
· correct them on first demand: 첫 번째 요구시에 그것(불일치)을 시정하다
· in its request for transfer: 양도에 대한 자신의 요청에서
· at the place to which the credit has been transferred: 신용장이 양도되었던 장소에서

· presentation of documents by or on behalf of a second beneficiary: 제2수익자에 의하거나 그 대리인에 의한 서류의 제시
· the assignment of the right to perform under the credit: 신용장에 의거하여 이행하여야 하는 권리의 양도

7 | 국제무역결제관련 핵심 무역영어 용법

1) 신용장(Letter of Credit; L/C)에 관한 영어표현

(1) 기본표현

① 신용장을 개설하다의 표현

· 당사는 신용장을 개설한다: We open[establish, issue] an L/C.
☞ L/C는 [e], 즉 모음으로 발음하기 때문에 부정관사 an이 온다.

· 당사는 귀사를 수익자로 하여 11월 10일까지 유효한 미화 20,000달러의 신용장을 발행하였음을 통지한다.
→ We are pleased to inform you that we have opened an L/C for a sum of US$20,000 in your favor, valid up to November 10.
→ We inform you that we have established an L/C for US$20,000 expiring on November 10 in your favor.
→ We are glad to inform you that an L/C amounting to US$20,000 has been issued in your favor, valid up to November 10.

· 신용장을 전보로 개설하다: cable an L/C ; telegraph an L/C ; open an L/C by cable
· 신용장을 정정하다: amend [correct] an L/C
· 신용장을 연장하다: extend an L/C
· 신용장을 증액하다: increase an L/C

· 신용장을 통지하다: notify an L/C
· 신용장 개설을 의뢰하다: apply for an L/C
· 신용장을 은행에서 개설하다: open an L/C with a bank
· 신용장은 5월 7일까지 유효하다: a credit is valid [available; effective; in force] until May 7.

(2) 신용장에 관련된 용어

① 통지은행: notifying bank, advising bank

· 당사가 개설한 신용장은 늦어도 금주 말까지는 귀사에 도착될 것이라고 생각한다.

▸ We think the credit opened by us will arrive at you at the latest by the end of this week.

② 신용장의 유효기한: validity of L/C

· 신용장의 유효기한은 6월 30일까지로 되어 있으므로 늦어도 6월 20일까지는 선적해 줄 것을 요구한다.

▸ We ask you to make shipment at the latest by June 20 as the validity of credit is up to June 30.

③ 신용장의 만기: expiration of L/C, expiry date of L/C

· 이 신용장의 만기는 6월 30일이다

▸ This L/C expires on June 30.

▸ The expiry date of this L/C is June 30.

④ 신용장의 잔액: balance of L/C

· 신용장의 잔액은 미화 5,000달러이므로 그 범위 내에서 선적하라

▸ As the balance of L/C is US$5,000, please make shipment within the amount.

⑤ 신용장의 취소: cancellation of L/C

· 귀사는 신용장 기한 내에 주문을 이행하지 않았으므로 신용장을 취소하겠다

⟫ As you have not executed the order within the validity of L/C, we will make cancellation of L/C.

⑥ 신용장의 연장을 인정하다: grant an extension of L/C

· 귀사의 요구에 따라 6월 30일까지 신용장 연장을 일정할 것이다.

⟫ We will grant an extension of L/C to June 30 in response to your request.

⑦ 신용장을 전보로 개설하다: open an L/C by cable; cable an L/C

· 선적시기가 가까워 오고 있으므로 신용장을 전보로 개설해 달라.

⟫ As the shipping time comes near. we ask you to open your L/C by cable.

⑧ 신용장의 개설을 통지하다: notify an L/C

· 당사는 6월 30일에 신용장을 개설하였으므로 그 개설을 통지한다

⟫ We notify our L/C as we opened it on June 30.

2) 수사(數詞)에 관한 영어 표현

무역영어 중에는 가격, 수량, 일자 등을 나타내는 경우가 많다. 또한 이러한 숫자에 관한 표현을 하는데 있어서 단수, 복수의 용법도 정확히 사용해야 된다.

(1) We are going to give you a discount of up to 2% for an order for 200 dozen or more.

⟫ 당사는 200다스 이상의 주문에 대해서는 2%까지의 할인을 해주겠다.

※ 2%까지의 해석에서는 2%가 포함되어 있는가가 불명확하므로 2% inclusive로 쓰면 오해가 없어진다.

· an order of $100 or less (100달러 이하의 주문)

· at or below a price of 5p per lb. ; at a price not exceeding 5p per lb. (1파운드(중량)당 5펜스 이하의 가격으로)

(2) Thank you for your letter of April 6 inquiring about our computer.

🔊 당사의 컴퓨터에 관하여 조회한 귀사의 서한을 받았다.

※ 미국식은 April 6, 영국, 유럽식은 6th April로 쓴다.

(3) We would like to refer you to Sample No. 1235 at Page 30 of our catalog.

※ 보통의 경우 표제(標題)의 번호를 나타낼 때에는 the를 붙이지 않는다. 그러나 그 뒤에 한정수식구가 올 때에는 the를 붙인다.

예 the Sample No. 1235 you inquired about (귀사가 조회한 견본 No. 1235)

(4) Please quote us 2,000 M/T of Iron Scraps CIF New York for May shipment.

🔊 5월 선적 뉴욕도착 CIF 가격으로 2,000통의 철조각의 가격을 제시하라

※ 이와 같이 상품거래의 조건은 수량이 보통 상품명 앞에 표기되고 상품명 뒤에는 단가, 가격조건, 선적월이 기재된다. ton의 복수형 tons, lb의 복수형 lbs이다.

(5) We wonder if you can supply us with 200 dozen of Men's White Woolen Socks No. 5669 at US$15,00 FOB Singapore by the end of August.

🔊 8월말까지 남자용 백색 모제양말 No. 5669 200다스 1다스당 싱가폴항 본선인도 조건 미화 15달러로 제시 할 수 있는가.

※ dozen(다스)은 수량의 단위로 사용할 때에는 복수라도 단수로 표시한다. 기타 grass(12 dozen), piece(개), sheet(매)등이 사용된다.

예 100 pieces (100개), 50 sheets of iron plates (철판 50매), 기타 포장단위에는 box (상자), basket (광주리), carton (마분지 상자)

· a copy of the catalog (상품목록 1부) 카다록, 신문, 잡지, 책등에서는 copy가 그것의 부수, 책수를 나타낸다.

(6) To settle our accounts, we enclose a check for US$250 (two hundred and fifty dollars only)

🔊 당사의 계정을 청산하기 위하여 미화 200달러의 수표를 동봉한다.

※ Stg. £ 100.59 (One Hundred Pounds and Fifty-nine Pence Sterling Only)
US$600 (US Dollars Six Hundred Only)

(7) We would like to place with you an order for 25,000 yards of your B22001 at 20p per yard CIF Seattle for August shipment.

▸ 25,000 야드의 귀사의 B2001을 시애틀 도착 CIF 조건으로 1야드당 20펜스로 8월 선적으로 주문하고 싶다.

※ 25,000 야드처럼 숫자는 세자리 마다 컴마를 찍는다. 특히 금액의 경우에는 잊어서는 안된다. 그러나 연호 (1997년), 페이지수(1000 page), 가옥번호(3230 market Street), 전화번호 (415-910-7760), 상품번호(위 예의 B22000) 등은 컴마를 찍지 않는다. 단가는 at ; @를 사용한다.

(8) Nine out of the 35 boxes you sent us by air parcel were partially broken.

▸ 항공소포로 당사에 보내준 35개 상자중 9개 상자는 일부 파손되어 있었다.

※ 10이하의 숫자는 alphabet 문자로 표기하는 것이 보통이다. 글 첫머리에 숫자가 오는 경우, 첫 자는 대문자로 쓴다.

(9) We shall be ready to reduce the price by 2% if you will increase your order to twice as much.

▸ 귀사의 주문을 배로 늘려 주시면 가격을 2% 인하할 용의가 있다.

※ 위의 order는 불가산명사(Uncountable noun)로 간주되므로 much가 사용되었다. 배수(培數)를 표현할 때에는 가산명사(countable noun)인지 불가산명사인지 분명히 해야 한다.

(10) We export our bicycles by thousands a month.

▸ 당사는 1개월에 수천 대나 자전거를 수출하고 있다.

※ 수량은 표기할 때 막연한 복수를 나타낼 때에는 복수형으로 하고 the를 붙이지 않는다. 단위가 명백할 때에는 the를 붙인다.

3) 수(number)의 정확한 표시

무역서한에서는 수를 취급하는 일이 아주 많다. 숫자를 잘못 기재하면 클레임을 야기시키는 요인이 된다. 수량, 금액 등과 함께 쓰이는 [이상], [이하], 또는 기일을 표시할 때 사용되는 [이전], [이후], 와 같은 어구는 우리나라 말에서는 잘못하면 오해하기 쉽다.

100다스 이상, 100다스 이하라고 말하는 경우 100다스가 여기에 포함되느냐 안되느냐 하는 것은 사람에 따라서 다르다. 영어의 "more than 100 dozen", "less than 100 dozen"도 마찬가지다.

2월 10일까지, until February 10 이라고 말할 때도 반드시 2월 10일이 거기에 포함된다고는 볼 수 없다. 따라서 이러한 종류의 어구에 대하여서는 정밀하게 표시해야 한다.

(1) 이상, 이하, 이전, 이후부터(처음의 수를 포함)

· 2파운드 이상: £ 2 or [and] above [over]
· 50다스 이상: 50 dozen or [and] more [up]
· 2%이상: 2% or [and] more
· 5%이상 10%까지: 5% up to 10% both inclusive (5%와 10%도 포함)
· 100달러 이하: $100 or [and] less [below; down]
· 1파운드당 미화 10달러 이하의 가격으로: at a price not exceeding US$10.00 per lb.
· 6월 10일 이전: on or before June 10
· 6월 10일 이후: on or after June 10
· 오늘부터: from and including today

(2) ~까지, ~에서 ~까지(마지막 수를 포함)

· 40파운드까지: up to £40 inclusive; up to the maximum of £40
· 10월 20일까지: up to and including October 20
· 3월 1일부터 15일까지: as from the 1st to the 15th of March inclusive;

from the 1st to the 15th of March both inclusive

· 월요일부터 목요일까지: from Monday to Thursday inclusive ; from Monday through Thursday

· 크기 6mm에서 10mm까지의 것: all sizes ranging from 6mm up to and including 10mm.

4) 시기의 표시방법

상품의 인도시기나 계약시기, 신용장의 발행시기 등 무역서한에서는 시기를 표시해야 되는 경우가 많다.

이 물품의 선적은 6월 30일까지 한다. 라고 할 때의 까지를 by [not later than; no later than] 등을 사용하여 We will ship these goods by June 30. Shipment of this article shall be made not later than June 30. 혹은 Delivery of this item is to be performed no later than June 30. 등으로 쓰면 된다. 계약서 등에서 Shipment shall be made on or before June 30. 로 표현하면 on은 6월 30일 당일이고 before는 6월 30일 이전이므로 6월 30일을 포함하여 그 이전에 선적한다는 뜻이 된다.

신용장을 6월 30일까지 개설한다를 We will open an L/C by June 30. 로 쓰면 6월 30일까지 신용장을 개설한다는 뜻이 되는데 이것을 We will open an L/C until June 30. 또는 We will establish an L/C til June 30. 로 쓰면 6월 30일까지 유효한 신용장을 개설한다.가 되어 전혀 다른 뜻이 되므로 주의해야 한다.

5) 현재분사와 과거분사

수입식료품은 imported food이지만 식료수입국은 food-importing country이다. 현재분사, 과거분사중 어느 것을 사용하는가는 수식어 및 피수식어의 관계를 보면 알 수 있다. 앞의 예의 경우 "food which was imported", "country which imports food"라는 관계이다. 동사의 현재분사, 과거분사가 형용사로 사용되는 경우, 현재분사는 능동의 뜻으로, 과거분사는 수동의 뜻으로 사용된다.

· the rising sun (떠오르는 태양) · a running horse (달리는 말)
· a stolen camera (도적 맞은 카메라) · lost time (잃어버린 시간)

■ A TYPE OF의 용법

· There are signs of promising market for this type of product.

다음의 예처럼 a type of 다음에 오는 명사가 가산명사이더라도 무관사, 단수 명사가 오는 것이 맞는다.

(○) a small type of car

(×) a type of small cars

6) dozen; dozens

(1) 수량 단위인 '다스'의 뜻으로 쓰일 때에는 단수형으로 해야 한다.

· 각 20다스씩 들어가는 상자에 그 물품을 넣으시오.
→ Please pack the goods in ordinary cases of 20 dozen each.

· 연필은 다스 단위로 팔리고 있다.
→ Pencils are sold by the dozen

(2) dozens of (수십의, 많은), in dozens(다스로)

· 많은 시간
→ dozens of times

· 다스로 상품을 포장하라.
→ Please pack the goods in dozens

(3) 틀린 용법과 맞는 용법

(×) Thank you for your order for 1000 dozens of the Model 305.

(○) Thank you for your order for 1000 dozen of the Model 305.

참조: gross, score; hundred, thousand

7) as follows; the following

(1) as follows; 다음과 같이

· 그 보고는 다음과 같다.

➡ The report was as follows;

· 당사의 거래 조건은 다음과 같다.

➡ Our terms and conditions of business are as follows;

※ 인칭, 수, 시제 등에 관계없이 항상 as follows이다.

(2) the following: 다음의 것

· 다음의 것은 그의 보고의 요지이다.

➡ The following is the gist of his report:

· 다음의 물품이 당사 취급 품목이다.

➡ The following are the items we handle.

※ 뜻과 내용에 따라 단수 또는 복수의 동사가 온다. 그러나 복수 내용이라도 the followings처럼 복수형으로 하지 않는다.

(3) 틀린 용법과 맞는 용법

① as follows: 다음과 같다

(×) The rules are as follow.

(○) The rules are as follows:

※ 다음과 같다의 관용구 'as follows'는 주어가 단수이든 복수이든 항상 as follows로 사용된다. as follow라고 하는 것은 영어에서는 사용할 수 없다.

· The address is as follows:

· The letter reads as follows:

· The chief points are as follows:

· His arguments were as follows:

※ as follows 다음에는 보통 colon(:)을 찍는다.

(×) The reasons are as following.

(○) The following are the reasons.

(○) The reasons are follows:

(○) The reasons follow.

※ 영어에는 as follow, as following, as followings란 말은 없다.

② the following: 다음과 같다

(×) The followings are some of the possible answers to the question.

(○) The following are some of the possible answers to the question.

※ the following은 복수나 단수에 구애받지 않고 사용된다.
the followings란 영어는 없다.

③ 틀린 용법과 맞는 용법

(×) Our terms and conditions of business are as follow:

(×) The followings are our terms and conditions of business:

(○) Our terms and conditions of business are as follows:

(○) (The) following are our terms and conditions of business:

(○) Our terms and conditions of business follow:

8) bank; bankers; a banker

당사의 거래 은행은 our bank, our banker의 어느 것도 사용할 수 있다. our bank는 기업 조직체로서 은행을 가리키고 our bankers는 그 은행에서 업무에 종사하는 행원을 인간 집단으로 간주하여 나타나는 표현이고 한 개 은행(한 개 회사)이라도 our bankers라고 한다. 단수형의 our bank도 사용되는데, 주식회사로서의 은행이 아니고 개인 금융업자처럼 들린다.

· 나의 거래 은행은 한국 외환 은행이다.
  - Our bankers are the Korea Exchange Bank.
  - Our bank is the Korea Exchange Bank.

· 그는 은행 경영자이다.

➡ He is a banker.

· 그는 은행원이다.

➡ He works in a bank. (=He is a bank clerk.)

※ 은행 경영자가 banker이고 은행원은 a bank clerk이다.

9) 지급을 위하여; in payment [settlement] of

· 당사는 송부한 청구서의 일부 지급으로서 은행수표를 동봉한다.

➡ We enclose a bank cheque in partial payment of the bill sent.

· 잔액의 전액지급을 위하여 당사의 은행구좌로 미화 1,000달러를 송금하라.

➡ Please remit US$10,000,000 to the account with our bank in full settlement of the balance.

10) 어음

· draft: bill of exchange 환어음
· promissory note: 약속어음
· check [cheque]: 수표
· clearing house: 어음교환소
· to accept draft: 환어음을 인수하다
· to collect a draft: 환어음을 추심하다
· to discount a draft: 환어음을 할인하다
※ 만기까지의 이자를 공제하고 환어음을 매입한다
· to dishonor a draft: 환어음을 부도내다
· to endorse a draft: 환어음을 배서하다
· to honor a draft: 환어음 만기일에 지급하다
· to negotiate a draft: 환어음을 매입(매도)하다, 유통시키다
· to protect a draft: 환어음을 인수하다
※ 이것도 to accept a draft와 동일한 뜻이다.
· to protest a draft: 어음을 거절하다

11) 어음을 발행하다

to draw [value] (a draft) on 지급인 for 금액 at sight [at 일수 sight] through [with] 은행 under a letter of credit

(주) 동사 to draw 및 to value는 타동사 및 자동사의 용법이 있고 타동사에는 목적어 a draft / drafts를 수반한다.

또한 자동사의 경우에는 목적어를 수반하지 않고 [환어음을 발행하다]의 뜻이 된다.

· 당사는 미화 5,000달러의 어음을 일람출급으로 지급은행 앞으로 발행한다.
 ➡ We will draw a draft on the drawee bank at sight for US$ 5,000,000.

· 당사는 뉴욕은행 앞으로 미화 10,000달러의 환어음을 발행하겠다.
 ➡ We draw (a draft) on the New York Bank for a sum of US$ 10,000.

· 당사는 당사 컬러 TV에 대해 미화 50,000달러의 환어음을 발행하겠다.
 ➡ We will draw a draft against our color TV for a sum of US$ 50,000.

· 당사는 귀사 앞으로 미화 50,000달러의 일람출급 환어음을 당사 물품에 대해 발행하겠다.
 ➡ We will draw on you at sight for a sum of US$50,000 against our goods.

· 당사는 귀사 앞 일람출급 환어음을 한일은행에 매도하였다.
 ➡ We have negotiated our draft at sight on you through the Hanil Bank.

· 당사는 일람출급 어음을 서울은행에 양도하였다.
 ➡ We have transferred our sight draft to the Bank of Seoul.

· 환어음은 6월 10일에 만기가 된다.
 ➡ A draft matures on June 10.
 ➡ A draft falls due on June 10.

· 귀사 앞 일람출급 환어음이 부도가 되었다.
 ➡ A sight draft drawn on you has been dishonored.
 ➡ The draft at sight drawn on you has not been paid.

· 당사의 일람출급 어음을 제시하자마자 지급해 주시오.

- We ask you to honor our sight draft on presentation.
- On presentation, please honor our draft at sight.
- On presentation of our draft at sight, we ask you to honor it.

12) Payment(지급)에 관한 표현

지급하다는 pay 또는 effect payment; render payment라고 하는데, 이밖에도 송금하다: remit, 채무를 이행하다 : meet one's obligations; clear one's debt, 어음을 지급하다 : honor a draft, 계정을 청산하다 : settle one's account라는 표현을 사용한다.

당사는 미화 5,000달러를 물품의 인도와 상환으로 지급한다는 We will pay a sum of US$5,000 on delivery of the goods로 표현한다.

이 경우 a sum of는 생략할 수 있다.

화환어음의 지급과 상환으로 선적서류를 인도하라는 Delivery the shipping documents against payment. 또는 Make payment against the shipping documents. 로 표현한다.

(1) 당사는 은행수표로 귀사에 지급한다.
- We will make payment to you by bank check.

(2) 당사는 선적서류와 상환으로 대금을 지급할 것이다.
- We will make payment against the transport documents.

(3) 당사는 연 5%의 이자를 붙여 부채를 지급할 것이다.
- We will pay a debt with 5% interest per annum.

(4) 귀사 어음의 기한이 다가왔다.
- Your draft is due; Your draft has become due; Your draft matures.

(5) 귀사의 지급기한이 크게 초과하였다.
- Your payment is much overdue ; Your payment is much past due.

(6) 당사의 지급기한이 다가왔는데 1개월 지급을 유예해 주시오.
- Our payment is due now. But please allow a extension of payment

for a month. 또는 Our payment has become due. But please allow us an postponement of a month.

8 국제무역결제관련 주요 국제상관습 및 법제의 영문해석

(1) 화환신용장통일규칙 및 관례(Uniform Customs and Practice for Documentary Credits 2007 Revision, ICC Publication No. 600)

Article 1 [Application of UCP]

The Uniform Customs and Practice for Documentary Credits, 2007 Revision, ICC Publication No. 600 ("UCP") are rules that apply to any documentary credit ("credit") (including, to the extent to which they may be applicable, any standby letter of credit) when the text of the credit expressly indicates that it is subject to these rules. They are binding on all parties thereto unless expressly modified or excluded by the credit.

제1조 [신용장통일규칙의 적용]

화환신용장에 관한 통일규칙 및 관례 2007년 개정 출판물번호 제600호(UCP)는 신용장의 본문이 이 규칙에 따른다고 명시적으로 표시하고 있는 경우 모든 화환신용장(신용장)(적용가능한 범위에서 모든 보증신용장을 포함한다)에 적용되는 규칙이다. 신용장에 의하여 명시적으로 수정되거나 또는 배제되지 아니하는 한 이규칙은 모든 관계당사자를 구속한다.

Article 2 [Definitions]

For the purpose of these rules :

Advising bank means the bank that advises the credit at the request of the issuing bank.

Applicant means the party on whose request the credit is issued.

Banking day means a day on which a bank is regularly open at the place at which an act subject to these rules is to be performed.

Beneficiary means the party in whose favour a credit is issued.

Complying presentation means a presentation that is in accordance with the terms and conditions of the credit, the applicable provisions of these rules and international standard banking practice.
Confirmation means a definite undertaking of the confirming bank, in addition to that of the issuing bank, to honour or negotiate a complying presentation.
Confirming bank means the bank that adds its confirmation to a credit upon the issuing bank's authorization or request.
Credit means any arrangement, however named or described, that is irrevocable and thereby constitutes a definite undertaking of the issuing bank to honour a complying presentation.
Honour means :

a. to pay at sight if the credit is available by sight payment.
b. to incur a deferred payment undertaking and pay at maturity if the credit is available by deferred payment.
c. to accept a bill of exchange ("draft") drawn by the beneficiary and pay at maturity if the credit is available by acceptance.

Issuing bank means the bank that issues a credit at the request of an applicant or on its own behalf.
Negotiation means the purchase by the nominated bank of drafts (drawn on a bank other than the nominated bank) and/or documents under a complying presentation, by advancing or agreeing to advance funds to the beneficiary on or before the banking day on which reimbursement is due to the nominated bank.
Nominated bank means the bank with which the credit is available or any bank in the case of a credit available with any bank.
Presentation means either the delivery of documents under a credit to the issuing bank or nominated bank or the documents so delivered.
Presenter means a beneficiary, bank or other party that makes a presentation.

제2조 [정의]
이 규칙에서,
통지은행이라 함은 발행은행의 요청에 따라 신용장을 통지하는 은행을 말한다.
발행의뢰인이라 함은 신용장이 발행되도록 요청하는 당사자를 말한다.

은행영업일이라 함은 이 규칙에 따라 업무가 이행되는 장소에서 은행이 정상적으로 영업을 하는 일자를 말한다.
수익자라 함은 그 자신을 수익자로 하여 신용장을 발행 받는 당사자를 말한다.
일치하는 제시라 함은 신용장의 제조건, 이 규칙 및 국제표준은행 관행의 적용가능한 규정에 따른 제시를 말한다.
확인이라 함은 발행은행의 확약에 추가하여 일치하는 제시를 지급이행 또는 매입할 확인은행의 확약을 말한다.
확인은행이라 함은 발행은행의 수권 또는 요청에 따라 신용장에 확인을 추가하는 은행을 말한다.
신용장이라 함은 그 명칭이나 기술에 관계없이 취소불능이며, 일치하는 제시에 대하여 지급 이행하겠다는 발행은행의 확약으로 구성된 모든 약정을 말한다.
지급이행이라 함은 다음을 말한다.

a. 신용장이 일람지급에 의하여 사용될 수 있는 경우 일람 후 지급하는 것
b. 신용장이 연지급에 의하여 사용될 수 있는 경우 연지급확약의무를 부담하고 만기일에 지급하는 것
c. 신용장이 인수에 의하여 사용될 수 있는 경우 수익자에 의하여 발행된 환어음을 인수하고 만기일에 지급하는 것

발행은행이라 함은 발행의뢰인의 요청에 따르거나 또는 발행은행 자신을 위하여 신용장을 발행하는 은행을 말한다.
매입이라 함은 지정은행에서 상환이 행해져야 할 은행영업일 또는 그 이전에 수익자에게 대금을 선지급하거나 또는 선지급하기로 약정함으로써, 신용장 조건에 따라 제시되는 환어음(지정은행이 아닌 은행을 지급인으로 하여 발행된) 및/또는 서류를 지정은행이 구매하는 것을 말한다.
지정은행이라 함은 신용장이 사용될 수 있도록 지정된 은행 또는 모든 은행에서 사용될 수 있는 신용장의 경우에는 모든 은행을 말한다.
제시라 함은 발행은행 또는 지정은행에게 신용장에 따른 서류를 인도하는 행위 또는 그렇게 인도된 서류를 말한다.
제시인이라 함은 제시를 행하는 수익자, 은행 또는 기타 당사자를 말한다.

Article 3 [Interpretations]

For the purpose of these rules :
Where applicable, words in the singular include the plural and in the plural include the singular.
A credit is irrevocable even if there is no indication to that effect.
A document may be signed by handwriting, facsimile signature,

perforated signature, stamp, symbol or any other mechanical or electronic method of authentication.

A requirement of a document to be legalized, visaed, certified or similar will be satisfied by any signature, mark, stamp or label on the document which appears to satisfy that requirement.

Branches of a bank in different countries are considered to be separate banks.

Terms such as "first class", "well known", qualified", "independent", "official", "competent" or "local" used to describe the issuer of a document allow any issuer except the beneficiary to issue that document.

Unless required to be used in a document, words such as "prompt", "immediately" or "as soon as possible" will be disregarded.

The expression "on or about" or similar will be interpreted as a stipulation that an event is to occur during a period of five calendar days before until five calendar days after the specified date, both start and end dates included.

The words "to", "until", "till", "from" and "between" when used to determine a period of shipment include the date or dates mentioned, and the words "before" and "after" exclude the date mentioned.

The words "from" and "after" when used to determine a maturity date exclude the date mentioned.

The terms "first half" and "second half" of a month shall be construed respectively as the 1st to the 15th and the 16th to the last day of the month, all dates inclusive.

The terms "beginning", "middle" and "end" of a month shall be construed respectively as the 1st to the 10th, the 11th to the 20th and the 21st to the last day of the month, all dates inclusive.

제3조 [해석]

이 규칙에서,

적용 가능한 경우에 있어서 단수형의 단어는 복수형을 포함하고, 복수형의 단어는 단수형을 포함한다.

신용장은 취소불능의 표시가 없는 경우에도 취소불능이다.

서류는 수기, 모사서명, 천공서명, 스탬프, 상징, 또는 기타 모든 기계적 또는 전자적 인증방법에 의하여 서명될 수 있다.

공인(legalized), 사증(visaed), 증명된(certified) 또는 이와 유사한 서류의 요건은 그러한 요건을 충족하는 것으로 보이는 서류상의 모든 서명, 표시, 스탬프 또는 부전에 의하여 충족된다.
다른 국가에 있는 어떤 은행의 지점은 독립된 은행으로 본다.
'일류의(first class)', '저명한(well known)', '자격 있는(qualified)', '독립적인(independent)', '공인된(official)', '유능한(competent)' 또는 '국내의(local)' 와 같은 용어는 수익자를 제외한 모든 서류 발행인을 설명하기 위하여 사용되는 경우에 이를 허용한다.
서류에서 사용될 것이 요구되지 아니하는 한, '신속한(prompt)', '즉시(immediately)' 또는 '가능한 한 빨리(as soon as possible)' 와 같은 단어는 무시된다.
'경에(on or about)' 또는 이와 유사한 표현은 사건이 명시된 일자 이전의 5일부터 그 이후의 5일까지의 기간 동안에 발생하는 약정으로서, 초일 및 종료일을 포함하는 것으로 해석된다.
'to', 'until', 'till', 'from', 'between' 이라는 단어는 선적기간을 결정하기 위하여 사용되는 경우에는 언급된 당해 일자를 포함하며, 'before', 'after' 라는 단어는 언급된 당해 일자를 제외한다.
'from', 'after' 라는 단어는 만기일(환어음의 만기일)을 결정하기 위하여 사용된 경우에는 언급된 당해 일자를 제외한다.
어느 개월의 '전반(first half)', '후반(second half)' 이라는 용어는 각각 해당 개월의 1일부터 15일까지 그리고 16일부터 말일까지로 하고 양끝의 일자를 포함하는 것으로 해석한다.
어느 개월의 '상순(beginning)', '중순(middle)' 및 '하순(end)' 이라는 용어는 각각 해당 개월의 1일부터 10일까지, 11일부터 20일까지, 그리고 21일부터 말일까지로 하고 양끝의 일자를 포함하는 것으로 해석한다.

Article 4 [Credits v. Contracts]

a. A credit by its nature is a separate transaction from the sale or other contract on which it may be based. Banks are in no way concerned with or bound by such contract, even if any reference whatsoever to it is included in the credit.
   Consequently, the undertaking of a bank to honour, to negotiate or to fulfil any other obligation under the credit is not subject to claims or defences by the applicant resulting from its relationships with the issuing bank or the beneficiary.
   A beneficiary can in no case avail itself of the contractual

relationships existing between banks or between the applicant and the issuing bank.

b. An issuing bank should discourage any attempt by the applicant to include, as an integral part of the credit, copies of the underlying contract, proforma invoice and the like.

제4조 [신용장과 계약]

a. 신용장은 그 성질상 그것이 근거를 두고 있는 매매계약 또는 기타 계약과는 독립된 거래이다. 은행은 그러한 계약에 관한 어떠한 참조사항이 신용장에 포함되어 있다 하더라도 그러한 계약과는 아무런 관계가 없으며 또한 이에 구속되지 아니한다. 결과적으로 신용장에 의하여 지급이행하거나, 매입하거나 또는 기타 모든 의무를 이행한다는 은행의 확약은 발행은행 또는 수익자와 발행의뢰인과의 관계로부터 생긴 발행의뢰인에 의한 클레임 또는 항변에 지배받지 아니한다.

   수익자는 어떠한 경우에도 은행상호간 또는 발행의뢰인과 발행은행 간에 존재하는 계약관계를 원용할 수 없다.

b. 발행은행은 발행의뢰인이 신용장에 반드시 필요한 부분으로서 근거계약의 사본, 견적송장 등을 포함시키려고 하는 어떠한 시도도 저지하여야 한다.

Article 5 [Documents v. Goods, Services or Performance]

Banks deal with documents and not with goods, services or performance to which the documents may relate.

제5조 [서류와 물품, 용역 또는 이행]

은행은 서류를 취급하는 것이며, 그 서류와 관련될 수 있는 물품, 용역 또는 이행을 취급하는 것이 아니다.

Article 6 [Availability, Expiry Date and Place for Presentation]

a. A credit must state the bank with which it is available or whether it is available with any bank. A credit available with a nominated bank is also available with the issuing bank.

b. A credit must state whether it is available by sight payment, deferred payment, acceptance or negotiation.

c. A credit must not be issued available by a draft drawn on the applicant.

d. i . A credit must state an expiry date for presentation. An expiry date stated for honour or negotiation will be deemed to be an expiry date for presentation.

ii. The place of the bank with which the credit is available is the place for presentation. The place for presentation under a credit available with any bank is that of any bank. A place for presentation other than that of the issuing bank is in addition to the place of the issuing bank.

e. Except as provided in sub-article 29 (a), a presentation by or on behalf of the beneficiary must be made on or before the expiry date.

제6조 [사용 가능성, 유효기일 및 장소]

a. 신용장에는 그 신용장이 사용될 수 있는 은행을 명기하거나, 그 신용장이 모든 은행에서 사용될 수 있는지의 여부를 명기하여야 한다. 지정은행에서 사용될 수 있는 신용장은 발행은행에서도 사용될 수 있다.

b. 신용장은 그것이 일람지급, 연지급, 인수 또는 매입 중 어느 것에 의하여 사용될 수 있는지를 명기하여야 한다.

c. 발행의뢰인을 지급인으로 하여 발행된 환어음에 의하여 사용될 수 있는 신용장은 발행되어서는 아니된다.

d. i . 신용장은 제시를 위한 유효기일을 명기하여야 한다. 지급이행 또는 매입을 위하여 명기 된 유효기일은 제시를 위한 유효기일로 본다.

ii. 신용장이 사용될 수 있는 은행의 장소는 제시장소이다. 모든 은행에서 사용될 수 있는 신용장에서의 제시장소는 모든 은행이 된다. 발행은행이 아닌 제시장소는 발행은행이라는 장소에 추가된다.

e. 제29조 a항에서 규정된 경우를 제외하고는, 수익자에 의하거나 또는 수익자를 대리하여 행해지는 제시는 유효기일에 또는 그 이전에 행하여져야 한다.

Article 7 [Issuing Bank Undertaking]

a. Provided that the stipulated documents are presented to the nominated bank or to the issuing bank and that they constitute a complying presentation, the issuing bank must honour if the credit is available by:

i . sight payment, deferred payment or acceptance with the issuing bank;

ii. sight payment with a nominated bank and that nominated bank does not pay;

iii. deferred payment with a nominated bank and that nominated bank does not incur its deferred payment undertaking or, having incurred its deferred payment undertaking, does not pay at maturity;

iv. acceptance with a nominated bank and that nominated bank does not accept a draft drawn on it or, having accepted a draft drawn on it, does not pay at maturity;

v. negotiation with a nominated bank and that nominated bank does not negotiate.

b. An issuing bank is irrevocably bound to honour as of the time it issues the credit.

c. An issuing bank undertakes to reimburse a nominated bank that has honoured or negotiated a complying presentation and forwarded the documents to the issuing bank. Reimbursement for the amount of a complying presentation under a credit available by acceptance or deferred payment is due at maturity, whether or not the nominated bank prepaid or purchased before maturity. An issuing bank's undertaking to reimburse a nominated bank is independent of the issuing bank's undertaking to the beneficiary.

제7조 [발행은행의 확약]

a. 명시된 서류가 지정은행 또는 발행은행에 제시되고, 그 서류가 일치하는 제시를 구성하는 한, 신용장이 다음 중의 어느 것에 의하여 사용될 수 있는 경우에는, 발행은행은 지급이 행하여야 한다:

i. 발행은행에서 일람지급, 연지급 또는 인수 중의 어느 것에 의하여 사용될 수 있는 경우

ii. 지정은행에서 일람지급에 의하여 사용될 수 있고 그 지정은행이 지급하지 아니한 경우

iii. 지정은행에서 연지급에 의하여 사용될 수 있고 그 지정은행이 연지급 확약을 부담하지 아니한 경우 또는, 그 지정은행이 연지급 확약을 부담하였지만 만기일에 지급하지 아니한 경우

iv. 지정은행에서 인수에 의하여 사용될 수 있고 그 지정은행이 자행을 지급인으로 하여 발행된 환어음을 인수하지 아니한 경우 또는, 그 지정은행이 자

행을 지급인으로 하여 발행된 환어음을 인수하였지만 만기일에 지급하지 아니한 경우

v. 지정은행에서 매입에 의하여 사용될 수 있고 그 지정은행이 매입하지 아니한 경우.

b. 발행은행은 신용장을 발행하는 시점부터 지급이행할 취소불능의 의무를 부담한다.

c. 발행은행은 일치하는 제시에 따라 지급이행 또는 매입하고 그 서류를 발행은행에 발송하는 지정은행에게 상환할 것을 약정한다. 인수 또는 연지급에 의하여 사용될 수 있는 신용장에 따른 일치하는 제시금액(인수금액, 연지급확약금액)에 대한 상환은 지정은행이 만기일 전에 선지급 또는 구매하였는지의 여부와 관계없이 만기일에 이행되어야 한다. 발행은행이지정은행에 대하여 상환하겠다는 확약은 수익자에 대한 발행은행의 확약으로부터 독립적이다.

Article 8 [Confirming Bank Undertaking]

a. Provided that the stipulated documents are presented to the confirming bank or to any other nominated bank and that they constitute a complying presentation, the confirming bank must:

i. honour, if the credit is available by

a. sight payment, deferred payment or acceptance with the confirming bank;

b. sight payment with another nominated bank and that nominated bank does not pay ;

c. deferred payment with another nominated bank and that nominated bank does not incur its deferred payment undertaking or, having incurred its deferred payment undertaking, does not pay at maturity;

d. acceptance with another nominated bank and that nominated bank does not accept a draft drawn on it or, having accepted a draft drawn on it, does not pay at maturity;

e. negotiation with another nominated bank and that nominated bank does not negotiate.

ii. negotiate, without recourse, if the credit is available by negotiation with the confirming bank.

b. A confirming bank is irrevocably bound to honour or negotiate as of the time it adds its confirmation to the credit.

c. A confirming bank undertakes to reimburse another nominated bank that has honoured or negotiated a complying presentation and forwarded the documents to the confirming bank. Reimbursement for the amount of a complying presentation under a credit available by acceptance or deferred payment is due at maturity, whether or not another nominated bank prepaid or purchased before maturity. A confirming bank's undertaking to reimburse another nominated bank is independent of the confirming bank's undertaking to the beneficiary.

d. If a bank is authorized or requested by the issuing bank to confirm a credit but is not prepared to do so, it must inform the issuing bank without delay and may advise the credit without confirmation.

제8조 [확인은행의 확약]

a. 명시된 서류가 확인은행 또는 기타 모든 지정은행에 제시되고, 그 서류가 일치하는 제시를 구성하는 한 확인은행은:

i. 신용장이 다음 중의 어느 것에 의하여 사용될 수 있는 경우에는, 지급이행하여야 한다.

a. 확인은행에서 일람지급, 연지급 또는 인수 중의 어느 것에 의하여 사용될 수 있는 경우

b. 다른 지정은행에서 일람지급에 의하여 사용될 수 있고 그 지정은행이 지급하지 아니한 경우

c. 다른 지정은행에서 연지급에 의하여 사용될 수 있고 그 지정은행이 연지급 확약을 부담하지 아니한 경우 또는, 그 지정은행이 연지급 확약을 부담하였지만 만기일에 지급하지 아니한 경우

d. 다른 지정은행에서 인수에 의하여 사용될 수 있고 그 지정은행이 자행을 지급인으로 하여 발행된 환어음을 인수하지 아니한 경우 또는, 그 지정은행이 자행을 지급인으로 하여 발행된 환어음을 인수하였지만 만기일에 지급하지 아니한 경우

e. 다른 지정은행에서 매입에 의하여 사용될 수 있고 그 지정은행이 매입하지 아니한 경우

ii. 신용장이 확인은행에서 매입에 의하여 사용될 수 있는 경우에는 상환청구 없이, 매입하여야 한다.

b. 확인은행은 신용장에 자행의 확인을 추가하는 시점부터 지급이행 또는 매입할 취소불능의 의무를 부담한다.

c. 확인은행은 일치하는 제시에 따라 지급이행 또는 매입하고 그 서류를 확인은행에 발송한 다른 지정은행에게 상환할 것을 약정한다. 인수 또는 연지급에 의하여 사용될 수 있는 신용장에 따른 일치하는 제시금액에 대한 상환은 다른 지정은행이 만기일 전에 선지급 또는 구매하였는지의 여부와 관계없이 만기일에 이행되어야 한다. 다른 지정은행에 상환할 확인은행의 확약은 수익자에 대한 발행은행의 확약으로부터 독립한다.

d. 어떤 은행이 발행은행에 의하여 신용장을 확인하도록 수권 또는 요청받았으나 이를 행할 용의가 없는 경우, 그 은행은 지체 없이 발행은행에게 통고하여야 하고 확인 없이 신용장을 통지할 수 있다.

Article 9 [Advising of Credits and Amendments]

a. A credit and any amendment may be advised to a beneficiary through an advising bank. An advising bank that is not a confirming bank advises the credit and any amendment without any undertaking to honour or negotiate.

b. By advising the credit or amendment, the advising bank signifies that it has satisfied itself as to the apparent authenticity of the credit or amendment and that the advice accurately reflects the terms and conditions of the credit or amendment received.

c. An advising bank may utilize the services of another bank ("second advising bank") to advise the credit and any amendment to the beneficiary. By advising the credit or amendment, the second advising bank signifies that it has satisfied itself as to the apparent authenticity of the advice it has received and that the advice accurately reflects the terms and conditions of the credit or amendment received.

d. A bank utilizing the services of an advising bank or second advising bank to advise a credit must use the same bank to advise any amendment thereto.

e. If a bank is requested to advise a credit or amendment but elects not to do so, it must so inform, without delay, the bank from which the credit, amendment or advice has been received.

f. If a bank is requested to advise a credit or amendment but cannot satisfy itself as to the apparent authenticity of the credit, the amendment or the advice, it must so inform, without delay, the bank from which the instructions appear to have been received. If the advising bank or second advising bank elects nonetheless to advise the credit or amendment, it must inform the beneficiary or second advising bank that it has not been able to satisfy itself as to the apparent authenticity of the credit, the amendment or the advice.

제9조 [신용장 및 조건변경의 통지]

a. 신용장 및 모든 조건변경은 통지은행을 통하여 수익자에게 통지될 수 있다. 확인은행이 아닌 통지은행은 지급이행 또는 매입할 어떠한 확약 없이 신용장 및 모든 조건변경을 통지한다.
b. 통지은행이 신용장 또는 조건변경 사항을 통지하였다는 것은 통지은행 자신에 의하여 신용장 또는 조건변경의 외관상의 진정성이 확인되었다는 것과, 자신의 통지가 자신이 수령한 신용장 또는 조건변경의 제조건을 정확히 반영하였다는 것을 의미한다.
c. 통지은행은 수익자에게 신용장 및 어떠한 조건변경 사항을 통지하기 위하여 타 은행(제2통지은행)의 서비스를 이용할 수 있다. 제2통지은행이 신용장 또는 조건변경 사항을 통지하였다는 것은 제2통지은행은 자신에 의하여 신용장 또는 조건변경의 외관상의 진정성이 확인되었다는 것과, 자신의 통지가 자신이 수령한 신용장 또는 조건변경의 제조건을 정확히 반영하였다는 것을 의미한다.
d. 신용장을 통지하기 위하여 통지은행 또는 제2통지은행의 서비스를 이용하는 은행은 이에 대한 모든 조건변경을 동일한 은행을 이용하여 통지하여야 한다.
e. 어떤 은행이 신용장 또는 조건변경을 통지하도록 요청을 받았으나 요청 받은 은행이 이를 통지하지 않기로 결정하는 경우에, 그 은행은 신용장, 조건변경 또는 통지를 송부해 온 은행에게 이를 지체 없이 통고하여야 한다.
f. 어떤 은행이 신용장 또는 조건변경을 통지하도록 요청 받았지만 신용장, 조건변경 또는 통지의 외관상의 진정성에 관하여 스스로 충족하지 못한다고 판단하는 경우에, 그 은행은 그 지시를 송부해 온 것으로 보이는 은행에게 이를 지체 없이 이러한 상황을 통고하여야 한다. 그럼에도 불구하고 통지은행 또는 제2통지은행이 그 신용장 또는 조건변경을 통지하기로 결정한 경우에는, 그 은행은 수익자 또는 제2통지은행에게 신용장, 조건변경 또는 통지의 외관상의 진정성에 관하여 스스로 충족할 수 없다는 것을 통고하여야 한다.

Article 10 [Amendments]

a. Except as otherwise provided by article 38, a credit can neither be amended nor cancelled without the agreement of the issuing bank, the confirming bank, if any, and the beneficiary.

b. An issuing bank is irrevocably bound by an amendment as of the time it issues the amendment. A confirming bank may extend its confirmation to an amendment and will be irrevocably bound as of the time it advises the amendment. A confirming bank may, however, choose to advise an amendment without extending its confirmation and, if so, it must inform the issuing bank without delay and inform the beneficiary in its advice.

c. The terms and conditions of the original credit (or a credit incorporating previously accepted amendments) will remain in force for the beneficiary until the beneficiary communicates its acceptance of the amendment to the bank that advised such amendment. The beneficiary should give notification of acceptance or rejection of an amendment. If the beneficiary fails to give such notification, a presentation that complies with the credit and to any not yet accepted amendment will be deemed to be notification of acceptance by the beneficiary of such amendment. As of that moment the credit will be amended.

d. A bank that advises an amendment should inform the bank from which it received the amendment of any notification of acceptance or rejection.

e. Partial acceptance of an amendment is not allowed and will be deemed to be notification of rejection of the amendment.

f. A provision in an amendment to the effect that the amendment shall enter into force unless rejected by the beneficiary within a certain time shall be disregarded.

제10조 [조건변경]

a. 제38조에 의하여 별도로 규정된 경우를 제외하고는, 신용장은 발행은행, 확인은행(확인은행이 있는 경우)및 수익자의 합의 없이는 변경 또는 취소될 수 없다.

b. 발행은행은 그 자신이 조건변경서를 발행한 시점부터 그 조건변경서에 대하여 취소불능의 의무를 부담한다. 확인은행은 그 자신의 확인을 조건변경에까지 확장할 수 있으며 그 변경을 통지한 시점부터 취소불능의 의무를 부담한

다. 그러나, 확인은행은 그 자신의 확인을 확장함이 없이 조건변경을 통지하기로 결정할 수 있으며 이러한 경우에는 발행은행에게 지체없이 통고하고 그 자신의 통지서로 수익자에게 통고하여야 한다.

c. 원신용장 또는 이전에 승낙된 조건변경을 포함하고 있는 신용장의 제조건은 수익자가 조건변경에 대한 그 자신의 승낙을 그러한 조건변경을 통지해 온 은행에게 통보할 때까지는 수익자에게는 여전히 유효하다. 수익자는 조건변경에 대하여 승낙 또는 거절의 통고(notification)를 행하여야 한다. 수익자가 그러한 통고를 행하지 아니한 경우, 신용장 및 아직 승낙되지 않은 조건변경에 일치하는 제시는 수익자가 그러한 조건변경에 대하여 승낙의 통고를 행하는 것으로 본다. 그 순간부터 신용장은 조건이 변경된다.

d. 조건변경을 통지하는 은행은 조건변경을 송부해 온 은행에게 승낙 또는 거절의 모든 통고를 통지하여야 한다.

e. 조건변경의 부분승낙은 허용되지 아니하며 그 조건변경의 부분승낙은 거절의 통지로 본다.

f. 조건변경이 특정기한 내에 수익자에 의하여 거절되지 아니하는 한 유효하게 된다는 취지의 조건변경서상의 규정은 무시된다.

Article 11 [Teletransmitted and Pre-Advised Credits and Amendments]

a. An authenticated teletransmission of a credit or amendment will be deemed to be the operative credit or amendment, and any subsequent mail confirmation shall be disregarded.
If a teletransmission states "full details to follow" (or words of similar effect), or states that the mail confirmation is to be the operative credit or amendment, then the teletransmission will not be deemed to be the operative credit or amendment.
The issuing bank must then issue the operative credit or amendment without delay in terms not inconsistent with the teletransmission.

b. A preliminary advice of the issuance of a credit or amendment ("pre - advice") shall only be sent if the issuing bank is prepared to issue the operative credit or amendment. An issuing bank that sends a pre-advice is irrevocably committed to issue the operative credit or amendment, without delay, in terms not inconsistent with the pre-advice.

제11조 [전송 및 사전통지신용장과 조건변경]

a. 신용장 또는 조건변경의 인증된(authenticated) 전송은 유효한 신용장 또는

조건변경으로 보며, 추후의 모든 우편확인서는 무시된다. 전송이 "완전한 명세는 추후 통지함(full details to follow)"또는 이와 유사한 표현을 명기하고 있거나 또는 우편확인서를 유효한 신용장 또는 조건변경으로 한다는 것을 명기하고 있는 경우에, 그러한 전송은 유효한 신용장 또는 조건변경으로 보지 아니하며, 발행은행은 전송과 모순되지 아니한 조건으로 지체 없이 유효한 신용장 또는 조건변경을 발행하여야 한다.

b. 신용장의 발행 또는 조건변경의 예비통지, 사전통지는 발행은행이 유효한 신용장 또는 조건변경을 발행할 용의가 있는 경우에만 송부된다. 사전통지를 송부하는 발행은행은 지체없이 사전통지와 모순되지 아니한 조건으로 유효한 신용장 또는 조건변경을 발행할 것을 취소불능적으로 약속한다.

Article 12 [Nomination]

a. Unless a nominated bank is the confirming bank, an authorization to honour or negotiate does not impose any obligation on that nominated bank to honour or negotiate, except when expressly agreed to by that nominated bank and so communicated to the beneficiary.

b. By nominating a bank to accept a draft or incur a deferred payment undertaking, an issuing bank authorizes that nominated bank to prepay or purchase a draft accepted or a deferred payment undertaking incurred by that nominated bank.

c. Receipt or examination and forwarding of documents by a nominated bank that is not a confirming bank does not make that nominated bank liable to honour or negotiate, nor does it constitute honour or negotiation.

제12조 [지정]

a. 지정은행이 확인은행이 아닌 한, 지급이행 또는 매입할 수권은 그 지정은행이 명시적으로 합의하고 이를 수익자에게 통보하는 경우를 제외하고는, 그 지정은행에게 어떠한 의무도부과되지 아니한다.

b. 환어음을 인수하거나 또는 연지급확약을 부담할 은행을 지정함으로써, 발행은행은 지정은행이 인수한 환어음 또는 부담한 연지급확약을 선지급 또는 구매하도록 그 지정은행에게권한을 부여한다.

c. 확인은행이 아닌 지정은행에 의한 서류의 수령 또는 심사 및 발송은 지급이행 또는 매입할 의무를 그 지정은행에게 부담시키는 것은 아니며, 그것은 지급이행 또는 매입을 구성하지 아니한다.

Article 13 [Bank-to-Bank Reimbursement Arrangements]

a. If a credit states that reimbursement is to be obtained by a nominated bank ("claiming bank") claiming on another party ("reimbursing bank"), the credit must state if the reimbursement is subject to the ICC rules for bank-to-bank reimbursements in effect on the date of issuance of the credit.

b. If a credit does not state that reimbursement is subject to the ICC rules for bank-to-bank reimbursements, the following apply:

  i. An issuing bank must provide a reimbursing bank with a reimbursement authorization that conforms with the availability stated in the credit. The reimbursement authorization should not be subject to an expiry date.

  ii. A claiming bank shall not be required to supply a reimbursing bank with a certificate of compliance with the terms and conditions of the credit.

  iii. An issuing bank will be responsible for any loss of interest, together with any expenses incurred, if reimbursement is not provided on first demand by a reimbursing bank in accordance with the terms and conditions of the credit.

  iv. A reimbursing bank's charges are for the account of the issuing bank. However, if the charges are for the account of the beneficiary, it is the responsibility of an issuing bank to so indicate in the credit and in the reimbursement authorization. If a reimbursing bank's charges are for the account of the beneficiary, they shall be deducted from the amount due to a claiming bank when reimbursement is made. If no reimbursement is made, the reimbursing bank's charges remain the obligation of the issuing bank.

c. An issuing bank is not relieved of any of its obligations to provide reimbursement if reimbursement is not made by a reimbursing bank on first demand.

제13조 [은행간 상환약정]

a. 신용장에서 지정은행(청구은행)이 상환을 다른 당사자(상환은행)에게 청구하여 받는것으로 명기하고 있는 경우에는, 그 신용장은 상환이 신용장의 발행일

에 유효한 은행간 대금상환에 관한 ICC 규칙에 따르는지의 여부를 명기하여야 한다.

b. 신용장에서 상환이 은행간 대금상환에 관한 ICC 규칙에 따른다고 명기하고 있지 아니한 경우에는, 다음과 같이 적용된다:

  i. 발행은행은 신용장에 명기된 내용에 따라 유효하게 상환수권을 상환은행에 부여하여야 한다. 상환수권은 유효기일에 지배받지 아니하여야 한다.

  ii. 청구은행은 상환은행에게 신용장의 제 조건과의 일치증명서를 제공하도록 요구되지 아니한다.

  iii. 상환이 최초의 청구시에 신용장의 제 조건에 따라 상환은행에 의하여 이행되지 아니한경우, 발행은행은 부담된 모든 경비와 함께 이자손실의 책임을 부담하여야 한다.

  iv. 상환은행의 비용은 발행은행의 부담으로 하여야 한다. 그러나 그 비용을 수익자의 부담으로 하고자 하는 경우에는, 발행은행은 신용장 및 상환수권서에 이러한 내용을 지시할 책임이 있다. 상환은행의 비용이 수익자의 부담으로 되는 경우에, 그러한 비용은 상환이 이루어질 때 청구은행에 의하여 발생하는 금액으로부터 공제되어야 한다. 상환이 행해지지 아니한 경우에는, 상환은행의 비용은 발행은행의 의무로 남는다.

c. 발행은행은 상환이 최초의 청구시에 상환은행에 의하여 이행되지 아니하는 경우에는 상환을 이행해야 할 자신의 의무로부터 면제되지 아니한다.

Article 14 [Standard for Examination of Documents]

a. A nominated bank acting on its nomination, a confirming bank, if any, and the issuing bank must examine a presentation to determine, on the basis of the documents alone, whether or not the documents appear on their face to constitute a complying presentation.

b. A nominated bank acting on its nomination, a confirming bank, if any, and the issuing bank shall each have a maximum of five banking days following the day of presentation to determine if a presentation is complying. This period is not curtailed or otherwise affected by the occurrence on or after the date of presentation of any expiry date or last day for presentation.

c. A presentation including one or more original transport documents subject to articles 19, 20, 21, 22, 23, 24 or 25 must be made by or on behalf of the beneficiary not later than 21 calendar days after the date of shipment as described in these rules, but in any event not later than the expiry date of the credit

d. Data in a document, when read in context with the credit, the document itself and international standard banking practice, need not be identical to, but must not conflict with, data in that document, any other stipulated document or the credit.

e. In documents other than the commercial invoice, the description of the goods, services or performance, if stated, may be in general terms not conflicting with their description in the credit.

f. If a credit requires presentation of a document other than a transport document, insurance document or commercial invoice, without stipulating by whom the document is to be issued or its data content, banks will accept the document as presented if its content appears to fulfil the function of the required document and otherwise complies with sub-article 14 (d).

g. A document presented but not required by the credit will be disregarded and may be returned to the presenter.

h. If a credit contains a condition without stipulating the document to indicate compliance with the condition, banks will deem such condition as not stated and will disregard it.

i. A document may be dated prior to the issuance date of the credit, but must not be dated later than its date of presentation.

j. When the addresses of the beneficiary and the applicant appear in any stipulated document, they need not be the same as those stated in the credit or in any other stipulated document, but must be within the same country as the respective addresses mentioned in the credit. Contact details (telefax, telephone, email and the like) stated as part of the beneficiary's and the applicant's address will be disregarded. However, when the address and contact details of the applicant appear as part of the consignee or notify party details on a transport document subject to articles 19,20, 21, 22, 23, 24, or 25, they must be as stated in the credit.

k. The shipper or consignor of the goods indicated on any document need not be the beneficiary of the credit.

l. A transport document may be issued by any party other than a carrier, owner, master or charterer provided that the transport document meets the requirements of articles 19, 20, 21, 22, 23, or 24 of these rules.

제14조 [서류심사의 기준]

a. 지정에 따라 행동하는 지정은행, 확인은행(확인은행이 있는 경우) 및 발행은행은 서류가 문면상 일치하는 제시를 구성하는지 여부를 결정하기 위하여 서류만을 기초로 하여 그 제시를 심사하여야 한다.
b. 지정에 따라 행동하는 지정은행, 확인은행(확인은행이 있는 경우) 및 발행은행은 제시가 일치하는지 여부를 결정하기 위하여 지시일의 다음날부터 최대 제5은행영업일을 각각 가진다. 이 기간은 제시를 위한 모든 유효기일 또는 최종일의 제시일에 또는 그 이후의 사건에 의하여 단축되거나 또는 별도로 영향을 받지 아니한다.
c. 제19조, 제20조, 제21조, 제22조, 제23조, 제24조 또는 제25조에 따른 하나 또는 그 이상의 운송서류의 원본을 포함하는 제시는 이 규칙에 기술된 대로 선적일 이후 21역일보다 늦지 않게 수익자에 의하여 또는 대리하여 이행되어야 한다. 그러나 어떠한 경우에도, 신용장의 유효기일보다 늦지 않아야 한다.
d. 서류상의 자료는 신용장, 그 서류자체 및 국제표준은행관행의 관점에서 검토하는 경우, 그 서류, 기타 모든 명시된 서류 또는 신용장상의 자료와 동일할 필요는 없지만 이와 상충되어서는 아니된다.
e. 상업송장 이외의 서류에 있어서, 물품 용역 또는 이행의 명세는, 명기된 경우 신용장상의 이들 명세와 상충되지 아니하는 일반용어로 기재될 수 있다.
f. 신용장에서 서류가 누구에 의하여 발행되는 것인가를 또는 서류의 자료내용을 명시하지 않고, 운송서류, 보험서류 또는 상업송장 이외의 서류의 제시를 요구하는 경우에는, 그 서류의 내용이 요구된 서류의 기능을 충족하는 것으로 보이고, 기타의 방법으로 제14조 d항과 일치한다면, 은행은 그 서류를 제시된 대로 수리한다.
g. 제시되었지만 신용장에 의하여 요구되지 않은 서류는 무시되고 제시인에게 반송될 수 있다.
h. 신용장이 어떤 조건과의 일치성을 표시하기 위하여 서류를 명시하지 않고 그 조건만을 포함하고 있는 경우에는, 은행은 그러한 조건을 명기되지 아니한 것으로 보고 이를 무시하여야 한다.
i. 서류는 신용장의 일자보다 이전의 일자로 기재될 수 있으나, 그 서류의 제시일보다 늦은 일자가 기재되어서는 아니된다.
j. 수익자 및 발행의뢰인의 주소가 서류상에 보이는 경우에는 이들 주소는 신용

장 또는 기타 신용장에 명시된 모든 서류에 명기된 것과 동일할 필요는 없으나, 신용장에 언급된 각각의 주소와 동일한 국가 내에 있어야 한다. 수익자 및 발행의뢰인의 주소의 일부로서 명기된 연락처 명세(팩스, 전화, 전자우편 등)는 무시된다. 그러나, 발행의뢰인의 모든 주소 및 연락처 명세가 제19조, 제20조, 제21조, 제22조, 제23조, 제24조 또는 제25조에 따라 운송서류상의 수화인 또는 착화통지처 명세의 일부로서 보이는 경우에는, 이러한 주소 및 연락처명세는 신용장에 명기된 대로 이어야 한다.

k. 모든 서류상에 표시된 물품의 송화인 또는 탁송인은 신용장의 수익자일 필요는 없다.

l. 운송서류가 이 규칙의 제19조, 제20조, 제21조, 제22조, 제23조, 또는 제24조의 요건을 충족하는 한, 그 운송서류는 운송인, 선주 또는 용선자 이외의 모든 당사자에 의하여 발행될 수 있다.

Article 15 [Complying Presentation]

a. When an issuing bank determines that a presentation is complying, it must honour.

b. When a confirming bank determines that a presentation is complying, it must honour or negotiate and forward the documents to the issuing bank.

c. When a nominated bank determines that a presentation is complying and honours or negotiates, it must forward the documents to the confirming bank or issuing bank.

제15조 [일치하는 제시]

a. 발행은행은 제시가 일치한다고 결정하는 경우, 그 발행은행은 지급이행 하여야 한다.

b. 확인은행이 제시가 일치한다고 결정하는 경우, 그 확인은행은 지급이행 또는 매입하고 발행은행에게 서류를 발송하여야 한다.

c. 지정은행이 제시가 일치한다고 결정하고 지급이행 또는 매입하는 경우, 그 지정은행은 확인은행 또는 발행은행에게 서류를 발송하여야 한다.

Article 16 [Discrepant Documents, Waiver and Notice]

a. When a nominated bank acting on its nomination, a confirming bank, if any, or the issuing bank determines that a presentation does not comply, it may refuse to honour or negotiate.

b. When an issuing bank determines that a presentation does not comply, it may in its sole judgement approach the applicant for a waiver of the discrepancies. This does not, however, extend the period mentioned in sub-article 14 (b).

c. When a nominated bank acting on its nomination, a confirming bank, if any, or the issuing bank decides to refuse to honour or negotiate, it must give a single notice to that effect to the presenter.

The notice must state:

i. that the bank is refusing to honour or negotiate ; and

ii. each discrepancy in respect of which the bank refuses to honour or negotiate; and

iii. a) that the bank is holding the documents pending further instructions from the presenter; or

b) that the issuing bank is holding the documents until it receives a waiver from the applicant and agrees to accept it, or receives further instructions from the presenter prior to agreeing to accept a waiver; or

c) that the bank is returning the documents; or

d) that the bank is acting in accordance with instructions previously received from the presenter.

d. The notice required in sub-article 16 (c) must be given by telecommunication or, if that is not possible, by other expeditious means no later than the close of the fifth banking day following the day of presentation.

e. A nominated bank acting on its nomination, a confirming bank, if any, or the issuing bank may, after providing notice required by sub-article 16 (c) (iii) (a) or (b), return the documents to the presenter at any time.

f. If an issuing bank or a confirming bank fails to act in accordance with the provisions of this article, it shall be precluded from claiming that the documents do not constitute a complying presentation.

g. When an issuing bank refuses to honour or a confirming bank refuses to honour or negotiate and has given notice to that effect in accordance with this article, it shall then be entitled to claim a refund, with interest, of any reimbursement made.

제16조 [불일치서류, 권리포기 및 통지]

a. 지정에 따라 행동하는 지정은행, 확인은행(확인은행이 있는 경우) 또는 발행은행은 제시가 일치하지 아니한 것으로 결정하는 경우에는, 지급이행 또는 매입을 거절할 수 있다.

b. 발행은행은 제시가 일치하지 아니하다고 결정하는 경우에는, 독자적인 판단으로 발행의 뢰인과 불일치에 관한 권리포기의 여부를 교섭할 수 있다.그러나 이것은 제14조 b항에서 언급된 기간을 연장하지 아니한다.

c. 지정에 따라 행동하는 지정은행, 확인은행(확인은행이 있는 경우) 또는 발행은행은 지급이행 또는 매입을 거절하기로 결정한 경우에는, 제시인에게 그러한 취지를 1회 통지하여야 한다.

그 통지는 다음을 명기하여야 한다:

i. 은행이 지급이행 또는 매입을 거절하고 있다는 것; 그리고

ii. 은행이 지급이행 또는 매입을 거절하게 되는 각각의 불일치사항; 그리고

iii. a) 은행이 제시인으로부터 추가지시를 받을 때까지 서류를 보관하고 있다는 것; 또는

b) 발행은행이 발행의뢰인으로부터 권리포기를 수령하고 서류를 수리하기로 합의할때 까지, 또는 권리포기를 승낙하기로 합의하기 전에 제시인으로부터 추가지시를 수령할 때까지 발행은행이 서류를 보관하고 있다는 것; 또는

c) 은행이 서류를 반송하고 있다는 것; 또는

d) 은행이 제시인으로부터 이전에 수령한 지시에 따라 행동하고 있다는 것.

d. 제 16조 제c항에서 요구된 통지는 전기통신(telecommunication)으로 또는 그 이용이 불가능한 때에는 기타 신속한 수단으로 제시일의 다음 제5은행영업일의 마감시간까지 행해져야 한다.

e. 지정에 따라 행동하는 지정은행, 확인은행(확인은행이 있는 경우) 또는 발행은행은, 제16조 제c항 제iii호 (a) 또는 (b)에 의하여 요구된 통지를 행한 후에, 언제든지 제시인에게 서류를 반송할 수 있다.

f. 발행은행 또는 확인은행이 이 조의 규정에 따라 행동하지 아니한 경우에는, 그 은행은 서류가 일치하는 제시를 구성하지 아니한다고 주장할 수 없다.

g. 발행은행이 지급이행을 거절하거나 또는 확인은행이 지급이행 또는 매입을 거절하고 이조에 따라 그러한 취지를 통지한 경우에는, 그 은행은 이미 행해진 상환금에 이자를 추가하여 그 상환금의 반환을 청구할 권리가 있다.

Article 17 [Original Documents and Copies]

a. At least one original of each document stipulated in the credit must be presented.

b. A bank shall treat as an original any document bearing an apparently original signature, mark, stamp, or label of the issuer of the document, unless the document itself indicates that it is not an original.

c. Unless a document indicates otherwise, a bank will also accept a document as original if it:

  i. appears to be written, typed, perforated or stamped by the document issuer's hand; or

  ii. appears to be on the document issuer's original stationery; or

  iii. states that it is original, unless the statement appears not to apply to the document presented.

d. If a credit requires presentation of copies of documents, presentation of either originals or copies is permitted.

e. If a credit requires presentation of multiple documents by using terms such as "in duplicate", "in two fold" or "in two copies", this will be satisfied by the presentation of at least one original and the remaining number in copies, except when the document itself indicates otherwise.

제17조 [원본서류 및 사본]

a. 적어도 신용장에 명시된 각 서류의 1통의 원본은 제시되어야 한다.

b. 서류 그 자체가 원본이 아니라고 표시하고 있지 아니하는 한, 명백히 서류발행인의 원본 서명, 표기, 스탬프, 또는 부전을 기재하고 있는 서류를 원본으로서 취급한다.

c. 서류가 별도로 표시하지 아니하는 한, 서류가 다음과 같은 경우에는, 은행은 서류를 원본으로서 수리한다:

  i. 서류발행인에 의하여 수기, 타자, 천공 또는 스탬프된 것으로 보이는 경우; 또는

  ii. 서류발행인의 원본용지 상에 기재된 것으로 보이는 경우; 또는

  iii. 제시된 서류에 적용되지 아니하는 것으로 보이지 아니하는 한, 원본이라는 명기가 있는 경우

d. 신용장이 서류의 사본의 제시를 요구하는 경우에는, 원본 또는 사본의 제시는 허용된다.

e. 신용장이 "2통(in duplicate)", "2부(in two fold)", "2통(in two copies)"과 같은 용어를 사용함으로써 수통의 서류의 제시를 요구하는 경우에는, 이것은 서류자체에 별도의 표시가 있는 경우를 제외하고는 적어도 원본 1통과 사본으로 된 나머지 통수의 제시에 의하여 충족된다.

Article 18 [Commercial Invoice]

a. A commercial invoice:

　i. must appear to have been issued by the beneficiary (except as provided in article 38);

　ii. must be made out in the name of the applicant (except as provided in sub-article 38 (g));

　iii. must be made out in the same currency as the credit; and

　iv. need not be signed.

b. A nominated bank acting on its nomination, a confirming bank, if any, or the issuing bank may accept a commercial invoice issued for an amount in excess of the amount permitted by the credit, and its decision will be binding upon all parties, provided the bank in question has not honoured or negotiated for an amount in excess of that permitted by the credit.

c. The description of the goods, services or performance in a commercial invoice must correspond with that appearing in the credit.

제18조 [상업송장]

a. 상업송장은:

　i. 수익자에 의하여 발행된 것으로 보여야 하며(제38조에 규정된 경우를 제외한다);

　ii. 발행의뢰인 앞으로 작성되어야 하며(제38조 g항에 규정된 경우를 제외한다);

　iii. 신용장과 동일한 통화로 작성되어야 하며; 그리고

　iv. 서명될 필요가 없다.

b. 지정에 따라 행동하는 지정은행, 확인은행(있는 경우) 또는 발행은행은 신용장에 의하여 허용된 금액을 초과한 금액으로 발행된 상업송장을 수리할 수 있으며, 그러한 결정은 모든 당사자를 구속한다. 다만 문제의 은행은 신용장에 의하여 허용된 금액을 초과한 금액으로 지급이행 또는 매입하지 아니하여야 한다.

c. 상업송장상의 물품, 용역 또는 이행의 명세는 신용장에 보이는 것과 일치하여야 한다.

Article 19 [Transport Document Covering at Least Two Different Modes of Transport]

a. A transport document covering at least two different modes of transport(multimodal or combined transport document), however named, must appear to:

i. indicate the name of the carrier and be signed by: the carrier or a named agent for or on behalf of the carrier, or the master or a named agent for or on behalf of the master.
Any signature by the carrier, master or agent must be identified as that of the carrier, master or agent.
Any signature by an agent must indicate whether the agent has signed for or on behalf of the carrier or for or on behalf of the master.

ii. indicate that the goods have been dispatched, taken in charge or shipped on board at the place stated in the credit, by: pre-printed wording, or a stamp or notation indicating the date on which the goods have been dispatched, taken in charge or shipped on board.
The date of issuance of the transport document will be deemed to be the date of dispatch, taking in charge or shipped on board, and the date of shipment.
However, if the transport document indicates, by stamp or notation, a date of dispatch, taking in charge of shipped on board, this date will be deemed to be the date of shipment.

iii. indicate the place of dispatch, taking in charge or shipment and the place of final destination stated in the credit, even if:

a. the transport document states, in addition, a different place of dispatch, taking in charge or shipment or place of final destination,

b. the transport document contains the indication "intended" or similar qualification in relation to the vessel, port of loading or port of discharge.

iv. be the sole original transport document or, if issued in more than one original, be the full set as indicated on the transport document.

v. contain terms and conditions of carriage or make reference to another source containing the terms and conditions of carriage (short form or blank back transport document). Contents of terms and conditions of carriage will not be examined.

vi. contain no indication that it is subject to a charter party.

b. For the purpose of this article, transhipment means unloading from one means of conveyance and reloading to another means of conveyance (whether or not in different modes of transport) during the carriage from the place of dispatch, taking in charge or shipment to the place of final destination stated in the credit.

c. i. A transport document may indicate that the goods will or may be transhipped provided that the entire carriage is covered by one and the same transport document.

ii. A transport document indicating that transhipment will or may take place is acceptable, even if the credit prohibits transhipment.

제19조 [적어도 두 가지의 다른 운송 방식을 표시하는 운송서류]

a. 적어도 두 가지의 다른 운송방식을 표시하는 운송서류(복합운송서류)는 그 명칭에 관계없이 다음과 같이 보여야 한다:

i. 운송인의 명칭을 표시하고 다음의 자에 의하여 서명되어 있는 것: 운송인 또는 운송인을 대리하는 지정대리인, 또는 선장 또는 선장을 대리하는 지정대리인.

운송인 선장 또는 대리인에 의한 모든 서명은 운송인, 선장 또는 대리인의 것이라는 것을 확인하고 있어야 한다.

대리인에 의한 모든 서명은 그 대리인이 운송인을 대리하여 서명하였는지, 또는 선장을 대리하여 서명하였는지를 표시하여야 한다.

ii. 다음에 의하여, 물품이 신용장에 명기된 장소에서 발송, 수탁 또는 본선선적되었음을 표시하고 있는 것: 사전인쇄된 문언, 또는 물품이 발송, 수탁 또는 본선선적된 일자를 표시하고 있는 스탬프 또는 표기 운송서류의 발행일은 발송, 수탁 또는 본선선적일 및 선적일로 본다. 그러나, 운송서류가 스탬프 또는 표기에 의하여 발송, 수탁 또는 본선선적일을 표시하고 있는 경우에는, 이러한 일자를 선적일로 본다.

iii. 비록 다음과 같더라도, 신용장에 명기된 발송, 수탁 또는 선적지 및 최종목적지를 표시하고 있는 것:

a. 운송서류가 추가적으로 다른 발송, 수탁 또는 선적지 또는 최종목적지를 명기하고 있더라도, 또는

b. 운송서류가 선박, 적재항 또는 양륙항에 관하여 "예정된" 또는 이와 유사한 제한의 표시를 포함하고 있더라도,

ⅳ. 단일의 운송서류 원본 또는 2통 이상의 원본으로 발행된 경우에는, 운송서류상에 표시된대로 전통인 것.

ⅴ. 운송의 제조건을 포함하고 있거나, 또는 운송의 제조건을 포함하는 다른 자료를 참조하고 있는 것(약식/배면백지식 운송서류). 운송의 제 조건의 내용은 심사되지 아니한다.

ⅵ. 용선계약에 따른다는 어떠한 표시도 포함하고 있지 아니한 것

b. 이 조에서, 환적이란 신용장에 명기된 발송, 수탁 또는 선적지로부터 최종목적지까지의 운송과정 중에 한 운송수단으로부터의 양화 및 다른 운송수단으로의 재적재를 말한다.

c. ⅰ. 운송서류는 물품이 환적될 것이라거나 또는 될 수 있다고 표시할 수 있다. 다만, 전운송은 동일한 운송서류에 의하여 커버되어야 한다.

ⅱ. 신용장이 환적을 금지하고 있는 경우에도, 환적이 행해질 것이라거나 또는 행해질수 있다고 표시하고 있는 운송서류는 수리될 수 있다.

Article 20 [Bill of Lading]

a. A bill of lading, however named, must appear to:

ⅰ. indicate the name of the carrier and be signed by: the carrier or a named agent for or on behalf of the carrier, or the master or a named agent for or on behalf of the master.

Any signature by the carrier, master or agent must be identified as that of the carrier, master or agent.

Any signature by the agent must indicate whether the agent has signed for or on behalf of the carrier or for or on behalf of the master.

ⅱ. indicate that the goods have been shipped on board a named vessel at the port of loading sated in the credit by: pre-printed wording, or an on board notation indicating the date on which the goods have been shipped on board.

The date of issuance of the bill of lading will be deemed to be the date of shipment unless the bill of lading contains an on board notation indicating the date of shipment, in which case the date stated in the on board notation will be deemed to be the date of shipment.

If the bill of lading contains the indication "intended vessel" or similar qualification in relation to the name of the vessel, an on board notation indicating the date of shipment and the name of the actual vessel is required.

iii. indicate shipment from port of loading to the port of discharge stated in the credit.
If the bill of lading does not indicate the port of loading stated in the credit as the port of loading, or if it contains the indication "intended" or similar qualification in relation to the port of loading, an on board notation indicating the port of loading as stated in the credit, the date of shipment and the name of the vessel is required. This provision applies even when loading on board or shipment on a named vessel is indicated by pre-printed wording on the bill of lading.

iv. be the sole original bill of lading or, if issued in more than one original, be the full set as indicated on the bill of lading.

v. contain terms and conditions of carriage or make reference to another source containing the terms and conditions of carriage (short form or blank back bill of lading). Contents of terms and conditions of carriage will not be examined.

vi. contain no indication that it is subject to a charter party.

b. For the purpose of this article, transhipment means unloading from one vessel and reloading to another vessel during the carriage from the port of loading to the port of discharge stated in the credit.

c. i. A bill of lading may indicate that the goods will or may be transhipped provided that the entire carriage is covered by one and the same bill of lading.

ii. A bill of lading indicating that transhipment will or may take place is acceptable, even if the credit prohibits transhipment, if the goods have been shipped in a container, trailer or LASH barge as evidenced by the bill of lading.

d. Clauses in a bill of lading stating that the carrier reserves the right to tranship will be disregarded.

제20조 [선하증권]

a. 선하증권은 그 명칭에 관계없이 다음과 같이 보여야 한다.

i. 운송인의 명칭을 표시하고 다음의 자에 의하여 서명되어 있는 것: 운송인 또는 운송인을 대리하는 지정대리인, 또는 선장 또는 선장을 대리하는 지정대리인.

운송인, 선장 또는 대리인에 의한 모든 서명은 운송인, 선장 또는 대리인의 것이라는 것을 확인하고 있어야 한다.

대리인에 의한 모든 서명은 그 대리인이 운송인을 대리하여 서명하였는지, 또는 선장을 대리하여 서명하였는지를 표시하여야 한다.

ii. 다음에 의하여 물품이 신용장에 명기된 적재항에서 지정선박에 본선선적되었음을 표시하고 있는 것: 사전인쇄된 문언, 또는 물품이 본선선적된 일자를 표시하고 있는 본선적재표기 선하증권의 발행일은 선적일로 본다. 다만, 선하증권이 선적일을 표시하고 있는 본선적재표기를 포함하고 있는 경우에는 그러하지 아니하며, 이 경우, 본선적재표기상에 명기된 일자는 선적일로 본다.

선하증권이 선박의 명칭에 관하여 "예정된 선박" 또는 이와 유사한 제한의 표시를 포함하고 있는 경우에는, 선적일 및 실제 선박의 명칭을 표시하고 있는 본선적재표기는 요구된다.

iii. 신용장에 명기된 적재항으로부터 양륙항까지의 선적을 표시하고 있는 것.

선하증권이 적재항으로서 신용장에 명기된 적재항을 표시하고 있지 아니한 경우에는, 또는 적재항에 관하여 "예정된" 또는 이와 유사한 제한의 표시를 포함하고 있는 경우에는, 신용장에 명기된 대로 적재항, 선적일 및 선박의 명칭을 표시하고 있는 본선적재표기가 요구된다. 이 규정은 비록 지정된 선박에의 본선적재 또는 선적이 선하증권상에 사전에 인쇄된 문언에 의하여 표시되어 있더라도 적용된다.

iv. 단일의 선하증권 원본 또는, 2통 이상의 원본으로 발행된 경우에는, 선하증권 상에 표시된대로 전통인 것.

v. 운송의 제 조건을 포함하고 있거나, 또는 운송의 제조건을 포함하는 다른 자료를 참조하고 있는 것(약식/배면백지식 선하증권). 운송의 제 조건의 내용은 심사되지 아니한다.

vi. 용선계약에 따른다는 어떠한 표시도 포함하고 있지 아니한 것

b. 이 조에서, 환적이란 신용장에 명기된 적재항으로부터 양륙항까지의 운송과정 중에 한 선박으로부터의 양화 및 다른 선박으로의 재적재를 말한다.

c. i. 선하증권은 물품이 환적될 것이라거나 또는 될 수 있다고 표시할 수 있다. 다만, 전 운송이 동일한 선하증권에 의하여 커버되어야 한다.

ii. 신용장이 환적을 금지하고 있는 경우에도, 물품이 선하증권에 의하여 입증된 대로 컨테이너, 트레일러 또는 래쉬선에 선적된 경우에는, 환적이 행해질 것이라거나 또는 행해질 수 있다고 표시하고 있는 선하증권은 수리될 수 있다.

d. 운송인이 환적할 권리를 유보한다고 명기하고 있는 선하증권상의 조항은 무시된다.

Article 21 [Non-Negotiable Sea Waybill]

a. A non-negotiable sea way bill, however named, must appear to:

i. indicate the name of the carrier and be signed by: the carrier or a named agent for or on behalf of the carrier, or the master or a named agent for or on behalf of the master.

Any signature by the carrier, master or agent must be identified as that of the carrier, master of agent.

Any signature by an agent must indicate whether the agent has signed for or on behalf of the carrier or for or on behalf of the master.

ii. indicate that the goods have been shipped on board a named vessel at the port of loading stated in the credit by: pre-printed wording, or an on board notation indicating the date on which the goods have been shipped on board.

The date of issuance of the non-negotiable sea waybill will be deemed to be the date of shipment unless the non-negotiable sea waybill contains an on board notation indicating the date of shipment, in which case the date stated in the on board notation will be deemed to be the date of shipment.

If the non-negotiable sea waybill contains the indication "intended vessel" or similar qualification in relation to the name of the vessel, an on board notation indicating the date of shipment and the name of the actual vessel is required.

iii. indicate shipment from the port of loading to the port of discharge stated in the credit.

If the non-negotiable sea waybill does not indicate the port of loading stated in the credit as the port of loading, or if it contains the indication "intended" or similar qualification in relation to the port of loading, an on board notation indicating the port of loading as stated in the credit, the date of shipment and the name of the vessel is required. This provision applies even when loading on board or shipment on a named vessel is indicated by pre-printed wording on the non-negotiable sea waybill.

iv. be the sole original non-negotiable sea waybill or, if issued in more than one original, be the full set as indicated on the non-negotiable sea waybill.

v. contain terms and conditions of carriage or make reference to another source containing the terms and conditions of carriage (short form or blank back non-negotiable sea waybill). Contents of terms and conditions of carriage will not be examined.

vi. contain no indication that it is subject to a charter party.

b. For the purpose of this article, transhipment means unloading from one vessel and reloading to another vessel during the carriage from the port of loading to the port of discharge stated in the credit.

c. i. A non-negotiable sea waybill may indicate that the goods will or may be transhipped provided that the entire carriage is covered by one and the same non-negotiable sea waybill.

ii. A non-negotiable sea waybill indicating that transhipment will or may take place is acceptable, even if the credit prohibits transhipment, if the goods have been shipped in a container, trailer or LASH barge as evidenced by the non-negotiable sea waybill.

d. Clauses in a non-negotiable sea waybill stating that the carrier reserves the right to tranship will be disregarded.

제21조 [비유통성 해상화물운송장]

a. 비유통성 해상화물운송장은 그 명칭에 관계없이 다음과 같이 보여야 한다.

i. 운송인의 명칭을 표시하고 다음의 자에 의하여 서명되어 있는 것: 운송인 또는 운송인을 대리하는 지정대리인, 또는 선장 또는 선장을 대리하는 지정대리인.

운송인, 선장 또는 대리인에 의한 모든 서명은 운송인, 선장 또는 대리인의 것이라는 것을 확인하고 있어야 한다.

대리인에 의한 모든 서명은 그 대리인이 운송인을 대리하여 서명하였는지, 또는 선장을 대리하여 서명하였는지를 표시하여야 한다.

ii. 다음에 의하여 물품이 신용장에 명기된 적재항에서 지정선박에 본선선적되었음을 표시하고 있는 것: 사전인쇄된 문언, 또는 물품이 본선선적된 일자를 표시하고 있는 본선적재표기

비유통성 해상화물운송장의 발행일은 선적일로 본다. 다만, 비유통성 해상화물운송장이 선적일을 표시하고 있는 본선적재표기를 포함하고 있는 경

우에는 그러하지 아니하며, 이 경우, 본선적재표기상에 명기된 일자는 선적일로 본다.

비유통성 해상화물운송장이 선박의 명칭에 관하여 "예정된 선박" 또는 이와 유사한 제한의 표시를 포함하고 있는 경우에는, 선적일 및 실제 선박의 명칭을 표시하고 있는 본선적재표기는 요구된다.

iii. 신용장에 명기된 적재항으로부터 양륙항까지의 선적을 표시하고 있는 것.

비유통성 해상화물운송장이 적재항으로서 신용장에 명기된 적재항을 표시하고 있지 아니한 경우에는, 또는 적재항에 관하여 "예정된" 또는 이와 유사한 제한의 표시를 포함하고 있는 경우에는, 신용장에 명기된 대로 적재항, 선적일 및 선박의 명칭을 표시하고 있는 본선적재 표기가 요구된다.

이 규정은 비록 지정된 선박에의 본선적재 또는 선적이 비유통성 해상화물운송장상에 사전에 인쇄된 문언에 의하여 표시되어 있더라도 적용된다.

iv. 단일의 비유통성 해상화물운송장 원본 또는, 2통 이상의 원본으로 발행된 경우에는, 비유통성 해상화물운송장상에 표시된 대로 전통인 것.

v. 운송의 제조건을 포함하고 있거나, 또는 운송의 제조건을 포함하는 다른 자료를 참조하고 있는 것(약식/배면백지식 비유통성 해상화물운송장). 운송의 제조건의 내용은 심사되지 아니한다.

vi. 용선계약에 따른다는 어떠한 표시도 포함하고 있지 아니한 것

b. 이 조에서, 환적이란 신용장에 명기된 적재항으로부터 양륙항까지의 운송과정 중에 한 선박으로부터의 양화 및 다른 선박으로의 재적재를 말한다.

c. i. 비유통성 해상화물운송장은 물품이 환적될 것이라거나 또는 될 수 있다고 표시할 수 있다. 다만, 전운송이 동일한 비유통성 해상화물운송장에 의하여 커버되어야 한다.

ii. 신용장이 환적을 금지하고 있는 경우에도, 물품이 비유통성 해상화물운송장에 의하여 입증된 대로 컨테이너, 트레일러 또는 래쉬선에 선적된 경우에는, 환적이 행해질 것이라거나 또는 행해질 수 있다고 표시하고 있는 비유통성 해상화물운송장은 수리될 수 있다.

d. 운송인이 환적할 권리를 유보한다고 명기하고 있는 비유통성 해상화물운송장상의 조항은 무시된다.

Article 22 [Charter Party Bill of Lading]

a. A bill of lading, however named, containing an indication that it is subject to a charter party (charter party bill of lading), must appear to:

i. be signed by: the master or a named agent for or on behalf of the master, or the owner or a named agent for or on behalf of the owner, or the charterer or a named agent for or on behalf of the charterer.

Any signature by the master, owner, charterer or agent must be identified as that of the master, owner, charterer or agent.

Any signature by an agent must indicate whether the agent has signed for or on behalf of the master, owner or charterer.

An agent signing for or on behalf of the owner or charterer must indicate the name of the owner or charterer.

ii. indicate that the goods have been shipped on board a named vessel at the port of loading stated in the credit by: pre-printed wording, or an on board notation indicating the date on which the goods have been shipped on board.

The date of issuance of the charter party bill of lading will be deemed to be the date of shipment unless the charter party bill of lading contains an on board notation indicating the date of shipment, in which case the date stated in the on board notation will be deemed to be the date of shipment.

iii. indicate shipment from the port of loading to the port of discharge stated in the credit. The port of discharge may also be shown as a range of ports or a geographical area, as stated in the credit.

iv. be the sole original charter party bill of lading or, if issued in more than one original, be the full set as indicated on the charter party bill of lading.

b. A bank will not examine charter party contracts, even if they are required to be presented by the terms of the credit.

제22조 [용선계약선하증권]

a. 용선계약에 따른다는 표시를 포함하고 있는 선하증권(용선계약선하증권)은 그 명칭에 관계없이 다음과 같이 보여야 한다.

i. 다음의 자에 의하여 서명되어 있는 것: 선장 또는 선장을 대리하는 지정대리인, 또는 선주 또는 선주를 대리하는 지정대리인, 또는 용선자 또는 용선자를 대리하는 지정대리인

선장, 선주, 용선자 또는 대리인에 의한 모든 서명은 선장, 선주, 용선자 또는 대리인의 것이라는 것을 확인하고 있어야 한다.

대리인에 의한 모든 서명은 그 대리인이 선장, 선주 또는 용선자 중 누구를 대리하여 서명하였는지를 표시하여야 한다.

선주 또는 용선자를 대리하여 서명하는 대리인은 선주 또는 용선자의 명칭을 표시하여야 한다.

ii. 다음에 의하여 물품이 신용장에 명기된 적재항에서 지정선박에 본선선적되었음을 표시하고 있는 것: 사전인쇄된 문언, 또는 물품이 본선적된 일자를 표시하고 있는 본선적재표기용선계약선화증권의 발행일은 선적일로 본다. 다만, 용선계약선화증권이 선적일을 표시하고 있는 본선적재표기를 포함하고 있는 경우에는 그러하지 아니하며, 이 경우, 본선적재표기상에 명기된 일자는 선적일로 본다.

iii. 신용장에 명기된 적재항으로부터 양륙항까지의 선적을 표시하고 있는 것. 또한 양륙항은 신용장에 명기된 대로 항구의 구역 또는 지리적 지역으로 표시될 수 있다.

iv. 단일의 용선계약선하증권 원본 또는, 2통 이상의 원본으로 발행된 경우에는, 용선계약 선하증권상에 표시된 대로 전통인 것.

b. 용선계약서가 신용장의 조건(terms)에 따라 제시되도록 요구되더라도, 은행은 그 용선계약서를 심사하지 아니한다.

Article 23 [Air Transport Document]

a. An air transport document, however named, must appear to:

i. indicate the name of the carrier and be signed by: the carrier, or a named agent for or on behalf of the carrier.

Any signature by the carrier or agent must be identified as that of the carrier or agent.

Any signature by an agent must indicate that the agent has signed for or on behalf of the carrier.

ii. indicate that the goods have been accepted for carriage.

iii. indicate the date of issuance. This date will be deemed to be the date of shipment unless the air transport document contains a specific notation of the actual date of shipment, in which case the date stated in the notation will be deemed to be the date of shipment.

Any other information appearing on the air transport document relative to the flight number and date will not be considered in determining the date of shipment.

iv. indicate the airport of departure and the airport of destination stated in the credit.
v. be the original for consignor or shipper, even if the credit stipulates a full set of originals.
vi. contain terms and conditions of carriage or make reference to another source containing the terms and conditions of carriage. Contents of terms and conditions of carriage will not be examined.

b. For the purpose of this article, transhipment means unloading from one aircraft and reloading to another aircraft during the carriage from the airport of departure to the airport of destination stated in the credit.

c. i. An air transport document may indicate that the goods will or may be transhipped, provided that the entire carriage is covered by one and the same air transport document.
ii. An air transport document indicating that transhipment will or may take place is acceptable, even if the credit prohibits transhipment.

제23조 [항공운송서류]

a. 항공운송서류는 그 명칭에 관계없이 다음과 같이 보여야 한다.
i. 운송인의 명칭을 표시하고 다음의 자에 의하여 서명되어 있는 것: 운송인, 또는 운송인을 대리하는 지정대리인.
운송인 또는 대리인에 의한 모든 서명은 운송인 또는 대리인의 것이라는 것을 확인하고 있어야 한다.
대리인에 의한 모든 서명은 그 대리인이 운송인을 대리하여 서명하였음을 표시하여야 한다.
ii. 물품이 운송을 위하여 수취되었음을 표시하고 있는 것.
iii. 발행일을 표시하고 있는 것. 이 일자는 선적일로 본다. 다만, 항공운송서류가 실제의 선적일에 관한 특정표기를 포함하고 있는 경우에는 그러하지 아니하며, 이 경우, 그 표기에 명기된 일자는 선적일로 본다.
운항번호 및 일자에 관하여 항공운송서류상에 보이는 기타 모든 정보는 선적일을 결정하는데 고려되지 아니한다.
iv. 신용장에 명기된 출발공항과 목적공항을 표시하고 있는 것.
v. 신용장이 원본의 전통을 명시하고 있는 경우에도, 탁송인 또는 송화인용 원본인 것

vi. 운송의 제조건을 포함하고 있거나, 또는 운송의 제조건을 포함하는 다른 자료를 참조하고 있는 것. 운송의 제조건의 내용은 심사되지 아니한다.

b. 이 조에서, 환적이란 신용장에 명기된 출발공항으로부터 목적공항까지의 운송과정 중에 한 항공기로부터의 양화 및 다른 항공기로의 재적재를 말한다.

c. i. 항공운송서류는 물품이 환적될 것이라거나 또는 될 수 있다고 표시할 수 있다. 다만, 전운송은 동일한 항공운송서류에 의하여 커버되어야 한다.

ii. 신용장이 환적을 금지하고 있는 경우에도, 은행은 환적이 행해질 것이라거나 또는 행해질 수 있다고 표시하고 있는 항공운송서류는 수리될 수 있다.

Article 24 [Road, Rail or Inland Waterway Transport Documents]

a. A road, rail or inland waterway transport document, however named, must appear to:

i. indicate the name of the carrier and: be signed by the carrier or a named agent for or on behalf of the carrier, or indicate receipt of the goods by signature, stamp or notation by the carrier or a named agent for or on behalf of the carrier.

Any signature, stamp or notation of receipt of the goods by the carrier or agent must be identified as that of the carrier or agent.

Any signature, stamp or notation of receipt of the goods by the agent must indicate that the agent has signed or acted for or on behalf of the carrier.

If a rail transport document does not identify the carrier, any signature or stamp of the railway company will be accepted as evidence of the document being signed by the carrier.

ii. indicate the date of shipment or the date the goods have been received for shipment, dispatch or carriage at the place stated in the credit. Unless the transport document contains a dated reception stamp, an indication of the date of receipt or a date of shipment, the date of issuance of the transport document will be deemed to be the date of shipment.

iii. indicate the place of shipment and the place of destination stated in the credit.

b. i. A road transport document must appear to be the original for consignor or shipper or bear no marking indicating for whom the document has been prepared.

ii. A rail transport document marked "duplicate" will be accepted as an original.

iii. A rail or inland waterway transport document will be accepted as an original whether marked as an original or not.

c. In the absence of an indication on the transport document as to the number of originals issued, the number presented will be deemed to constitute a full set.

d. For the purpose of this article, transhipment means unloading from one means of conveyance and reloading to another means of conveyance, within the same mode of transport, during the carriage from the place of shipment, dispatch or carriage to the place of destination stated in the credit.

e. i. A road, rail or inland waterway transport document may indicate that the goods will or may be transhipped provided that the entire carriage is covered by one and the same transport document.

ii. A road, rail or inland waterway transport document indicating that transhipment

will or may take place is acceptable, even if the credit prohibits transhipment.

제24조 [도로, 철도 또는 내륙수로 운송서류]

a. 도로, 철도 또는 내륙수로운송서류는 그 명칭에 관계없이 다음과 같이 보여야 한다.

i. 운송인의 명칭을 표시하고 있는 것 그리고: 운송인 또는 운송인을 대리하는 지정대리인에 의하여 서명되어 있는 것, 또는 운송인 또는 운송인을 대리하는 지정대리인에 의하여 행해진 서명, 스탬프 또는 표기에 의하여 물품의 수령을 표시하고 있는 것.

물품의 수령에 관한 운송인 또는 대리인에 의한 모든 서명, 스탬프 또는 표기는 운송인 또는 대리인의 것이라는 것을 확인하고 있어야 한다.

물품의 수령에 관한 대리인에 의한 모든 서명, 스탬프 또는 표기는 그 대리인이 운송인을 대리하여 서명 또는 행동하였음을 표시하여야 한다.

철도운송서류가 운송인을 확인하지 아니한 경우에는, 철도회사의 모든 서명 또는 스탬프는 운송인에 의하여 서명되어 있는 서류의 증거로서 수리되어야 한다.

ii. 선적일 또는 물품이 신용장에 명기된 장소에서 선적, 발송 또는 운송을 위하여 수령된 일자를 표시하고 있는 것. 운송서류가 일자기재의 수령스탬프, 수령일의 표시 또는 선적일을 포함하고 있지 아니하는 한, 운송서류의 발행일은 선적일로 본다.

iii. 신용장에 명기된 선적지 및 목적지를 표시하고 있는 것.

b. i. 도로운송서류는 탁송인 또는 송화인용 원본인 것으로 보여야 하거나 또는 그 서류가 누구를 위하여 작성되었는지를 표시하는 어떠한 표시도 기재하지 아니한 것으로 보여야 한다.

ii. "부본(duplicate)"이 표시된 철도운송서류는 원본으로서 수리된다.

iii. 철도 또는 내륙수로운송서류는 원본이라는 표시의 유무에 관계없이 원본으로서 수리된다.

c. 발행된 원본의 통수에 관하여 운송서류상에 표시가 없는 경우에는, 제시된 통수는 전통을 구성하는 것으로 본다.

d. 이 조에서 환적이란 신용장에 명기된 선적, 발송 또는 운송지로부터 목적지까지의 운송과정 중에, 동일한 운송방식 내에서, 한 운송수단으로부터의 양화 및 다른 운송수단으로의 재적재를 말한다.

e. i. 도로, 철도 또는 내륙수로운송서류는 물품이 환적될 것이라거나 또는 될 수 있다고 표시할 수 있다. 다만, 전운송은 동일한 운송서류에 의하여 커버되어야 한다.

ii. 신용장이 환적을 금지하고 있는 경우에도, 환적이 행해질 것이라거나 또는 행해질 수 있다고 표시하고 있는 도로, 철도 또는 내륙수로운송서류는 수리될 수 있다.

Article 25 [Courier Receipt, Post Receipt or Certificate of Posting]

a. A courier receipt, however named, evidencing receipt of goods for transport, must appear to:

i. indicate the name of the courier service and be stamped or signed by the named courier service at the place from which the credit states the goods are to be shipped; and

ii. indicate a date of pick-up or of receipt or wording to this effect. This date will be deemed to be the date of shipment.

b. A requirement that courier charges are to be paid or prepaid may be satisfied by a transport document issued by a courier service evidencing that courier charges are for the account of a party other than the consignee.

c. A post receipt or certificate of posting, however named, evidencing receipt of goods for transport, must appear to be stamped or signed and dated at the place from which the credit states the goods are to be shipped. This date will be deemed to be the date of shipment.

제25조 [특송화물수령증, 우편수령증 또는 우송증명서]

a. 운송물품의 수령을 입증하는 특송화물수령증은 그 명칭에 관계없이 다음과 같이 보여야한다:
   i. 특송업자의 명칭을 표시하고, 신용장에서 물품이 선적되어야 한다고 명기하고 있는 장소에서 지정된 특송업자에 의하여 스탬프 또는 서명된 것; 그리고
   ii. 접수일 또는 수령일 또는 이러한 취지의 문언을 표시하고 있는 것. 이 일자는 선적일로 본다.
b. 특송요금이 지급 또는 선지급되어야 한다는 요건은 특송요금이 수화인 이외의 당사자의 부담이라는 것을 입증하는 특송업자에 의하여 발행된 운송서류에 의하여 충족될 수 있다.
c. 운송물품의 수령을 입증하는 우편수령증 또는 우송증명서는 그 명칭에 관계없이 신용장에서 물품이 선적되어야 한다고 명기하고 있는 장소에서 스탬프 또는 서명되고 일자가 기재 된 것으로 보여야 한다. 이 일자는 선적일로 본다.

Article 26 ["On Deck", "Shipper's Load and Count", "Said by Shipper to Contain" and Charges Additional to Freight]

a. A transport document must not indicate that the goods are or will be loaded on deck. A clause on a transport document stating that the goods may be loaded on deck is acceptable.
b. A transport document bearing a clause such as "shipper's load and count" and "said by shipper to contain" is acceptable.
c. A transport document may bear a reference, by stamp or otherwise, to charges additional to the freight

제26조 ["갑판적", "송화인의 적재 및 수량 확인", "송화인의 신고 내용에 따름" 및 운임의 추가비용]

a. 운송서류는 물품이 갑판에 적재되었거나 또는 될 것이라고 표시해서는 아니된다. 물품이 갑판에 적재될 수 있다고 명기하고 있는 운송서류상의 조항은 수리될 수 있다.

b. "송화인의 적재 및 수량확인(shipper's load and count)" 및 "송화인의 신고내용에 따름(said by shipper to contain)"과 같은 조항을 기재하고 있는 운송서류는 수리될 수 있다.
c. 운송서류는 스탬프 또는 기타의 방법으로 운임에 추가된 비용에 대한 참조를 기재할 수 있다.

Article 27 [Clean Transport Document]

A bank will only accept a clean transport document. A clean transport document is one bearing no clause or notation expressly declaring a defective condition of the goods or their packaging. The word "clean" need not appear on a transport document, even if a credit has a requirement for that transport document to be "clean on board".

제27조 [무고장 운송서류]

은행은 무고장 운송서류만을 수리한다. 무고장 운송서류는 물품 또는 그 포장에 하자 있는 상태를 명시적으로 표시하는 조항 또는 단서를 기재하고 있지 아니한 것을 말한다. 신용장에서 그 운송서류가 "무고장본선적재(clean on board)"이어야 한다는 요건을 가지는 경우에도, "무고장(clean)"이라는 단어는 운송서류상에 보일 필요가 없다.

Article 28 [Insurance Document and Coverage]

a. An insurance document, such as an insurance policy, an insurance certificate or a declaration under an open cover, must appear to be issued and signed by an insurance company, an underwriter or their agents or their proxies.
   Any signature by an agent or proxy must indicate whether the agent or proxy has signed for or on behalf of the insurance company or underwriter.
b. When the insurance document indicates that it has been issued in more than one original, all originals must be presented.
c. Cover notes will not be accepted.
d. An insurance policy is acceptable in lieu of an insurance certificate or a declaration under an open cover.
e. The date of the insurance document must be no later than the date of shipment, unless it appears from the insurance document that the

cover is effective from a date not later than the date of shipment.

f. i. The insurance document must indicate the amount of insurance coverage and be in the same currency as the credit.

ii. A requirement in the credit for insurance coverage to be for a percentage of the value of the goods, of the invoice value or similar is deemed to be the minimum amount of coverage required.

If there is no indication in the credit of the insurance coverage required, the amount of insurance coverage must be at least 110% of the CIF or CIP value of the goods.

When the CIF or CIP value cannot be determined from the documents, the amount of insurance coverage must be calculated on the basis of the amount for which honour or negotiation is requested or the gross value of the goods as shown on the invoice, whichever is greater.

iii. The insurance document must indicate that risks are covered at least between the place of taking in charge or shipment and the place of discharge or final destination as stated in the credit.

g. A credit should state the type of insurance required and, if any, the additional risks to be covered. An insurance document will be accepted without regard to any risks that are not covered if the credit uses imprecise terms such as "usual risks" or "customary risks".

h. When a credit requires insurance against "all risks" and an insurance document is presented containing any "all risks" notation or clause, whether or not bearing the heading "all risks", the insurance document will be accepted without regard to any risks stated to be excluded.

i. An insurance document may contain reference to any exclusion clause.

j. An insurance document may indicate that the cover is subject to a franchise or excess (deductible).

제28조 [보험서류 및 담보]

a. 보험증권, 포괄예정보험에 의한 보험증명서 또는 통지서와 같은 보험서류는 보험회사, 보험업자 또는 이들 대리인 또는 이들 대리업자에 의하여 발행되고 서명된 것으로 보여야 한다.

대리인 또는 대리업자에 의한 모든 서명은 그 대리인 또는 대리업자가 보험회사를 대리하여 서명하였는지 또는 보험업자를 대리하여 서명하였는지를 표시하여야 한다.

b. 보험서류가 2통 이상의 원본으로 발행되었다고 표시하고 있는 경우에는, 모든 원본은 제시되어야 한다.

c. 보험승인서는 수리되지 아니한다.

d. 보험증권은 포괄예정보험에 의한 보험증명서 또는 통지서를 대신하여 수리될 수 있다.

e. 보험서류에서 담보가 선적일보다 늦지 않은 일자로부터 유효하다고 보이지 아니하는 한, 보험서류의 일자는 선적일보다 늦어서는 아니된다.

f. i . 보험서류는 보험담보의 금액을 표시하여야 하고 신용장과 동일한 통화이어야 한다.

ii . 보험담보가 물품가액 또는 송장가액 등의 비율이어야 한다는 신용장상의 요건은 최소 담보금액이 요구된 것으로 본다.

요구된 보험담보에 관하여 신용장에 아무런 표시가 없는 경우에는, 보험담보의 금액은 적어도 물품의 CIF 또는 CIP 가격의 110%이어야 한다.

CIF 또는 CIP 가격이 서류로부터 결정될 수 없는 경우에는, 보험담보금액은 지급이행 또는 매입이 요청되는 금액 또는 송장에 표시된 물품총가액 중에서 보다 큰 금액을 기초로 하여 산정되어야 한다.

iii. 보험서류는 위험이 적어도 신용장에 명기된 대로 수탁 또는 선적지와 양륙 또는 최종 목적지간에 담보되었음을 표시하여야 한다.

g. 신용장은 요구된 보험의 종류를 명기하여야 하고 만일 부보되어야 하는 부가위험이 있다면 이것도 명기하여야 한다. 신용장이 "통상적 위험(usual risks)" 또는 "관습적 위험 (customary risks)"과 같은 부정확한 용어를 사용하는 경우에는, 보험서류는 부보되지 아니한 어떠한 위험에 관계없이 수리되어야 한다.

h. 신용장이 "전위험"에 대한 보험을 요구하고 있는 경우, "전위험"이라는 표제를 기재하고 있는지의 여부와 관계없이 "전위험"의 표기 또는 조항을 포함하고 있는 보험서류가 제시된 경우에는, 그 보험서류는 제외되어야 한다고 명기된 어떠한 위험에 관계없이 수리되어야 한다.

i . 보험서류는 모든 면책조항(exclusion clause)의 참조를 포함할 수 있다.

j . 보험서류는 담보가 소손해면책율 또는 초과(공제)면책율을 조건으로 한다는 것을 표시할 수 있다.

Article 29 [Extension of Expiry Date or Last Day for Presentation]

a. If the expiry date of a credit or the last day for presentation falls on a day when the bank to which presentation is to be made is closed for reasons other than those referred to in article 36, the expiry date or the last day for presentation, as the case may be, will be extended to the first following banking day.

b. If presentation is made on the first following banking day, a nominated bank must provide the issuing bank or confirming bank with a statement on its covering schedule that the presentation was made within the time limits extended in accordance with sub-article 29 (a).

c. The latest date for shipment will not be extended as a result of sub-article 29(a).

제29조 [유효기일의 연장 또는 제시를 위한 최종일]

a. 신용장의 유효기일 또는 제시를 위한 최종일이 제36조에 언급된 사유 이외의 사유로 제시를 받아야 하는 은행의 휴업일에 해당하는 경우에는, 그 유효기일 또는 제시를 위한 최종일은 경우에 따라 최초의 다음 은행영업일까지 연장된다.

b. 제시가 최초의 다음 은행영업일에 행해지는 경우에는, 지정은행은 발행은행 또는 확인은 행에게 제시가 제29조 a항에 따라 연장된 기간내에 제시되었다는 설명을 서류송부장(covering schedule)으로 제공하여야 한다.

c. 선적을 위한 최종일은 제29조 a항의 결과로서 연장되지 아니한다.

Article 30 [Tolerance in Credit Amount, Quantity and Unit Prices]

a. The words "about" or "approximately" used in connection with the amount of the credit or the quantity or the unit price stated in the credit are to be construed as allowing a tolerance not to exceed 10% more or 10% less than the amount, the quantity or the unit price to which they refer.

b. A tolerance not to exceed 5% more or 5% less than the quantity of the goods is allowed, provided the credit does not state the quantity in terms of a stipulated number of packing units or individual items and the total amount of the drawings does not exceed the amount of the credit.

c. Even when partial shipments are not allowed, a tolerance not to exceed 5% less than the amount of the credit is allowed, provided that the quantity of the goods, if stated in the credit, is shipped in full and a unit price, if stated in the credit, is not reduced or that sub-article 30 (b) is not applicable. This tolerance does not apply when the credit stipulates a specific tolerance or uses the expressions referred to in sub-article 30 (a).

제30조 [신용장금액, 수량, 단가의 과부족]

a. 신용장에 명기된 신용장의 금액 또는 수량 또는 단가와 관련하여 사용된 "약(about)" 또는 "대략(approximately)"이라는 단어는 이에 언급된 금액, 수량 또는 단가의 10%를 초과하지 아니하는 과부족을 허용하는 것으로 해석된다.
b. 신용장이 명시된 포장단위 또는 개개의 품목의 개수로 수량을 명기하지 아니하고 어음발행의 총액이 신용장의 금액을 초과하지 아니하는 경우에는, 물품 수량의 5%를 초과하지 아니하는 과부족은 허용된다.
c. 분할선적이 허용되지 아니하는 경우에도, 신용장금액의 5%를 초과하지 아니하는 부족은 허용된다. 다만, 물품의 수량은 신용장에 명기된 경우 전부 선적되고 단가는 신용장에 명기 된 경우 감액되어서는 아니되거나 또는 제30조 b항이 적용될 수 없어야 한다. 이 부족은 신용장이 특정 과부족을 명시하거나 또는 제30조 a항에 언급된 표현을 사용하는 경우에는 적용되지 아니한다.

Article 31 [Partial Drawings or Shipments]

a. Partial drawings or shipments are allowed.
b. A presentation consisting of more than one set of transport documents evidencing shipment commencing on the same means of conveyance and for the same journey, provided they indicate the same destination, will not be regarded as covering a partial shipment, even if they indicate different dates of shipment or different ports of loading, places of taking in charge or dispatch. If the presentation consists of more than one set of transport documents, the latest date of shipment as evidenced on any of the sets of transport documents will be regarded as the date of shipment.

   A presentation consisting of one or more sets of transport documents evidencing shipment on more than one means of conveyance within the same mode of transport will be regarded as covering a partial shipment, even if the means of conveyance leave on the same day for the same destination.

c. A presentation consisting of more than one courier receipt, post receipt or certificate of posting will not be regarded as a partial shipment if the courier receipts, post receipts or certificates of posting appear to have been stamped or signed by the same courier or postal service at the same place and date and for the same destination.

제31조 [분할 어음발행 또는 선적]

a. 분할어음발행 또는 분할선적은 허용된다.

b. 동일한 운송수단에 그리고 동일한 운송을 위하여 출발하는 선적을 증명하는 2조 이상의 운송서류를 구성하는 제시는, 이들 서류가 동일한 목적지를 표시하고 있는 한, 이들 서류가 상이한 선적일 또는 상이한 적재항, 수탁지 또는 발송지를 표시하고 있더라도, 분할선적이 행해진 것으로 보지 아니한다. 그 제시가 2조 이상의 운송서류를 구성하는 경우에는, 운송 서류의 어느 한 조에 증명된 대로 최종선적일은 선적일로 본다.
동일한 운송방식에서 2이상의 운송수단상의 선적을 증명하는 2조 이상의 운송서류를 구성하는 제시는 그 운송수단이 동일한 일자에 동일한 목적지를 향하여 출발하는 경우에도 분할선적이 행해진 것으로 본다.

c. 2 이상의 특송화물수령증, 우편수령증 또는 우송증명서를 구성하는 제시는 그 특송화물 수령증, 우편수령증 또는 우송증명서가 동일한 장소 및 일자 그리고 동일한 목적지를 위하여 동일한 특송업자 또는 우편서비스에 의하여 스탬프 또는 서명된 것으로 보이는 경우에는 분할선적으로 보지 아니한다.

Article 32 [Instalment Drawings or Shipments]

If a drawing or shipment by instalments within given periods is stipulated in the credit and any instalment is not drawn or shipped within the period allowed for that instalment, the credit ceases to be available for that and any subsequent instalment.

제32조 [할부 어음발행 또는 선적]

일정기간 내에 할부에 의한 어음발행 또는 선적이 신용장에 명시되어 있고 어떠한 할부분이 그 할부분을 위하여 허용된 기간 내에 어음발행 또는 선적되지 아니한 경우에는, 그 신용장은 그 할부분과 그 이후의 모든 할부분에 대하여 효력을 상실한다.

Article 33 [Hours of Presentation]

A bank has no obligation to accept a presentation outside of its banking hours.

제33조 [제시기간]

은행은 그 은행영업시간 이외의 제시를 수리할 의무가 없다.

Article 34 [Disclaimer on Effectiveness of Documents]

A bank assumes no liability or responsibility for the form, sufficiency, accuracy, genuineness, falsification or legal effect of any document, or for the general or particular conditions stipulated in a document or superimposed thereon; nor does it assume any liability or responsibility for the description, quantity, weight, quality, condition, packing, delivery, value or existence of the goods, services or other performance represented by any document, or for the goods faith or acts or omissions, solvency, performance or standing of the consignor, the carrier, the forwarder, the consignee or the insurer of the goods or any other person.

제34조 [서류의 효력에 관한 면책]

은행은 모든 서류의 형식, 충분성, 정확성, 진정성, 위조성 또는 법적 효력에 대하여 또는 서류에 명시되거나 또는 이에 부가된 일반조건(general conditions) 또는 특별조건(particular conditions)에 대하여 어떠한 의무 또는 책임도 부담하지 아니하며, 또한 은행은 모든 서류에 표시되어 있는 물품, 용역 또는 기타 이행의 명세, 수량, 중량, 품질, 상태, 포장, 인도, 가치 또는 존재에 대하여 또는 물품의 송화인, 운송인, 운송주선인, 수화인 또는 보험자, 또는 기타 당사자의 성실성 또는 작위 또는 부작위, 지급능력, 이행능력 또는 신용상태에 대하여 어떠한 의무 또는 책임도 부담하지 아니한다.

Article 35 [Disclaimer on Transmission and Translation]

A bank assumes no liability or responsibility for the consequences arising out of delay, loss in transit, mutilation or other errors arising in the transmission of any messages or delivery of letters or documents, when such messages, letters or documents are transmitted or sent according to the requirements stated in the credit, or when the bank

may have taken the initiative in the choice of the delivery service in the absence of such instructions in the credit.
If a nominated bank determines that a presentation is complying and forwards the documents to the issuing bank or confirming bank, whether or not the nominated bank has honoured or negotiated, an issuing bank or confirming bank must honour or negotiate, or reimburse that nominated bank, even when the documents have been lost in transit between the nominated bank and the issuing bank or confirming bank, or between the confirming bank and the issuing bank.
A bank assumes no liability or responsibility for errors in translation or interpretation of technical terms and may transmit credit terms without translating them.

제35조 [송달 및 번역에 관한 면책]

모든 통신문, 서신 또는 서류가 신용장에 명기된 요건에 따라 송달 또는 송부된 경우, 또는 은행이 신용장에 그러한 지시가 없으므로 인도서비스의 선정에 있어서 자발적으로 행하였을 경우에는, 은행은 그러한 통신문(message)의 송달 또는 서신이나 서류의 인도 중에 지연, 분실, 훼손 또는 기타 오류로 인하여 발생하는 결과에 대하여 어떠한 의무 또는 책임도 부담하지 아니한다.
지정은행이 제시가 일치하고 있다고 결정하고 그 서류를 발행은 또는 확인은행에 발송하는 경우에는, 서류가 지정은행과 발행은행 또는 확인은행간에, 또는 확인은행과 발행은행간에 송달중에 분실된 경우라 하더라도, 지정은행이 지급이행 또는 매입하였는지의 여부에 관계없이, 발행은행 또는 확인은행은 지급이행 또는 매입하거나, 또는 그 지정은행에 상환하여야 한다.
은행은 전문용어의 번역 또는 해석상의 오류에 대하여 어떠한 의무 또는 책임도 부담하지 아니하며 신용장의 용어를 번역함이 없이 이를 송달할 수 있다.

Article 36 [Force Majeure]

A bank assumes no liability or responsibility for the consequences arising out of the interruption of its business by Acts of God, riots, civil commotions, insurrections, wars, acts of terrorism, or by any strikes or lockouts or any other causes beyond its control.
A bank will not, upon resumption of its business, honour or negotiate under a credit that expired during such interruption of its business.

제36조 [불가항력]

은행은 천재, 폭동, 소요, 반란, 전쟁, 폭력주의의 행위에 의하거나 또는 동맹파업 또는 직장 폐쇄에 의하거나 또는 기타 은행이 통제할 수 없는 원인에 의한 은행업무의 중단으로 인하여 발생하는 결과에 대하여 어떠한 의무 또는 책임도 부담하지 아니한다.

은행은 그 업무를 재개하더라도 그러한 업무의 중단 동안에 유효기일이 경과한 신용장에 의한 지급이행 또는 매입을 행하지 아니한다.

Article 37 [Disclaimer for Acts of an Instructed Party]

a. A bank utilizing the services of another bank for the purpose of giving effect to the instructions of the applicant does so for the account and at the risk of the applicant.
b. An issuing bank or advising bank assumes no liability or responsibility should the instructions it transmits to another bank not be carried out, even if it has taken the initiative in the choice of that other bank.
c. A bank instructing another bank to perform services is liable for any commissions, fees, costs or expenses ("charges") incurred by that bank in connection with its instruction.
   If a credit states that charges are for the account of the beneficiary and charges cannot be collected or deducted from proceed, the issuing bank remains liable for payment of charges.
   A credit or amendment should not stipulate that the advising to a beneficiary is conditional upon the receipt by the advising bank or second advising bank of its charges.
d. The applicant shall be bound by and liable to indemnify a bank against all obligations and responsibilities imposed by foreign laws and usages.

제37조 [피지시인의 행위에 대한 면책]

a. 발행의뢰인의 지시를 이행하기 위하여 타 은행의 서비스를 이용하는 은행은 그 발행의뢰인의 비용과 위험으로 이를 행한다.
b. 발행은행 또는 통지은행이 타 은행의 선정에 있어서 자발적으로 행한 경우라 하더라도, 그 은행이 타 은행에게 전달한 지시가 수행되지 아니하는 경우에는, 발행은행 또는 통지은행은 어떠한 의무 또는 책임도 부담하지 아니한다.

c. 타 은행에게 서비스를 이행하도록 지시하는 은행은 그 지시와 관련하여 그러한 타은행에 의하여 부담되는 모든 수수료, 요금, 비용 또는 경비("비용")에 대하여 책임을 부담한다.
신용장에 비용이 수익자의 부담이라고 명기하고 있고 비용이 대금으로부터 징수 또는 공제 될 수 없는 경우에는, 발행은행은 비용의 지급에 대하여 책임을 부담한다.
신용장 또는 조건변경은 수익자에 대한 통지가 통지은행 또는 제2통지은행에 의한 통지비용의 수령을 조건으로 한다고 명시하여서는 아니된다.
d. 발행의뢰인은 외국의 법률과 관행에 의하여 부과되는 모든 의무와 책임에 구속되며 이에 대하여 은행에게 보상할 책임이 있다.

Article 38 [Transferable Credits]

a. A bank is under no obligation to transfer a credit except to the extent and in the manner expressly consented to by that bank.
b. For the purpose of this article: Transferable credit means a credit that specifically states it is "transferable". A transferable credit may be made available in whole or in part to another beneficiary ("second beneficiary") at the request of the beneficiary ("first beneficiary").
Transferring bank means a nominated bank that transfers the credit or, in a credit available with any bank, a bank that is specifically authorized by the issuing bank to transfer and that transfers the credit. An issuing bank may be a transferring bank.
Transferred credit means a credit that has been made available by the transferring bank to a second beneficiary.
c. Unless otherwise agreed at the time of transfer, all charges (such as commissions, fees, costs or expenses) incurred in respect of a transfer must be paid by the first beneficiary.
d. A credit may be transferred in part to more than one second beneficiary provided partial drawings or shipments are allowed.
A transferred credit cannot be transferred at the request of a second beneficiary to any subsequent beneficiary. The first beneficiary is not considered to be a subsequent beneficiary.
e. Any request for transfer must indicate if and under what conditions amendments may be advised to the second beneficiary. The

transferred credit must clearly indicate those conditions.

f. If a credit is transferred to more than one second beneficiary, rejection of an amendment by one or more second beneficiary does not invalidate the acceptance by any other second beneficiary, with respect to which the transferred credit will be amended accordingly. For any second beneficiary that rejected the amendment, the transferred credit will remain unamended.

g. The transferred credit must accurately reflect the terms and conditions of the credit, including confirmation, if any, with the exception of:
   · the amount of the credit,
   · any unit price stated therein,
   · the expiry date,
   · the period for presentation, or
   · the latest shipment date or given period for shipment,

   any or all of which may be reduced or curtailed.

   The percentage for which insurance cover must be effected may be increased to provide the amount of cover stipulated in the credit or these articles.

   The name of the first beneficiary may be substituted for that of the applicant in the credit.

   If the name of the applicant is specifically required by the credit to appear in any document other than the invoice, such requirement must be reflected in the transferred credit.

h. The first beneficiary has the right to substitute its own invoice and draft, if any, for those of a second beneficiary for an amount not in excess of that stipulated in the credit, and upon such substitution the first beneficiary can draw under the credit for the difference, if any, between its invoice and the invoice of a second beneficiary.

i. If the first beneficiary is to present its own invoice and draft, if any, but fails to do so on first demand, or if the invoices presented by the first beneficiary create discrepancies that did not exist in the presentation made by the second beneficiary and the first beneficiary fails to correct them on first demand, the transferring bank has the right to present the documents as received from the second beneficiary to the issuing bank, without further responsibility to the first beneficiary.

j. The first beneficiary may, in its request for transfer, indicate that honour or negotiation is to be effected to a second beneficiary at the place to which the credit has been transferred, up to and including the expiry date of the credit. This is without prejudice to the right of the first beneficiary in accordance with sub-article 38 (h).

k. Presentation of documents by or on behalf of a second beneficiary must be made to the transferring bank.

제38조 [양도가능신용장]

a. 은행은 그 은행에 의하여 명시적으로 동의된 범위 및 방법에 의한 경우를 제외하고 신용장을 양도할 의무를 부담하지 아니한다.

b. 이 조에서: 양도가능신용장이란 "양도가능(transferable)"이라고 특별히 명기하고 있는 신용장을 말한다. 양도가능신용장은 수익자("제1수익자")의 요청에 의하여 전부 또는 일부가 다른 수익자("제2수익자")에게 사용될 수 있도록 될 수 있다.

양도은행은 신용장을 양도하는 지정은행 또는, 모든 은행에서 사용될 수 있는 신용장에 있어서, 발행은행에 의하여 양도하도록 특별히 수권되고 그 신용장을 양도하는 은행을 말한다. 발행은행은 양도은행일 수 있다.

양도된 신용장은 양도은행에 의하여 제2수익자에게 사용될 수 있도록 되는 신용장을 말한다.

c. 양도를 이행할 때에 별도의 합의가 없는 한, 양도와 관련하여 부담된 모든 비용(이를 테면, 수수료, 요금, 비용, 경비)은 제1수익자에 의하여 지급되어야 한다.

d. 분할어음발행 또는 분할선적이 허용되는 한, 신용장은 2 이상의 제2수익자에게 분할양도 될 수 있다.

양도된 신용장은 제2수익자의 요청에 의하여 그 이후의 어떠한 수익자에게도 양도될 수없다. 제1수익자는 그 이후의 수익자로 보지 아니한다.

e. 양도를 위한 모든 요청은 조건변경이 제2수익자에게 통지될 수 있는지 그리고 어떤 조건으로 제2수익자에게 통지될 수 있는지를 표시하여야 한다. 양도된 신용장은 이러한 조건을 명확히 표시하여야 한다.

f. 신용장이 2 이상의 제2수익자에게 양도된 경우에는, 하나 또는 그 이상의 제2수익자에 의한 조건변경의 거절은 이로 인하여 양도된 신용장이 조건변경 되어지는 기타 모든 제2수익자에 의한 승낙을 무효로 하지 아니한다. 조건변경을 거절한 제2수익자에 대하여는, 양도된 신용장은 조건변경 없이 존속한다.

g. 양도된 신용장은 다음의 경우를 제외하고는 확인(있는 경우)을 포함하여 신용장의 제조건을 정확히 반영하여야 한다:

· 신용장의 금액,

· 신용장에 명기된 단가,

· 유효기일,

· 제시를 위한 기간, 또는

· 최종선적일 또는 정해진 선적기간,

이들 중의 일부 또는 전부는 감액 또는 단축될 수 있다.

보험부보가 이행되어야 하는 비율은 이 규칙 또는 신용장에 명기된 부보금액을 충족시킬 수 있도록 증가될 수 있다.

제1수익자의 명의는 신용장상의 신용장발행의뢰인의 명의로 대체될 수 있다.

발행의뢰인의 명의가 송장 이외의 모든 서류에 표시되도록 신용장에 의하여 특별히 요구되는 경우에는, 그러한 요구는 양도된 신용장에 반영되어야 한다.

h. 제1수익자는 신용장에 명시된 금액을 초과하지 아니하는 금액에 대하여 제2수익자의 송장 및 환어음을 그 자신의 송장 및 환어음(있는 경우)으로 대체할 권리를 가지고 있으며, 그러한 대체 시에, 제1수익자는 자신의 송장과 제2수익자의 송장 사이에 차액이 있다면, 그 차액에 대하여 신용장에 따라 어음을 발행할 수 있다.

i . 제1수익자가 그 자신의 송장 및 환어음(있는 경우)을 제공하여야 하지만 최초의 요구시에 이를 행하지 아니하는 경우, 또는 제1수익자에 의하여 제시된 송장이 제2수익자에 의하여 행해진 제시에 없었던 불일치를 발생시키고 제1수익자가 최초의 요구시에 이를 정정하지 아니한 경우에는, 양도은행은 제1수익자에 대한 더 이상의 책임 없이 제2수익자로부터 수령한 서류를 발행은행에 제시할 권리를 가진다.

j . 제1수익자는 그 자신의 양도요청으로 지급이행 또는 매입이 신용장의 유효기일을 포함한기일까지 신용장이 양도된 장소에서 제2수익자에게 이행되어야 한다는 것을 표시할 수 있다. 이것은 제38조 h항에 따른 제1수익자의 권리를 침해하지 아니한다.

k. 제2수익자에 의하거나 또는 대리하는 서류의 제시는 양도은행에 행해져야 한다.

Article 39 [Assignment of Proceeds]

The fact that a credit is not stated to be transferable shall not effect the right of the beneficiary to assign any proceeds to which it may be or may become entitled under the credit, in accordance with the provisions of applicable law. This article relates only to the assignment of proceeds and not to the assignment of the right to perform under the credit.

제39조 [대금의 양도]

신용장이 양도가능한 것으로 명기되어 있지 아니하다는 사실은 적용가능한 법률의 규정에 따라 그러한 신용장에 의하여 수권되거나, 또는 될 수 있는 대금을 양도할 수익자의 권리에 영향을 미치지 아니한다. 이 조는 대금의 양도에만 관련되어 있으며 신용장에 따라 이행할 권리의 양도에 관련되는 것은 아니다.

(2) 전자적 제시를 위한 UCP 600의 추록-버전 1.1(SUPPLEMENT TO UNIFORM CUSTOMS AND PRACTICE FOR DOCUMENTARY CREDITS FOR ELECTRONIC PRESENTATION(eUCP) VERSION 1.1

Article e1 [Scope of the eUCP]

a. The Supplement to the Uniform Customs and Practice for Documentary Credits for Electronic Presentation ("eUCP") supplements the Uniform Customs and Practice for Documentary Credits (2007 Revision ICC Publication No. 600) ("UCP") in order to accommodate presentation of electronic records alone or in combination with paper documents.
b. The eUCP shall apply as a supplement to the UCP where the Credit indicates that is subject to eUCP.
c. This version is Version 1. 1. A Credit must indicate the applicable version of the eUCP. If it does not do so, it is subject to the version in effect on the date the Credit is issued or, if made subject to eUCP by an amendment accepted by the Beneficiary, on the date of that amendment.

제e1조 [eUCP의 적용 범위]

a. 전자적 제시를 위한 화환신용장통일관습 및 관례의 추록(eUCP)은 전자기록 자체의 또는 종이문서와 결합된 제시에 적용할 목적으로 화환신용장통일관습 및 관례(2007년 개정 국제상업회의소 간행물 번호 600)(UCP)를 보충한다.

b. eUCP는 신용장이 eUCP에 따른다는 명시가 있는 경우 UCP의 추록으로 적용한다.

c. 이 버전은 1.1이다. 신용장은 적용 가능한 eUCP 버전을 반드시 명시하여야 한다. 신용장은 버전을 명시하지 아니할 경우에는 신용장이 발행된 일자에 시행되는 버전에 따르고, 또는 수익자가 승낙한 조건변경이 eUCP에 따르도록 되어 있을 경우에는 조건변경일자에 시행되는 버전에 따른다.

Article e2 [Relationship of the eUCP to the UCP]

a. A Credit subject to the eUCP("eUCP Credit") is also subject to the UCP without express incorporation of the UCP.

b. Where the eUCP applies, its provision shall prevail to the extent that they would produce a result different from application of the UCP.

c. If an eUCP Credit allows the Beneficiary to choose between presentation of paper documents or electronic records and it chooses to present only paper documents, the UCP alone shall apply to that presentation. If only paper documents are permitted under an eUCP Credit, the UCP alone shall apply.

제e2조 [UCP에 대한 eUCP의 관계]

a. eUCP에 따르는 신용장(eUCP 신용장)은 화환신용장통일관습 및 관례(UCP)의 원용을 명시하지 아니하더라도 또한 화환신용장통일관습 및 관례에 따른다.

b. eUCP가 적용되는 경우 그 조항은 UCP의 적용과 다른 결과를 낳을 수 있는 범위에서 우선한다.

c. eUCP 신용장이 수익자가 종이문서 또는 전자기록의 제시 사이에 선택할 수 있도록 허용하는데 수익자가 종이서류만을 제시할 것을 선택한 경우, UCP는 그와 같은 제시에 독자적으로 적용된다. 오직 종이문서만이 eUCP 신용장 하에서 허용될 경우 UCP는 독자적으로 적용된다.

Article e3 [Definitions]

a. Where the following terms are used in the UCP, for the purposes of applying the UCP to an electronic record presented under an eUCP credit, the term :

i. "appers on its face" and the like shall apply to examination of the data content of an electronic record.

ii. "document" shall include an electronic record.

iii. "place for presentation" of electronic records means an electronic address.

iv. "sign" and the like shall include an electronic signature.

v. "superimposed", "notation" or "stamped" means data content whose supplementary character is apparent is an electronic record.

b. The following terms used in the eUCP shall have the following meanings :

i. "electronic record" means data created, generated, sent, com municated, received, or stored by electronic means that is capable of being authenticated as to the apparent identity of a sender and the apparent source of the data contained in it, and as to whether it has remained complete and unaltered, and is capable of being examined for compliance with the terms and conditions of the eUCP Credit.

ii. "electronic signature" means a data process attached to or logically associated with an electronic record and executed or adopted by a person in order to identify that person and to indicate that person's authentication of the electronic record.

iii. "format" means the data organization in which the electronic record is expressed or to which it refers.

iv. "paper document" means a document in a traditional paper form.

v. "received" means the time when an electronic record enters the information system of the applicable recipient in a form capable of being accepted by that system. Any acknowledgment of receipt does not imply acceptance or refusal of the electronic record under an eUCP Credit.

제e3조 [용어의 정의]

a. 다음과 같은 용어가 UCP에 사용될 경우, UCP를 eUCP 신용장 하에서 제시된 전자기록에 적용하기 위한 용어의 정의는 다음과 같다.

i. '문면상' 또는 이와 유사한 표현은 전자기록의 자료 내용의 심사에 적용한다.

ii. '문서'는 전자기록을 포함한다.

iii. 전자기록의 '제시 장소'는 전자주소를 의미한다.

iv. '서명' 또한 이와 유사한 표현은 전자서명을 포함한다.
v. '부기된', '표기' 또는 '스탬프 된' 이라 함은 전자기록에서 보충하는 성격이 분명한 자료내용을 의미한다.

b. eUCP에 사용된 다음과 같은 용어는 다음과 같은 의미를 갖는다.
i. '전자기록' 이라 함은 다음의 것을 의미한다. 전자적 수단에 의하여 작성, 생성, 송신, 통신, 수신 또는 저장된 자료 송신자의 분명한 신원 및 그 속에 포함된 자료의 분명한 출처, 또한 완전하고 변하지 않은 상태로 남아 있는지 여부에 관하여 인증될 수 있는 것, 그리고 eUCP 신용장 거래 조건과의 일치(성)에 대하여 심사할 수 있는 것
ii. '전자서명' 이라 함은 전자기록에 첨부된 또는 논리적으로 연합시키는, 또한 특정인의 신원을 식별하기 위하여 또한 전자기록의 특정인의 인증을 표시하기 위하여 수행되거나 채용된, 자료 처리 과정을 의미한다.
iii. '형식' 이라 함은 전자기록이 표시되거나 또는 그것이 참조하는 자료 구성을 의미한다.
iv. '종이문서' 라 함은 전통적인 종이 형식의 문서를 의미한다.
v. '수신' 이라 함은 어떠한 전자기록이 특정 시스템에 의하여 받아들여질 수 있는 형식으로 적절한 수신자의 정보시스템에 들어가는 시점을 의미한다. 어떤 수신 확인도 eUCP 신용장 하에서 전자기록의 승낙 또는 거절을 의미하지 아니한다.

Article e4 [Format]

An eUCP Credit must specify the formats in which electronic records are to be presented.
If the format of the electronic record is not so specified, it may be presented in any format.

제e4조 [형식]

eUCP 신용장은 전자기록이 제시되는 형식을 반드시 명시하여야 한다. 만일 전자기록의 형식이 그와 같이 명시되지 아니하였다면 그것은 어떠한 형식으로도 제시될 수 있다.

Article e5 [Presentation]

a. An eUCP Credit allowing presentation of :
i. electronic records must state a place for presentation of the electronic records.

ii. both electronic records and paper documents must also state a place for presentation of the paper documents.

b. Electronic records may be presented separately and need not be presented at the same time.

c. If an eUCP Credit allows for presentation of one or more electronic records, the Beneficiary is responsible for providing a notice to the Bank to which presentation is made signifying when the presentation is complete. The notice of completeness may be given as an electronic record or paper document and must identify the eUCP Credit to which it relates. Presentation is deemed not to have been made if the Beneficiary's notice is not received.

d. i. Each presentation of an electronic record and the presentation of paper documents under an eUCP must identify the eUCP Credit under which it is presented.

ii. A presentation not so identified may be treated as not received.

e. If the Bank to which presentation is to be made is open but its system is unable to receive a transmitted electronic record on the stipulated expiry date and/or the last day of the period of time after the date of shipment for presentation, as the case may be, the Bank will be deemed to be closed and the date for presentation and/or the expiry date shall be extended to the first following banking day on which such Bank is able to receive an electronic record. If the only electronic record remaining to be presented is the notice of completeness, it may be given by telecommunications or by paper document and will be deemed timely, provided that it is sent before the bank is able to receive an electronic record.

f. An electronic record that cannot be authenticated is deemed not to have been presented.

제e5조 [제시]

a. eUCP 신용장이 제시를 허용함에 있어

i. 전자기록은 전자기록의 제시 장소를 반드시 명시하여야 한다.

ii. 전자기록만이 아니라 종이문서도 종이문서의 제시 장소를 반드시 명시하여야 한다.

b. 전자기록은 독립적으로 제시될 수 있으나, 동시에 제지될 필요는 없다.

c. eUCP 신용장이 하나의 또는 그 이상의 전자기록의 제시를 허용하는 경우, 수익자는 제시가 완성될 때를 제시가 이루어져야 하는 은행에게 통지할 책임이 있다. 완전한 통지는 전자기록 또는 종이문서로서 이루어져야 하며, 관련되는 eUCP 신용장과의 동일성을 반드시 확인하여야 한다. 제시는 수익자의 통지가 수신되지 아니한 경우 이루어지지 아니한 것으로 간주된다.

d. ⅰ. eUCP 신용장 하에서 전자기록의 제시 및 종이문서의 제시는 제시되는 UCP 신용장과의 동일성을 반드시 확인하여야 한다.

ⅱ. 이와 같은 동일성 확인을 하지 아니한 제시는 수신되지 아니한 것으로 취급된다.

e. 경우에 따라, 제시가 이루어지는 은행이 영업을 하고 있으나 그 시스템이 약정된 유효기일 및/또는 제시를 위하여 선적일자 이후 제시를 행하여야 할 최종일에 전송된 전자기록을 수신할 수 없을 경우, 은행은 영업을 종료한 것으로 간주되며 그리고/또는 유효기일은 그와 같은 은행이 전자기록을 수신할 수 있는 다음 첫 은행영업일까지 연장된다. 만일 제시되기 위하여 남아 있는 유일한 전자기록이 완전한 통지라면 통신 또는 종이문서에 의하여 제공된 것으로 볼 수 있으며, 또한 전자기록이 은행이 전자기록을 수신하기 이전에 송신되었다면 시의적절한 것으로 간주된다.

f. 인증될 수 없는 전자기록은 제시가 완료되지 아니한 것으로 간주된다.

Article e6 [Examination]

a. If an electronic record contains a hyperlink to an external system or a presentation indicates that the electronic record may be examined by reference to an external system, the electronic record at the hyperlink or the referenced system shall be deemed to be the electronic record to be examined. The failure of the indicated system to provide access to the required electronic record at the time of examination shall constitute a discrepancy.

b. The forwarding of electronic record by a Nominated Bank pursuant to its nomination signifies that it has satisfied itself the apparent authenticity of the electronic records.

c. The inability of the Issuing Bank, or Confirming Bank, if any, to examine an electronic record in a format required by the eUCP Credit or, if no format is required, to examine it in the format presented is not a basis for refusal.

제e6조 [심사]

a. 전자기록이 외부의 시스템에 하이퍼링크를 포함하거나 또는 전자기록이 외부 시스템을 참조하여 심사될 경우, 하이퍼링크에 있는 전자기록 또는 관련시스템은 심사가 이루어진 전자기록으로 간주된다. 심사 시점에 요구된 전자기록에 대하여 지시된 시스템으로의 접근 실패는 불일치를 구성한다.

b. 지정에 따른 지정은행의 전자기록의 발송은 전자기록에 대한 외관상의 진정성을 충족시켰다는 것을 의미 한다.

c. eUCP 신용장에 의하여 요구되는 형식의 전자기록 또는 아무런 형식이 요구되지 아니한 경우 제시된 형식의 전자기록을 심사함에 있어 발행은행 또는 확인은행(확인은행이 있을 경우)의 무능력은 거절을 위한 근거가 되지 아니한다.

Article e7 [Notice of Refusal]

a. i . The time period for the examination of documents commences on the banking day following the banking day on which the Beneficiary's notice of completeness is received.

ii. If the time for presentation of documents or the notice of completeness is extended, the time for the examination of documents commences on the first following banking day on which such bank is able to receive the notice of completeness.

b. If an Issuing Bank, the Confirming Bank, if any, or a Nominated Bank acting on its nomination, provides a notice of refusal of a presentation which includes electronic records and does not receive instruction from the party to which notice of refusal is given within 30 calendar days from the date the notice of refusal is given for the disposition of electronic records, the Bank shall return any paper documents not previously returned to the presenter but may dispose of the electronic records in any manner deemed appropriate without any responsibility.

제e7조 [거절통지]

a. i . 서류 심사를 위한 기간은 수익자의 완료 통지가 수취되는 은행영업일에 이은 첫 번째 은행영업일에 개시한다.

ii. 서류의 제시 또는 완전한 통지를 위한 기간이 연장된 경우, 서류 심사를 위한 기간은 해당 은행이 완료통지를 수취할 수 있는 날의 다음 첫 은행영업일에 개시된다.

b. 발행은행, 확인은행(확인은행이 있는 경우) 또는 지정받은 지정은행이 전자기록을 포함하는 제시에 대한 거절 통지를 행한 경우, 또한 거절통지가 전자기록의 처분을 위하여 발신된 거절통지일자로부터 30역일 이내 발신된 거절 통지의 당사자로부터 지시를 수신하지 아니한 경우, 은행은 모든 종이문서를 미리 문서 제공자에게 반송하지 아니하고 모든 종이문서를 반송할 수 있으며, 아무런 책임 없이 적절하다고 간주된 방법으로 전자기록을 처분할 수 있다.

Article e8 [Originals and Copies]

Any requirement of the UCP or an eUCP Credit for presentation of one or more originals or copies of an electronic record is satisfied by the presentation of one electronic record.

제e8조 [원본 및 사본]

어떠한 전자기록의 하나 또는 그 이상의 원본과 사본의 제시를 위한 UCP 또는 eUCP 신용장의 모든 요구는 하나의 전자기록 제시에 의하여 충족된다.

Article e9 [Date of Issuance]

Unless an electronic record contains a specific date of issuance, the date on which it appears to have been sent by the issuer is deemed to be the date of issuance. The date of receipt will be deemed to be the date it was sent if no other date is apparent.

제e9조 [발행일자]

전자기록이 특정한 발행일자를 포함하지 아니하는 경우, 전자기록이 발행인에 의해 송부되었던 것으로 보이는 일자가 발행일자인 것으로 간주된다. 수신일자는 다른 어떠한 일자가 분명하지 않을 경우 송신된 일자로 간주된다.

Article e10 [Transport]

If an electronic record evidencing transport does not indicate a date of shipment or dispatch, the date of issuance of the electronic record will be deemed to be the date of shipment or dispatch. However, if the electronic record bears a notation that evidences the date of shipment or dispatch, the date of the notation will be deemed to be the date of shipment or dispatch. A notation showing additional date content need not be separately signed or otherwise authenticated.

제e10조 [운송]

운송을 명시하고 있는 전자기록이 선적 또는 발송 일자를 명시하고 있지 아니할 경우, 전자기록의 발행일자는 선적 또는 발송 일자로 간주된다. 그러나 전자기록이 선적 또는 발송 일자를 명시하는 표기를 포함하는 경우, 표기 일자는 선적 또는 발송일자로 간주된다. 부가적인 일자내용을 보여주는 표기는 독립적인 서명 또는 별도의 인증을 요하지 아니한다.

Article e11 [Corruption of an Electronic Record after Presentation]

a. If an electronic record that has been received by the Issuing Bank, Confirming Bank, or another Nominated Bank appears to have been corrupted, the Bank may inform the presenter and may request that the electronic record be re-presented.
b. If the Bank requests that an electronic record be re-presented :
   i. the time for examination is suspended and resumes when the presenter re-presents the electronic record ; and
   ii. if the Nominated Bank is not the Confirming Bank, it must provide the Issuing Bank and any Confirming Bank with notice of the request for re-presentation and inform it of the suspension ; but
   iii. if the same electronic record is not re-presented within thirty(30) calender days, the Bank may treat the electronic record as not presented, and
   iv. any deadlines are not extended.

제e11조 [제시 이후 전자기록의 변형]

a. 발행은행, 확인은행 또는 다른 지정은행이 수신한 전자기록이 변형된 것으로 보이는 경우, 은행은 제시자에게 통지할 수 있으며 또한 그 전자기록의 재제시를 요구할 수 있다.
b. 은행이 전자기록의 재제시를 요구하는 경우
   i. 심사 기간은 정지되며, 제시자가 전자기록을 재제시할 때 다시 시작된다. 그리고
   ii. 지정은행이 확인은행이 아닌 경우, 발행은행 및 모든 확인은행에 재제시 요청에 대한 통지를 반드시 행하여야 하며 또한 정지에 관한 통지를 하여야 한다. 그러나
   iii. 동일한 전자기록이 30역일 이내에 재제시 되지 아니한 경우, 은행은 전자

기록이 제시되지 아니한 것으로 취급한다. 그리고
iv. 어떠한 최종기간도 연장되지 아니한다.

Article e12 [Additional Disclaimer of Liability for Presentation of Electronic Records under eUCP]
By checking the apparent authenticity of an electronic record, Banks assume no liability for the identity of the sender, source of the information, or its complete and unaltered character other than that which is apparent in the electronic record received by the use of a commercially acceptable data process for the receipt, authentication, and identification of electronic records.

제e12조 [eUCP 하의 전자기록 제시 의무에 대한 추가적인 면책]
전자기록의 외관상 진정성을 점검함으로써 은행은 수신, 인증 및 전자기록의 식별을 위하여 상업적으로 인정 할 수 있는 자료 처리의 사용에 의하여 수신된 전자기록에 있어서, 송신자의 신원, 정보의 출처 또는 전자기록이 외관상 완전하고 변하지 않은 문자에 대하여 아무런 의무를 부담하지 아니한다.

(3) 추심에 관한 통일규칙(The Uniform Rules for Collection 1995)

Article 1 [Application of URC 522]
a. The Uniforms Rules for Collection, 1995 Revision, ICC Publication No. 522, shall apply to all collections as defined in Article 2 where such rules are incorporated into the text of the "collection instruction" referred to in Article 4 and are binding on all parties thereto unless expressly agreed or contrary to the provisions of a national, state or local law and/or regulation which cannot be departed from.
b. Banks shall have no obligation to handle either a collection or any collection instruction or subsequent related instructions.
c. If bank elects, for any reason, not to handle a collection or any related instructions received by it, it must advise the party from whom it received the collection or the instructions by telecommunication or, if that is not telecommunication or, if that is not possible, by other expeditious means, without delay.

제1조 [추심에 관한 통일규칙 522의 적용]

a. 1995년 개정, 국세상업회의소 간행물 번호 522, 추심에 관한 통일규칙은 본 규칙의 준거문언이 제4조에 언급된 '추심지시서'의 본문에 삽입된 경우 제2조에 정의된 모든 추심에 적용되며, 별도의 명시적인 합의가 없거나 또는 국가, 주, 또는 지방의 법률 및 또는 규칙의 규정에 위배되지 아니하는 한 모든 관계당사자를 구속한다.
b. 은행은 추심 또는 어떠한 추심지시서 또는 이후 관련지시서를 취급하여야 할 의무를 지지 아니한다.
c. 은행이 어떠한 이유로 접수된 추심 또는 어떠한 관련지시서를 취급하지 않을 것을 결정한 경우에는 추심 또는 그 지시서를 송부한 당사자에게 전신 또는, 그것이 가능하지 않은 경우, 다른 신속한 수단으로 지체없이 통지하여야 한다.

Article 2 [Definition of Collection]

For the purposes of these Articles:

a. "Collection" means the handling by banks of documents as defined in sub-Article 2(b), in accordance with instructions received, in order to:
   i. obtain payment and/or acceptance or
   ii. deliver documents against payment and/or against acceptance or
   iii. deliver documents on other terms and conditions.
b. "Documents" means financial documents and/or commercial documents:
   i. "Financial" documents means bills of exchange, promissory notes, cheques or other similar instruments used for obtaining the payment of money;
   ii. "Commercial documents" means invoices, transport documents, documents of title of other similar documents, or any other documents whatsoever, not being financial documents.
c. "Clean Collection" means collection of financial documents not accompanied by commercial documents.
d. "Documentary collection" means collection of
   i. Financial documents accompanied by commercial documents;
   ii. Commercial documents not accompanied by financial documents.

[제2조] 추심의 정의

본 규칙의 목적상,

a. "추심"이라 함은 은행이 접수된 지시에 따라 다음과 같은 목적으로 제2조 b항에 정의된 서류를 취급하는 것을 의미한다.

i . 지급 및 / 또는 인수를 받거나, 또는

ii. 서류를 지급인도 및 / 또는 인수인도 하거나, 또는

iii. 기타의 조건으로 서류를 인도하는 목적

b. "서류"라 함은 다음의 금융서류 및 / 또는 상업서류를 의미한다.

i . "금융서류"란 환어음, 약속어음, 수표 또는 기타 금전의 지급을 받기 위하여 사용되는 기타 이와 유사한 증서를 의미한다.

ii. "상업서류"란 송장, 운송서류, 권리증권 또는 이와 유사한 서류, 또는 그밖에 금융서류가 아닌 일체의 서류를 의미한다.

c. "무화환추심"이라 함은 상업서류가 첨부되지 아니한 금융서류의 추심을 의미한다.

d. "화환추심"이라 함은 다음과 같은 추심을 의미한다.

i . 상업서류가 첨부된 금융서류의 추심 ;

ii. 금융서류가 첨부되지 아니한 상업서류의 추심

Article 3 [Parties to a Collection]

a. For the purposes of these Articles the "parties thereto" are;

i . the "principal" who is the party entrusting the handling of a collection to a bank;

ii. the "remitting bank" which is the bank to which the principal has entrusted the handing of a collection;

iii. the "collecting bank" which is any bank, other than the remitting bank, involved in processing the collection;

iv. the "presenting bank" which is the collecting bank making presentation to the drawee.

b. The "drawee" is the one to whom presentation is to be made according to the collection instruction.

제3조 [추심당사자]

a. 본 규칙이 목적상 관계당사자란 다음과 같은 자를 의미한다.

i . 은행에 추심의 취급을 의뢰하는 당사자인 "추심의뢰인"

ii. 추심의뢰인으로부터 추심의 취급을 의뢰받은 은행인 "추심의뢰은행"

iii. 추심의뢰은행 이외에 추심과정에 참여하는 모든 은행인 "추심은행"

iv. 지급인에게 제시를 행하는 추심은행인 "제시은행"

b. “지급인”은 추심지시에 따라 제시를 받아야 할 자를 말한다.

Article 7 [Release of Commercial Documents]

Documents Against Acceptance (D/A) vs. Documents Against Payment(D/P)

a. Collections should not contain bills of exchange payable at a future date with instructions that commercial documents are to be delivered against payment.

b. If a collection contains a bill of exchange payable at a future date, the collection instruction should states whether the commercial documents are to be released to the drawee against acceptance (D/A) or against payment(D/P).

   In the absence of such statement commercial documents will be released only against payment and the collecting bank will not be responsible for any consequences arising out of any delay in the delivery of documents.

c. If a collection contains a bill of exchange payable at a future date and the collection instruction indicated that commercial documents are to be released against payment, documents will be released only against such payment and the collecting bank will not be responsible for any consequences arising out a any delay in the delivery of documents.

제7조 [상업서류의 인도]

인수인도(D/A) 대 지급인도(D/P)

a. 추심에는 상업서류가 지급한 상환으로 인도되어야 한다는 지시와 함께 장래의 확정일출급조건의 환어음을 포함시켜서는 아니된다.

b. 추심이 장래 확정일출급조건의 환어음을 포함하는 경우에 추심지시서에는 상업서류가 지급인에게 인수인도(D/A) 또는 지급인도 (D/P)중 어느 조건으로 인도되어야 하는지를 명시하여야 한다. 그러한 명시가 없는 경우, 상업서류는 지급과 상환으로만 인도되어야 하며, 추심은행은 서류인도의 지연으로 기인하는 어떠한 결과에 대해서도 책임을 지지 아니한다.

c. 추심이 장래 확정일출급조건의 환어음을 포함하고 추심지시서에 상업서류는 지급과 상환으로 인도되어야 한다고 명시된 경우에는, 서류는 오직 그러한 지급에 대해서만 인도되고, 추심은행은 서류인도의 지연으로 기인하는 어떠한 결과에 대해서도 책임을 지지 아니한다.

Article 24 [Protest]

The collection instruction should give specific instructions regarding protest (or other legal process in lieu thereof), in the event of non-acceptance or non-payment.

In the absence of such specific instructions, the banks concerned with the collection have no obligation to have the document(s) protested (or subject to other legal process in lieu thereof) for non-payment or non-acceptance.

Any charges and/or expenses incurred by banks in connection with such protest, or other legal process, will be for the account of the party from whom the collection instruction was received.

제24조 [거절증서]

추심지시서에는 인수거절 또는 지급거절의 경우에 있어서의 거절증서(또는 이에 갈음하는 기타 법적절차)에 관한 특정한 지시를 명기하여야 한다.

이러한 특정한 지시가 없는 경우 추심에 관여하는 은행은 지급거절 또는 인수거절에 대하여 서류의 거절증서를 작성하여야 할(또는 이에 갈음하는 법적절차를 취해야 할) 의무를 지지 아니한다.

이러한 거절증서 또는 기타 법적 절차와 관련하여 은행에게 발생하는 모든 수수료 및/또는 비용은 추심지시서를 송부한 당사자의 부담으로 한다.

Article 25 [Case-Of-Need]

If the principal nominates a representative to act as case-of-need in the event of non-acceptance and/or non-payment the collection instruction should clearly and fully indicate the powers of such case-of-need. In the absence of such indication banks will not accept any instructions from the case-of-need.

제25조 [예비지급인]

추심의뢰인이 인수거절 및 / 또는 지급거절에 대비하여 예비지급인으로서 행동할 대리인을 지명하는 경우에는, 추심지시서에 그러한 예비지급인의 권한에 대하여 명확하고 완전한 지시를 하여야 한다. 이러한 지시가 없는 경우 은행은 예비지급인으로 부터의 어떠한 지시에도 응하지 아니한다.

(4) 은행간 화환신용장에 따른 대금상환에 관한 통일규칙(Uniform Rules for Bank-to-Bank Reimbursements under Documentary Credits URR725 2008)

Article 1 [Application of URR]

The Uniform Rules for Bank-to-Bank Reimbursements under Documentary Credits ("rules"), ICC Publication No. 725 shall apply to all bank-to-bank reimbursements when the text of the reimbursement authorization expressly indicates that it is subject to these rules. They are binding on all parties thereto, unless otherwise expressly stipulated in the reimbursement authorization. The issuing bank is responsible for indicating in the documentary credit ("credit") that reimbursement claims are subject to these rules.

In a bank-to-bank reimbursement subject to these rules, the reimbursing bank acts on the instructions and/or under the authority of the issuing bank.

These rules are not intended to override or change the provision of the Uniform Customs and Practice for Documentary Credits.

해석

제1조 [은행 간 신용장 대금상환에 관한 통일규칙의 적용]

화환신용장에 따른 은행간 대금상환에 관한 통일규칙 (이하 "규칙"으로 한다). ICC간행물 번호 725는 그 상환수권서의 내용에 그 상환수권서가 이 규칙에 의한다. 라고 분명히 명시되어 있을 때에는 모든 은행 간 대금상환에 적용된다. 본 규칙은 상환수권서에 달리 명시적으로 규정되지 않는 한 모든 관계당사자를 구속한다. 발행은행은 화환신용장(이하 '신용장' 으로 한다)에 대금상환청구가 본 규칙의 적용을 받는다는 것을 명시할 책임이 있다.

본 규칙의 적용을 받는 은행 간 대금상환에 있어, 상환은행은 발행은행의 지시 및 또는 수권에 의하여 업무를 수행한다.

본 규칙은 화환신용장통일규칙의 규정에 우선하거나 변경하려는 것이 아니다.

Article 2 [Definitions]

For the purpose of these rules, the following terms shall have the meanings specified in this article and may be used in the singular or plural as appropriate:

a. "Issuing bank" means the bank that has issued a credit and the reimbursement authorization under that credit.

b. "Reimbursing bank" means the bank instructed and/or authorized to provide reimbursement pursuant to a reimbursement authorization issued by the issuing bank.

c. "Reimbursement authorization" means an instruction and/or authorization, independent of the credit, issued by an issuing bank to a reimbursing bank to reimburse a claiming bank, or, if so requested by the issuing bank, to accept and pay a time draft drawn on the reimbursing bank.

d. "Reimbursement amendment" means an advice from the issuing bank to a reimbursing bank stating charges to a reimbursement authorization.

e. "Claiming bank" means a bank that pays, incurs a deferred payment undertaking, accepts draft or negotiates under a credit and presents a reimbursement claim to the reimbursing bank. "Claiming bank" includes a bank authorized to present a reimbursement claim to the reimbursing bank on behalf of the bank that honours or negotiates.

f. "Reimbursement claim" means a request for reimbursement from the claiming bank to the reimbursing bank.

g. "Reimbursement undertaking" means a separate irrevocable undertaking of the reimbursing bank, issued upon the authorization or request of the issuing bank, to the claiming bank named in the reimbursement authorization, to honour that bank's reimbursement claim provided the terms and conditions of the reimbursement undertaking have been complied with.

h. "Reimbursement undertaking amendment" means an advice from the reimbursing bank to the claiming bank named in the reimbursement authorization, stating changes to a reimbursement undertaking.

I. For the purposes of these rules, branches of a bank in different countries are considered separate banks.

해석

제2조 정의

본 규칙을 위하여 다음의 용어는 이 조항에 정의된 의미를 가지며, 단수 또는 복수로 적절하게 사용될 수 있다.

a. "발행은행"은 신용장을 발행하고, 그 신용장에 따라서 대금상환수권을 발행한 은행을 의미한다.
b. "상환은행"은 발행은행이 발행한 상환수권에 따라서 대금상환을 하도록 지시받고 및/또는 권한을 부여받은 은행을 의미한다.
c. "상환수권"은 상환청구은행에게 대금상환을 하도록, 혹은 발행은행의 요청이 있는 경우에는 상환은행을 지급인으로 발행된 기한부 어음을 인수 및 지급하도록, 발행은행이 상환은행에게 발행하는, 신용장과는 독립된 지시 및/또는 수권을 의미한다.
d. "상환조건변경"은 발행은행이 상환은행에게 보내는, 상환수권에 대한 조건변경을 명시하는 통지를 의미한다.
e. "상환청구은행"은 신용장에 따라 지급, 연지급확약, 어음의 인수 또는 매입을 하고, 상환은행에게 상환청구를 제시하는 은행을 의미한다. "상환청구은행"은 결제 또는 매입을 하는 은행을 대신하여 상환은행에게 상환청구를 제시하도록 권한을 부여 받은 은행을 포함한다.
f. "상환청구"는 상환청구은행이 상환은행에게 하는 대금상환요청을 의미한다.
g. "상환확약"은 발행은행의 수권 또는 요청에 따라 상환은행이 상환수권에 지정된 상환청구은행에게 발행하는, 상환확약의 제 조건이 충족되면 상환청구에 대해 지급하겠다는 별도의 최소불능 확약을 의미한다.
h. "상환확약 조건변경"은 상환은행이 상환수권서에 지정된 상환청구은행에게 보내는, 상환확약의 조건변경을 명시하는 통지를 의미한다.
i. 본 규칙의 목적상 특정 은행의 다른 나라에 있는 지점은 별개의 은행으로 간주된다.

(5) 전자상거래에 관한 유엔 국제무역법위원회 표준법(UNCITRAL Model Law on Electronic Commerce 1996)

Article 2 [Definitions]

For the purposes of this Law:

a. "Data message" means information generated, sent, received or stored by electronic, optical or similar means including, but not limited to, electronic data interchange(EDI), electronic mail, telegram, telex or telecopy;
b. "Electronic data interchange(EDI)" means the electronic transfer from computer to computer of information using an agreed standard to

structure the information;

c. "Originator" of a data message means a person by whom, or on whose behalf, the data message purports to have been sent or generated prior to storage, if any, but it does not include a person acting as an intermediary with respect to that data message;

d. "Addressee" of a data message means a person who is intended by the originator to receive the data message, but does not include a person acting as an intermediary with respect to that data message;

e. "Intermediary", with respect to a particular data message, means a person who, on behalf of another person, sends, receives or stores that data message or provides other services with respect to that data message;

f. "Information system" means a system for generating, sending, receiving, storing or otherwise processing data messages.

해석

제2조 [정의]

이 법의 적용에 있어서,

a. "데이터메시지"라 함은 전자문서교환, 전자우편, 전보, 텔렉스, 텔레카피를 포함하되, 이에 한정되지 아니하고, 전자적, 광학적, 또는 이와 유사한 수단에 의하여 생성, 송신, 또는 저장되는 정보를 말한다.

b. "전자문서교환"이라 함은 정보구축을 위하여 합의된 표준을 사용하여 정보를 컴퓨터에서 컴퓨터로 전자적으로 전송하는 것을 말한다.

c. 데이터메시지의 "작성자"라 함은 데이터메시지를 송신하거나 그것을 저장 전에 생성시킨 자 또는 그 대리인을 말한다. 그러나 데이터메시지에 관련하여 중개인으로서 행동하는 자는 이에 포함되지 아니한다.

d. 데이터메시지의 "수신자"라 함은 데이터메시지 작성자가 이를 수신할 것으로 의도하는 자를 말한다. 다만 데이터메시지에 관련하여 중개인으로서 행동하는 자는 이에 포함되지 아니한다.

e. 특정한 데이터메시지와 관련하여 "중개인"이라 함은 타인을 대신하여 그 데이터메시지를 송신, 수신 또는 저장하거나 또는 그 데이터메시지에 관련한 기타의 서비스를 제공하는 자를 말한다.

f. "정보시스템"이라 함은 데이터메시지를 생성, 송신, 수신, 기타의 처리과정을 수행하는 시스템을 말한다.

(6) 국제지급이체에 관한 유엔 국제무역법위원회 표준법(UNCITRAL Model Law on International Credit Transfers 1992)

Article 2 [Definitions]

For the purposes of this law:

a. "Credit transfer" means the series of operations, beginning with the originator's payment order, made for the purpose of placing funds at the disposal of a beneficiary. The term includes any payment order issued by the originator's bank or any intermediary bank intended to carry out the originator's payment order. A payment order issued for the purpose of effecting payment for such an order is considered to be part of a different credit transfer;

b. "Payment order" means an unconditional instruction, in any form, by a sender to a receiving bank to place at the disposal of a beneficiary a fixed or determinable amount of money if

 i. the receiving bank is to be reimbursed by debiting an account of, or otherwise receiving payment from, the sender, and

 ii. the instruction does not provide that payment is to be made at the request of the beneficiary. Nothing in this paragraph prevents an instruction from being a payment order merely because it directs the beneficiary's bank to hold, until the beneficiary requests payments, funds for a beneficiary that does not maintain an account with it;

c. "Originator" means the issuer of the first payment order in a credit transfer;

d. "Beneficiary" means the person designated in the originator's payment order to receive funds as a result of the credit transfer;

e. "Sender" means the person who issues a payment order, including the originator an any sending bank;

f. "Receiving bank" means a bank that receives a payment order;

g. "Intermediary bank" means any receiving bank other than the originator's bank and the beneficiary's bank;

h. "Funds" or "money" includes credit in an account kept by a bank and includes credit denominated in a monetary unit of account that is established by an intergovernmental institution or by agreement of two or more States, provided that this law shall apply without prejudice to the rules of the intergovernmental institution or the stipulations of the agreement;

i. "Authentication" means a procedure established by agreement to determine whether a payment order or an amendment or revocation of a payment order was issued by the person indicated as the sender;

j. "Banking day" means that part of a day during which the bank performs the type of action in question;

k. "Execution period" means the period of one or two days beginning on the first day that a payment order may be executed under article 11(1) and ending on the last day on which it may be executed under that article;

l. "Execution", in so far as it applies to a receiving bank other than the beneficiary's bank, means the issue of a payment order intended to carry out the payment order received by the receiving bank;

m. "Interest" means the time value of the funds or money involved, which, unless otherwise agreed, is calculated at the rate and on the basis customarily accepted by the banking community for the funds or money involved.

해석

제2조 [정의]

이 법의 적용에 있어서:

a. "지급이체"라 함은 자금을 수익자의 처분에 놓이게 할 목적으로 행하여지고 원지시인의 지급지시로써 개시되는 일련의 작용을 말한다. 이 용어는 원지시인의 지급지시를 이행할 의도로 원지시인의 은행 또는 중개은행에 의하여 발행되는 지급지시를 포함한다. 지급지시에 대한 지급을 이행할 목적으로 발행된 지급지시는 다른 지급이체의 일부로 간주된다.

b. "지급지시"라 함은 다음의 경우에 일정한 금액 또는 확정될 수 있는 금액을 수익자의 처분에 두게 하기 위하여 송신자가 수취은행에 대하여 하는 무조건의 지시를 말하며, 방식을 묻지 아니한다.

  i. 수신은행이 송신자의 계좌에 차기함으로써 또는 기타 송신자로부터 지급을 받음으로써 상환을 받을 예정인 경우.

  ii. 지시가 수익자의 청구에 의하여 지급이 행하여질 것임을 규정하고 있지 아니하는 경우. 이 규정에 불구하고 지시가 수익자의 은행에 대하여 그 은행에 계좌를 가지고 있지 아니한 수익자를 위하여 수익자가 지급을 청구할 때까지 자금을 보유할 것을 명한다는 이유만으로 지급지시로 되는 것을 방해하지 아니한다.

c. "원지시인"이라 함은 지급이체에 있어서 최초의 지급지시의 발행자를 말한다.

d. "수익자"라 함은 지급이체의 결과 자금을 수령할 자로서 원지시인의 지급지시에 지정된 자를 말한다.

e. "송신자"라 함은 원지시인과 송신은행을 포함하여 지급지시를 발행하는 자를 말한다.

f. "수신은행"이라 함은 지급지시를 수령하는 은행을 말한다.

g. "중개은행"이라 함은 원지시인의 은행 및 수익자의 은행을 제외한 수신은행을 말한다.

h. "자금" 또는 "금전"이라 함은 은행에 의하여 보유되는 계좌상의 대변을 포함하고, 이 법이 정부간기관의 규칙 또는 둘 이상의 국가간의 협정의 규정에 관계없이 적용되는 한, 정부간 기관 또는 그 협정에 의하여 설정된 통화단위로 지정된 대변을 포함한다.

i. "인증"이라 함은 지급지시나 그 정정 또는 취소가 송신자로 지정된 자에 의하여 발행되었는가 여부를 결정하기 위하여 협약에 의하여 설정된 절차를 말한다.

j. "은행영업일"이라 함은 은행이 당해 유형의 행위를 이행하는 날을 말한다.

k. "이행기간"이라 함은 제11조 제1항의 규정에 따라 지급지시가 이행될 수 있는 최초의 날을 시기로 하여 제11조 제1항의 규정에 따라 지급지시가 이행될 수 있는 마지막 날을 종기로 하는 하루 또는 이틀의 기간을 말한다.

l. "이행"이라 함은 수익자의 은행 이외의 수신은행에 대하여 적용되는 한, 수신은행에 의하여 수령된 지급지시를 이행할 의도로 하는 지급지시의 발행을 말한다.

m. "이자"라 함은 자금 또는 금전의 기간가치로서, 다른 합의가 없으면 관련 자금 또는 금전에 관하여 은행단체에서 관습적으로 승인되는 비율 및 기준에 따라 계산되는 것을 말한다.

(7) 미국통일상법전: 신용장편(UCC: Article 5, Letters of Credit)

§ 5-102 [Definitions]

a. In this article:

1. "Adviser" means a person who, at the request of the issuer, a confirmer, or another adviser, notifies or requests another adviser

to notify the beneficiary that a letter of credit has been issued, confirmed, or amended.

2. "Applicant" means a person at whose request or for whose account a letter of credit is issued. The term includes a person who requests an issuer to issue a letter of credit on behalf of another if the person making the request undertakes an obligation to reimburse the issuer.
3. "Beneficiary" means a person who under the terms of a letter of credit is entitled to have its complying presentation honored. The term includes a person to whom drawing rights have been transferred under a transferable letter of credit.
4. "Confirmer" means a nominated person who undertakes, at the request or with the consent of the issuer, to honor a presentation under a letter of credit issued by another.
5. "Dishonor" of a letter of credit means failure timely to honor or to take an interim action, such as acceptance of a draft, that may be required by the letter of credit.
6. "Document" means a draft or other demand, document of title, investment security, certificate, invoice, or other record, statement, or representation of fact, law, right, or opinion (i) which is presented in a written or other medium permitted by the letter of credit or, unless prohibited by the letter of credit, by the standard practice referred to in Section 5-108(e) and (ii) which is capable of being examined for compliance with the terms and conditions of the letter of credit. A document may not be oral.
7. "Good faith" means honesty in fact in the conduct or transaction concerned.
8. "Honor" of a letter of credit means performance of the issuer's undertaking in the letter of credit to pay or deliver an item of value. Unless the letter of credit otherwise provides, "honor" occurs
   i. upon payment,
   ii. if the letter of credit provides for acceptance, upon acceptance of a draft and, at maturity, its payment, or
   iii. if the letter of credit provides for incurring a deferred

obligation, upon incurring the obligation and, at maturity, its performance.

9. "Issuer" means a bank or other person that issues a letter of credit, but does not include an individual who makes an engagement for personal, family, or household purposes.
10. "Letter of credit" means a definite undertaking that satisfies the requirements of Section 5-104 by an issuer to a beneficiary at the request or for the account of an applicant or, in the case of a financial institution, to itself or for its own account, to honor a documentary presentation by payment or delivery of an item of value.
11. "Nominated person" means a person whom the issuer (i) designates or authorizes to pay, accepts, negotiate, or otherwise give value under a letter of credit and (ii) undertakes by agreement or custom and practice to reimburse.
12. "Presentation" means delivery of a document to an issuer or nominated person for honor or giving of value under a letter of credit.
13. "Presenter" means a person making a presentation as or on behalf of a beneficiary or nominated person.
14. "Record" means information that is inscribed on a tangible medium, or that is stored in an electronic or other medium and is retrievable in perceivable form.
15. "Successor of a beneficiary" means a person who succeeds to substantially all of the rights of a beneficiary by operation of law, including a corporation with or into which the beneficiary has been merged or consolidated, an administrator, executor, personal representative, trustee in bankruptcy, debtor in possession, liquidator, and receiver.

해석

제5-102조 [정의]

a. 본 편에 있어서

1. "통지인"이라 함은 발행인, 확인인 또는 다른 통지인의 요청에 따라 신용장이 발행, 확인 또는 변경되었다는 것을 수익자에게 통지하거나 또는 다른 통지인에게 이를 통지하도록 요청하는 자를 말한다.

2. “발행의뢰인”이라 함은 자신의 요청이나 계산에 따라 신용장이 발행되도록 하는 자를 말한다. 그러한 용어는 다른 자를 대신하여 발행인에게 신용장을 발행하도록 요청하는 자를 포함하며, 이러한 경우 그 발행을 요청하는 자는 발행인에 대하여 대금보상의 의무를 부담한다.
3. “수익자”라 함은 신용장의 조건에 따라 이와 일치하는 제시를 인수 · 지급되도록 청구할 수 있는 자를 말한다. 그러한 용어는 양도가능신용장에 따라 환어음의 발행권을 양도받은 자를 포함한다.
4. “확인인”이라 함은 발행인의 요청이나 동의에 따라 다른 자에 의하여 발행된 신용장의 조건에 따른 제시를 인수 · 지급할 것을 확약하는 지정인을 말한다.
5. 신용장의 “인수 · 지급거절”이라 함은 신용장에 의하여 요구되는 인수 · 지급 또는 환어음의 인수와 같은 잠정적인 행위를 적기에 취하지 아니하는 것을 말한다.
6. “서류”라 함은 환어음이나 기타 청구서, 권리증권, 투자증권, 증명서, 송장 또는 기타의 기록, 진술서 또는 사실, 법률, 권리 또는 의견의 표시를 말한다. (i) 서류는 신용장에 의하여 허용되거나 또는 신용장에 의하여 금지되지 아니하는 한 제5-108조 e항에 언급된 표준관습에 따라 허용된 서면 또는 기타의 수단으로 제시되어야 하며, 또 (ii) 서류는 신용장의 제조건과 일치하는지의 여부를 심사할 수 있어야 한다. 서류는 구두로 하여서는 안 된다.
7. “선의”라 함은 관련된 행위 또는 거래에 있어서 사실상의 정직을 말한다.
8. 신용장의 “인수 · 지급”이라 함은 신용장에서 금전적 가액을 지급하거나 교부하겠다는 발행인의 확약을 이행하는 것을 말한다. 신용장에서 별도의 규정이 없는 한 “인수”는 다음과 같은 때에 발생한다.
   i. 즉시 지급한 때,
   ii. 신용장에서 인수를 규정하고 있는 경우에는 환어음을 인수하고 만기에 지급한 때, 또는
   iii. 신용장에서 연지급의무를 규정하고 있는 경우에는 이러한 의무를 개시하고 만기에 지급한 때.
9. “발행인”이라 함은 신용장을 발행하는 은행 또는 기타의 자를 말한다. 그러나 개인용, 가족용 또는 가정용의 목적으로 지급을 약정하는 개인은 이에 포함하지 아니한다.
10. “신용장”이라 함은 발행의뢰인의 요청이나 계산에 따라, 또는 금융기관인 경우에는 스스로 또는 자신의 계산에 따라 발행인이 수익자에게 금전적 가액의 지급이나 교부로써 서류의 제시를 인수 · 지급하겠다는 제5-104조의

요건을 충족하는 일정한 확약을 말한다.

11. "지정인"이라 함은 발행인으로부터 (i) 신용장에 따라 지급, 인수, 매입 또는 별도의 가액을 교부하도록 지정되거나 수권되고, 또 (ii) 합의 또는 관습에 의하여 대금보상을 확약 받은 자를 말한다.
12. "제시"라 함은 신용장에 따라 가액의 지급이나 교부를 목적으로 발행인 또는 지정인에게 서류를 인도하는 것을 말한다.
13. "제시인"이라 함은 수익자나 지정인으로서 또는 그러한 자를 대신하여 제시를 행하는 자를 말한다.
14. "기록"이라 함은 유형의 수단으로 기재되어 있거나, 또는 전자식 또는 기타의 수단으로 저장되어 있으면서 인식이 가능한 형식으로 재생할 수 있는 정보를 말한다.
15. "수익자의 승계인"이라 함은 법률의 효력에 의하여 수익자의 모든 권리를 실질적으로 승계받는 자를 말한다. 이는 수익자가 합병되었거나 인수되어진 경우의 법인, 법정관리인, 유산집행자, 법정대리인, 파산시의 수탁자, 재산상 채무자, 청산인 및 재산수령인을 포함한다.

(8) 국제환어음 및 수표에 관한 유엔협약(United Nations Convention on International Bill of Exchange and International Promissory Notes 1988)

Article 5

In this Convention:

a. "Bill" means an international bill of exchange governed by this Convention;
b. "Note" means an international promissory note governed by this Convention;
c. "Instrument" means a bill or a note;
d. "Drawee" means a person on whom a bill is drawn and who has not accepted it;
e. "Payee" means a person in whose favour the drawer directs payment to be made or to whom the maker promises to pay;
f. "Holder" means a person in possession of an instrument in accordance with article 15;

g. "Protected holder" means a holder who meets the requirements of article 29;
h. "Guarantor" means any person who undertakes an obligation of guarantee under article 46, whether governed by subparagraph (b) ("guaranteed") or subparagraph (c)("aval") of paragraph (4) of article 47;
i. "Party" means a person who has signed an instrument as drawer, maker, acceptor, endorser or guarantor;
j. "Maturity" means the time of payment referred to in paragraphs (4), (5), (6) and (7) of article 9;
k. "Signature" means a handwritten signature, its facsimile or an equivalent authentication effected by any other means; "forged signature" includes a signature by the wrongful use of such means;
l. "Money" or "currency" includes a monetary unit of account which is established by an intergovernmental institution or by agreement between two or more States, provided that this Convention shall apply without prejudice to the rules of the intergovernmental institution or to the stipulations of the agreement.

해석

제5조 [용어의 정의]

본 협약에서,

a. "환어음"은 본 협약의 적용을 받는 국제환어음을 말한다.
b. "약속어음"은 본 협약의 적용을 받는 국제약속어음을 말한다.
c. "어음"은 환어음이나 약속어음을 말한다.
d. "지급인"은 그 자가 지급하도록 환어음이 발행되었으나 이를 인수하지 아니한 자를 말한다.
e. "수취인"은 환어음의 발행인이 그에게 지급이 되도록 위탁하거나 약속어음의 발행인으로부터 지급할 것을 약속받은 자를 말한다.
f. "소지인"은 제15조의 규정에 따라 어음을 소지하고 있는 자를 말한다.
g. "보호받는 소지인"은 제29조의 요건을 구비한 소지인을 말한다.
h. "보증인"은 제46조의 규정에 의해 보증의 책임을 부담하는 자를 말하며, 그 책임이 제47조의 제4항 (b)호 혹은 제4항 (c)호에 의하여 규율되는지를 불문한다.
i. "당사자"는 어음상에 발행인, 인수인, 배서인 또는 보증인으로 서명한 자를 말한다.

j. “만기”는 제9조의 제4항, 제5항, 제6항, 및 제7항에 규정된 지급일자를 말한다.
k. “서명”은 자필서명, 그 모사, 또는 기타 다른 방법에 의하여 작성된 것으로서 동등한 신뢰성이 있는 것을 말하며, “위조서명”은 이런 방법의 악용에 의한 서명을 포함한다.
l. “화폐” 또는 “통화”는 이 협약이 정부간 기관의 규칙 또는 2개국 이상의 합의 조항에 저촉됨이 없이 적용되는 경우, 정부간 기관 또는 2개국 이상의 합의에 의하여 설정된 화폐단위를 포함한다.

국제무역운송

Chapter 5

1 국제무역운송 입문 용어 해설

❶ 간이선하증권

약식 혹은 간이선하증권은 원래의 선하증권이 너무 크고 길어서 타자치는 데나 기록하는 데 번거로와 발행수속을 간소화하기 위해서 생긴 것이다. 이는 미국계 선박회사들에 의하여 많이 사용되고 있고 법적으로 long form B/L과 똑같은 효력을 갖고 있다.

❷ 갈고리에 의한 손해

하역작업 중 갈고리를 사용함으로써 생기는 손해로서 주로 직물이나 잡화 등을 마대 등으로 포장한 경우에는 이러한 위험을 추가로 담보할 필요가 있다.

❸ 갑판적화물

해운상 갑판이라고 하면 단지 상갑판을 의미하나 여기는 적하장소가 아니므로 적하가 허용되지 않는 것이 원칙이다. 그러나 생명이 있는 동물과 같이 화물의 성질상 선창내에 수용할 수 없는 것 또는 수용이 거부될 것 같은 화물 등은 관습상 특약에 의해 갑판적이 인정되고 있다. 이 갑판적화물에 대하여 투하나 파도에 휩쓸릴 때의 위험은 선주의 면책으로 되어 있으며, 일반적으로 해상적하보험에서도 제외되고 있기 때문에 그 위험에 대한 보험상의 보호를 하기 위해서는 투하 및 파도에 의한 손해보험을 특약해야 한다. 화물을 갑판적재로 하는 것은 화주의 청구와 선주의 승낙에 의하며, 선주는 선하증권에 본선은 갑판적화물의 위험에 대해서는 책임을 지지 않음이라는 면책조항을 규정하고 있다. 그리고 산 동물은 갑판적재를 일반 형태로 하고 있기 때문에 갑판상에 그 동물을 수용하는 데 필요한 특별설비를 해야 하는 등 특별비용이 들게 된다.

❹ 갑판적 유보

화물이 컨테이너 전용선으로 운반되는 컨테이너 내장물품인 경우에는 갑판에 적재될 가능성이 많으므로 이러한 경우 선박회사는 '갑판에 선적될 지도 모른다' 라는 의사표시를 인쇄약관으로 선하증권 뒷면에 기재하고 있으며 이와 같은 유보문언이 있는 B/L은 은행이 수리한다.

❺ 개방식동맹

이는 그 항로에 배선하는 의지 및 능력이 있는 선주면 언제라도 자유로이 가입시키는 형태로 북미항로에서 주로 운영되고 있다고 하여 미국식 해운동맹이라고 한다. 특히 이 동맹이 결성되어 있는 북미항로에서는 미국정부의 해운법에 의거한 해운동맹규제정책에 따라 해운동맹의 활동이 제한 받고 있다. 미국에서는 선복과잉을 정당한 가입거부의 이유로 원칙적으로 인정하지 않고 배선의 의지와 능력이 있는 선주는 모두 해운동맹에 가입시키고 있다.

❻ 개수단위

화물의 관습상 포장방법이 일정하고 내용물의 용적 또는 중량이 일정한 화물, 예컨대 석유, 방적용 실 등은 1상자(case, box), 1bale 등의 단위를 기준으로 하여 운임액을 정한다.

❼ 개품운송계약

개품운송계약은 선박의 전부 또는 일부를 용선하는 것이 아니고 개별운송품을 대상으로 체결하는 운송계약을 말한다. 즉 다수의 화주로부터 위임받은 개개의 화물운송을 인수하는 계약을 말한다. 일반적인 형태로 선주 자신이 해운업을 할 경우 많은 선복 수요자로부터 화물을 모아 이를 운송하고자 할 때 개품운송계약이 이루어지며, 동시에 화물운임이 결정되어 이 모든 계약내용을 표시한 선하증권이 발행된다.

❽ 거치환불제

일정기간동안 동맹선에 선적한 화주에 대하여 운임의 일부를 한 기간 이후(유보기간)에 환불하는 제도로서 이 유보기간에도 계속 선적하여야 함.

❾ 검사증명서

수출상품의 품질, 포장, 소재 등을 공인된 검정기관이나 수입상이 지정한 자를 통하여 발급토록 하는 증명서를 말한다.

❿ 검수표

화물을 선적하거나 양륙할 때 화물의 수량 및 화물의 외형상의 사고 유무를 검사하는 것을 Tally라고 하며 검사인을 Tally Man, 검사결과의 기록을 Tally Sheet라 한다.

⓫ 검수인

checker라고도 하며 운송업자, 검수업자에 소속되어 실제로 선적 또는 양륙에 있어서 그 현장에서 수도화물의 검수를 중심으로 검사 및 대조를 하고 그것을 증명하는 사람을 말하는데 그 자격은 검량인과 마찬가지로 해상운송법의 규제를 받으며, 일정한 등록을 필할 의무가 있다.

⓬ 견적송장

위탁매입 견적송장이라고도 한다. 이는 수입상이 수입국에서 수입허가나 외화할당 등을 받기 위하여 수출상에게 요구하는 서류로서, 해당 상품의 가격을 견적해 주는 송장을 말한다. 견적송장은 편의상 신용장 등을 개설하기 위하여 작성되는 것이지 어떤 법적구속력을 갖는 것이 아니며 일종의 "free offer"와 같은 성격을 갖고 있다.

⑬ 결함선하증권

선적 당시 화물의 포장상태나 수량 등에 어떤 결함이나 또는 이상이 있는 경우, 이러한 결함 내용이 본선 수취증의 비고란에 기재되어 그 내용이 선하증권 여백의 비고란에 그대로 기재되어 발행되는 선하증권을 말한다.

⑭ 경쟁선

이것은 맹외대항선이라고도 하며 해운동맹이 결성되어 있는 항로에 유력한 맹외선이 출현하여 저렴한 운임으로 집하함으로써 동맹의 질서를 교란하는 경우 맹외선의 취항을 저지하기 위하여 동맹선사가 공동으로 마련한 대항선을 fighting ship이라 한다. 즉 동맹선사의 선박 중에서 특정선박을 선정하여 동일한 일시에 맹외선의 기항지에 배선하여 채산성을 무시한 저렴한 운임으로 집하함으로써 맹외선의 배선을 단념케 하는 방법으로, 경쟁선의 소유자가 입은 운임손해는 동맹의 공동비용으로 보상한다.

⑮ 계선

선박의 검사나 수리를 할 때 또는 해운계의 불황 때문에 선박의 가동을 줄이기 위해 일시 그 운항을 정지시켜서 항구에 계류시키는 것을 말한다. 전자의 정기계선은 연간 가동률의 약 1-2할로 나타나고 있으며 운임에 할부되고 있으나, 후자의 불황계선은 배가 남아서 운임이 떨어져 적화가 운항비를 보상하기에 부족하므로 부득이 채택되는 조치로 운임수입에 중대한 영향을 미친다. 선박을 계류하려면 부두, 안벽, 잔교 등에 부착시키든지 그렇지 않으면 선박 자체의 닻이나 또는 부표에 묶어 둠으로써 선박의 임의 부류를 막게 된다.

⑯ 계약운임제

해운동맹이 공인한 가맹선주의 운임제도를 말한다. 동맹에 가입하고 있는 선주가 그와 계속해서 운송계약을 체결한 하주에 대하여 제공하는 운임을 말하며, 맹외선주의 자유운임제와 상대적인 용어이다. 맹외정기선 또는 부정기선에 싣는 하주에 대해서 동맹선박에서는 높은 비계약 운임률을 적용한다.

⑰ 고장문언

선적할 때 화물의 상태 또는 수량에 무슨 이상이 있으면, 그 내용이 선하증권 등에 상세히 기재된다. 이는 적요란에 기재되기 때문에 일반적으로 리마크라고 불리어진다.

⑱ 공동해손 정산서

공동해손의 정산이 끝났을 때 작성, 제출되는 계산보고서를 말한다. 이의 작성에는 일반적으로 전문적인 지식이 필요하므로 선주의 위촉을 받은 해손정산인이 작성하는 것이 보통이다.

⑲ 공적(부적)운임

부정기선 운임 중의 하나로, 화물이 실제 적재량이 선적하기로 계약했던 화물량 보다 미달할 경우 그 부족분에 대하여 용선인 또는 화주가 책임지고 지불하는 운임을 말한다.

⑳ 관습적 조속하역

정박기간을 산정하는 조건이다. 당해 항구의 관습적 하역방법 및 하역능력에 따라 가능한 한 빨리 하역을 하는 것을 약정하는 조건으로 일정한 기한을 정하지 않는다.

㉑ 국적선불취항증명서

자국적선박 불취항증명서로서 모든 수출입품은 한국국적선박을 이용하도록 제한하여 국적선 배선이 없는 경우 화주는 선주협회에서 발급하는 waiver를 받아 외국국적 선박에 선적하도록 규정한 것이다. 오늘날 세계각국은 자화자국선 주의를 채택하여 자기나라의 수출입화물은 반드시 자기나라의 선박으로 운송하고 있다. 자기나라 선박으로 운송하면 운임수입을 올릴 수 있고 자기나라 해운업을 육성시킬 수 있다. 우리나라에서도 원칙적으로 수출입 화물은 우리나라의 선박에 의하여 적재 및 운송하여야 한다.

㉒ 국제항공화물 혼재업자

항공화물의 운임률은 화물의 중량이 많을수록 저율이 되기 때문에 혼재업자는 개개의 송하인에 대해서는 항공회사가 공시하는 운임보다 싼 운임으로 운송을 청부하고, 항공회사에는 종합한 하물의 총 중량에 따라 운임을 지급하고서 그 차액을 자기의 수익으로 삼는다.

㉓ 금요일과 공휴일은 정박기간에서 제외

용선계약시 정박시간을 산출할 때 금요일과 공휴일은 계산에서 제외된다는 조건으로, 주로 중동 및 이슬람 국가들 중 금요일을 휴일로 정한 곳에서 적용되고 있다.

㉔ 기간경과 선하증권

기간경과 선하증권이란, 선하증권의 어떤 형태를 말하는 것이 아니고 선하증권의 제시시기가 필요이상으로 지연되었을 때 그러한 지연된 선하증권을 말하는 것이다. 신용장통일규칙에는 모든 선적서류는 발행후 신용장에서 명시한 기간 내에 제시되어야 한다고 되어 있고, 만일 B/L 발행 후 21일이 지나 매입은행에 제시하면 은행은 특별히 신용장 상에 "Stale B/L Acceptable"이란 조항이 없이는 수리를 거절하게 된다.

㉕ 기간용선계약

기간(정기)용선계약이란 선박을 일정한 기간을 정하여 용선하는 계약으로, 이 경우 선주는 일체의 선박부속용구를 갖추고 선원을 승선시키는 등 선박의 운항상태를 갖추어 선박을 항구에서 용선자에게 인도하여야 하므로 전부용선이 된다.

㉖ 국기차별정책

화물수송을 위한 선박을 선택하는 데 있어 무역업자들의 자유 선택에 맡기지 않고 정부의 지시에 따라 선정하도록 하는 조치를 말한다.

㉗ 국적선

자기 나라에 선적을 등록하고 자기 나라의 국기하에 운항하는 선박을 말한다. 해상운송에서는 세금관계로 선주의 국적과 다른 나라에 선박을 등록하여 그 나라의 국기를 달고 운항하는 소위 편의국적을 획득하는 경우가 있기 때문에 당해 선박이 어느 국가에 적을 두고 있는가를 밝히기 위한 개념이다.

㉘ 기명식선하증권

선하증권상에 수하인의 이름과 주소가 명기된 Consignee가 아니면 화물을 인수받지 못하게 되어 있는 선하증권이므로, 항공우편이 도입되기 전에는 많이 이용되었으나 지금은 거의 찾아 볼 수 없다.

㉙ 기명지시식 선하증권

지시식 선하증권의 일종으로서 지시식 선하증권은 수하인은 기재하지 않고 단순히 "Order", "Order of A", "Order of Bank"라고 기재되어 있으나 기명지시식 선하증권은 가령 "Order of Mr. Smith"와 같은 식으로 뒤에 특정인의 이름까지 기재하고 있다.

㉚ 기본요율

45Kg미만의 화물에 적용되는 요율로서 모든 화물요율의 기준이 된다. 효율표상에 "N"으로 표시한다.

㉛ 나용선

용선은 선박을 일정한 기간 동안 빌려 쓰는 정기용선과 특정 항해를 위해서만 용선하는 항해용선 및 선체만 빌리는 나용선 등으로 구분되는데 나용선의 경우 용선하는 측이 선박 이외에 선원, 장비 및 소모품 일체에 대한 책임을 진다.

㉜ 나용선계약

나용선계약은 자본력이 약한 운항 선사가 선복을 보충하면서 선대를 늘리는 일종의 할부제도 내지 리스제도이다. 통산 나용선계약은 10~20의 장기에 걸쳐 체결되고, 계약이 만료되면 선박의 소유권이 선주로부터 용선인에게 이전된다. 또한 나용선계약에서는 용선자가 일종의 대차방식에 의하여 선원의 수배는 물론 운행에 관한 일체의 모든 감독 및 관리권한까지 행사하도록 하는 것이 나용선계약이다. 다른 용어로 선박임대차라고도 한다.

㉝ 내륙데포

콘테이너 화물을 보다 효율적으로 수송하기 위하여 임항지역 외 내륙의 주요 공업도시 주변에 있는 콘테이너 집적장소로 임항지역의 CY 및 CFS의 기능을 겸하게 된다.

㉞ 내항성

바다를 항해할 수 있는 자격, 즉 항해하는 능력이 있다는 뜻이다. 이를 '내항성' 또는 '감항능력'이라고 표현하며 선박이 항해하기 위해서 선원, 장비 및 모든 보급품을 완전히 준비하여 언제든지 발항할 수 있도록 갖추어진 상태를 의미한다.

㉟ 냉동컨테이너

냉동화물 및 과실 등 부폐되기 쉬운 화물을 수용하기 위해 콘테이너내에 방열장치 및 냉동기를 설치해 -28℃에서 +260℃까지의 온도를 임의로 조절할 수 있도록 고안된 컨테이너를 말한다.

㊱ 단위화물

Container나 Pallet와 같이 일정한 규격으로 된 운송수단에 의해 운송되어지는 화물을 말한다.

㊲ 단일포장

Carton이나 Wooden case 등 한 개의 포장용기 속에 들어갈 각각의 물품을 보호하기 위하여, 여기에 적절한 용도로 용기 또는 재료를 이용하여 포장하는 개개포장을 말한다.

㊳ 도난, 발하, 불착손

도난은 물건이 포장체로 없어지는 것이고, 발하는 포장된 내용물의 일부를 빼내는 것을 말한다. 불착손은 포장단위의 화물이 전부 목적지에 도착하지 않는 경우를 말한다. 한편, ICC(A)나 All Risks하에서는 이러한 위험은 담보된다.

㊴ 도선사

선박들의 입출항을 안내하기 위해 도선구내에서 선박에 승선하여 수로를 인도하는 사람을 말하며, 여기 드는 비용을 도선료라고 한다.

㊵ 동맹선사

선주 상호간 협약엥 의한 일종의 카르텔로 정기선항로의 안정 및 과당경쟁을 방지하고 운임의 안정, 정기운항유지, 양질의 서비스, 신용도유지, 균등운임 적용을 목적으로 하는 운임동맹에 가입한 선사를 말한다.

㊶ 돛단배적재 선하증권

화물을 적재한 선박이 오직 바람과 돛에 의해서만 움직이도록 된 경우에는 폭풍우에 침몰될 확률이 높아지므로 은행은 이러한 B/L의 수리를 거절한다.

㊷ 대선

매수인에 의해 지정된 선박이 지정기간내에 선적항에 동착하지 못하든가 도착한 경우라도 벌써 만선이 되어 선적을 할 수 없게 되었을 때 매수인이 대선을 수배하지 못할 경우에는 계약위반이 된다. 즉 이처럼 만선이 되었을 경우 다른 선박을 빌려서 대치시키는 경우를 말한다.

㊸ Dunnage

선창내에 화물을 혼합적재하는 경우 화물의 접촉면을 충분히 보호하여 마찰에 의한 흔들림을 방지하고 항행중의 동요에 따른 충격을 없애며 창내의 습기에 의한 영향을 피하기 위하여 사용하는 각종의 깔개를 말한다. 이러한 목적에서 깔개판, 끼우개, 칸막이 등이 사용되며, 또한 대나무발, 매트 그 밖에 등나무발, 조마포 등이 필요한 장소에 장치된다. 그렇게 함으로써 침수, 파손, 찰손, 습기를 막고 또한 창내의 기둥이나 걸침대와 접촉하는 데서 생기는 화물의 손상을 경감 제거해 준다.

㊹ 데포

판매준비를 위한 제품이나 상품을 보관, 장비, 보충하는 처리장을 겸한 가치장을 말한다. 백화점의 분점이 좁을 때는 적당한 장소에 데포를 설치하여 그 곳으로부터 끊임없이 상품을 보충한다. 큰 도시의 백화점으로서 분점제도를 채택하고 있는 곳은 이 데포를 상설하고 있다. 무역상으로는 화물의 분류를 위해 전용으로 쓰이는 일종의 창고를 말하지만, 보관보다는 화물의 분류에 중점을 두기 때문에 넓은 의미에서는 그 관리시설을 일관해서 데포라고 하는데 복합운송이 도입되면서 여러하주의 화물을 한곳에 모아 한 콘테이너를 채워 나가게 하는 화물집하소를 데포라고도 한다.

㊺ 동맹운임

해운동맹에 있어서 가맹선주간의 경쟁을 없애고 맹외선주와의 대항을 유리하게 하기 위해 서로 협정한 동맹선의 운임률을 말하며 협정운임이라고도 한다. 각 선박회사의 자의에 의해서 결정되는 자유운임에 반대되는 개념이다.

㊻ 롱톤

2,240Ibs 또는 1,016kg의 중량을 1톤으로 하고 있는 중량단위로 영국 및 영국계 여러 나라에서 사용하고 있는데 미국식인 short Ton(2,000Ibs)보다 무겁기 때문에 롱톤이라 한다.

㊼ 메트릭 톤

중량단위로 1,000kg을 1톤으로 하는 것을 말한다. 무역거래에서 수량의 단위로 중량을 사용할 때 그중 톤의 경우에는 1,016kg을 1톤으로 하는 Long Ton, 907kg를 1톤으로 하는 Short Ton, 1,000kg를 1톤으로 하는 Metric Ton이 있기 때문에 중량표시시 어떠한 톤으로 할 것인가를 명시해야 한다.

㊽ 무사고선하증권

선하증권상에 포장이나 물품 또는 수량 등에 대하여 단서, 부기조항, 유보사항 등과 같은 하자사항이 기재되지 않은 선하증권을 말한다. 무사고선하증권 또는 무유보 선하증권이라고도 한다. 즉 선하증권에는 화물의 외관상태를 표시하도록 되어 있으며, 보통은 외관상 양호한 상태로 수취되므로 선하증권의 표면에 그러한 뜻의 문구가 인쇄되어 있다. 따라서 이러한 인쇄문언을 부정하거나 수정하는 단서문구, 즉 사고적요가 붙어있지 않는 선하증권을 말한다. 무사고 선하증권을 발행함으로써 선박회사는 선하증권에 기재된 화물에 대하여 법률과 계약조항에 따라 모든 책임을 지게 된다.

㊾ 무인화물

도착항 표시와 화인번호가 없는 화물을 무인화물이라 하며 무인화물의 경우 화주에게 커다란 손해를 주는 경우가 허다하다.

㊿ 무차별운임

이는 품목여부를 가리지 않고 일률적으로 부과 하는 운임으로 FAK Rate라 한다.

51 문언증권

선하증권의 운송인은 선하증권의 소지인에 대하여 증권의 기재 문언에 관하여 책임을 진다. 반면에 그 소지인은 증권의 기재 문언에 따라 권리를 주장할 수 있다.

52 반송운임

수하인이 인수하기를 거절한 화물의 반송에 대한 운임(할증운임)

53 배서

배서란 일반적으로 어음, 수표, 선하증권, 창고증권 등 지시증권의 증권상의 권리를 양도하는 것을 목적으로 행해지는 행위를 말한다. 보통 증권의 이면에 기재되므로 배서라 한다. 배서의 방식은 통상 원본이나 등본에 법정 사항을 기재하여 양도인인 배서인이 기명날인하고 증권을 피배서인의 기재가 없는 백지식 배서가 있다. 그 밖에 피배서인을 지정하지 않을 뿐만 아니라 적극적으로 소지인에게 지급할 것을 기재한 소지인 출급식 배서도 있다.

54 배선예정표

정기선 운항선사가 선박의 현재 및 미래 운항계획을 프린트한 것으로, 여기에는 선박의 이름과 각 기항항에서의 화물선적일, 입항일, 출항일 등이 기록되어 있고 화물예약 등을 위한 대리점의 이름과 전화번호 등이 포함되어 있다.

55 백지배서

유통성을 갖고 있는 선하증권과 보험증권 이면에 양도할 목적으로 무기명 배서하는 것을 말한다. 즉, 신용장상에서 B/L인 보험증권에 무기명 날인을 요구하면 수출업자는 그 회사의 인감필적 명판인 고무인을 서류이면에 날인하면 된다.

(56) 보세운송

수입화물이 양륙항에서 바로 통관되지 않고 보세지역으로 수송하여 그곳에서 통관절차를 받을 경우의 수송을 말한다.

(57) 부정기선 운임

부정기선의 운임조건은 선주와 특정화주간에 체결하는 용선계약에 의하여 개별적으로 결정된다. 즉 부정기선의 운임은 정해진 운임이 없고 선복의 수요자와 공급자간의 자유계약에 의해 결정되므로 항상 변동하는 것이다. 보통 부정기선의 운임은 선적화물의 수량 또는 선복에 대하여 결정된다.

(58) 분할선적

수입상측의 요구에 대하여 계약물품을 몇 차례로 분할하여 선적하는 것을 말한다. 신용장 거래시 분할선적의 허용여부를 신용장 문면에 지시하게 되어 있는데, 아무런 표시가 없으면 허용되는 것으로 간주한다.

(59) 불착

예정된 양륙항에 선적화물이 전혀 도착되지 않을 경우 수하인에게 인도가 불가능한 상태를 말한다. 한편 이와 같은 위험을 방지하기 위해서 해상적하보험 부가조건 중에서 TPND(theft, pilferage and non-delivery)조건에 부보를 하면 이러한 위험을 커버할 수 있다.

(60) 비동맹선사

해운동맹에 가입하지 않은 선사로서 부정기선시장이 장기적으로 형성되거나, 동맹정기선의 선복부족, 특수화물 등의 수송수요나 관계국 해운정책 등에 의하여 운항되며 동맹선사에 비하여 운임이 저렴하다.

(61) 비례운임

주로 용선계약조건에서 많이 사용되는 용어로서, 운송도중 불가항력 또는 기타 원인에 의해 운송을 계속할 수 없게 되어 중도에 화물을 인도할 경우 그때까지 이행된 운송비율에 따라 지불하거나 취득하는 운임을 말한다.

(62) 비유통 해상화물운송장

이는 해상 선하증권과 형식은 비슷하나 권리증권이 아니고 물품수령증에 불과하다. 따라서 양도의 기능이 없으므로 통상 기명식으로 발행된다. 이는 해상운송기간의 단축으로 수입화물 선취보증장제도의 이용이 급증함에 따른 문제점을 보완하기 위하여 운송업계의 요구가 받아들여져 UCP에서 신용장상에 별도의 명시가 없는 한, 일정한 요건을 갖춘 해상화물 운송장은 은행이 수리토록 하였다.

(63) 재화중량톤수

선박이 적재할 수 있는 화물의 최대중량을 말하며 이는 만재배수량과 경화배수량의 차가 된다. 따라서 선박의 매매, 용선료 등의 기준이 된다.

(64) 선내작업비

화물을 적양하는데 발생하는 제반비용으로 선주의 입장에서 선내작업비를 뜻한다.

(65) 선내하역비부담조건

선내 하역비 부담 조건으로 선적, 양륙, 본선내의 적부, 선창내의 화물 정리비까지 모두 화주가 부담하는 조건이다.

(66) 선복용선

여기에는 두 가지가 있는데, 첫째는 수탁화물의 목적항까지의 운송을 일괄해서 용선운임을 정하는 것과, 둘째는 지역을 나누어 어느 항에서 어느 항에 이르기까지의 운임을 정하는 것이다. 여하간 선박 전부를 대상으로 하여, 운임총액을 정해 용선하는 방법이다. 따라서 용선자는 제공된 적재중량 또는 용선의 선박에 대해 총괄적인 선박운임을 지급함을 의미한다.

(67) 선복운임

화물의 개수, 중량, 용적을 기준으로 책정되는 운임이 아니라 화물의 양과 관계없이 항해 또는 선복을 단위로 하여 계산하는 운임

(68) 선의의 소지자

정당하게 어음 등과 같은 유가증권을 가지고 있는 사람을 말한다.

(69) 선장항의서

선박이 항해하는 도중에 발생한 사고에 대하여 본선의 책임이 아니거나 면책되어야 한다는 것을 선장이 주장한 항의서.

(70) 선적지시서

선적지시서란, 화주의 선적신청에 따라서 선사가 현품을 확인한 다음 본선의 선장 앞으로 기재된 화물을 선적하도록 지시한 문서를 말한다. 선적 책임자가 인수한 화물은 선적지시서별로 리스트를 작성하여 본선 적부계획과 선적작업 준비용으로 쓰이며 이것에 의하여 화물을 본선에 적재하고 본선 수취증을 작성하여 화주에게 교부한다.

(71) 선주책임 상호보험조합

일반적인 선체보험으로 대비할 수 없는 손해나 배상문제에 대해 선박소유나 운항에 관련 제3자 배상책임을 나누어 맡는 선주 상호간의 보험, 즉 선박보험의 보완적 부속 보험으로서 선주의 배상책임의 일체를 담보하는 장치를 말한다.

(72) 선창내 적재화물

선창내에 적재하는 일반 화물을 말하며, 이에 반해 갑판에 적재하는 화물은 갑판 적재화물이라고 한다.

(73) 성실환불제

일정기간 동맹선에 선적한 화주에 대하여 일정액의 운임을 환불하는 제도로서 단순환불제라고도 함.

(74) 적색선하증권

보통선하증권과 보험증권을 결합시킨 것으로서 이 증권에 기재된 화물이 항해중에 사고가 발생하면 이 사고에 대해서 선박회사가 보상해 주는 선하증권이다.

(75) 운임톤

정기선 운임률에 적용하는 것으로 용적톤과 중량톤 중 높은 운임에 해당하는 것을 말한다.

(76) 만재흘수선표

선박을 안전하게 운항하기 위하여 만재하여도 예비부력이 남도록 하는 선박 만재흘수선규정에 의하여 만들어진 표지를 말한다. 이 흘수선은 배의 형상과 강도를 기준으로 하여 산정되며, 선측에 표시된다. 건현표라고도 하는데, 하기, 동기 등 계절에 따라 이 예비부력에는 차이가 생긴다.

(77) 맹외선

특정 외국항로의 선주들이 해운동맹을 조직할 때 그 가맹을 인정치 않는 맹외 선주의 선박을 말한다. 맹외선이 특정 항로에 배치되어 취항하고 있는 것을 맹외배선이라 부르는데 이는 동맹에 가입된 선박과의 경쟁적인 입장에 서기 때문에 여러 가지 문제를 야기한다.

(78) 무기명식선하증권

"bearer" 즉 지참인으로 표시된 선하증권을 말한다. 유통증권인 선하증권의 양도는 화물의 양도와 같아서 배서의 형식과 방법도 상당히 중요하다. 즉 "order" 또는 "order of shipper"로 발행하여 송하인이 백지배서를 하면 그 다음부터는 증권을 인도받는 사람에게 실질적인 소유권이 이전하게 되어 무기명식 발행과 똑같은 효과를 갖는다. 그러나 상대방의 성명이나 상호를 기입하여 배서인이 서명하면 최초의 배서인은 증권상의 수하인으로 기재된 자가 되며, 이러한 기명식 배서방법을 취하면 배서가 연속되어 있어야 한다.

(79) 무사고선하증권

본선상에 계약화물을 선적할 때 그 화물의 상태가 양호하고 수량이 맞아 비고란에 아무것도 기재되지 않고, 증권면에 "Shipped on board in apparent good order and condition"이라고 표시된 선하증권을 무사고 또는 완전선하증권이라고 한다. 다시 말해서 증권상에 어떤 조건을 붙이는 Remark나 Reservations가 없는 완전한 선하증권을 의미한다.

(80) 바지

부선의 일종으로 보통의 형태로는 배 밑이 편평하여 적재력이 풍부하고, 대개는 독자적인 항해능력이 없기 때문에 예선으로 예항된다. 이와 같은 바지의 집산장을 바지 풀, 부선의 출입이 많은 항구를 부선항이라 한다.

(81) 선(先) 선하증권

선주와 하주가 계획적으로 적하 지연화물의 선하증권을 약정일내의 일부로 발행하는 것을 말하며 우리나라에서는 선(先) 선하증권이라고도 한다. 이에 대하여 수입업자는 클레임을 제기할 권리는 있으나, 외국 수입업자가 수출국 선적일이 틀린다는 증거를 수집하여 제시하기가 용이하지 않다.

(82) Back Freight

운송계약에서 목적 항구의 파업으로 양륙시키지 못하거나 수하인이 거절하는 경우 하주의 요청으로 원래 정한 목적지 이외의 다른 곳으로 운송되어 추가로 지불하는 운임을 말한다.

(83) Birdy-back

근래에 와서 현저히 증가한 콘테이너 화물의 운송에 있어서 콘테이너 터미널에 집결된 화물은 콘테이너선에 의하여 목적항까지 운송되며, 그 곳에서 다시 트럭, 유니트 트레인 또는 항공기에 의해서 최종 목적지까지 운반되는데, 이때 콘테이너를 항공기에 적재하는 것을 버어디 백(birdy-back)이라고 한다.

(84) Berth Term

개품운송인 잡제품에서 흔히 볼 수 있는 바와 같이 화물이 선측을 떠난 시점을 적양에 관한 본선의 책임이 실질적으로 종료되는 것으로 하는 조건을 말한다. 따라서 선박회사가 본선에 대한 적양비용이나 선내 하역료를 부담하게 되는데, 그 이후에 발생하는 제경비는 모두 하주의 부담으로 하는 것이 원칙이다. 특정항로에 취항하고 있는 정기선의 화물운송과 주요 조건이 같이 때문에 라이너 텀이라고도 한다.

85 법정중량

상품의 겉포장의 무게는 포함시키지 않으나, 상품이 소매될 때 포장되어 있는 상태의 포장무게를 포함한 무게이다.

86 벙커 서어챠아지

기본적으로는 일정수준 이상의 가격 혹은 보통 사용하고 있는 연료유가격 이상의 가격으로 보유하지 않을 수 없는 연료유가의 갑작스런 인상 또는 특정지역간에 배선하는 경우 혹은 이상현상이 돌발하는 경우에 한 톤당 화물에 전가하는 추가운임을 말한다. 이 추가운임의 산출방법은 통상가격의 연료유로 운항하는 경우의 일반유의 총연료비와 이상가격으로서의 총연료비와의 차를 본선의 적재능력으로 나누면 화물 1톤당의 차액이 나온다. 혹은 연료비 상승분을 비율로 산출하여 평균운임으로 나누면 비율에 의한 표시가 가능하다.

87 쌍방과실충돌

A, B 두 선박이 서로가 잘못해 충돌하여 서로 손상을 입으면 A선박의 하주는 B선박의 손실을 보상해 주고, B선박의 하주는 A선박의 손실을 보상해 주는 방식을 채택하고 있다. 이는 항해상의 과실에 대해서는 운송인이 면책되기 때문에 자기 선박에 적재한 화물을 직접 보상할 수 없기 때문이다.

88 복합운송인

복합운송계약에서 말하는 운송인의 개념인 바, 복합운송증권을 발행하는 자를 말한다. 복합운송인은 운송품의 수령으로부터 인도까지의 전구간의 운송을 스스로 이행하고 또는 하청운송인을 사용하여 그의 이행을 확보하는 의무를 부담하여 이와 같이 인수한 운송에 관하여 복합운송증권을 발행하지 않으면 안된다. 복합운송증권의 발행에 의하여 복합운송구간에서 생긴 운송품의 손해에 대하여는 복합운송인이 일원적으로 책임의 주체가 된다.

89 복합운송증권

콘테이너의 도입으로 과거와 같이 한 가지 수단에 의한 것이 아니고 육상, 해상 및 항공 중 어느 두 가지 이상의 형태로 운송이 형성될 때 발급되어지는 운송장이다.

(90) 본선수취증

화물이 본선에 반입되면 선박운항 책임자인 일등항해사가 선박회사에서 발급한 선적지시서와 대조해 가면서 화물을 수취하여 선창내에 적부시킨다. 이때 화물을 수취한 증거로서 본선이 발행하는 수취서가 곧 본선수취증이며, 선박회사의 책임자는 선적시 선적화물에 대하여 누손, 손상 및 개수 등에 이상을 발견하면 비고란에 이 사실을 기입하고 사고부본선수취증을 발급한다.

(91) 부두수령증

수취선하증권은 운송될 화물이 선박에 적재되지 않은 상태에서 발급되는 일종의 부두수령증이다. 즉 부두에서 발급된 서류로서 화물수령을 증명하는 기능을 갖는다. 이러한 수취선하증권이 발급되는 것은 선박의 입출항 날짜가 정확하지 않아 하주가 운송될 화물을 부두의 선박회사 창고에 보관하였다가 선박회사의 사정에 따라 본선에 선적하게 되었던 시대로부터 유래되는데, 이러한 화물을 선박회사에 위탁한 하주로서는 자금의 융통이 필요하여 이러한 선박회사의 화물수령증을 담보로 금융을 이용하기도 한다.

(92) 부선료

화물의 적양에 있어 lighter 또는 barge를 사용하여 작업하는 경우에 부담해야 하는 요금을 말한다.

(93) 부적운임

선복계약은 해놓고 화물을 싣지 않는 부적화물에 대하여 선박회사가 하주에게서 수취할 수 있는 운임을 말한다.

(94) 부지약관

Container화물이 LCL(less than container load)일 경우에는 선박대리인이 여러 하주의 화물을 합쳐 Container에 적입하지만, Container화물이 FCL(Full Container Load)일 경우에는 하주가 자기 책임하에 Container에 적입하므로 Container B/L에는 "Shipper' s Load and Count"의 단서가 붙게 되며, 흔히 이러한 Container 화물을 SLC Cargo라 한다.

95 비유통증권

본선적재가 표시되지 않은 선하증권을 수취선하증권이라 하여 해운이나 무역 업계에서는 유통되지 않기 때문에 이러한 선하증권을 비유통증권이라고 한다. 또한 선적선하증권이라도 원본이 아닌 사본에는 "Non-Negotiable"이라고 표시하여 비유통증권임을 밝혀둔다.

96 감정인(검정인)

선적화물에 손해가 발생하였을 때 이해관계자의 의뢰에 의하여 그 화물을 검사, 감정하는 전문가를 말한다. 이들은 사고화물만 검정하는 것이 아니고 고객의 요청이 있으면 화물을 선적하기 전에 검사, 감정하여 그 보고서를 의뢰인에게 송부하여 추후의 분쟁에 대비하기도 한다.

97 선박임대차

선주로부터 임대차계약으로 선박을 차입하는 것을 말한다. 이는 주로 여객운송 또는 이를 위한 전대차나 용선을 목적으로 하는데, 그 권리, 의무는 민법의 규정에 따른다. 이는 단순한 선박 그 자체의 임대, 임차인 바, 선박의 장비, 선원의 고용취임, 선용품의 부담까지 선주측이 제공하는 용선과는 구별되지만, 나용선과 같은 뜻으로 쓰는 경우도 있기 때문에 그 구별이 뚜렷하지 않다.

98 선복

화물적재가 가능한 선박의 지정장소를 말하며, 선석 또는 스페이스라고도 부른다. 실제로는 선창이지만 일반적으로는 선주가 하주에게 제공할 수 있는 적하장소를 가리킨다. 수출입시 양지간에 항로를 열고 있는 선박회사에 대해서 필요한 선복을 획득하려는 교섭이 곧 선박회사에 대한 운송계약의 신청이며, 이에 대한 선주의 선복제공이 그 운송계약의 승낙이 된다.

99 선복예약

해상운송인이 해상운송계약에 입각하여 행하는 화물 선적의 인수를 말한다. 그 계약을 확인하기 위하여 운송인의 선복원부에 등록하기 때문에 북킹이라 한다. 북킹은 그 선적지에 있어서의 적취량을 주로 하기 때문에 선적지의 사정에 맡기는 것을 상례로 한다. 여기에는 개개의 선적시마다 하주와 운송인간에 행하는 것과 미리 일정한 기간을 두어 이루어진 '스페이스'의 예약이 있다. 이들 중 어느 것이나 선박회사로부터 선복계약서가 제시되어 계약을 확인하는 것이 관례이다.

100 선복확약서

하주가 운송회사에 선복신청을 하면 이를 승낙하여 선복을 확보해 두겠다는 약정으로 운송회사가 발급해 주는 증거로서 운송계약의 근거서류가 된다.

101 선불운임

화물을 선적할 때 선하증권과 상환으로 선박회사에 지불하는 운임을 말한다. 운송을 청부계약으로 본다면, 운임은 후불을 원칙으로 하지만, 개품운송에서는 관례적으로 선불이 이루어지고 있다. 현재는 운송의 완료여부에 불구하고 선박회사의 책임으로 되는 사유를 제외하고는 선불된 운임은 반환하지 않는다는 특약을 해서, 설사 손상된 상태로 화물이 도착되어도 그것을 이유로 감액되지는 않는다. 이러한 선불에는 선적지에서 적재종료에 대하여 지불되는 적재완료불운임과 선하증권과의 교환으로 지불되는 선하증권발행시 지불운임이 있다.

102 선적서류

수출화물을 선적한 것에 근거를 두고 작성되는 서류로서 보통 무역대금의 결제에는 그 인도가 조건이 되고 화환어음을 취결할 때는 어음에 부대되는 중요한 서류가 된다. 그 기본적인 서류는 선하증권, 해상보험증권, 상업송장의 세 가지이다. 이 외에 수입국의 법규나 당사자간의 특약 등에 의해서 작성되는 부속서류로서 영사송장, 세관송장, 원산지증명서, 포장명세서 및 각종 검사증명서 등이 있으며 이들을 선적서류라고 총칭한다.

103 선적선하증권

선하증권은 본래 본선상에 화물이 선적된 후에 발행되며, 증권면에 shipped, shipped on board와 같이 실질적으로 화물의 선적완료를 표시한 것이 선적선하증권이다.

104 선적송장

실제로 선적된 화물의 내용과 가격을 명시한 서류로서 목적에 따라 수출송장, 위탁판매송장, 매입위탁송장, 견본송장 등으로 구분된다.

105 선적요청서

선적할 화물의 부피나 무게를 측정하여 선박회사의 예정표를 보고 선박이름과 출항예정일을 참고하여 선복의 확보를 위하여 선박회사에 제출하는 서류를 말한다.

106 선적중량조건

무역거래상의 수량결정조건에는 선적중량조건과 양륙중량조건의 두 가지가 있다. 선적중량조건에 있어서는 매도인의 책임하에 인도하는 실제중량을 최종적인 것으로 보는 것이다. 따라서 이러한 조건하에서는 선적 후 운송도중에 발생한 감량에 대해서 매도인은 책임을지지 아니한다. 그러기 위해서는 매도인은 매수인의 승인을 얻은 검량기관의 수량증명서로 이것을 입증한다.

107 선적지시서

선적될 화물과 함께 본선에 제출되는 서류로서, 선박회사가 선장 앞으로 선적을 허락하는 내용의 서류이다.

108 선택지시식 선하증권

선하증권은 그 자체가 권리증권이며 유가증권이기 때문에 누구를 수하인으로 하는가가 중요한데 그 표시방법으로 기명식이 아닌 지시식인 경우, 단순지시식은 “Order”로 표시하는 것이고 기명지시식은 “Order of Mr. Smith”로 표시하는 것인 반면 선택지시식은 “Mr. Smith or Order”로 표시하는 것이다.

109 선하증권

송하인이 화물을 본선에 선적하여 선장으로부터 본선수취증을 발급받아 이것을 운임과 함께 선박회사에 제출하면 선하증권을 발행받게 된다. 그러나 선임이 도착지불인 경우에는 선임 없이도 선하증권이 발행되며, 화물이 본선에 선적이 안되어도 수취선하증권이 발급될 수 있다. 선하증권이란 하주와 선박회사간의 해상운송계약에 의해 선박회사가 발행하는 유가증권이다. 즉 선하증권은 선박회사가 하주로부터 위탁받은 화물을 선적, 또는 선적을 목적으로 수탁한 사실과 화물을 양륙항까지 운송하여 이 증권의 소지자에게 증권과 상환으로 운송화물을 인도할 것을 약속한 화물의 수취증권이다. 따라서 선하증권은 선적화물을 대표하는 증서이므로 인도나 배서에 의해 전매될 수 있는 유통유가증권이며, 이 증권을 소지하고 있다는 것은 선적화물 그 자체를 소유하고 있는 것과 동일하다. 이 선하증권은 무역에서 대금결제시에 상업송장과 함께 없어서는 안될 중요한 서류이다.

(110) 수탁자약관

해상운송에 있어 운송인의 과실에 의해 손해가 발생할 경우 하주는 당연히 운송인에게 손해배상을 청구하게 된다. 그러나 손실화물이 부보되어 있는 경우 하주는 보험자로부터 보상금을 받은 뒤 손실에 대한 배상청구권을 보험자에게 양도하고 보험자는 피보험자로부터 대위권을 행사하여 운송인에게 배상을 청구하게 된다. 이러한 경우 피보험자는 운송인에 대한 청구권을 유보 또는 보전하여 두어야만 후일 보험자가 손해배상을 청구할 수 있기 때문에 이러한 피보험자의 의무를 규정해 놓은 약관이다.

(111) 양륙중량조건

무역계약에 있어서의 중량을 장소와 시간에 의하여 정한 조건의 하나로서, 인도상품의 중량을 양륙시의 사정에 의한 중량으로 한다는 조건이다. 따라서 운송중의 감량에 대해서는 매도인이 책임을 지게 된다. 이 조건은 특히 살화물 등 대량화물의 거래에 많이 이용되고 있다.

(112) 양륙항선택인도

운송계약시에 양륙항을 복수로 지정하여 선박이 선적항을 떠난 후에 확실한 양륙항을 지정하는 계약조건으로 이러한 사실이 선하증권에 명시되어 있을 경우에 한해서 허용된다. 이와 같임 명시된 선택권을 행사하려는 수하인은 최초의 선택항에 도착하기 24시간 전에 그 항구의 본 운송인 대리점에 그 향하지를 통지하여야한다. 만일 그렇게 하지 않으면 본 선박의 선택에 의하여 선택항 중 어느 항구에라도 화물을 양하할 수 있으며 이러한 양하와 동시에 운송인의 책임은 끝난다.

113 SHEX

항만에서의 하역용어로서 일요일이나 공휴일은 하역작업을 하여도 보통의 정박기간에는 산입되지 않는다는 제도이다.

114 적하비선주무책임조건;FI, 적하비선주책임조건;FO

FI이란 선적은 화부의 책임과 비용으로, 양륙은 선주의 책임과 비용으로 이루어지는 조건으로 선적항에서 조출료와 체선료가 발생하는 조건이며, FO이란 선적은 선주의 책임과 비용으로, 양륙은 화주의 책임과 비용으로 이루어지는 조건으로 양륙항에서 조출료와 체선료가 발생하는 조건

115 적, 양하비용선주무책임조건;FIO

선적과 양륙 모두 화주의 책임과 비용으로 이루어지는 조건

116 비선박운항업자

미국 해상법상의 공공 운송인으로서, 스스로는 운송수단을 가지지 아니하나 화주에 대하여는 운송인으로서 자기 운임표에 의해 운송화물을 인수받아 선박회사를 하청인으로 하여 운송을 행하는 해상운송인을 말한다.

117 LCL

화물을 운송할 때 하주는 화차 단위로 전세내어 목적지로 발송시키는데, 이런 경우 화물이 한 화차에 적재하기에 부족한 수량이 소량 화물을 말한다. 또는 화물이 Container에 의해 운송될 때, 한 Container에 적재하기에 부족한 수량의 소량화물을 말하는데, 이러한 소단위 화물은 Container Operator가 여러 하주의 것을 CFS에서 한꺼번에 모아 단위화물로 운송하고 있다.

118 FCL

컨테이너를 단위로 하여 수송할 수 있는 대량화물, 즉 수송대상화물의 양이 컨테이너 하나에 가득 채울 수 있는 양의 화물을 말하며 한 화주가 한 컨테이너를 전용한다.

⑲ 파손화물보상장

수출업자가 자기 물품에 하자가 생겨 선박회사측이 사고부선하증권을 발행하려면 이 보상장을 제출하고 무사고선하증권의 발급을 받는다. 그러면 이로 인한 모든 책임으로부터 선박회사측은 면책되고 이러한 각서를 발급한 수출업자에게 그 최종 책임이 돌아간다.

⑳ 화물선취보증서

수입화물은 수입지에 도착했지만 아직 선하증권이 내도되지 않은 경우, 선박회사에 선하증권을 제시함이 없이 화물을 수령하기 위하여 제출하는 수입자와 화환관계 은행이 연서한 보증서를 말한다.

㉑ 자유운임제

자유운임이란 운송당사자간에 직접 자유로이 계약하여 결정하는 운임을 말한다. 주로 부정기선의 이용에 쓰이는데, 운임동맹에 가입하지 않은 맹외선주가 낮은 운임으로 동맹선주와 경쟁하는 경우에 동맹선주도 이것과 대항하기 위하여 자유운임제를 채택하는 경우가 있다.

㉒ 용선계약

용선계약은 선박회사로부터 선복의 전부 또는 일부를 빌려 화물을 운송하는 경우에 체결하는 계약이며, 용선계약에는 전체 용선계약과 일부 용선계약이 있고 또 그 계약형태에 따라 정기용선, 항해용선 및 나용선 등으로 구분된다.

㉓ 용선자

자기 명의로 선박을 빌려 운송인으로서 하주와 운송계약을 해결하는 자를 용선자라고 하는데 하주는 다음과 같은 경우에 용선자에 대해서 소송을 할 수 있다. 용선자가 나용선자일 때, 용선자가 선주와는 개별적으로 운송에 관한 협정을 하고 송하인과는 자기 명의로 계약하는 경우 등이다. 용선자가 선주와 공동으로 선박에 대한 책임을 지는 경우 등이다. 실질적으로 항해용선이나 정기용선을 하는 자는 일반 운송인과 조금도 다를 바 없으며 이런 점에서 통일조약의 적용을 받는다. 일반적으로 해상운송은 선주와 용선자에 의한 공동사업으로 간주될 수 있으며 이런 뜻에서 용선자도 통일 조약에 의해 하주의 소송대상이 될 수 있다. 그러나 만일 정기용선자가 다시 항해 용선자에게 재용선하여 항해용선자가 그들의 B/L 양식에 준해서 발급한 B/L에 대해서 정기용선자는 통일조약상의 운송자로서 책임을지지 않는다.

⑫④ 약식선하증권

절차의 간소화를 위해서 선하증권 면에 기재된 장문의 약관을 생략한 것을 약식선하증권이라 한다.

⑫⑤ 양륙항 선택화물

화물 선적시에 양륙항이 지정되지 않고 출항 후에 화주가 가장 편리한 양륙지를 선정하여 그 항구에서 양륙하여 화물을 인도하는 경우에 해당하는 이러한 화물을 말한다.

⑫⑥ 연속정박 24시간

용선계약 또는 선하증권 중에 단순히 days 또는 running days라고 기재되어 있을 경우에는, 정박이 하역기간의 개시로부터 하역이 끝날 때까지 소요된 모든 경과 일수를 휴일이나 기후, 불가항력 등에 관계없이 정박기간으로 산입하는 방법을 말한다.

⑫⑦ 용적운임

용적계산에 의한 운임을 말한다. 보통은 40재(才)의 1t(40 cubic feet) 기준이다. 인도나 랑구운 지방은 50재를 1t으로 하고, 북유럽 제국에서는 1㎥를 사용하는데 이는 35재에 상당한다. 미국의 목재에서는 1,000 보드 메저(BM; board-measure)를 사용한다.

⑫⑧ 용적중량증명서

수출화물이 선적업자의 집하장소에서 세관보세구역에 반입되면 등록 검량업자에 의해서 화물의 용적과 중량에 대한 검사를 받아 발급받는 증명서가 바로 용적중량증명서이다. 이 증명이 선박회사와 송하인의 운송계약의 근거가 되며, 선적지시서, 선하증권 등에 그 수량이 기재되어 운임과 기타 제비용의 근거가 된다.

⑫⑨ 용적 톤

액체나 목재의 측정은 용적을 기준으로 하는데 목재의 용적을 표시할 때는 S.F. (super-foot)로 표시되며 1 S.F.=1평방 feet × 1 inch로서 480 S.F.가 1용적톤이 된다. 그러나 일반적으로 용적톤이라면 40 cubic feet를 1단위로 한 톤을 말하는데 이는 한정된 선복에 화물을 선적할 때 부피가 큰 화물에 대하여 최대한의 수입을 올리기 위하여 생각해 낸 운임의 기준단위가 된다.

⑬⓪ 운송정지권

판매자가 발송한 매매의 목적물이 구매자 또는 그 대리인에게 옮겨 점유되기 전에 구매자가 파산이나 기타 사고로 지급능력이 없게 되었을 경우에, 판매자는 그 운송 또는 인도를 정지시키며 그 대금이 지불될 때까지 이것을 유지하는 권리를 말한다. 이를 인도정지권이라고도 한다. 판매자를 보호하기 위하여 실무상 활용이 많은 제도로서 각국에서 인정되어 있으며, 영국의 동산매매법 제3장에 상세하게 규정되어 있다.

⑬① 운송중개인

선박회사와 송하인의 중간에 위치하여 선적에 편의를 도모하는 사람으로서 경우에 따라 직접 선하증권을 발행할 수도 있는데, 이러한 선하증권을 forwarder B/L 또는 forwarding agent B/L이라고 한다.

⑬② 운임공동계산

수개의 선박회사가 운임의 공동계산을 행하는 것을 말하며 이를 풀 계산(pool account)이라고 약칭한다. 운송업자가 업자 상호간의 집하경쟁에 의한 운임의 저하를 피하고, 대립이 심화되는 것을 조정하기 위하여 가맹한 선박회사가 운임률의 협정과 풀 계산을 하기 위하여 결합하는 것으로, 운송에서 얻어지는 운임을 공동계산한 다음에 미리 약정된 비율대로 배분한다. 그러나 해운동맹과 같은 단결력이나 강제력도 없기 때문에 협정은 시행 도중에 실효성을 잃게 되는 일이 많다.

⑬③ 운임부담력

일반적으로 정기선의 운임요율표 작성시에는 각종화물 그 자체 가격의 고저에 따라 운임이 다르게 정하여진다. 이것은 운임부담력이 다르기 때문이다. 운임부담력의 원칙에는 두 가지가 있는데 그 하나는 고가화물의 인수는 선사에서 도난, 파손사고 등에 대해 책임을 크게 지게 되므로 그 위험을 높은 운임으로 담보하게 된다는 것이다. 또 하나는 일반적으로 고가화물은 그 가격에 운임이 차지하는 비율이 적어서 운임을 다소 높여도 수출경쟁력에 큰 영향을 받지 않는 취급량이 적은 화물이고, 그것을 수송하기 위해서 선박 한 척을 용선할 수는 없는 화물이 있으며 한편 가격이 낮은 화물은 대량이나 운임이 점하는 비율이 큰 고운임으로는 화동을 막을 경향이 있는 화물이다. 따라서 화물에 대한 하주의 요구를 만족시킨 안정된 수송력을 제공할 수 있도록 화물의 운임을 정하게 된다. 최근 콘테이너의 등장으로 첫 번째의 위험은 적어졌다.

⑬④ 운임요율제도

해상운임동맹에서 계약대상으로 하고 있는 화물의 공정한 운임률을 설정하고 있는 제도를 말한다. 운임동맹에서는 대부분 비계약 하주보다 동맹계약 하주에게 유리한 운임률을 적용토록 한 계약이중운임제를 도입하고 있다. 이러한 구속을 받는 화물을 "closed cargo"라고 한다.

⑬⑤ 운임연환불제

이것은 일정기간(통상 6개월) 동안 동맹선에만 선적한 하주에 대해서 그 지급한 운임의 일부를 환불하는데, 환불에 있어서 그 기간에 이어 계속해서 일정기간 동맹선에만 선적할 것을 조건으로 하여 그 계속되는 일정기간이 경과된 후 환불되는 제도이다.

⑬⑥ 운임할려제

이것은 일정기간 동안 자기 화물을 모두 동맹선에만 선적한 화주에 대해 운임이 운임지급시기에 관계없이 그 기간 내에 선박회사가 받은 운임의 일정비율을 기간 경과 후에 환불하는 제도이다.

⑬⑦ 유류할증료

유가인상 요인에서 발생되는 운항비 상승에 대해 부과시키는 할증요금을 말한다.

⑬⑧ 이로조항

인명 및 재산 혹은 선박구조, 피난, 화객의 적양, 연료, 식량 등 필수물자의 적재를 위해서 항로 외를 항행하거나 예정항이 아닌 다른 항구에 기항할 수 있다는 취지를 특약한다. 선하증권통일조약은 이 조항에 대한 선박회사의 면책을 인명재산의 구조를 위한 경우와 상당한 이유가 있는 경우로 한정하고 있다.

139 일부용선계약

일부용선계약이란 용선운송계약시에 선복의 전부를 빌리는 것이 아니고 일부만 차용하는 경우 체결되는 계약을 말한다.

140 유보선하증권

'고장부 선하증권', '사고선하증권' 또는 'claused B/L'이라고도 한다. 선적 당시 화물의 품질, 수량 등에 파손, 침수, 오염, 상자부족, 수량미달 등이 있어, 당해 사실이 본선수령증서에 명확히 기재되어 있고, 이에 따라 작성된 선하증권이다. 그러나 이것으로는 은행은 어음의 매입을 거부하며, 화환을 취결할 수 없게 되므로 가능한 한 완전한 화물과 교환하여야 한다. 만일 시간이 없으면 선박회사에 교섭하여 사고문언을 말소하여 완전한 선하증권을 발급받도록 하여야 하는데, 이를 위하여 송하인이 선박회사에 제공하는 것을 파손화물보상장이라 한다.

141 유통불(가)능 선하증권

선박회사가 발급하는 원본 이외의 모든 선하증권에는 발급될 때 이미 "non-negotiable"이라는 도장이 찍혀 발급되기 때문에 이를 사본으로는 은행에서 Nego가 되지 않는다. 이와 같이 분명한 표시를 하는 것은 부도덕한 상인들의 사기행위를 미연에 방지하기 위함이다. 영국계통에서는 양도나 유통되지 않는 기명식 선하증권의 뜻으로도 사용되며, 이러한 선하증권은 대개 무역화물이 아닌 개인의 이삿짐같은 것을 운송할 때 사용된다.

142 유통선하증권

선하증권은 화물을 대표하는 유가증권으로서 배서 또는 인도에 의해 소유권이 이전되는 유통증권의 성질을 가지고 있으므로 유통선하증권이라고 한다.

143 유치권

운송인이 운임, 부적운임, 지연에 의해 발생되는 체선료 또는 손실, 공동해손 분담금, 구조비 및 기타 모든 지출비용과 그 밖에 규정한 송하인이 부담하여야 할 모든 요금과 지출비용이 완전히 결제될 때까지 운송화물에 대해 갖는 법적 권리를 말한다.

144 이중운임제

흔히 주요 항로에서 해운업자들이 운임동맹을 맺고 채택하는 운임제도로서 계약에 의해 항상 동맹선박만을 이용하는 하주에 대해서는 낮은 계약운임률을 적용하는데 반하여 통상 동맹선박 이외의 선박을 이용하는 하주가 동맹선박을 이용할 경우에 그들에 대하여는 높은 비계약운임률을 적용하는 운임제도를 말한다.

145 인도지시서

무역거래에 있어 선주 또는 그 대리점이 본선의 선장에 대하여 화물을 하주에게 인도해 주라는 지시서로서 선하증권과 상환으로 교부된다.

146 재용선

용선자가 용선에 의해 선복을 확보하고, 그를 다시 제3자와 개품운송계약, 항해용선계약 또는 정기용선계약 등의 운송계약을 체결하는 것을 말한다.

이 재용선은 최초의 운송계약에 위배되지 않는 범위에서 용선자가 자유롭게 행할 수 있는 것으로 재용선자가 다시 제3자와 재용선을 약속하는 것도 자유이다. 그러나 어느 경우라도 최초의 용선계약상의 선주의 의무와 권한을 위배 및 월권행사를 할 경우, 선주는 그에 따른 제반 책임을 부담하지 않고, 단지 용선자는 재용선 또는 재재용선의 경우 이 사실을 선주에게 통지할 의무가 있다. 이것을 규정한 것을 재용선약관이라고 하며, 원계약서에는 이 약관이 삽입되어 있다.

147 적부

적하(積荷)라고도 하며, 철도화물의 경우에는 화차내, 선적화물인 경우에는 본선의 선창내에 하나씩 손해를 입지 않도록 장치하기 위하여 싣는 작업을 말한다. 포장이나 용적 등이 단일한 대량화물은 간단하지만, 통상적인 개품운송에서는 화물에 따라 용적, 중량, 양륙지 등이 다르기 때문에 본선이 직접 화물을 받아 그대로 선창내에 적재하는 것은 사실상 대단히 곤란하다. 그리하여 적부시 공적(空積; broken space)이 생길 우려가 있기 때문에 일단 부두 가치장에서 화물을 받은 뒤에 스티브 도어와 같은 적재전문가에 의한 계획, 정리, 배분 등의 과학적, 경험적 기술을 필요로 한다. 이 때문에 선창 안에 있어서의 화물의 분류, 배치를 한눈에 알 수 있도록 창구표와 적하도를 작성한다. 전자는 각 선창의 적재톤수에 따라 적재한 화물의 톤수와 그가 사용한 선복을 명기하여 공적의 유무 및 정도를 명백히 한 것이며, 후자는 양륙지별로 색으로 구분하여 될 수 있으면 자세하게 화물의 소재를 표시한 선창별의 적하평면도로서 적하계획서라고도 한다.

148 적하목록

외항선(또는 항공기)이 적재하고 있는 모든 화물의 적하목록이다. 이 명세표는 통관상 필요한 서류이며, 세관은 이를 기준으로 수입통관될 화물의 전모를 파악할 수 있고 또한 화물의 단속과 과세를 행한다.

149 정기선

화물의 많고 적음에 관계없이 특정한 한구간을 규칙적으로 왕복운항하며, 여객, 우편물, 공업제품의 수송을 주대상으로 하는 선박을 말한다. 이러한 정기선박은 대개 운임동맹이 제정한 공동 운임률표에 의하여 운임이 책정된다.

150 정기용선

내항성(耐航性)을 갖고 선박에 필요한 모든 용구와 선원까지 승선시킨 선박을 일정기간 동안 용선하여 그 기간을 기준하여 보수를 지불하는 계약이다. 따라서 선주는 선박의 감가상각비, 보험료, 금리 등의 간접비와 선원비, 수리비, 선용품비 등의 직접비를 부담해야 하며, 용선주는 용선료 외에 연료비, 항구세 등 운항비를 부담한다. 자기 화물을 운송하기 위하여 정기용선하는 경우도 있으나 대개는 그 선박을 운항하여 다른 사람들의 화물을 운송하여 얻는 운임과 용선비의 차액을 노리는 전문해운업자들에 의하여 용선된다.

151 정박기간

용선계약에서 하주가 계약 화물의 전량을 완전히 적하 또는 양하시키기 위하여 본선을 선적항 또는 양륙항에 정박시킬 수 있는 기간을 말한다. 이러한 정박기간내에 화물의 전량을 선적 또는 양하하지 못하면 하주는 선주에게 체선료를 지불하게 된다.

152 제3자명의 선하증권

B/L상에 표시되는 선적일은 일반적으로 신용장의 수익자가 되는 것이 보통이나 수출입거래의 매매당사자가 아닌 제3자가 선적인이 되는 경우가 있는데 이를 제3자 선하증권이라 한다. 주로 중계무역에 이용된다.

153 조출료

선박이 특정항구에 입항하여 계약된 정박기간보다 빨리 하역작업을 끝내면 선박측이 하주측에다 지급하게 되는 일종의 장려금으로 체선료와 반대되는 개념이며, 같은 기간이었으면 보통 조출료는 체선료의 1/2밖에 되지 않는다. 이 제도는 어디까지나 하주로 하여금 빨리 하역을 하도록 하여 선박이 필요이상으로 지체되지 않도록 하기 위한 수단이라고 하겠다.

154 중량톤

화차 1대에 적재할 수 있는 한도표준량을 표시하는 단위로서 용적에 비해서 중량이 많이 나가는 화물의 운임산출은 중량톤에 의하며, 이 중량톤은 2,240 lbs를 1 Ton으로 한다.

155 지시식선하증권

특정인의 이름이나 주소가 없이 단순히 "Order"로 표시된 지시식 선하증권을 말한다.

156 지시증권

증권의 권리자가 증권면에 '지시식'으로 표시되어 있는 유가증권을 말한다. 지시식(to order)이란 증권에 권리자로서 지정되어 있는 사람, 또는 그 사람에게 권리행사를 인정한다는 취지를 그 증권에 표시하는 방식을 말한다. 증권이 지시식으로 발행될 때는 배서에 의해 유통되는 것으로서 배서금지의 기재가 없는 한 자유로이 증권을 양도할 수 있다.

157 지상약관

선하증권상 당해 해상운송계약이 어느 나라 법의 적용을 받는 지와 상치되는 두 개의 법의 직용이 문제가 되면 어느 나라 법을 우선적으로 적용하느냐와 같은 문제에 대해서 유권해석 하는 조항을 말한다.

158 집단선하증권

운송해 보낼 화물이 한 콘테이너분이 안되거나, 한 lot가 안될 정도로 적은 분량인 경우 운송회사가 같은 목적지로 가는 화물을 같이 모아서 하나의 "Group"으로 선적해 보낼 때 선박회사가 발급하는 선하증권을 집단선하증권이라 한다.

159 용선계약부선하증권

화물의 운송이 용선계약에 의하여 행하여지는 경우에 그 용선자가 발행하는 선하증권을 말하며, 용선계약서는 계약성립시에 작성되고 선적시에 B/L이 작성되는데, B/L면에 Charter Party와의 관계를 나타내는 문언(예컨대 "freight and all other conditions as per charter party")이 첨가된다. B/L form은 통상의 것이 사용되는 경우도 있으나 일반적으로 표면약관이 생략된 Short Form에 Charter Party와의 관계를 나타내는 전기의 문언이 포함되어 있는 경우가 많다.

160 착지불

운송화물이 목적항에 도착할 때 수하인으로부터 운임을 받는 것을 말하는데 무역계약 중에서 FAS나 FOB조건으로 계약하면 운임은 목적지의 수하인인 수입업자가 부담하게 된다.

161 착하통지서

본선이 양륙항에 도착하였을 때 혹은 도착 전에 선박회사가 하수인에게 보내는 통지서를 말하며, 화물도착통지서라고도 불리어진다. 이것에 의해서 하수인은 본선의 도착(예정)일을 알 수가 있다. 수입업자(수하인) 측도 수출업자(송하인)가 보낸 선적통지서에 의해서 입항일을 확인하여 두는 것이 좋다. 이 착하통지서가 있어야 외국환은행으로부터 선적서류 내도 전에 수입업자가 입수한 선적서류 사본으로 화물선취보증서를 발급받아 화물을 통관할 수 있다.

162 창하증권

영업창고에 화물을 입고시키고 발급받는 증서로서 선하증권과 마찬가지로 양도 가능한 것이 일반적이다. 아울러 보세창고인도조건인 경우에도 창하증권이 요구된다.

163 철도화물상환증

화물을 철도로 수송했을 경우에 운송업자 또는 Freight Forwarder가 송하인의 청구에 의하여 그 착송을 위임받은 화물에 대해서 발행하는 것을 말한다.

164 청정하역일

용선의 하역에 쓰이는 용어인데 정박기간의 조건 중 가장 널리 사용되는 것으로 실용상으로는 일기 좋은 경우의 작업일만으로 본선의 정박시기를 가리는 방법으로 쓰인다.

165 체선료

용선자가 선주에 대하여 지불하는 계약에서 정해진 하역일수 초과에 대한 할증금을 말한다.

166 최저운임

정기선의 경우 해상운임의 기준은 최저톤으로 되어 있는데 화물이 1톤 미만의 경우는 최저 1톤에 해당하는 운임을 부과한다.

167 충실보상제

일정기간 동맹선에만 적재한 화주에 대하여 그 기간 내에 선박회사가 수취한 운임의 일정비율을 기간 경과 후에 환급하는 제도로서, 운임연환급제와 다른 점은 유보기간이 없다는 점이며 따라서 환급률이 다소 낮다.

⑱ 부서부선하증권

해운화물이 도착지 지불운임이나 그 외 다른 채무가 부수되어 있는 경우, 물품을 인수하는 자는 채무에 대한 대금을 선박회사에 지불하고 선적화물을 수취한다. 이 때 선박회사는 결제를 끝낸 것을 증명하기 위하여 선하증권에 배서하는데 수하인의 증권배서에 곁들여서 하는 것이기에 '카운터사인' 이라고 부르며, 이와 같이 부서가 되어 있는 선하증권을 '부서부선하증권' 이라 한다.

⑲ 보관선하증권

Port B/L과 같이 화물이 운송인에게 인도는 되었으나 지정된 선박이 아직 지정항구, 즉 화물이 준비되어 있는 항구에 도착되지 않았을 때 발행되는 수취선하증권의 일종이다.

⑰ 콘테이너

물적유통 부문에서의 포장, 운송, 하역, 보관 등 육로, 해로, 공로상의 모든 과정에서 경제성, 신속성 및 안전성을 최대한 충족시키고 화물의 수송도중 이적없이 일관수송을 실현시키는 운송용기를 말한다.

⑰ 콘테이너 내적표

콘테이너 1개마다 당해 콘테이너에 담겨진 화물의 인도 상태라든가 냉동콘테이너의 경우는 콘테이너 속의 지정온도 등 일체의 정보를 기재한 서식으로 콘테이너에 화물을 채워넣는 사람이 작성한다. 따라서 FCL의 경우는 하주나 그 대리인, LCL은 CFS Operator에 의해 작성되는데 CY에 화물이 적입된 콘테이너를 반입할 경우, 이 CLP를 Operator에게 제출해야 한다. CLP는 콘테이너별로 내장화물의 명세를 표시한 유일한 서류로서 선적지에 있어서는 세관제출용 화물반입계의 대용으로 또 CFS/CY 간의 화물인도의 증서로서, 본선내 법정보존서류이자 양륙지에서는 콘테이너 인출작업 등에 광범위하게 사용되는 중요한 서식이다.

⑰ 콘테이너 선하증권

콘테이너 적재 설비를 갖추고 있는 선박에 선적한 경우에 발생되는 선하증권을 콘테이너 선하증권이라 한다.

⓱⓷ 콘테이너 야적장 (CY; Container Yard)

선박회사(대리점 포함)가 화물이 적입되어 있는 콘테이너를 본선에 선적하기 위하여 하주로부터 인수하거나, 또는 본선에서 양륙된 콘테이너를 하주에게 인도하기 위하여 지정된 장소이다. 이 CY는 콘테이너를 집결하여 장치, 보관하는 장소와 동일하여야 하므로 선적항의 항계내에 위치하고 또한 보세장치장을 겸하여야 한다.

174 콘테이너 적입도

콘테이너에 적입된 화물의 명세서를 말한다.

175 소량화물집화장소(CFS ; Container Freight Station)

1개의 콘테이너를 채울 수 없는 양의 화물(LCL cargo)을 하주로부터 인수한 다음 목적항별로 선별하여 콘테이너에 적입하거나, 한 콘테이너로부터 인출된 여러 하주의 화물을 각 하주에게 인도하는 장소를 말한다. 즉 콘테이너 야드와는 달리 화물이 채워진 채로 콘테이너를 인수, 인도하는 장소가 아니라는 점에서 상이할 뿐 다른 요건은 동일하다.

176 통화할증료

정기항로는 보통 2국 이상의 상이한 통화사용국을 연결하는 관계로 그 운임률은 안정된 통화를 기준으로 하여 정해지고 있으며 흔히 미국의 달러를 기본으로 삼는다. 그러나 통화가 안정성이 없을 때에는 당사국간의 결제수단인 통화에도 그 교환선에 변동을 일으키게 된다. 이러한 차액을 보증하는 의미로 부과되는 것이 바로 통화할증료인데 통상 통화변동폭과 동맹가입회사가 동일 통화를 타통화로 바꾸지 아니하고 사용하는 비율 등을 감안하여 기본운임률에 일정한 percentage로 부과하는 방식을 취하고 있다.

177 통(과) 선하증권

운송화물을 목적지까지 운송하는 데 선주가 다른 선박회사의 선박을 이용하거나 해운과 육운을 교대로 이용하여 운송된 경우 최초의 운송업자가 전구간의 운송에 대하여 발행하여 모든 책임을 지는 운송증권을 말한다.

178 부정기선

국제항로에 있어 부정기선으로서 운송 수요자의 요구에 따라, 수시로 어느 곳에나 항해하는 배를 말한다. 일정한 항로를 정기로 운항하는 정기선과 달리 적하가 있는 곳을 찾아 어느 곳이거나 회항한다. 항구에서 항구로 세계의 바다를 부정기적으로 운항하므로 Tramper라고 불리운다.

179 대도

수입업자가 은행으로부터 선적서류를 대여받으면서 화물에 관하여 발생한 일체의 손해에 대하여 자기가 책임을 지겠다는 것을 은행에 서약한 증서이다.

180 팔레트

목재나 철강으로 만들어 놓은 4각의 판대를 말한다. 이를 사용하면 지면과 공간을 동시에 이용하여 상품을 저장할 수 있기 때문에 제한된 공간의 최대 활용, 안전사고의 격감, 수용비의 절감, 작업시간 단축, 수송이나 보관중의 통풍원활, 재고 정리 및 재고파악의 편리, 도난방지, 상품의 파손 감소, 제품에 미치는 습기방지 등의 이점이 있다.

181 편의치적선

선적을 세금이나 기타의 점에서 자국보다 더 많은 편의를 제공하여 주는 나라에 등록한 서박을 말한다. 제2차 세계대전 후 서아프리카의 리베리아가 외국선을 자국선적으로 유치하는 정책을 씀에 따라 그리이스 선주가 이를 이용하여 이적한 것이 시초가 된다.

182 폐쇄식 동맹

이는 신규가입을 극단으로 제한하는 형태로서 동맹이 승인할 만한 일정자격과 실적을 갖고 있지 않는 선박회사는 가입시키지 않는 방식이다. 구주항로나 호주항로 등에 결성되어 있으며, 영국식 동맹이라고도 부르고 있다.

183 포장명세서

선적화물의 포장 및 포장단위별 명세와 단위별 순중량, 총중량, 용적, 화인 및 포장의 일련번호 등을 기재한 상업송장의 보조서류를 말한다.

184 하인

하인이란, 선적화물 각각의 포장물 외장에 특정의 기호, 문자, 포장번호, 목적항, 원산지 등의 표시를 함으로써 상호간에 화물에 대한 식별을 용이하게 하는 것을 말한다. 통상 하인은 매수인이 계약 체결시 약정하거나 지시를 하게 되는데, 이러한 것이 없을 경우에는 매도인이 임의로 표시한 후 매수인에게 통지하게 된다.

185 할부선적

수출상이 정해진 분할선적 기간내에 약정된 수량의 선적의무를 이행하지 못하면 수입상 및 개설은행이 당해 선적분을 포함하여 그 이후분까지 모두 취소되는 선적조건을 말한다.

186 항공사발행 화물운송장

여러 화주들로부터 포장의 화물을 기탁받은 혼재업자가 자신이 화주가 되어 화물들을 운송규격 단위로 재포장하여, 항공회사와 운송약관에 따라 계약을 체결하고 항공회사로부터 운송증거 서류로써 발급받는 것을 말한다.

187 항만선하증권

미국에 있어서 면화를 원산지로부터 영국행 기선의 정박항까지 수송한 다음 실제로 그 항구에 정박하고 있는 특정선박에 적재한 면화에 대하여 발행되는 것으로서, 보관선하증권과 더불어 1907년의 리버풀 면화 선하증권회의의 결정에 따라 제정된 것이다.

188 항공화물운송장

적하품이 항공화물일 경우, 화주나 항공회사간에 체결되는 운송계약 증서를 말한다. 이는 선하증권과는 달리 유통성이 없다.

189 항해용선

일정한 항로에 한하여 계약하는 용선계약으로서, 원칙적으로 1회의 항해를 단위로 한다. 이 계약에서 선주는 화주에게 운임조건만을 수취하고 그 외에 항해비 일체를 부담하게 된다.

190 항해용선계약

항해용선계약이란 일정한 항구에서 항구까지 화물의 운송을 의뢰하는 하주(용선주)와 선주인 선박회사간의 용선계약을 말하는데, 이를 항로용선계약이라고도 한다.

191 해상화물운송장

해상운송 수단의 발달로 운송기간이 단축됨에 따라 발행과 제도가 번거로운 해상 선하증권 대신에 이용되는 비유통성 화물 운송장을 말한다. 이는 주로 기명식으로 특정인을 수하인으로 발행하는 화물 수령증의 일종이며, 해상 선하증권과 같은 권리증권이 아니다.

192 해운동맹

해운동맹이란 특정의 정기항로에 배선하고 있는 선박회사가 상호간의 부당경쟁을 배제할 목적으로 결합하여 운송에 관한 각종 협정을 맺는 일종의 국제카르텔을 말한다. 정기선항로에는 거의 전부 동맹이 조직되어 있으므로 해운동맹을 정기선동맹이라고도 하며 또한 해운동맹에는 반드시 운임이 주요한 협의사항이 되기 때문에 운임동맹이라고도 한다.

193 혼재

화물을 수송하는 과정에서 수송의 한 단위를 채우지 못하는 소량화물을 모아 혼합적재함으로써 하나의 수송단위를 만드는 것을 의미한다.

194 혼재주선업자

혼재주선업자란 타인의 수요에 응하여 유상으로 자기명의로서 화물을 혼재운송하는 사업을 하는 자를 말한다. 즉 혼재업자는 화주로부터 수탁받은 화물을 행선지별로 구분하여 대량화물로 만든 다음 스스로 화주가 되어 운송회사에 운송을 위탁하는 사업을 하는 자이다.

195 pro rata itineris peracti

선박회사가 불가항력의 사유로 계약물품을 목적지까지 운송해 주지 못하였을 경우에도 운송해 준 부분만큼의 운임을 받을 수 있다는 뜻의 라틴어이다.

⑯ Piggy-back

콘테이너 화물의 운송에 있어서 목적항까지 운송된 화물을 다시 철도화차에 적재하여 최종목적지까지 운반하는 것을 말한다.

⑰ Fishy-back

콘테이너 화물의 경우 Container Terminal에 집결된 화물은 콘테이너선에 의해서 목적항까지 운송되며 그 곳에서 콘테이너를 다시 선박에 적재해서 최종 목적지까지 운반하는 것을 말한다.

⑱ 할증료

주로 정기항로의 운임을 급히 인상하지 않으면 안될 사태가 발생될 때 할증료로서 부과하는 것을 말한다. 정기항로의 운임은 보통 그 항로에 참가하고 있는 선박회사의 협정운임률에 의한 것이기 때문에 그것이 운임표에 일단 공시되면 용이하게 변경할 수는 없는 것이다. 이러한 경우에 운임변경에 대한 불가피한 사정이 발생되면 일정한 예고기간을 두고 사전에 공표되는 관습이 있으며, 그 기간의 응급조치로서 이 할증료가 부과된다.

⑲ 항공운송수탁증

송하인이 항공회사로부터 화물을 찾을 수 있게 하기 위한 출하통지서를 말한다. 이 서류는 신용장통일규칙에 의하여 운송인 또는 그 대리인의 화물수령인이 있거나 그들의 것으로 간주되는 서명이 있을 경우 은행은 이를 정당한 서류로 간주하여 수리하도록 규정되어 있다.

⑳ 화물상환증

송하인이 물품발송을 위하여 운송기관으로부터 발급받는 서류인데, 운송화물수취증이나 운송장과 같은 기능을 갖는다.

201 화물인도지시서

무역거래에 있어 선주 또는 그 대리점이 본선의 선장에 대하여 화물을 하주에게 인도해 주라는 지시서를 말한다. 화물인도지시서의 발급은 선적항의 선박회사(또는 대리점)가 출항과 함께 적하목록을 작성하여 목적항의 선박대리점에게 도착화물의 내용을 알린다. 이 적하목록에는 운송기관의 명칭, 선하증권 기호, 도착지, 출항지, 하인, 포장의 개수 및 종류, 화물의 품명 및 수량, 하수인 및 송하인의 성명(상호) 등이 기재되어 있어 이 적하목록에 의하여 수입항에서 발급된다.

202 화물도착통지서

수입화물이 목적항에 도착하였을 때 선박회사로부터 화물도착 통지서를 통지하여야 할 곳으로, 선하증권상에 보통 수입상 또는 그 대리인 명의의 상호와 주소가 명기된다.

203 환적

일단 선적된 화물이 다른 선박 또는 다른 운송수단에 적재될 때를 말한다. 운송경로의 표시에 있어 도중의 환적을 증권면에 기재한 선하증권을 말한다. 수출상은 화물을 목적지까지 수송시 직항선이 없는 경우 환적을 허용토록 사전에 수입상과 협의하고 신용장상에 이를 허용토록 명시되어야 한다.

2 국제무역운송 입문 영문 용어 해설

❶ Carrier: Any person by whom or in whose name a contract of carriage of goods by sea has been concluded with a shipper.

운송인: 스스로 또는 자신의 명의로 송화인과 해상물품운송계약을 체결한 어떤 자. 〈함부르크 규칙 제1조 (1)〉

❷ Shipper: Any person by whom or in whose name or on whose behalf a contract of carriage of goods by sea has been concluded with a carrier.

송화인: 스스로 또는 자기명의로 혹은 대리인을 통하여 운송인과 해상물품운송계약을 체결한 자.

❸ Consignee: The person entitled to take delivery of the goods.

→ 수화인: 상품을 인수할 권리가 있는 자.

❹ Liner conference: An association of foreign-going ships of various nationalities running on schedule in the same trade at uniform rates of freight and giving advantages to regular clients.

→ 해운동맹: 동일한 운임률로 운항표에 따라 동일항로를 운행하고 정규 고객에는 이익을 제공하는 여러 국적의 외국행 선박들의 조직.

❺ Liner: Vessels that ply on a regular scheduled service between groups of ports.

→ 정기선: 여러 항구 사이를 계획된 정기서비스로 왕복하는 선박

❻ Tramper: A ship which will call at any port to carry whatever cargoes are available, normally on the basis of a charter or part charter.

→ 부정기선: 일반적으로 전부 용선 혹은 일부 용선으로 이용 가능한 화물이 무엇이든지 운반하기 위해 어느 항구나 입항하는 선박.

❼ Freight prepaid: Freight paid in advance by the shipper.

→ 선급운임: 송화인에 의해 사전에 지급되는 운임.

❽ Tank container: A shipping container designed for the carriage of liquids.

→ 탱크컨테이너: 액체화물의 운송을 위해 설계된 해상운송용 컨테이너

❾ Transport Document: A document showing that the goods have actually been sent and who is carrying them.

→ 운송서류: 물품이 실제로 발송되었고 누가 물품을 운송하고 있는가를 보여주는 서류.

❿ Straight B/L: The document which is issued in the name of a specified consignee and that there is no intention of the shipper to transfer the title of the goods.

→ 기명식 선화증권: 특정수화인의 이름으로 발행되고 물품의 권리를 이전하고자 하는 송화인의 의도가 없는서류.

⑪ Through B/L: A bill of lading issued by a shipping line for a voyage requiring one carriage, thus involving at least one transhipment.

→ 통(과) 선화증권: 1회 운송을 요구하고 적어도 한번의 환적과 관련한 한 항해에 대하여 선사에 의해 발행한 선화증권.

⑫ Shipped B/L: A bill of lading issued when the goods have been loaded on board the ship.

→ 선적 선화증권: 물품이 선박의 적재되었을 때 발행된 선화증권.

⑬ Transhipment bill of lading: A Bill of lading issued usually by shipping companies when there is no direct service between two ports, but when the shipowner is prepared to tranship the cargo at an intermediate port at his expense.

→ 환적 선화증권: 일반적으로 두 항구간에 직항서비스가 없지만 선주가 중간항에서 자신의 비용으로 화물을 환적할 준비가 되어 있을 때 선사에 의해 발행된 선화증권.

⑭ Clean bill of lading: A B/L bearing no superimposed clause or notation which expressly declares a defective condition of the goods or the packing.

→ 무사고 선화증권: 물품이나 포장의 결함상태를 명시적으로 선언하는 어떤 부가된 조항이나 각서를 포함하지 않고 있는 선화증권.

⑮ Air waybill: A receipt issued by air cargo companies or their agents that the cargo is in their custody. It is not a document of title but the consignment note used for the carriage of goods by air.

··))▸ 항공(화물)운송장: 항공화물 운송회사들이나 그들의 대리인에 의해 발행되고 화물이 자신들의 보관하에 있다는 수취증. 그것은 권리증권이 아니지만 항공 물품운송을 위해 사용되는 탁송장이다.

⑯ Multimodal Transport Document: A transport document which lists place of receipt, place of delivery and difference modes of transport involved.

··))▸ 복합운송서류: 수취 장소, 인도장소 그리고 관련 상이한 운송방식을 열거하고 있는 운송서류.

⑰ Net weight: The weight of the merchandise before any packaging.

··))▸ 순중량: 어떤 포장 이전의 상품의 중량.

⑱ Demurrage: The money paid to the shipowner if the charterer delays the sailing of the vessel.

··))▸ 체선료: 용선자가 선박의 출항을 지연시키는 경우 선주에게 지급되는 금전.

⑲ Bonded warehouse: A place where goods are stored until duties are paid.

··))▸ 보세창고: 관세가 지급되기 전까지 물품이 보관되는 장소.

⑳ Weather working day: This term means a working day or part of a working day during which it is possible or would be possible to load or discharge the cargo without interference due to the weather.

··))▸ 청천하역일: 이 용어는 날씨에 기인한 방해 없이 화물을 선적하거나 양륙하는 것이 가능하거나 가능했을 작업일수 또는 작업일수의 일부분을 의미한다.

㉑ LASH: Acronym for Lighter Aboard Ship. A system of loading barge that can be carried on board ocean ships to avoid port handling of freight.

··))▸ 래쉬선: Lighter Aboard Ship에 대한 두문자어. 화물의 항만처리를 피하기 위해 해상선박의 본선에 운반될 수 있는 바지를 선적하는 시스템.

㉒ Specific Duty: A customs duty based on weight, quantity, or other physical characteristics of imported items.

▶ 종량세: 수입된 물품의 중량, 수량 또는 기타 물리적 특성에 근거한 관세.

㉓ Endorser: A person who, being the payee or holder, writes his name on the back of negotiable instruments.

▶ 배서인: 수취인 또는 소지인이면서 유통가능 증서의 이면에 자신의 이름을 기재하는 자.

㉔ Notify party: The person, usually the importer, to whom the shipping company or its agent gives notice of arrival of the goods.

▶ 통지처: 선사 또는 그 대리점이 물품의 도착통지를 제공하는 자로서 대개 수입업자.

㉕ Charterer: A hirer of a vessel from the owner either for a period of time or a voyage.

▶ 용선자: 정기기간 또는 항해기간에 대하여 선주로부터의 선박 임대인.

㉖ Common carrier: A carrier who is engaged in the trade of carrying goods on a regular business and who holds himself as ready to carry for anyone who may wish to employ him.

▶ 일반운송인: 정기적인 영업으로 물품을 운송하는 거래에 종사하고 자신을 채용하기를 원할 수 있는 어떤 자를 위해 운송할 준비가 된 것으로서 자신을 유지하는 운송인.

㉗ Order bill of lading: A negotiable bill of lading issued "to the order of" a particular party, commonly the shipper.

▶ 지시식 선화증권: 특정인 일반적으로 화주의 "지시식으로" 발행된 유통가능 선화증권

㉘ Foul bill of lading: Type of bill of lading which shows on its face that the goods and/or packaging were damaged or that there was a shortage at the time of shipment.

···》 고장[사고] 선화증권: 물품 및/또는 포장의 결함상태를 명시적으로 선언하고 있는 조항이나 표시가 없는 선화증권.

㉙ Clean B/L: Bill of lading which bears no clause or notation which expressly declares a defective condition of the goods and/or the packaging.

···》 무고장[무사고] 선화증권: 물품 및/또는 포장의 결함상태를 명시적으로 선언하고 있는 조항이나 표시가 없는 선화증권.

㉚ Stale B/L: Bill of lading which was presented after a specified time after issuance, and if no time is specified, which was presented later than 21 days after issuance of the B/L or other shipping documents.

···》 기간경과 선화증권: 발행후 특정시간 후에 제시된 선화증권 그리고 시간이 명시되지 않은 경우에 선화증권 또는 다른 선적서류의 발행 후 21일보다 늦게 제시된 선화증권.

㉛ House bill of lading: Bill of lading issued by freight forwarders who consolidate several cargoes belonging to different owners or forming the subject-matter of different export transactions in one consignment shipped under a groupage bill of lading issued by the carrier to the forwarder.

···》 하우스 선화증권: 운송인이 운송주선업자에게 발행하는 집단 선화증권하에 선적되는 단일탁송에서 다른 화주에 속하거나 다른 수출거래의 대상을 이루는 여러 화물을 혼재하는 운송주선업자에 의해 발행되는 선화증권.

㉜ Received (for shipment) bill of lading: A B/L which only evidences that goods have been received for shipment, not that they have been loaded on board and common with container shipments delivered to port terminal and must be converted by subsequent "on board" notation if shipper needs an on board or shipped document for payment under a letter of credit.

⊳ 수취 선화증권: 물품이 본선상에 선적되었다는 것을 증명하는 것이 아니라 물품이 선적을 위해 수취되었다는 것을 오로지 증명하고, 항만터미널에 인도되는 컨테이너 선적품의 경우에 일반적이고 송화인이 신용장에 의거하여 지급을 위해 본선적재 또는 선적된 서류를 필요로 하는 경우 이후의 본선적재 부기에 의해 전환되어야 하는 선화증권.

㉝ Negotiable B/L: Bills of lading which are made out to one's order. In this case a transfer of B/L passes such rights in the goods as the parties intended to pass e.g. the property.

⊳ 유통가능 선화증권: 지시식으로 발행된 선화증권. 이 경우에 선화증권의 이전은 예를 들면 재산권을 이전하기로 의도했을 때 물품에 있어서 그러한 권리를 이전한다.

㉞ Straight B/L: A bill of lading which stipulates that the goods are to be delivered only to the named consignee.

⊳ 기명식 선화증권: 물품이 지명된 수화인에게만 인도될 수 있도록 명시하고 있는 선화증권.

㉟ Sea Waybill: A transport document for maritime shipment, which serves as evidence of the contract of carriage and as a receipt for the goods, but is not a document of title. To take delivery of the goods, presentation of the sea waybill is not required; generally, the receiver is only required to identify himself, which can speed up processing at the port of destination.

⊳ 해상운송장: 해상운송용 운송서류이며 운송계약의 증거와 물품에 대한 수취증으로서 역할을 하지만 권리증권은 아니다. 물품을 인수하기 위하여 해상운송장의 제시가 요구되지 않고 일반적으로 수화인은 자신을 증명하는 것이 요구될 뿐인데 이것이 목적항에서 처리를 신속하게 할 수 있다.

㊱ Mate's receipt: A receipt, made out by the first officer, stating the quantity and condition of goods loaded on board the ship.

⟫ 본선수취증: 일등항해사에 의하여 작성되고 본선상에 적재된 물품의 수량과 상태를 진술한 수취증.

㊲ Dock receipt: A document certifying receipt of goods by the international carrier in dock or pier at the port of departure.

⟫ 부두수취증: 출발항에서 선거 또는 안벽에서 국제운송인에 의한 물품의 수취를 증명하는 서류.

㊳ Delivery Order: A document from the owner, or holder, of the goods requesting the release of goods held under warrant.

⟫ 인도지시서: 담보하에서 유지된 물품의 인도를 요구하는 물품의 소유자 혹은 소지인으로부터의 서류.

㊴ Endorsement: The act of a payee, drawee, endorser or holder of a bill, note, check, or other negotiable instrument, in writing his name upon the back of the same, with or without further or qualifying words, whereby the property in the same is assigned and transferred to another.

⟫ 배서: 환어음, 어음, 수표 또는 다른 유통가능증서의 수취인, 피발행인, 배서인 또는 소지인이 추가적 또는 제한하는 문언의 유무에 관계없이 그 이면에 자신을 이름의 서명하는데 있어서의 그 행위, 이로써 그 소유권이 다른 자에게 양도되고 이전된다.

㊵ Letter of Indemnity: A guarantee submitted to a carrier by a shipper to pay any claim that may arise on the defective goods when shipping to obtain a clean bill of lading instead of a claused bill of lading.

⟫ 파손화물 보상장: 사고 선화증권 대신에 무사고 선화증권을 입수하기 우해 선적시 결함 화물에 대하여 발생할 수 있는 어떤 청구를 지급할 것이라는 보증으로 송화인이 운송인에게 제출한다.

㊶ Letter of Guarantee: A document commonly used in international trade to allow a carrier to release goods to a consignee who is not yet in possession of the bill of lading and assuring the carrier that he will not suffer any financial loss by having released the goods in the absence of a bill of lading.

▸ 수입화물 선취보증장: 운송인이 아직 선화증권을 소지하지 못한 수화인에게 물품을 인도하도록 하고 선화증권 없이 물품을 인도함으로써 어떤 재정적 손실을 보지 않을 것이라는 것을 운송인에게 보증하는 국제무역거래에서 일반적으로 사용되고 있는 서류.

㊷ Freight: The reward payable to the carrier for the safe carriage and delivery of the goods. Freight is normally arranged according to weight, measurement or value.

▸ 운임: 운임은 안전한 운송과 물품의 인도에 대하여 운송인에게 지급되는 보수. 운임은 표준적으로 중량, 용적 또는 가액에 따라 협정된다.

㊸ Overcharge: A charge collected above a lawful tariff rate.

▸ 부당과다징수: 합법적인 운임요율 이상으로 징수된 요금.

㊹ Route(RTE): The combination of carriers transporting a shipment, and the points through which they travel.

▸ 항로: 선적품을 운송하는 선박과 선박이 운항하는 지점간의 결합.

㊺ Demurrage: Money paid to the shipowner in compensation for delay of a vessel beyond the period allowed in a chaterparty when loading or discharging.

▸ 체선료: 선적하거나 양륙할 때 용선계약에서 허용된 기간을 초과한 본선의 지연에 대한 보상으로 선주에게 지급되는 금전.

㊻ Dispatch money: The money paid by the shipowner to the charterer if the charterer saves time of loading or discharging.

🔊 조출료: 용선자가 선적이나 양륙시간을 절감하는 경우에 선주에 의해 용선자에게 지급되는 금전.

47 Free in and out: Chartering term whereby the charterer of a vessel under voyage charter agrees to pay the costs of loading and discharging the cargo.

🔊 FIO: 항해용선계약하에서 화물을 선적하고 양륙하는 비용을 선박의 용선자가 지급하기로 합의하는 용선조건.

48 Customary Quick Despatch(CQD): Due diligence according to lawful, reasonable and well-known custom of port or ports involved. CQD means that the charterer must load and/or discharge as quickly as possible depending on the prevailing circumstances at the loading/discharging place.

🔊 관습적 조속하역: 관련된 항구 또는 제항구의 합법적, 합리적 그리고 잘 알려진 관습에 따른 상당한 주의. 관습적 조속하역은 용선자가 선적/양륙 장소에서 우세적인 상황에 따라 가능한 한 신속하게 선적 및/또는 양륙하여야 한다는 것을 의미한다.

49 Time[Term] charter: Charter arranged for a fixed period.

🔊 정기[기간]용선: 정해진 기간 동안에 협정되는 용선.

50 Trip [Voyage] Charter: Charter arranged for a voyage specifying delivery and redelivery ports or areas or Charter arranged to carry a cargo on a single voyage between two specified ports or areas.

🔊 항해용선: 인도 및 재인도 항구나 지역을 명시한 항해에 대하여 협정되는 용선 또는 2개의 특정 항구나 지역 사이에서 단일의 항해에 화물을 운송하기로 협정된 용선.

51 Drawback: In the customs law, an allowance made by the government upon the duties due on imported merchandise when the importer,

instead of selling it at home, re-exports it.

▸ 환급: 관세법에서 수입업자가 수입된 물품을 국내에 판매하는 대신에 재수출하는 경우 수입된 물품에 대하여 지급한 관세에 대하여 정부에 의하여 이루어지는 공제.

52 Berth: A place at the quay, jetty or dockside where the ship may load, discharge or lie.

▸ 선석: 선박이 선적하거나 양륙하거나 정박할 수 있는 안벽, 잔교, 부두쪽에 있는 장소.

53 Manifest: The record or list of cargo loaded or discharged.

▸ 적하목록: 선적되거나 양륙된 화물의 기록이나 목록.

3 | 국제무역운송 실무 기본 이론

- 수출입 물품은 어떻게 운반하나?

1) 컨테이너로 운송하는 방법

(1) 컨테이너 운송의 장점

컨테이너로 화물을 운송하기 시작한 것은 18세기말부터이다. 그런데 20세기 들어 미국의 철도회사에서 본격적으로 사용하기 시작했든데, 실제로 해상 컨테이너 수송은 1956년에 604개의 컨테이너를 수용할 수 있는 분리형 컨테이너를 건조하여 사용한 것이 시초이며, 이어 각종 선박회사들이 미-서구 항로에 다양하게 취항하여 국제적인 해상 컨테이너 수송붐이 일게 되었다.

컨테이너 운송의 장점은 운송을 신속하고 안전하게 할 수 있을 뿐만 아니라 운송비용도 절약할 수 있어 경제적이라는 것이다.

(2) 컨테이너 화물의 운송형태

① [1]CFS/CFS운송

컨테이너로 운송하는 가장 초보적인 이용 방법으로, 선적항의 CFS로부터 목적항의 CFS까지 운송하는 방법이다.

② CFS/CY[2] 운송

우리나라에서 가장 많이 이용되는 운송방법으로 운송인이 지정한 선적항의 CFS로부터 목적지의 CY까지 컨테이너로 운송되며, 운송인이 수하인의 최종목적지인 공장 또는 창고까지 운송하는 방법이다.

③ CY/CFS운송

CFS/CY의 반대 경우로 선적지에서 수출업자가 FCL[3] 화물을 컨테이너로 운송하여 수입항의 수하인들에게 인도해주는 방법이다.

④ CY/CY운송

수출업자의 공항 또는 창고에서 수입업자의 창고까지 상품을 수송하는 경우로 컨테이너의 장점을 최대한 이용하는 운송 방법이다.

(3) 컨테이너의 종류

① 건화물 컨테이너(Dry Container)

가장 일반적인 컨테이너로서 전자제품, 잡화류 운송에 적당하다.

② 냉동 컨테이너(Reefer Container)

육류, 어류, 과일 등의 운송에 적당하다.

1) CFS(Container Freight Station) 소화물집하장소: 소량화물을 목적지별로 정리한 후 하나의 컨테이너에 혼합 적재하는 작업장
2) CY(Container Yard) 적재소: 수출입업자의 창고
3) FCL(Full Container Cargo)화물 : 컨테이너 한 개를 가득 채울 수 있는 짐

③ Open Top Container

지붕이 없는 개방식의 컨테이너로 상단을 통해 하역을 하며 기계류 등의 운송에 적당하다.

④ Flat Lack Container

보통 컨테이너의 바닥과 4개의 기둥만 있는 컨테이너로서 중량품, 기계류 등의 운송에 적당하다.

⑤ Fan(Live Stock) Container

살아있는 동식물의 운송에 적합하도록 설계된 컨테이너를 말한다.

⑥ Tank Container

액체상태의 주류, 유류 및 화학제품 등을 운송하기에 적합한 컨테이너이다.

⑦ Hanger Container

일반 컨테이너에 옷걸이가 장착되어 있는 컨테이너이다.

2) 운송수단에는 어떤 것이 있나

(1) 해상운송

선박을 이용해 화물을 운송하는 방법으로 화물선은 운항방식에 따라 정기선과 부정기선으로 구분된다.

① 정기선

정기선은 이미 정해진 항로와 운임율, 운항계획에 따라 규칙적으로 항해하는 선박으로, 특정의 출발항으로부터 특정의 목적항까지 선박항 행로를 개설하고 만선적재 유무에 상관없이 규칙적으로 항로를 운항한다.

② 부정기선

부정기선은 고정된 항로없이 운송 수요자의 요구에 따라 아무때나 취항하는 선박으로, 부정기선은 세계 어느 곳이든 정기항로 없이 특정 항구 사이를 항해하며 다닐 수 있다. 그러나 부정기선은 국가적 차원의 보호를 받지 못하며, 특히 국제항로에 진출하였을 때 심한 국제경쟁을 하게 된다.

(2) 항공운송

무역물품의 국제운송은 거의 해상운송에 의존하지만 오늘날에는 경제의 질적 발전에 따라 항공운송에 의존하는 경우도 많아지고 있다.

① 항공운송물품

항공운송수단을 택하는 물품으로는 긴급수요가 발생한 것, 짧은 시간에 운송해야 하는 것, 판매시기를 놓치면 상품가치가 없는 것, 여객의 별송품 등 급송을 요하는 것 등.

② 항공운송의 장점

항공으로 물품을 수송하면 빠르고 간편할 뿐만 아니라 사고발생율이 낮으므로 정시에 도착할 수 있어 신뢰성이 높다.

(3) 복합운송

물품을 최소한 두 가지 이상의 운송수단을 이용해 전달하는 것으로 어느 운송수단을 사용하든지 간에 최종목적지까지 전체운임을 받고 일관된 수송체제로 도착시켜주는 것을 복합운송이라 한다.

3) 운송료는 어떻게 계산하나

(1) 운임률

운임률(Freight Rate)이란 한마디로 톤(ton)당 운임을 말한다. 그러나 나라마다 상품마다 그 기준이 다르다. 예를 들어 북유럽에서는 1ton을 1㎥하고, 일본에서는 40입방척이라고 하고, 영국에서는 40 cubic feet라고 한다.

(2) 운임계산방법

① 중량계산

기본적으로 W/M 방식이 적용되며, 선박회사의 기준에 따라 중량기준과 용적기준이 선택된다. 그것은 무게로 할 것인지, 아니면 부피로 할 것인지에 따라 달라지기 때문에 무역업자는 먼저 물품의 중량과 용적을 측정하고, 그것을 다시 톤으로 환산하여 톤수가 많은 쪽이 선박회사의 운임청구서에 실리는 운임중량이라고 생각하면 된다.

보통 우리나라에서는 2,204 lbs, 즉, 1메트릭톤을 1톤이라고 한다. 그러나 일부 상품에 대해서는 중톤(Long Ton: 2,240lbs)이나 경톤(Short Ton: 2,000lbs)으로 이용되는 경우가 있으며, 용적톤(Measurement Ton)은 1입방피트를 1톤으로 하는 것을 말한다.

② 종가계산

종가계산(Ad-Value)은 화폐, 보석, 유가증권, 미술품 등의 고가품인 경우 상업송장에 표시된 화물의 가격에 대해 일정비율을 운임으로 징수한다.

③ 전액계산

소액화물인 경우 1포장단위의 화물에 대해 최저운임을 적용하는 것을 전액계산이라 한다.

항공화물은 7킬로그램 미만의 화물을 최저운임으로 적용한다.

④ 할증계산

특수하게 취급되는 화물, 즉 화약 또는 독극물 등의 위험물, 또는 특별 구간의 수송화물에 대해서 할증운임(additional rate)을 적용한다.

4) 반드시 챙겨야 할 선적서류들

무역실무에서 가장 중요한 서류가 선적서류인데, 선적서류에는 선하증권, 상업송장, 보험증권 등이 있다.

(1) 선하증권(Bill of Lading;B/L)

선하증권이란 물품이 선적된 후에 선박회사에서 발행하는 증권을 말한다. 즉, 운송인이 증권에 기재된 대로 물품을 수령한 것을 확인하고, 그 물품을 약속된 장소까지 운송하여 증권의 정당한 소지인에게 물품을 인도한다는 것을 약속한 증권이다.

① 선적선하증권(On Board B/L)

화물이 실제로 선적된 후에 발행되는 것으로, 'Laden on Board' 또는 'Shipped on Board' 라는 문구가 기재되어 있다. 신용장거래조건에서는 선적선하증권을 요구하기 때문에 이 증권이 무역거래에서 가장 많이 사용되고 있다.

② 수취선하증권(Received B/L)

수취선하증권이란 지정한 선박이 아직 부두에 정박하지 않았거나 입항조차 하지 않았을 경우, 싣고온 물품은 우선 선박회사의 부두창고에 입고시킨 뒤 선적전에 발행하는 것을 말한다. 따라서 선박회사가 수취선하증권을 발행한 후 선적을 완료하면 'On board notation' 이라고 부기하는데, 이런 문구가 있으면 선적선하증권과 동일한 취급을 받는다.

③ 무사고선하증권(Clean B/L)

계약물품의 상태가 양호하고 수량이 맞아 비고란에 아무것도 기재되지 않고 깨끗한 채로 발행된 선하증권을 말한다. 증권면에 "Shipped on board in apparent good order and condition"이라고 표시된 선하증권을 무사고 또는 완전선하증권이라고 한다.

④ 사고부선하증권(Foul or Dirty B/L)

선박회사가 인수할 때 포장상태가 불완전하거나 수량이 모자라면 이 사실을 증권상에 기재하게 되는데 이런 사실이 기재된 선하증권을 사고부선하증권이라고 한다. 이런 경우 수출업자는 선박회사에 파손화물보상장(Letter of Indemnity)을 제공하고 무사고 선하증권을 교부받을 수 있다. 선박회사는 이 보상장만 있으면 후에라도 파손화물에대해 책임이 없고 보험회사도 역시 책임을지지 않는다. 이것은 L/I를 발급한 수출업자의 책임이 된다.

⑤ 기명식선하증권(Straight B/L)

화물의 수취인으로서 수입자명이 기재된 선하증권이다. 기명식선하증권은 무역화물에는 이용되지 않고, 주로 이삿짐 또는 개인물품을 보내는 경우에 많이 사용된다.

⑥ 지시식선하증권(Order B/L)

B/L의 수하인 란에 특정 수하인 이름이 기재되지 않고 단순히 지시인(order)만 기재하여 유통을 목적으로 한 선하증권을 지시식선하증권이라 한다.

⑦ 통과선하증권(Through B/L)

운송화물을 목적지까지 운송하는데 도중에 다른 선박을 이용하거나 운송수단을 바꾸어 운송할 경우 최초의 운송업자가 전구간의 운송에 대해 모든 책임을 지는 운송증권을 통과선하증권이라고 한다. 이 경우 환적항에서 너무 지체하여 계약서상에 명시된 선적기간을 경과하여 통과선하증권이 발급되면 무효가 될 수도 있다.

⑧ 약식선하증권(Short B/L)

약식선하증권이란 절차의 간소화를 위해서 정식선하증권상에 기재된 장문의 약관을 생략한 것을 말한다. 그러나 이 증권의 경우 분쟁이 발생하면 정식선하증권에 있는 하주와 운송인 간의 권리와 의무에 따라 해결한다.

⑨ 기타 선하증권

· 용선계약 선하증권(Charter Party B/L) 하주와 운송인 사이에 맺어진 용선계약에 의해 발행되는 증권
· 복합운송 선하증권(Combined Transport B/L) 항공 및 육해상 중 두 가지 이상의 형태로 복합운송이 이루어질 때 컨테이너 화물운송에 사용되는 것
· 운송주선인발행 선하증권(Forwarder' s B/L) 운송주선인이 발행한 선하증권

(2) 상업송장(Commercial Invoice)

상업송장은 매도인 즉 수출업자가 작성하는 것으로 선적한 물품의 명세서로서의 역할외에 대금청구서 등의 역할도 겸하고 있다.

상업송장은 무역거래시 필수서류 중 하나지만, 그 자체가 청구권을 갖는 서류는 아니고 다만 거래이행 및 계약의 사실만을 입증해주는 서류이다.

① 상업송장의 종류

ⓐ 견적송장(Proforma Invoice)

수입업자가 자기 나라에서 수입허가 및 외화배정을 받기 위해, 즉 수입물자의 신용장개설을 위해 수출업자에게 요구하는 서류로 상품의 가격을 견적해주는 송장을 말한다.

ⓑ 선적송장(Shipping Invoice)

선적된 화물의 내용과 가격을 명시한 서류로 목적에 따라 다음의 4가지로 분류된다.

① 수출송장(Export Invoice)

② 위탁 판매송장

③ 매입 위탁송장

④ 견본송장

ⓒ 영사송장(Consular Invoice)

수입관세의 누락을 위해 고의적으로 부정송장을 작성하지 못하게 하기 위해 수출국 주재 영사가 사증한 특수송장을 말한다.

ⓓ 세관송장(Customs Invoice)

영사송장과 같은 목적으로 사용된다. 나라마다 다르나 세관에 수입을 신고할 때 필요한 송장이다.

② 상업송장 작성시 유의점

송장금액이 신용장 총액을 초과하지 말아야 한다. 인정되지 않는 비용은 선적조건에 삽입하지 않아야 한다. 해상운임은 전체항로를 꼭 포함시켜서 작성해야 한다. 신용장상의 상품명세서와 상업송장이 일치되어야 한다. 선적상품 표식은 B/L상의 것과 똑같아야 한다.

(3) 보험증권

수출물품을 안전하게 운송하겠다는 증거서류로 발행하는 것이 보험증권이다. 운송 도중 사고가 발생하여 보험금 청구가 필요할 때는 보험회사에 보험증권을 제출하면 된다. 보험증권은 양도가 가능한데, 가격조건이 CIF나 CIP조건 등일 때 수입상이 수출상에게 요구할 수 있다. 그러면 수출상은 선적서류에 반드시 보험증권을 첨부하여야 한다.

4 | 국제무역운송 관련 절차

1) 컨테이너운송 선하증권발급절차

(1) 대량화물(FCL : full container load)일 때

① CY에 다름 서류를 제출한다.
- 수출허가서
- 화물수취서(D/R: dock receipt)
- 컨테이너 내 적부표(CLP: container load plan)
- 컨테이너화물반입표

② CY오퍼레이터는 상기의 서류와 컨테이너를 점검하고, 문제가 없으면 D/R에 사인하고 B/L을 인쇄한다.

③ 선박회사는 D/R의 B/L Master를 근거로 해서 B/L을 발행한다.

④ 운송주선업자는 운임선불일 때에는 운임을 선박회사에 지급하고 선박회사로부터 B/L을 수령한다.이것을 B/L인수라고 한다.

(2) 소량화물(LCL : less than container load)일 때

① 화물에 D/R을 첨부해서 CFS(container freight station)에 반입한다.

② CFS오퍼레이터는 혼재 컨테이너를 CY에서 인도한다.

③ 선적이 끝났으면 운송주선업자는 선박회사로부터 B/L을 수령한다.

2) 항공운송절차

항공화물의 수출절차는 기본적으로 해상화물의 경우와 같다.

① 송화인이 대리점에 항공운송의뢰

② 수출화물을 공항 보세창고로 반입

③ 통관수속(세관에서 서류심사, 화물검사 → 수출허가)

④ 수출허가필 화물을 항공회사 수출창고로 반입

⑤ 화물과 항공운송장(AWB : Air Way Bill)을 항공회사가 확인

⑥ 화물을 항공기로 탑재 후 운송

⑦ 항공회사는 화물이 도착하면 화물도착통지서(Notice of Arrival)를 AWB, Invoice, Packing List, 화물인도지시서(Release Order)용지와 함께 수화인은행(신용장발행은행)에 보낸다.

⑧ 수입상은 수입대금을 은행에 지급하고 Release Order를 발행받아 항공화물대리점에 전달한다.

⑨ 항공화물대리점은 Release Order를 항공회사에 제출하고, D/O(Delivery Order: 화물인도지시서)를 발행받아 세관에 수입신고를 한다.

⑩ 세관은 필요에 따라 간이심사, 서류심사, 현물검사를 실시한 후 문제가 없으면 수입허가 통지서를 발행한다.

⑪ 항공화물대리점은 D/O와 그 수입허가통지서를 제출해 화물을 수취한다.

3) 수출통관절차

(1) 수출물품확보 및 보세구역반입

수출상은 수입상과의 매매계약에 따라 자신의 인도의무를 이행하기 위하여 수출용 물품을 확보한다. 물품을 확보한 후 보세구역에 물품을 반입한다.

(2) 수출신고

수출상은 물품을 확보한 후 세관검사를 받고자 하는 장소에 수출물품을 장치

하고 관할하는 세관에 수출신고를 하고 신고필증을 교부받아야 한다. 이때 신고방법은 전자문서 신고자료를 자신 또는 관세사의 컴퓨터로부터 통관시스템에 전송한다.

(3) 수출검사

수출신고 물품에 대한 검사는 원칙적으로 생략한다. 다만, 다음과 같이 현품을 확인할 필요가 있는 경우 현품검사를 할 수 있다.

① 세관장 확인대상물품
② 전략물자 수출허가 대상물품
③ 위약 재수출물품 및 수입시 재수출조건 이행물품
④ 위조상품 등 지적재산권 침해 우려시
⑤ 관세환급과 관련 위장수출 우려시
⑥ 기타 불법수출에 대한 우범성 정보가 있는 경우

(4) 수출신고수리

세관장은 전송받은 신고자료에 대하여 그 내용이 수출신고서 작성요령에 적합하게 작성되었는지 여부를 검토한 후 신고를 수리한다. 다만 상기의 현품확인이 필요할 경우에는 신고서 및 첨부서류를 제출받아 그 내용을 확인한 후 신고를 수리한다.

(5) 수출신고필증교부

① 직접 제출의 경우

수출신고 수리인과 신고서처리 담당자의 인장을 날인한 수출신고필증을 신고인에게 교부한다.

② 관세사에 의한 서류없는 수출신고의 경우

수출신고필증의 세관기재란에 등록된 관세사인을 날인하여야 한다.

(6) 물품의 반출 및 선(기)적

수출신고가 수리된 물품은 수출신고수리일로부터 30일 이내에 외국무역선 또는 외국무역기에 선(기)적하여야 한다. 다만, 선(기)적 스케줄 변경 등 부득이한 사유가 있는 경우에는 통관지 세관장에게 선적기간 연장승인을 받을 수 있다. 또한, 선(기)적기간 내에 선(기)적되지 아니하는 경우에는 수출신고수리가 취소될 수 있으며 관세환급도 불가능함으로 유의하여야 한다.

4) 수입통관절차

(1) 출항

선적지와 도착지의 선박회사 또는 운송회사는 적하목록을 당해 지역 세관장에 제출한다.

(2) 입항

① 운항선사는 선박입항 24시간 전에 용선선사와 포워더로부터 적하목록과 혼재 화물 적하목록을 취합하여 세관에 제출한다. 이때 House B/L 단위 적하목록 입수지연을 방지하기 위하여 적하목록 제공시에는 주체별로 분리하여 제출한다.

② 세관은 적하목록번호와 B/L번호를 조합한 화물관리번호를 자동으로 부여하고 화물의 재고를 추적 관리한다.

(3) 하선

수입물품과 하선장소를 기재한 하선신고서를 세관에 제출
하선장소는 부두 내 CY(CFS) 또는 부두 밖 보세장치장(ODCY) 가능
하선 후 선사 및 검수회사의 검수 이상 여부 보고서 제출

(4) 물품 보세구역 반입

물품의 장치는 원칙적으로 보세구역에 반입하여 보세구역 내에서 행하여야 한다. 그러나 성질상, 상태상 특수한 사정으로 보세구역에 장치할 수 없는 경우에는 보세구역이 아닌 타소장치에 장치할 수 있다.

(5) 장치확인 : 컨테이너 화물의 경우

컨테이너 수입물품이 하선장소에 반입된 경우 내장된 상태로 10일이 경과되면 수입물품을 컨테이너로부터 적출하여 수출입화물집화소 또는 다른 보세구역에 반입하여야 한다.

(6) 수입신고

수입신고란 수입하려는 물품이 장치되었음을 알리고, 수입물품이 법에서 규정한 장치장소에서 반출이 가능하도록 보세구역에 반입 전 또는 반입 후 수입신고서를 제출하여 수입면허를 요청하기 위한 것이다. 이러한 수입신고는 물품을 수입하려는 의사를 세관에 표시하는 것으로, 수입신고를 함으로써 적용법령, 과세물건 및 납세의무자가 확정된다. 물품을 수입하고자 할 때에는 당해 물품의 품명, 규격, 수량 및 가격, 기타 대통령령이 정하는 사항을 세관장에게 신고해야 한다.

(7) 수입심사

수심심사는 신고서를 배부받은 후 통관시스템에 조회하여 C/S 결과, 통관심사 및 검사시 주의사항이 있는지 여부를 확인한 후 즉시수리, 심사대상, 물품검사 중 하나로 신고서 처리방법을 결정한다.

(8) 물품검사

관세청장은 우범성 대상이 되는 물품을 검사대상으로 정하여 물품검사를 실시한다. 그러나 검사대상으로 선별된 물품 중 우범화물 검사를 실시한 물품에 대하여는 다시 검사를 하지 않는다.

(9) 신고수리

신고수리는 적하목록이 제출된 이후에만 가능하다. 즉시수리물품은 형식요건을 확인 후 즉시 수리하고, 심사대상물품은 심사 후 수리하며, 검사대상물품은 검사 후 수리한다. 관세사도 신고수리 여부를 전산조회한 후 수입신고필증을 발급할 수 있다.

(10) 관세 등 제세납부

수입신고한 물품의 수입화주는 그 물품에 대한 관세 등의 납세의무자가 된다. 이 관세납부에는 신고수리 전 납부와 신고수리 후 납부로 나뉘어진다.

5 | 국제무역운송 관련 필수 영단어

- liner: 정기선
- tramper: 부정기선
- barge carrier: 바지운반선
- combi carrier: 겸용선(combination carrier)
- charter party: 용선계약
- sailing agreement: 배선협정
- joint service: 공동운항
- time charter: 정기[기간]용선
- voyage [trip] charter: 항해용선
- demise charter: 나용선(Bare Boat Charter:BBC)
- part charter: 일부용선
- charterer: 용선자
- despatch money: 조출료(dispatch money)
- charterage: 용선료
- demurrage: 체선료
- damages for detention: 체박손해금
- laydays: 정박기일(laytime)
- manifest: 적하목록
- dock receipt: 부두수취증(D/R)
- Container Freight Station: 컨테이너 화물혼적장(CFS)
- Container Yard: 컨테이너 야적장(CY)
- arrival notice: 화물 도착통지
- delivery order: 화물 인도지시서(D/O)
- Customary Quick Dispatch: 관습적 신속[조속]하역(CQD)

· notify party: (착화) 통지처
· shipping instructions: 선적지시서[매수인→매도인]
· Shipping Order(S/O): 선적지시서[선사→선장]
· shipping advice: 선적통지
· running (case) number: 일련번호
· export permit: 수출허가서
· Notice of Readiness: 하역준비 완료통지(서)(NOR)
· commercial invoice: 상업송장
· pro-forma invoice: 견적송장
· consular invoice: 영사송장
· customs invoice: 세관송장
· marine insurance policy: 해상보험증권
· insurance certificate: 보험증명서
· health certificate: 건강증명서, 위생증명서
· certificate of inspection: 검사증명서(inspection certificate)
· packing list: 포장명세서
· Certificate of Origin: 원산지증명서
· Generalized System of Preference Certificate of Origin: 특혜관세용 원산지 증명서
· terms of shipment: 선적조건
· transhipment: 환적
· partial shipment: 분할선적
· the time of shipment: 선적시기
· shipped bill of lading: 선적 선화증권(on board B/L, shipped B/L)
· received B/L: 수취 선화증권
· clean B/L: 무고장[무사고] 선화증권
· foul B/L: 사고[고장] 선화증권(dirty[claused, unclean] B/L)
· stale B/L: 기간경과 선화증권
· negotiable B/L: 유통가능 선화증권
· non-negotiable B/L: 유통불능 선화증권
· ocean B/L: 해양선화증권
· order B/L: 지시식 선화증권
· straight B/L: 기명식 선화증권
· optional B/L: 양륙항선택권부 선화증권
· through B/L: 통(과)선화증권
· delay in shipment: 선적지연

· extension of shipment: 선적연장
· mode of shipment: 선적방식
· place of shipment: 선적지
· port of shipment: 선적항
· Mate's Receipt: 본선수취증(M/R)
· shipping agent: 선적업자(forwarding agent)
· shipping company: 선사
· freight forwarder: 운송주선업자
· shipping mark: 화인
· shipping clerk: 선적계
· shipping application: 선적신청서
· shipping documents: 선적서류
· combined [multimodal, intermodal] transport document: 복합운송서류
· bonded warehouse: 보세창고(bonded store)
· bonded area: 보세지역
· shipping conference: 해운동맹
· freight collect: 운임후불, 착급운임
· freight prepaid: 운임선급(advanced freight, prepaid freight)
· TOVALOP: Tanker Owner's Voluntary Agreement Concerning Liability for Oil Pollution: 기름오염에 대한 책임과 관련된 유조선주의 자발적인 협정
· P & I Club (Protection & Indemnity Club): 국제선주공제조합
· Container Load Plan: 컨테이너 내 적치표(CLP)
· Estimated Time of Arrival: 입항[도착]예정일(E.T.A)
· Estimated Time of Departure: 출항[출발]예정일(E.T.D)
· deferred rebate system: 거치환불제
· dual rate system: 2중운임제
· fidelity rebate system: 성실환불제
· lump sum freight: 선복운임

6 | 국제무역운송 관련 필수 영숙어

- make shipment: 선적하다(effect shipment)
- issue B/L: 선화증권을 발행하다
- by endorsement and delivery of the bill of lading: 선화증권의 배서 · 교부에 의하여
- the first available ship: 첫 번째 이용가능한 선박
- ship A on[by] B: B선박에 A를 선적하다
- be marked and numbered: 화인이 표시되고 화번이 기재되다
- reserve the space of: ~의 선복을 예약하다
- in three equal monthly instalments: 3개월 균등할부로
- in triplicate: 3통으로(in 3-fold)
- in duplicate: 2통으로(in 2-fold)
- in quadruplicate: 4통으로
- in quintuplicate: 5통으로
- take delivery of: ~을 인수하다
- make delivery of: ~을 인도하다

7 | 국제무역운송 관련 핵심 무역영어 용법

1) 선적 및 선적하다의 표현

선적은 shipment이고 선적하다는 ship인데, ship은 선적하다의 뜻 이외에도 출하하다 또는 운송하다란 뜻도 가지고 있다. 주문품을 선적하다는 ship your order라고 해도 되지만, shipment란 낱말을 사용하여 make shipment of your order라고 하는 것이 더 좋다.

즉, We have shipped your order today. 라고 하기보다 We have made shipment of your order today. 로 하는 것이 더 좋다. 주의해야 될 점은 make shipment, perform shipment, execute shipment, finish shipment, complete shipment라고는 표현할 수 있지만, do shipment라고는 표현할 수 없다.

선적의 완료는 매수인에게는 좋은 정보이므로 신속하게 통지하는 것이 좋다.

We shipped your goods on May 25처럼 과거형으로 표현하기보다는 We have shipped your goods today.처럼 현재완료형을 사용하는 쪽이 영어표현상 박력이 있다. 과거의 일자를 on August 20처럼 명확하게 표현할 필요가 있을 때에는 현재 완료를 사용할 수 없고 과거 동사를 사용해야 한다.

5월 7일에 부산을 출항하는 아리랑호에 귀사 주문품을 선적할 수 있을 것이다.

(1) We will be able to make shipment of your order by MS "Arirang" leaving Pusan on May 7.

(2) We will be able to ship your order by the MS Arirang departing from Pusan on May 7.

(3) We shall be able to deliver your goods by MS "Arirang" sailing from Pusan on May 7.

(4) We will be able to forward your order by the MS Arirang sailing away from Pusan on May 7.

2) 선적에 관련된 용어

(1) 선적지시서 – shipping instructions

· 선적준비를 하겠으므로 귀사 선적지시서를 급히 보내시오.

▸ We will arrange to make shipment and please let us have your shipping instructions immediately.

(2) 선적지연 – delay in shipment

· 항만노동자의 파업 때문에 약 1개월의 선적지연은 피할 수 없을 것이다.

▸ We will be unable to avoid a delay in shipment of about a month owing to the port workers' strike.

(3) 선복 – ship's space, shipping space

· 급히 선복을 확보하여 꼭 이달중에 선적하라.

▸ We would like you to secure ship's space urgently and make shipment during this month without fail.

(4) 선적방법 – mode of shipment

· 선적일까지 시간이 얼마 없으므로 선적방법을 통지하시오.

▸ As we have little time left, please let us have your mode of shipment.

(5) 선적하인 – shipment mark

· 귀사의 화물에 붙이는 선적하인을 급히 연락하시오.

▸ Please let us know promptly your shipping marks put on your cargoes.

(6) 기타

· 선적지시: shipping instructions 매수인으로부터 매도인에게
· 선적지시서: Shipping Order ; S/O 선박회사에서 선장 앞으로
· 선적통지: shipping advice
· 선적조건: terms of shipment
· 선적시기: the time of shipment
· 선적선하증권: shipped bill of lading; on board B/L; shipped B/L
· 수취선하증권: received B/L
· 무고장선하증권: clean B/L
· 고장선하증권: foul B/L
· 스테일선하증권: stale B/L
· 양도가능 (유통)선하증권: negotiable B/L
· 양도불능선하증권: non-negotiable B/L
· 해양선하증권: ocean B/L
· 지시식선하증권: order B/L

- 양륙항선적선하증권: optional B/L
- 전통선하증권: through B/L
- 선적기한: time of shipment
- 선적중량: shipped weight
- 선적연기: extension of shipment
- 선적지: place of shipment
- 선적항: port of shipment
- 선적일: date of shipment
- 화물수취증: Mate's Receipt ; M/R
- 선박회사: shipping company
- 선적계: shipping clerk
- 선적견본: shipment sample
- 선적인 중량: shipper's weight
- 선적신고서: shipping application
- 선적서류: shipping documents
- 상업송장: commercial invoice
- 보험증권: marine insurance policy
- 원산지증명서: Certificate of Origin
- 검사증명서: Inspection Certificate
- 중량용적증명서: Certificate and List of Weight and / or Measurement
- 수출신고서: Export Declaration; E/D
- 수출허가서: Export Permit
- 보험증명서: Insurance Certificate
- 영사송장: Consular Invoice
- 세관송장: Customs Invoice
- 위생증명서: Health Certificate
- 포장명세서: Packing List
- 선하증권을 발행하다: issue B/L

3) 선박에 관한 영어 표현

(1) 선박

- ship
- vessel

· steamer: 기선
· liner: 정기선
· tramp; tramper: 부정기선
· direct vessel: 직항선
· the first available vessel: 첫 번째 이용 선박
· conventional ship [vessel]: 재래선
· container ship [vessel]: 컨테이너선

(2) 선박 종류의 표시

· S/S, S. S., s/s, s. s. : steamship
· M/S, M. S, m/s, m. s. : motor ship, motorship
· M/V, M. V, m/v, m. v. : motor vessel
· C/S, C. S., c/s, c. s. : container ship
· C/V, C. V., c/v, c. v. : container vessel
· steamship(기선)은 현재 운항되고 있지 않다.

(3) 아리랑호로(에)

by, on, per, on board, aboard

· 귀사 주문품은 아리랑 호에 선적될 예정이다.
  ➜ Yours orders are to be shipped on the "Arirang".

(4) (~을) 예약하다

to book, to reserve, to make booking(reservation) for, to make an appointment

· 당사는 5월 5일 이곳 출항 예정인 "President Bush"호에 귀사 주문품을 위한 선복을 예약하였다.
  ➜ We have booked the space for your order on the President Bush scheduled to leave here on May 5.

· 귀사 주문품의 선복을 확보하였다.

→ We secured the cargo space for your order.

· 당사는 항만파업후 첫 번째 이용할 수 있는 선박에 재 예약하겠다.

→ We will re-book on the first available ship after the dock strike.

(5) M/S 및 선박명의 the

We are thinking of sending the goods by the M/S. Arirang.

M/S은 motor ship의 약자로서 M. S., m. s. 등으로서 표현된다. 이밖에 M/V, M. V., m. v. - motor vessel, S/S, S. S., s/s, s. s. - steamship ; C/S, C. S., c/s, c. s. - container ship 등이 있다.

선박명과 정관사의 문제인데, 선박명에는 정관사가 붙는 것이 원칙이지만 선박명의 앞에 선박 종류를 나타내는 M/S. 등이 오면 정관사를 생략하는 일이 많다. 이 경향은 영국에서는 특히 그러하고 미국에서는 정관사를 생략하지 않는 the M/S. Arirang 이라는 표현으로 사용된다. by는 영국에서 사용하고 미국에서는 on이 많이 사용된다. on board는 영국 미국에서 모두 자주 사용된다.

4) 선적시기 및 선적에 관한 영어 표현

· 선적시기: time of shipment; shipping date; delivery date
· 가장 빠른 선적시기: earliest shipping date; earliest delivery
· 선적 가능시기: the possible time of shipment; the idea of shipping time[date]
· 즉시 선적: immediate shipment; prompt shipment
· 5월 선적: shipment during May ; May shipment
· 7월 8월 선적: shipment during July/August
· 2개월 이내의 선적: shipment within two months; delivery within two months
· 적기선적: punctual shipment
· 최종선적: final shipment; last shipment
· 조기선적: early shipment

· 제 1회선적: first shipment
· 선적을 완료하다: complete shipment; execute shipment
· 빨리 선적하라: request prompt shipment
· 화물을 3개월로 분할하여 선적하다: ship the goods in three monthly instalments
· 선적을 약속하다: promise shipment
· 선적을 요구하다: request shipment; demand shipment
· 선적을 보증하다: guarantee shipment
· 선적일을 지키다: keep the time of shipment
· 선적하다: ship the goods; effect shipment; make shipment
· 선적을 늦추다: delay shipment
· 선적을 독촉하다: expedite shipment
· 화물을 런던행 컨테이너선에 선적하다: ship the goods on the container ship for London
· 선적을 취소하다: cancel shipment
· 적하품 인수를 거절하다: decline[reject ; refuse] shipment

8 국제무역운송 관련 주요 국제상관습 및 법제의 영문해석

(1) 선화증권에 관한 규정의 통일을 위한 국제협약: 헤이그 규칙(International Convention for the Unification of Certain Rules of Law Relating to Bill of Lading 1924)

Article 1
In this convention the following words are employed with the meaning set out below:
a. "Carrier" includes the owner or the charterer who enters into a contract of carriage with a shipper;
b. "Contract of carriage" applies only to contracts of carriage covered by a bill of lading or any similar document of title, in so far as such

document relates to the carriage of goods by sea, including any bill of lading or any similar document as aforesaid issued under or pursuant to a charter party from the moment at which such bill of lading or similar document of title regulates the relations between a carrier and a holder of the same;

c. "Goods" includes goods, wares, merchandises, and articles of every kind whatsoever except live animals and cargo which by the contract of carriage is stated as being carried on deck and is so carried;

d. "Ship" means any vessel used for the carriage of goods by sea;

e. "Carriage of goods" covers the period from the time when the goods are loaded on to the time they are discharged from the ship.

해석

제1조 [용어의 정의]

이 협약에서 다음의 용어는 아래에 설명한 의미로 사용된다.

a. "운송인"은 송화인과 운송계약을 체결하는 선주 또는 용선자를 포함한다.

b. "운송계약"은 용선계약에 의하여 그리고 그 조건에 따라 발행된 선화증권 및 이와 유사한 권리증서를 포함한다. 단 이러한 선화증권 또는 이와 유사한 권리증서가 운송인과 선화증권을 소지한 사람간의 관계를 규정하는 순간부터 또 이러한 증서가 해상운송에 관계되는 운송계약인 경우에만 적용된다.

c. "물품"은 살아 있는 동물과 운송계약에 의하여 갑판적재화물이라고 기재되고 또 그렇게 운송되는 화물을 제외한 모든 종류의 물품, 제품 및 상품을 포함한다.

d. "선박"은 해상운송에 사용되는 일체의 선박을 뜻한다.

e. "물품운송"의 기간은 물품이 선박에 적재된 순간부터 선박으로부터 물품이 양화되는 기간을 말한다.

(2) 유엔 해상화물운송조약: 함부르크 규칙(United Nations Convention on the Carriage of Goods by Sea 1978)

Article 1 [Definitions]

In this Convention:

1. "Carrier" means any person by whom or in whose name a contract of carriage of goods by sea has been concluded with a shipper.
2. "Actual carrier" means any person to whom the performance of the

carriage of the goods, or of part of the carriage, has been entrusted by the carrier, and includes any other person to whom such performance has been entrusted.

3. "Shipper" means any person by whom or in whose name or on whose behalf a contract of carriage of goods by sea has been concluded with a carrier, or any person by whom or in whose name or on whose behalf the goods are actually delivered to the carrier in relation to the contract of carriage by sea.
4. "Consignee" means the person entitled to take delivery of the goods.
5. "Goods" includes live animals; where the goods are consolidated in a container, pallet or similar Article of transport or where they are packed, "goods" includes such Article of transport or packaging if supplied by the shipper.
6. "Contract of carriage by sea" means any contract whereby the carrier undertaking against payment of freight to carry goods by sea from one port to another; however, a contract which involves carriage by sea and also carriage by some other means is deemed to be a contract of carriage by sea for the purposes of this Convention only in so far as it relates to the carriage by sea.
7. "Bill of lading" means a document which evidences a contract of carriage by sea and the taking over or loading of the goods by the carrier, and by which the carrier undertakes to deliver the goods against surrender of the document. A provision in the document that the goods are to be delivered to the order of a named person, or to order, or to bearer, constitutes such an undertaking.
8. "Writing" includes, inter alia, telegram and telex.

해석

제1조 [정의]

이 조약에서,

1. "운송인"이라 함은 스스로 또는 자기 명의로 송화인과 해상화물운송계약을 체결한 자를 말한다.
2. "실제운송인"이라 함은 운송인으로부터 화물운송의 전부 또는 일부의 이행의 위탁을 받은 자를 말하며, 그러한 이행의 위탁을 받은 그 밖의 자를 포함한다.
3. "송화인"이라 함은 스스로 또는 자기명의로 또는 대리인에 의하여 운송인과 해상화물운송계약을 체결한 자 및 스스로 또는 자기명의로 또는 대리인에 의하여

해상운송계약과 관련하여 화물을 운송인에게 실제로 인도하는 자를 말한다.
4. "수화인"이라 함은 화물의 인도를 받을 권리를 가지는 자를 말한다.
5. "화물"이라 함은 생동물을 포함한다. 화물이 컨테이너, 패리트 또는 이와 유사한 운송용구에 통합되어 있는 경우 또는 화물이 포장되어 있는 경우, 그러한 운송용구 또는 포장이 송화인로부터 공급된 경우에는, "화물"은 그 운송용구 또는 포장을 포함한다.
6. "해상운송계약"이라 함은 운송인이 운임의 지급을 대가로 어느 항에서 다른 항으로 화물을 해상으로 운송할 것을 인수하는 계약을 말한다. 그러나 해상운송과 함께 약간의 다른 수단에 의한 운송도 포함하는 계약은 오로지 해상운송과 관련되는 범위 내에서만 이 조약의 목적상 해상운송계약으로 본다.
7. "선화증권"이라 함은 해상운송계약 및 운송인에 의한 물건의 수령 또는 선적을 증명하는 증권으로서, 운송인이 그 증권과 상환으로 물건을 인도할 것을 약정하는 증권을 말한다. 화물을 지명된 자의 지시인 또는 피배서인 또는 소지인에게 인도하여야 한다는 뜻의 증권상의 규정은 그러한 약정에 해당한다.
8. "문서"라 함은 여러 가지 중에 전보 및 텔렉스를 포함한다.

(3) 해상화물운송장에 관한 CMI 규칙(1990) (CMI Uniform Rules for Sea Waybills)

Article 1 [Scope of Application]

1. These Rules shall be called the "CMI Uniform Rules for Sea Waybills".
2. They shall apply when adopted by a contract of carriage which is not covered by a bill of lading or similar document of title, whether the contract be in writing or not.

해석

제1조 [적용범위]

1. 이 규칙은 "해상화물운송장에 관한 CMI 통일규칙"이라 불리운다.
2. 이 규칙은 서면에 의한 계약의 여부를 불문하고 선하증권이나 이와 유사한 권리증권에 의하여 커버되지 않는 운송계약에 의해 채택될 때 적용된다.

Article 2 [Definitions]

In these Rules

"Contract of carriage" shall mean any contract of carriage subject to these Rules which is to be performed wholly or partly by sea.
"Goods" shall mean any goods carried or received for carriage under a contract of carriage.
"Carrier" and "Shipper" shall mean the parties named in or identifiable as such from the contract of carriage.
"Consignee" shall mean the party named in or identifiable as such from the contract of carriage, or any person substituted as consignee in accordance with rule 6 (1).
"Right of Control" shall mean the rights and obligations referred to in rule 6.

해석

제2조 [정의]
이 규칙의 적용에 있어서
"운송계약"이란 이 규칙에 따라 화물운송의 전부 또는 일부가 해상으로 이행되어져야 하는 모든 운송계약을 말한다.
"화물"이란 운송계약에 의거하여 운송되거나 또는 운송을 위해 수령된 모든 화물을 말한다.
"운송인" 및 "송하인"이란 운송계약에서 지정되었거나 계약만으로도 확인이 되는 당사자를 말한다.
"수하인"이란 운송계약에서 지정되었거나 또는 계약자체에서 확인될 수 있는 당사자, 또는 제6조 제1항에 따라 수하인으로 대체되는 모든 자를 말한다.
"운송물의 지배권"이란 제6조에 언급된 권리 및 의무를 말한다.

(4) 전자식선하증권에 관한 CMI 규칙(1990) (CMI Rules for Electronic Bills of Lading)

Article 1 [Scope of Application]
These rules shall apply whenever the parties so agree.

해석

제1조 [적용범위]
이 규칙은 당사자가 이 규칙을 적용하기로 합의한 경우에 적용된다.

Article 2 [Definitions]
a. "Contract of Carriage" means any agreement to carry goods wholly

or partly by sea.

b. "EDI" means Electronic Data Interchange, i.e. the interchange of trade data effected by teletransmission.

c. "UN/EDIFACT" means the United Nations Rules for Electronic Data Interchange for Administration, Commerce and Transport.

d. "Transmission" means one or more messages electronically sent together as one unit of dispatch which includes heading and terminating data.

e. "Confirmation" means a Transmission which advises that the content of a Transmission appears to be complete and correct, without prejudice to any subsequent consideration or action that the content may warrant.

f. "Private Key" means any technically appropriate form, such as a combination of numbers and/or letters, which the parties may agree for securing the authenticity and integrity of a Transmission.

g. "Holder" means the party who is entitled to the rights described in Article 7 (a) by virtue of its possession of a valid Private Key.

h. "Electronic Monitoring System" means the device by which a computer system can be examined for the transactions that it recorded, such as a Trade Data Log or an Audit Trail.

i. "Electronic Storage" means any temporary, intermediate or permanent storage of electronic data including the primary and the back-up storage of such data.

제2조 [정의]

a. "운송계약"이란 화물의 전부 또는 일부를 해상운송하기로 한 모든 합의를 말한다.

b. "EDI"란 전자자료교환, 즉 전신에 의해 행해지는 무역자료의 교환을 말한다.

c. "UN/EDIFACT"란 행정, 상업 및 운송을 위한 전자자료교환에 관한 유엔 규칙을 말한다.

d. "전송"이란 시작과 끝을 나타내는 자료를 포함하는 하나의 발신단위로서 전자식으로 한꺼번에 송부되는 단일 또는 다수의 통신문을 말한다.

e. "확인"이란 전송의 내용이 추후에 정당화될 수도 있는 모든 고려 또는 행위에 구애됨 없이, 그 내용이 외관상으로 완전하고 정확하다는 것을 통지하는 전송을 말한다.

f. "개별부호"란 당사자가 전송의 진정성 및 완전성을 보증하기 위해 합의한, 예컨대 숫자 및/또는 문자의 조합과 같은 기술적으로 적절한 모든 형식을 말한다.
g. "소지인"이란 유효한 개인부호를 소유함으로써 제7조 a항에 명시된 권리를 갖는 당사자를 말한다.
h. "전자식 감시시스템"이란 예컨대 무역자료기록 또는 회계감사용 기록과 같은 컴퓨터 시스템이 기록한 거래에 대하여 그 컴퓨터 시스템을 검사하는 장치를 말한다.
i. "전자식 기록"이란 전자자료의 원 기록과 예비기록을 포함하여 전자 자료의 모든 일시적, 중간적 또는 영구적인 기록을 말한다.

(5) 국제물품복합운송에 관한 유엔 협약(United Nations Convention on International Multimodal Transport of Goods 1980)

Article 1 [Definitions]

For the purposes of this Convention:

1. "International multimodal transport" means the carriage of goods by at least two different modes of transport on the basis of a multimodal transport contract from a place in one country at which the goods are taken in charge by the multimodal transport operator to a place designated for delivery situated in a different country. The operations of pick-up and delivery of goods carried out in the performance of a unimodal transport contract, as defined in such contract, shall not be considered as international multimodal transport.
2. "Multimodal transport operator" means any person who on his own behalf or through another person acting on his behalf concludes a multimodal transport contract and who acts as a principal, not as an agent or on behalf of the consignor or of the carriers participating in the multimodal transport operations, and who assumes responsibility for the performance of the contract.
3. "Multimodal transport contract" means a contract whereby a multimodal transport operator undertakes, against payment of

freight, to perform or to procure the performance of international multimodal transport.

4. "Multimodal transport document" means a document which evidences a multimodal transport contract, the taking in charge of the goods by the multimodal transport operator, and an undertaking by him to deliver the goods in accordance with the terms of that contract.
5. "Consignor" means any person by whom or in whose name or on whose behalf a multimodal transport contract has been concluded with the multimodal transport operator, or any person by whom or in whose name or on whose behalf the goods are actually delivered to the multimodal transport operator in relation to the multimodal transport contract.
6. "Consignee" means the person entitled to take delivery of the goods.
7. "Goods" includes any container, pallet or similar article of transport or packaging, if supplied by the consignor.
8. "International convention" means an international agreement concluded among States in written form and governed by international law.
9. "Mandatory national law" means any statutory law concerning carriage of goods the provisions of which cannot be departed from by contractual stipulation to the detriment of the consignor.
10. "Writing" means, inter alia, telegram or telex.

해석

제1조 [정의]

이 협약을 위해

1. "국제복합운송"이라 함은, 복합운송인이 화물을 자기의 보관 아래 인수한 한 국가의 지점에서 다른 국가에 위치하고 있는 지정 인도지점까지, 복합운송계약에 의하여 적어도 2종류 이상의 운송수단에 의한 화물운송을 의미한다. 어느 한 운송수단에 의한 운송계약의 이행으로 그러한 계약에 정의된 바대로 행한 집화와 인도는 국제복합운송으로 간주하지 않는다.
2. "복합운송인"이라 함은 스스로 혹은 자신을 대리한 타인을 통하여 복합운송계약을 체결하고, 송화인이나 복합운송운영에 관여하는 운송인의 대리인으로서 또는 그러한 사람에 갈음하여서가 아니라, 주체로서 행위를 하고, 또한 계약의 이행에 관한 책임을 지는 사람을 말한다.

3. "복합운송계약"이라 함은, 복합운송인이 운임의 지급을 대가로 국제복합운송을 실행하거나 또는 그 실행을 확보할 것을 인수하는 계약을 말한다.
4. "복합운송증권"이라 함은, 복합운송계약과 복합운송인이 자기의 보관 아래 화물을 인수하였다는 것 및 그 계약의 내용에 따라서 운송인이 화물을 인도할 의무를 부담하는 것을 증명하는 증권을 말한다.
5. "송화인"이라 함은, 스스로 또는 자기명의로 또는 대리인에 의하여 복합운송인과 복합운송계약을 체결한 사람, 또는 스스로 또는 자기명의로 또는 대리인에 의하여 복합운송계약과 관련하여 화물을 운송인에게 실제로 인도하는 사람을 말한다.
6. "수화인"이라 함은, 화물을 인도받을 권리를 가진 자를 말한다.
7. "화물"은 만일 송화인이 공급한 것인 경우에는 컨테이너, 팰리트 또는 유사한 운송이나 포장용구를 포함한다.
8. "국제협약"이라 함은, 국가들간에 문서형식으로 체결된 국제협약으로서 국제법에 의해 지배되는 국제협약을 말한다.
9. "강행국내법"이라 함은, 화물운송에 관한 법으로서 계약조항으로 그 규정을 송화인에게 불이익되게 변경할 수 없는 제정법을 의미한다.
10. "문서"라 함은 특히 전보 및 텔렉스를 포함한다.

(6) 국제복합운송증권에 관한 UNCTAD/ICC규칙(UNCTAD/ICC Rules for Multimodal Transport Documents)

Article 2 [Definitions]

2.1. Multimodal transport contract means a single contract for the carriage of goods by at least two different modes of transport.

2.2. Multimodal transport operator(MTO) means any person who concludes a multimodal transport contract and assumes responsibility for the performance thereof as a carrier.

2.3. Carrier means the person who actually performs or undertakes to perform the carriage, or part thereof, whether he is identical with the multimodal transport operator or not.

2.4. Consignor means the person who concludes the multimodal transport contract with the multimodal transport operator.

2.5. Consignee means the person entitled to receive the goods from the multimodal transport operator.

2.6. Multimodal transport document(MT document) means a document evidencing a multimodal transport contract and which can be replaced by electronic data interchange messages insofar as permitted by applicable law and be,

a. issued in a negotiable form or,

b. issued in a non-negotiable form indicating a named consignee.

2.7. Taken in charge means that the goods have been handed over to and accepted for carriage by the MTO.

2.8. Delivery means

a. the handing over of the goods to the consignee, or

b. the placing of the goods at the disposal of the consignee in accordance with the multimodal transport contract or with the law or usage of the particular trade applicable at the place of delivery, or

c. the handing over of the goods to an authority or other third party to whom, pursuant to the law or regulations applicable at the place of delivery, the goods must be handed over.

2.9. Special Drawing Right(SDR) means the unit of account as defined by the International Monetary Fund.

2.10. Goods means any property including live animals as well as containers, pallets or similar articles of transport or packaging not supplied by the MTO, irrespective of whether such property is to be or is carried on or under deck.

해석

제2조 [용어정의]

2.1. "복합운송계약"(multimodal transport contract)이라 함은 적어도 두 가지 이상의 서로 다른 운송방식에 의하여 화물을 운송하기 위한 단독의 계약을 의미한다.

2.2. "복합운송인"(multimodal transport operator: MTO)이라 함은 복합운송계약을 체결하고 또 운송인으로서 그 계약이행의 의무를 지는 자를 의미한다.

2.3. "운송인"(carrier)이라 함은 복합운송인과 동일인의 여부와 관계없이, 실제로 운송의 전부 또는 일부를 이행하거나 또는 그 이행을 인수하는 자를 의미한다.

2.4. "송화인"(consignor)이라 함은 복합운송인과 복합운송계약을 체결하는 자를 의미한다.
2.5. "수화인"(consignee)이라 함은 복합운송인으로부터 화물을 수령할 권리가 있는 자를 의미한다.
2.6. "복합운송서류"(multimodal transport document: MT document)라 함은 다음의 형식으로 발행된 복합운송계약을 증명하는 서류를 의미하며, 또 이는 관련법규가 허용하는 경우에는 전자자료교환 통신문으로써 갈음할 수 있다.
   a. 유통가능한 형식으로 발행되는 것, 또는
   b. 특정의 수화인이 명시된 유통불능한 형식으로 발행되는 것.
2.7. "인수한"(taken in charge)이라 함은 화물이 운송을 위하여 복합운송인에게 인도되고 또 복합운송인이 이를 인수하였다는 것을 의미한다.
2.8. "인도"(delivery)라 함은 다음의 행위를 의미한다.
   a. 화물을 수화인에게 넘겨주는 것, 또는
   b. 복합운송계약에 따르거나 또는 인도장소에서 적용될 수 있는 특정거래에 관한 법률이나 관행에 따라 화물을 수화인이 처분할 수 있는 상태로 두는 것, 또는
   c. 화물을 그 인도장소에게 적용가능한 법규에 의하여 넘겨주어야 할 당국이나 기타의 제3자에게 넘겨주는 것.
2.9. "특별인출권"(special drawing right: SDR)이라 함은 국제통화기금에서 정의하는 계산단위를 의미한다.
2.10. "화물"(goods)이라 함은 살아있는 동물뿐만 아니라, 복합운송인이 제공한 것이 아닌 콘테이너, 팔레트 또는 이와 유사한 운송이나 포장을 위한 용구를 포함한 모든 재물을 의미하며, 이는 갑판상이나 또는 갑판 아래에 적재되어 운송될 예정인지 운송되는 지와는 관계가 없다.

국제무역보험

Chapter 6

1 | 국제무역보험 입문 용어 해설

❶ 가습손

선창내와 선박의 외부와의 기온 차이로 천장 및 내벽에 응결하는 수분에 의해서 화물이 젖거나 화물 자체의 표면에 땀처럼 수분이 배어 생기는 손해를 말한다.

❷ 갈고리에 의한 손해

하역작업 중 갈고리를 사용함으로써 생기는 손해로서, 직물이나 잡화 등을 마대 등으로 포장한 경우에는 이 위험을 추가 담보할 필요가 있다.

❸ 갑판유실

갑판 적재화물은 I.C.C.(C) 조건으로 인수하는 것이 원칙인데, I.C.C.(C)조건에서는 보험자가 갑판유실을 담보하지 않는 반면, 갑판적재화물에는 대부분 갑판유실위험이 따르므로 이를 담보 받기 위하여 특약할 필요가 있다.

❹ 강도

강도는 화물감독자가 습격을 받아 화물을 강탈당하는 것으로 폭력을 동반한 습격을 의미한다. 따라서 은밀한 절도나 승선자의 절도는 여기에 해당하지 않는다. 이 위험은 ICC(A)에서는 담보되지만 ICC(B)나 ICC(C)에서는 담보되지 않는다. 따라서 보험자로부터 이를 담보받기 위해서는 부보시에 도난, 발하, 불착약관을 특약해야 한다.

❺ 개별예정보험

개별예정보험이란 개개의 보험의 목적에 대하여 체결하는 예정보험이다. 즉, 미확정사항이 선명이라든가 보험금액 등과 같이 일부분인 경우로서 개개의 활동에 대하여 위험개시 전에 예정보험계약을 체결하고, 위험개시와 동시에 보험자의 책임이 개시되는 것을 개별예정보험이라 한다.

❻ 곡손

Denting은 우구러지는 것이고, Bending은 구부러지는 것으로서 보통 기계류에 생기기 쉽다. 그런데 기계류는 부분적인 파손 또는 곡손으로 인하여 사용이 불가능하게 되거나 중대한 손해가 될 염려가 있으므로 협회기계수선약관을 삽입하여, 보험자는 손해부분의 수선비 또는 교체비 및 그 부대비용을 보상한도로 하는 것이 보통이다.

❼ 감항묵시담보

묵시담보란 담보의 내용이 보험증권에 명시되어 있지는 않으나 보험계약을 체결하였다고 하는 행위로부터 추정되는 담보로 선박보험이든 적하보험이든 모든 항해보험에는 선박이 항해를 개시할 때 항내 또는 항해의 위험에 견딜 수 있다고 하는 것을 묵시적으로 담보하는 것을 말한다.

❽ 강행하역

좌초당한 선박을 떠오르게 하거나 또는 선박을 가볍게 하기 위하여 강제로 행하는 적하의 하역을 말한다. 본선이나 그 적하가 비상사태에 직면한 경우에 강행되기 때문에 그 비용, 손해는 공동해손이 된다.

⑨ 계반비용약관

중간항구에서 화물의 하역비용이나 창고보관료, 계반에 따르는 추가경비 등을 보험자가 확약하는 조항이다. 즉 담보위험이 발생한 결과 피보험 목적물이 목적지항구 이외의 항구나 장소에서 운송이 종료된 경우 그 피보험 목적물을 다시 계약 당초의 목적지까지 운송시킬 목적으로 중간 항구에서 하역하거나 창고에 일시 보관 시킨 후에 계반시키는 과정에 적절하고 합리적으로 발생한 추가경비에 대해서 보험자가 보상하는 것이다.

⑩ 계선보험

해운불황의 경우나 그 외에서도 선주의 형편에 따라 선박이 계선된 경우에 부보되는 보험을 계선보험이라 한다. 이 경우 보통 기간보험을 그대로 계속하고 후에 보험료의 휴항반환을 청구할 수도 있지만 그보다는 계선보험으로 바꾸는 편이 보험료가 절약되는 경우가 많다. 계선보험은 원칙적으로 관해관청에 정식으로 계선절차를 취한 선박에 대하여만 인수되며, 선적대기, 입거대기, 수리, 검사 등의 경우에는 계선보험으로는 인수되지 않는다. 이러한 경우에는 사정에 따라 보통 기간보험 만료 후 휴항반환을 하든가 또는 수선보험으로 대체하게 되는 것이다.

⑪ 고유의 하자나 성질

보험의 목적물이 일반적으로 또는 특수하게 지닌 결함적 성질을 말하는 것으로 외래의 우연한 사고에 의하지 않고 통상의 항해과정에서 보험목적물 자체의 고유한 성질이나 품질이 손해의 원인이 되는 것으로, 예컨대 부패나 녹, 곰팡이, 동물의 자연사 등을 들 수 있다. 이러한 위험은 보험자의 면책위험으로 담보대상에서 제외된다.

⑫ 고지의무

보험계약자가 보험자에게 계약을 신청할 때 보험자가 그 계약대상자의 위험도를 측정하는 데 필요한 사실을 보험자에게 알려주어야 하는 의무를 말한다. 가령 고의나 중대한 과실에 의해서 의무를 이행하지 못했을 경우, 계약의 성립 후에도 보험자는 임의로 그 계약을 해제할 권리가 있다. 예를 들면 해상적하보험의 경우 타선에 옮겨 실을 계획을 보험자에게 통고하지 않았을 때, 선적 후의 손실발생에 대해서 보험자는 손해보상의 책임을 부담하지 않는다.

⑬ 공동보험

하나의 위험이 복수의 보험자에 의해 각기 일부분씩 인수되는 경우를 말한다. 보험자가 개인보험자인 로이드의 경우에는 이것이 보통이며 회사형태인 경우에도 특히 보험가액이 큰 선박보험에는 복수의 보험자가 각기 보험가액의 일정비율이나 일정금액을 분담하여 인수하는 경우가 많다.

⑭ 공동안전주의

공동해손과 관련하여 어떤 범주의 손해나 비용이 공동해손이 되는가에 대하여 영국에서 채택하고 있는 입법주의로 공동해손의 목적을 선박 및 적하의 공동안전의 확보에 두고 항해단체를 위협하는 현실적 공동위험을 회피하는 것, 즉 선박 및 적하의 물리적 안전의 달성을 공동해손의 범위로 하는 원칙을 말한다. 따라서 이 원칙에 따르면 현실적인 공동위험을 회피한 시점이 공동해손행위의 종료시점이 된다.

⑮ 공동이익주의

공동해손의 목적을 선박 및 적하의 공동이익 확보에 두고 그 범위를 현실적 공동위험에 대한 구조행위에 한정하지 않고 항해단체의 항해달성에 필요한 것까지 확대하려는 원칙으로 대륙법계의 국가와 미국이 이 원칙을 채택하고 있다. 이 원칙하에서는 선박 및 적하가 이미 현실적인 공동위험을 회피하여 안전한 상태에 놓인 후 항해를 완료하기 위하여 생긴 손해 및 비용도 공동해손에 포함하는 것으로 창고료, 재선적비용, 출항비용 등도 공동해손으로 인정된다.

⑯ 공동해손

선박이나 화물이 해난에 직면하게 될 경우 선박 및 적하의 위험을 구조하기 위하여 선장의 책임으로 선박이나 적하의 일부를 고의로 희생시키는 것을 말한다. 이런 경우 선박이나 적하에 발생한 손해와 비용은 선박 및 적하의 모든 이해관계인이 공동으로 분담하게 된다. 대표적인 것으로는 적하의 투하, 선박화재의 소화에 의한 손해, 연료로 사용한 적하와 저장품 등이 있다.

⑰ 공동해손공탁금

공동해손이 발생하면 선박회사는 선박의 입항과 동시에 각 하주에게 공동해손이 발생했다는 통지서를 발송하고, 이들 이해관계자로 하여금 해손계약서를 제출케 하며, 그 계약에 의하여 해손정산인을 선정하고, 그 손해의 원인 및 정도를 검사, 감정시키는 것이 원칙이다. 다만, 이때의 정산에는 해손정산지의 지정, 정산인의 선정, 정산방법, 관계인 부담금의 지불 등의 복잡한 문제와 많은 시일이 소요된다. 그리고 수입상으로서는 이로 인하여 수입화물에 대한 상기(商機)를 잃을 염려가 있다. 여기에서 공동해손의 관계화물을 정산에 앞서서 하주에게 인도해 주기 위하여 선주가 공동해손에 의한 손해의 개산액을 견적하고 각 이해관계자가 부담할 금액의 전부 또는 반액을 공탁시키는 제도가 발달하였다. 이 때의 공탁금을 공동해손공탁금이라 한다. 선주는 공탁수령증과 교환으로 하주에게 화물인도지시서를 교부하고 화물을 인수시킨다. 즉 정산 전의 화물인도를 가능하게 하기 위한 보증금제도이다.

⑱ 공동해손분담금

공동해손이 발생한 경우 그 원인이 되는 비상조치로 인하여 발생한 손해는 그로인하여 위험을 면하게 된 자들이 그들이 받은 혜택의 정도에 따라 분담하게 되는데 이 분담액을 말한다.

⑲ 공동해손분담보증장

화물보험자가 선주에 대해 수하인이 인수하는 화물이 부담할 공동해손분담액에 대하여 그 지급을 보증하는 계약서로서 보험자발행보증장에는 두 가지가 있다.

① 무제한 분담보증장: 공동해손정산서에 사용된 해당 화물의 공동해손분담가액이 법정보험가액 또는 해상보험계약에서 협정된 보험가액을 초과하는 경우에도 보험자가 화물이 부담할 분담금의 전액을 지급할 것을 보증하는 서류이다.

② 제한 분담보증장: 공동해손정산서에 사용된 공동해손분담가액이 법정가액

또는 협정보험가액을 초과할 때는 화물이 부담할 분담금 중 그 초과액에 대한 분담액을 공제하고 잔액만을 지급할 것을 보증하는 서류이다.

⑳ 공동해손비용

공동해손행위의 결과 금전이 지출되는 비용손해로 여기에는 피난행위에 의해 발생하는 피난항비용, 선박의 가수선비용, 공동해손비용을 지급하는 데 필요한 자금을 조달함에 있어 소요되는 자금조달비, 공동해손의 정산비용 등이 포함된다.

㉑ 공동해손정산서

공동해손이 발생하면 공동해손정산인에 의하여 계산보고서가 작성, 제출되게 되는데 이 계산보고서를 공동해손정산서라 하며 이 정산서에 의하여 이해관계인들의 분담액이 결정된다. 그러나 이 정산서가 작성되기까지는 상당기간이 요구되므로 우선 이해관계인들로부터 공탁금을 받고 정산서가 완료되면 과부족분을 환급받거나 추급해 주게 된다.

㉒ 공동해손정산인

공동해손을 정산하는 전문가로서 단순히 "adjuster"라고도 한다. 공동해손은 단독해손과 병행하여 발생하는 경우가 많으므로 그 결정이나 정산에 있어서는 법률, 관습에 정통하고, 기능, 경험이 탁월한 유자격자에 의한 감정, 검사, 평가를 요한다. 정산인의 선정이나 그 권리, 의무에 관해서는 공동해손계약서에 명시하여 이해관계자간에 확약, 확증시킨다.

㉓ 공동해손통지서

하주들이 자기의 화물이 공동해손에 관계된 것을 알게 되는 것은 선주가 공고하는 공동해손 선포 및 하주 앞으로 보내는 통지서에 의해서인데 이 통지서를 공동해손통지서라 한다. 이 선포나 통지서에는 공동해손의 발생경위가 각 자후가 취해야 할 절차, 요령이 기재되어 있다.

㉔ 공동해손희생

공동해손행위의 결과 선박 또는 적하의 일부나 전부가 희생되는 물적 손해를 말한다. 적하의 투하, 선박화재의 소화작업시의 손해, 임의 좌초, 기계 및 기관의 손상, 좌초선박을 가볍게 하는 데 따른 손해, 연료로 사용한 선박용구 및 저장품, 운임의 손해 등이 이에 해당한다.

㉕ 곰팡이

곡물이나 연초, 섬유제품 등이 습도의 증가에 따라 곰팡이가 생김으로써 손해를 입는 경우가 있다. 이 손해도 화물의 고유의 하자 또는 성질에 의한 것으로 보험자는 원칙적으로 면책되지만, 특약에 의해 담보받을 수 있다.

㉖ 교사

교사는 모래나 진흙 등과 같이 견고치 않은 물체에 걸쳐 일정기간 진퇴가 불능인 상태를 말하는데, 영미법에서는 좌초나 교사를 구분하지 않고 혼용하여 사용하고 있다.

㉗ 구상권대위(제3자에 대한 대위)

손해가 제3자의 행위로 인하여 생긴 경우에 피보험자가 동일 손해에 대하여 보험자와 제3자로부터 이중의 손해배상이나 보상을 받지 않도록 보험자가 손해를 보상할 때의 그 손해에 대하여 피보험자가 제3자에 대하여 갖는 권리를 보험자에게 이전하도록 한 것을 말한다.

㉘ 구조료

보험사고가 발생한 때에 계약상의 의무없이 임의로 구조한 자에게 법률에 의하여 지급되는 보수를 구조료 또는 임의구조료라 한다. 구조에는 구조자와 피구조자간의 계약에 의해서 행하는 계약구조와 구조행위자가 임의로 하는 임의구조가 있는데, 여기서 말하는 구조료는 임의구조 경우의 보수, 즉 임의구조로만을 가리킨다.

㉙ 근인주의

해상화물의 손상원인을 놓고 근인, 원인을 따지는데, 어떤 사고가 발생하면 그 사고를 발생시킨 직접적인 원인인 근인을 더욱 중요시하는 원칙을 말한다. 영국 해상보험법 제55조에도 이를 반영하여 “보험증권에 별도로 정하는 경우를 제외하고는 보험자는 보험에 부보된 위험에 직접 기인해서 발생한 일체의 손해에 대해서 책임을 지며 보험에 부보된 위험에 직접 기인되지 않는 일체의 손해에 대해서는 책임을 지지 않는다"라고 규정하고 있다.

㉚ 기름 및 타화물 접촉위험

협회적하약관에 부보시, 부가적인 위험 담보조건 중의 하나로서, 연료 또는 기름 등이나 타화물에 접촉되어 입게되는 유손이나 파손 또는 오손되는 위험을 담보하는 추가약관이다.

㉛ 기간보험증권

보험의 목적이 특정기간에 대하여 부보된 것으로 명시한 기간보험의 보험증권을 말한다. 기간보험은 일정 기일을 보험기간으로 정한 것으로서, 2010년 1월 1일 정오부터 2011년 1월 1일 정오까지와 같이 선박보험에 이용된다. 시각에 관한 특약이 없는 경우에는 보험기간은 책임개시일의 밤 12시에 시작하여 책임종료일의 밤 12시에 끝나는 것으로 간주된다.

㉜ 기업위험

기업의 활동과정에서 발생하는 위험으로서 주로 기업가의 판매예측이 맞지 않았거나 또는 기업가의 경영예측이 어긋남으로써 발생하는 위험을 말한다.

㉝ 기평가보험증권

해상보험자가 보상할 손해액, 즉 협정보험가액이 기재된 보험증권이다. 보험가액은 보험기간 중에 항상 변하는 것이지만 해상보험에서는 보험자의 책임개시시나 선적시의 가액을 보험가액으로 협정하게 된다.

㉞ 낙성계약

보험계약은 당사자쌍방의 의사표시, 즉 보험계약자의 청약과 보험자의 승낙의 합치로 성립된다. 따라서 보험계약자 혹은 피보험자가 보험료를 납부하여야만 계약이 성립되는 것은 아니다.

㉟ 나포

전시나 평화시 어느 때이든, 또한 관헌이나 관헌 이외이 강력자이든 일체의 강제력에 의하여 선박이 잡히는 것을 말한다. 포획보다 넓은 의미를 가지며, 밀수입 때문에 세관에 억류된 경우나 해적에 의한 강탈도 원칙적으로 여기에 포함된다. 이는 전쟁위험의 일종으로 Institute War Clauses에 의해 담보된다.

㊱ 내륙운송확장담보

육상운송중의 위험을 적하보험증권에서 추가로 담보하는 조건

㊲ 내륙장치위험담보조건

원목이나 석탄 등과 같은 상품에 대하여 보세지역에 장기간 보관시 화재 등의 위험을 방지하기 위해 담보하는 조건으로 30일, 60일 및 90일 등으로 기일에 따라 요율이 다르다.

㊳ 녹

금속화물 등에 습기로 인하여 생기는 녹의 위험은 특약에 의해 담보된다.

㊴ 누손

액체화물이나 분상화물에 오랜 수송중 발생하는 누실의 손해를 말하는데 그 누손화물을 누물이라고 한다. 이를 수리한 것은 누수로 인한 수선이라고 고장적요란에 기입한다. 곡물과 같은 입상물의 누출도 이에 속한다.

㊵ 단독해손

해상보험에서 특정위험에 의해 야기되는 단독해손을 뜻한다. 여기서 특정위험이란 좌초, 침몰 및 화재 등을 뜻하며 이러한 특정위험에 의한 사고가 아니면 담보해 주지 않는 보험조건을 분손부담보약관이라 하며, FPA로 통칭된다.

㊶ 단독해손부담보

이 조건은 보통 담보되는 위험에 의해 발생한 전손과 공동해손은 보상되지만, 단독해손인 분손은 원칙적으로 보상되지 않는 조건이다.

㊷ 담보

워런티는 '담보' '보증' 또는 '약속'을 의미한다. 영국의 해상보험법에서는

'warranty는 약속한 담보로서 피보험자가 어떤 특정의 사실을 행한다거나 행하지 않는 것, 혹은 어떤 조건을 만족시킬 것을 약속하고 또는 특정한 사태의 존재를 긍정하거나 부정하는 담보' 라고 정의하고 있다. 영, 미의 계약법은 계약당사자의 합의내용을 이루고 있는 약속 또는 진술 가운데서 중요한 것을 조건이라고 하며, 그것의 불이행은 상대방에게 계약정지권을 주는데, 이에 대한 보조적인 내용을 담보라고 한다. 담보의 불이행은 상대방에게 손해배상을 해주는 것이나 영국 해상보험법에서 말하는 담보의 위반은 보험자로 하여금 보상책임을 면책시킨다.

㊸ 담보위험

수송중의 화물은 여러 가지의 해상위험에 부딪치게 되는데 적하보험으로 담보되는 것을 담보위험이라 한다. 보험회사가 통상 전보하는 위험은 일반적으로 항해에 수반된 보통위험뿐이며 그 이외에는 특약조항을 두어 할증요금을 받아 담보한다. 통상 담보위험에는 해상 고유의 위험(본선, 부선의 좌초, 침몰, 화재, 충돌과 황천손해), 화재, 해적, 강도(폭력으로 물품을 강탈하는 위험에 한한다), 투하, 선장, 선원의 악행 등이 있다.

㊹ 대수의 법칙

보험료를 산출하는 것과 관련된 법칙으로 어느 사건을 통계적으로 조사할 경우 조사대상이 적으면 거기서 나온 결론은 현실에 비하여 큰 오차가 날 우려가 있지만, 조사대상이 많아짐에 따라 오차가 줄어들고 일정한 정도 이상이 되면 대상전체를 조사한 경우와 마찬가지가 된다. 따라서 대량관찰의 결과로 얻어진 통계는 동일한 사정하에 있는 다른 경우에도 거의 들어맞게 되는데 이를 대수(大數)의 법칙이라 한다.

㊺ 대위권

보험자가 피보험자의 편의를 위해 보험금을 먼저 지불하고, 피보험자의 위부에 의해서 보험자는 피보험자를 대신해서 피보험이익에 관하여 제3자에 대하여 피보험자의 권리를 이양받아 취득하게 되는데, 이렇게 취득한 권리를 대위권이라고 한다.

㊻ 도난보험

운송화물의 도난에는 폭력에 의한 강탈 및 절도와 발하와 같은 사람의 눈을 피한 발취(拔取)가 있는데, 오늘날 해상보험에서 상례적인 것은 후자이다. 이것은 창내 보관중이나 또는 하역중에도 발생하므로 이와 같은 종류의 위험률이 많은 항로나 개품선적에는 일반적인 해상보험(대개 분손담보의 WA 조건)에 발하위험에 대한 보험을 추가하여 부보한다.

㊼ 도박보험증권

피보험이익이 존재하지 않는 것에 부보한 보험증권을 말한다.

㊽ 동맹파업, 폭동, 소요부담보약관

영문 해상보험증권에 이탤릭체로 인쇄되어 있는 약관의 하나로서 각종의 협회화물약관에도 삽입되어 있으며 동맹파업, 노동소요 또는 폭동에 참가한 자에 의하여 발생된 멸실 또는 손상에 대한 보험자의 면책을 규정하고 있다. 이들 위험은 영문증서의 보험약관에는 열거되어 있지 않으나 이 자들의 행위에 의하여 화재, 강도 등의 위험에 해당하는 사고가 발생하는 경우에 이를 배제하는 것이 약관의 목적이다.

㊾ 런던 보험자협회

영국 런던에 소재하고 있는 보험업자들의 협회로 해상보험업계에서는 단순히 협회라는 약어로 통한다. 현재 통용되고 있는 해상보험의 약관과 담보 조건도 여기서 제정 승인된 것이다.

㊿ 런던 약관

FPA(단독해손부담보) 조건하에서는 화물의 전손 혹은 공동해손을 보험자가 전보하나 단독해손인 분손에 대해서는 전보하지 아니한다. FPA는 전기 원칙에도 불구하고 본선 또는 부선이 좌초, 침몰, 화재 등을 일으킨 경우에는 적재화물의 손해가 이들에 직접 기인된 것이거나 아니거나를 불문하고 단독해손인 분손을 담보한다. Institute Cargo Clause, FPA 약관 중 이러한 것을 규정한 약관을 런던 약관이라고 한다. 그리고 상기 좌초에 관해서는 수에즈, 파나마 및 기타 운하, 항내 그리고 특수한 하천에 있어서의 접지 또는 좌초는 인정하지 아니한다. 다만 이것에 직접 기인한 것이 증명된 손해이면 단독해손인 분손일지라도 이를 보험자가 전보한다. 이 점을 규정한 보험약관을 접지약관(接地約款 ; grounding clause)이라고 한다.

51 로이드

17세기말에 기원을 둔 영국 해상보험업자의 단체로서 로이드 보험자협회, 로이드 보험중개인협회는 이 단체의 중추이다. 그러나 국제적으로는 로이드협회라고 부른다. 이 로이드협회는 로이드소속의 개인보험자의 단체로서 영국 보험회사의 단체인 "The Institute of London Underwriters"와 긴밀한 연락을 갖고 있다.

52 로이드 선명록

선박의 신체검사표와 같은 것으로서 항양선(航洋船)의 선급명세를 기재한 "register of British and foreign shipping"을 말한다. 선박의 톤수, 구조, 장비, 재질 기타에 대해 위험도를 측정하는 데 필요한 사항을 조사해서 등급을 붙이고 등록시켜 공표된 것을 말한다.

53 리버티즈 약관

해상보험에서는 일명 터미네이션 약관(termination clause)이라고도 하며 이는 협회적하약관의 한 가지이다. 즉 목적물의 수송이 지정항로 이외의 지역에서 운송이 일시적으로 중단된 경우에도 하주를 보호하기 위하여 어느 기간 동안에는 보험계약이 무효로 되지 않고 계속되는 것을 규정하고 있다. 한편 해상운송에서는 불가항력의 상황하에서 선박이나 선장은 운항이 너무 지체된다든가 너무 경비가 많이 들거나 또 원래 계획했던 항해자체가 불가능해 질 때는 선장의 판단하에 다른 항구로 이로(離路)할 수 있다는 선하증권상의 자유조항을 뜻한다.

54 면책비율약관

적하선박이 침몰, 좌초, 충돌 또는 화재가 일어난 경우 이외에는 어느 정도의 작은 해손은 보상하지 않는다는 취지를 정한 보험약관을 말하며, 이때 그 최소책임액 또는 면책비율을 흔히 프랜차이즈라고 한다.

(55) 면책비율적용조건

해상보험조건이 WA 3%라고 보험자가 담보하였을 경우에는 만약 손해가 5%라면 3%를 공제하는 것이 아니라, 5% 전액을 보상하게 된다. 그러나 WAIOP 조건으로 부보할 경우에는 보험자의 면책비율이 전혀 적용되지 아니하고 적은 분손이라도 보험자가 보상해야 하는 조건을 말한다.

(56) 명예보험증권

피보험이익이 있기는 하지만 그것을 명확히 할 수가 없으므로 보험자와 피보험자의 합의하에 피보험자의 명예에 걸어 성립시킨 보험계약에 의하여 발급되는 보험증권을 말한다. 엄격히 말하면 정규의 선적서류로는 부적당하다.

(57) 모험대차

중세 초기에 남부 유럽의 무역도시에 있던 일종의 해손보상제도로서, 선주가 무역을 하기 위하여 해외에 출항함에 있어 그 선박을 담보로 항해자금을 차입하는 제도이다. 차입한 원금과 이자는 본선이 무사히 무역의 목적을 달성한 경우에만 반제(返濟)되고, 해난을 당한 경우에는 손해의 정도에 비례하여 채무의 전부 또는 일부가 면제된다. 이자는 보험료의 성격을 띤 고율이며, 나중에는 그 적하도 담보로 할 수 있게 되었으므로 선대차입(船貸借入 ; respondentia bond) 이라고 불리었다.

(58) 묵시담보

담보의 내용이 보험증권에 명시되어 있지는 않지만 명시된 사항과 똑같은 효력이 발생하는 경우를 말한다. 예컨대 영국의 해상보험법에서는 항해보험의 경우 발항 당시에 선박이 감항상태에 있어야 한다는 것을 묵시담보로 요구하고 있으며 그 외에도 항해가 합법적인 것임을 보증하는 적법담보가 있다.

(59) 문서작성자 불이익의 원칙

보험약관은 보험자 또는 그와 관련 있는 전문인에 의해 일방적으로 작성된 것이기 때문에 애매모호한 문언이나 약관으로 피보험자와 보험자의 의견이 대립되는 경우에는 보험자에게 불리하게 해석되어야 한다는 원칙이다.

⑥⓪ 물적손해

해상보험 용어로서, 실체적 손해라고도 한다. 이는 보험의 목적물인 선박이나 화물에 위험이 작용하여 멸실 또는 손상이 발생한 손해를 말한다. 여기에는 전손과 분손이 있다.

⑥① 미평가보험증권

금액미상보험으로 예정보험의 개별계약에서 기재사항 중 보험금액이 확정되지 않은 보험을 말하며, 이와는 달리 선박명이 확정되지 못하면 선명미상보험이라 한다.

⑥② 보통보험약관

보험약관은 일반보험계약에 공통된 표준사항을 보험자가 미리 정해 둔 것으로서 보험증권상의 각종 약속과 규정을 의미한다. 여기서 보통보험약관이란 특정종류의 보험계약에 공통으로 정용되는 조항을 규정한 기본적인 약관으로서 영문해상보험증권상의 본문에 기재되어 있는 각 조항에 해당하는 것이다.

⑥③ 보험가액

적하나 선박과 같은 보험목적물의 부보 당시의 가액, 즉 피보험이익을 금전으로 견적한 것으로서 보험계약상의 금전적인 총가액을 말한다. 이것은 계약을 맺은 후에 시간의 경과에 따라서 변화할 수 있는 것이므로 가변원칙에 따르고 있지만, 현재 해상운송중의 적하를 보험의 목적으로 하는 해상보험에서는 이의 특례로 보험자의 책임이 개시되는 시점의 가액을 전보험기간을 통하여 확정된 보험가액으로 하는 불변의 원칙에 의하고 있으며, 그 이상의 가액으로 부보하면 원칙상 그 초과분은 무효가 된다.

⑥④ 보험계약기간

보험계약기간은 보험계약이 유효하게 존속하는 기간, 즉 보험계약의 존속기간을 말한다. 통상적으로 보험계약기간은 보험기간과 거의 동일하나, 예정보험의 경우는 예외이다. 해상보험계약은 화물의 수량, 가격, 적재 선박명, 선적시기, 운송구간, 피보험자 등 보험계약의 필수사항이 확정된 후 체결되는 것이 원칙이다. 그러나 위의 내용의 일부가 불명인 채 후일 판명되는 대로 그 정확한 내용을 보험회사에 통지할 것을 전제로 하여 보험을 예약하는 경우가 있는데 이를 예정보험 혹은 선명미상보험이라 한다.

⑥⑤ 보험계약자

무역계약에 있어서 부보의무를 지고 실제로 특정품에 보험을 붙인 최초의 증권 소지인을 말한다. CIF조건에서는 매도인에게, CFR조건과 FOB조건에서는 매수인에게 부보의 책임이 있지만, 그 위임을 받아 판매자가 부보를 대행하는 경우가 많다. 보험에 있어서는 보험자의 상대방이 되는 일방의 계약당사자가 되며, 보험계약에 관한 중요한 사항을 보험자에 고지하고, 보험료 지불의 의무를 진다.

⑥⑥ 보험금액

보험자가 계약상 부담하는 손해보상책임의 최고 한도액, 즉 실제로 부보된 금액을 말한다. 보험금액이 협정보험 평가액과 동액인 경우를 전액보험, 전자가 후자보다 적을 경우를 일부부험, 이와 반대의 경우를 초과보험이라고 한다.

⑥⑦ 보험금

보험금은 담보위험에 의하여 손해가 발생한 경우 보험자가 피보험자에게 지급하는 금액이다. 다시 말해, 보험증권상에 담보되는 위험으로 인하여 경제적 손해가 발생했을 경우 손해보상금의 명목으로 지급되는 금액을 말한다.

⑥⑧ 보험기간

보험자의 위험부담책임의 개시시로부터 그 종료시까지의 위험부담책임의 존속기간, 즉 보험자의 위험부담의 시간적 한계를 의미하는 것으로 위험기간이라고도 한다.

⑥⑨ 보험료

보험료는 보험자의 손해보상에 대한 약속의 반대급부로 보험계약자가 지불하는 금전이며, 이는 통상 보험계약 체결시에 확정되게 된다. 원칙적으로 보험자의 보험료납부의무와 보험자의 보험증권발해의무는 동시이행조건이기 때문에, 보험자는 보험료가 납부될 때까지는 보험증권발행의무가 없을 뿐 아니라 보험자의 책임이 개시되지도 않게 된다.

(70) 보험료기간

보험료기간은 당사자가 계약에서 정한 보험료 급부에 대한 단위기간으로 보험료산출을 위하여 표준으로 삼는 기간을 말한다.

(71) 보험목적물

보험에 있어서는 피보험자가 보험의 목적물과 재산상의 이해관계가 있어야 하는데 해상보험에 있어서 보험의 목적물은 선박, 화물과 같이 형체를 갖는 유형물체만이 아니고 책임, 비용, 이윤과 같은 무형물체도 될 수 있다.

(72) 보험약관

보험계약의 내용은 보험자와 계약자가 하나 하나를 합의하여 규정하는 것이 원칙이다. 그러나 보험계약의 내용이 복잡하고 어렵기 때문에 보험자가 미리 보험약관을 작성하여 계약자가 원할 때 이 약관에 서명만 함으로써 보험계약이 성립하도록 정형화하고 있다. 따라서 보험약관은 보험계약에 공통된 표준적 사항을 보험자가 미리 인쇄하여 둔 보험증권상의 각종 약속이나 규정을 말하는데, 이 약관에는 보통약관과 특별약관이 있다. 전자는 약관가운데 표준적인 것으로 ICC (A) (B) (C) 등을 말하며, 후자는 약관가운데 특별한 것으로 갑판적, 도난, 발하, 불착약관 등을 말한다.

(73) 보험이익불공여약관

운송인이나 기타 해상사업에 관련이 있는 수탁자에게 보험계약이 체결되어 있다는 이유로서 어떤 이익이나 혜택을 주어서는 안되다는 사실을 주지시킨 약관이다.

(74) 보험자

보험계약의 당사자로서 보험사고가 발생한 경우에 보험금을 지급할 의무를 지는 자로 보험계약을 인수하는 주체를 말하며, 보험회사나 개인보험업자가 있다.

(75) 보험중개인

보험자와 보험계약자 사이에서 보험계약의 체결을 중개하는 자로서 보험대리점 이외에 보험 중개인이 있다. 보험대리점은 보험자의 대리인이지만, 보험중개인은 보험계약자의 이익을 대표하여 보험자와 교섭하고, 양질의 보험계약을 저렴한 보험료로서 체결하는 역할을 담당하고 있다.

(76) 보험대리점

보험대리점은 일정한 보험자를 위하여 계속적으로 보험계약은 보험자와 보험계약자 사이에 직접 체결할 수도 있다.

(77) 보험증권

보험계약의 성립과 그 내용을 증명하기 위하여 보험회사가 작성하여 기명 날인후 보험 계약자에게 교부되는 서류를 말한다

(78) 보험증명서

보험자나 그 대리인이 자기 회사에서 발행한 보험증권에 기초하여 보험계약의 존재와 그 물건이 부보되어 있다는 사실을 증명한 문서로 “certificate of declaration”이라고도 한다. 적하보험에서는 대부분의 경우 포괄적인 예정보험계약을 체결한 보험자가 보험계약자의 청구에 의하여 한 선박에 화물을 적재할 때마다 원보험증서에 입각하여 이 증명서를 발행하여 준다.

(79) 부보

부보는 어떠한 상품을 보험에 붙인다는 뜻으로 일반적으로는 보험계약을 체결한다는 말을 의미한다.

(80) 부가보험료

보험료는 순보험료와 부가보험료로 구성되는데 부가보험료는 보험사업을 경영하기 위한 사업비에 충당하는 금액으로서 순보험료에 부가하여 보험계약자에게 부담시키는 것이다.

(81) 부담보위험

해상보험에서 특약으로도 인수되지 않는 위험으로, 이것에 관하여서는 보험증서에 명시된다. 이들은 협회적하약관의 4,5,6,7조에 열거되어 있는 일반면책약관, 불내항성 및 부적합성면책약관, 전쟁위험면책약관, 동맹파업면책약관에 열거되어 있는 위험들이다.

82 부합계약

부합계약이란 계약당사자 일방(보험자)이 결정한 보험약관에 대하여 타방(계약자)이 이것을 포괄적으로 승인함으로써 효력이 발생하는 계약이다. 보험계약은 원칙적으로 보험자와 계약자가 하나 하나를 합의하여 규정하는 것이 원칙이나, 보험계약내용이 복잡하고 어렵기 때문에, 보험자가 미리 보험약관을 작성해 놓은 상태에서 보험계약자가 원할 때 이 약관에 서명만 함으로써 보험계약을 성립시키도록 정형화하고 있다.

83 분손

전손에 반대되는 용어로서, 보험에 부보된 선박 또는 화물 등의 일부가 멸실되거나 또는 이들의 전부 혹은 일부가 훼손되거나 또는 이들의 일부가 상실되어 발생하는 손해를 말한다. 여기에는 단독해손과 공동해손이 있다.

84 분손담보

전손, 공동해손은 물론 단독해손인 분손도 보험증권에 열거된 보통 담보하는 위험에 의한 손해인 한 모두 보상되는 조건이다.

85 불가항력

매매계약시 수출상은 이러한 면책조항을 삽입하는데 이는 주로 “Force Majeure”로 명기한다. 천재지변, 또는 기타 예상하지 않았던 사정에 의해 일어난 사고에 대해 수출상은 제품의 선적이행이 면책된다.

86 불요식 계약

보험계약은 청약과 승낙에 특별한 요식행위를 요하지 않고 구두, 서면, 일부서면, 일부구두로도 가능하다. 따라서 반드시 문서를 요구하는 것은 아니고 명시 혹은 묵시로도 가능하다. 그러나 보험실무에서는 보험계약을 체결할 때에 보험자가 인쇄해 둔 보험청약서를 이용하며 보험계약의 성립과 동시에 증권을 교부하여 보험계약성립의 추정적 증거역할을 하도록 편의를 도모하고 있다.

87 비례보상의 법칙

일부보험에서는 보험금액이 보험가액에 마달하게 되는데, 이 경우 손해가 발생하면 보험자는 보험금액의 보험가액에 대한 비율로서 손해를 보상한다는 원칙을 말한다. 그러나 당사자간의 합의에 의해 일부보험이라 하더라도 이 원칙을 적용하지 않고 보험금액을 한도로 하여 손해액의 전액을 보상할 수도 있는 데 이를 실손보상계약이라고 한다.

(88) 비상위험

수입국에서의 수입금지나 제한조치, 환거래의 제한 또는 금지조치, 외국에서의 전쟁, 내란, 파업과 같은 비상사태 등 수출계약 당사자에게 책임지울 수 없는 사유로 인한 수출불능 또는 대금회수불능의 위험이다.

(89) 빗물 및 담수에 의한 손해

Rain이 Fresh water와 나란히 표기된 경우는 Fresh water는 Rain(비)을 제외한 모든 담수이지만, Fresh water만 있는 경우는 담수는 빗물을 포함한다. 이것은 바닷물 이외의 민물에 젖어 발생한 손해로서, 예를 들면 하역작업 중 비나 눈이 와서 젖거나 선박의 음료수가 선창에 침투하여 화물에 손해가 발생한 경우가 그것이다. 섬유제품이나 잡화 등을 운송하는 경우에 보통 이 위험을 추가로 담보하게 된다.

(90) 사행계약

사행계약이라 함은 적어도 계약당사자 일방의 급구가 우연한 사실에 의하여 좌우되는 것을 말한다. 보험계약에 있어서 보험자의 급여의무는 미리 보험자가 보험료를 수령하였음에도 불구하고 우연한 사고가 생긴 때에만 발생하므로 보험계약은 사행계약이라 할 수 있다. 다만 우연한 사고로 인한 경제적 손실을 보상하는 것이며, 우연한 사건에 의해 일방적인 이득을 보는 것이 아니므로 도박과는 다르다.

(91) 선박

상행위, 기타 영리를 목적으로 하는 항해에 사용되는 선박을 의미한다. 또한 선박의 구성요소인 선체, 기관, 속구, 연료, 식료, 기타 소모품 등 피보험자의 소유에 속하고, 선박사용 목적을 위하여 선박 내에 존재하는 모든 물건을 포함한다.

⑨② 선비

항해를 위한 연료, 윤활유, 식료 등에 대한 비용을 말하며, 넓게는 선원에 대한 전도급료와 보험비용 등이 포함된다.

⑨③ 선장 또는 선원의 악행

선장 또는 선원이 고의적으로, 의도적으로 선주 또는 용선자에게 행하는 모든 비행이 속한다. 예를 들어 선박을 밀수목적으로 사용하거나 방화, 고의적인 좌초, 침몰, 천공, 고의적인 이로, 선박을 갖고 도주하는 행위, 사기의 목적을 가지고 화물을 매각처분이 해당한다. 물론 고의가 아닌 단순과실은 악행으로 인정되지 않으며, 주로 선박보험의 경우에 발생한다.

⑨④ 선박보험

해상보험에서는 보험의 목적이 선박인가 화물인가에 따라 두 가지로 대별되는데, 선박을 보험의 목적으로 하는 것을 선박보험이라고 한다. 선박보험은 원칙적으로 항해중의 위험을 담보하는 것이나 선박의 건조보험에서는 육상의 위험을 겸하여 담보할 수 있게 되어 있다. 수리중 또는 계선중의 보험도 있으며, 해저석유채유장치 등의 보험은 원칙적으로 1개소에 정착하고 있는 물건에 대한 보험이다. 선박보험은 보통 1년의 기간보험으로 계약되지만 외국으로부터 선박을 매수한 때에는 그 회항중의 위험을 담보하기 위하여 행해보험을 계약을 하는 경우도 있다.

⑨⑤ 선서약관

보험증권 본문의 마지막 부분에 나오는 약관으로 보험계약을 체결한 증거로서 보험회사의 책임자가 보험증권에 서명하였음을 나타내고 있다. 영국법에 의하면 해상보험계약은 원칙적으로 해상보험증권에 구현되어야 하며, 그렇지 않으면 증거로서 인정되지 않는다.(MIA 제22조). 또한 해상보험증권은 보험자나 그 대리인에 의하여 서명되어야 한다.

⑨⑥ 소급약관

멸실한 것과 멸실하지 않은 것에 불구하고를 의미하는 용어로서 선하증권 약관으로서는 화물의 멸실유무에 불구하고 이미 지불한 운임은 반환하지 않는다는 특약조항을 표시한다. 한편, 보험약관으로서는 화물의 멸실유무에 불구하고 선의의 피보험자에 대해서는 손해시에 소급하여 보험계약을 유효하게 하는 소급약관을 말한다.

(97) 손해

손해는 위험의 발생으로 피보험목적물의 전부 혹은 일부가 멸실 되거나 손상을 입은 것을 말하는데, 여기에는 전부 손실되는 전손과 일부 손상되는 분손이 있다. 또한 손해에는 발생한 손해를 보험자가 보상하게 되는 보상손해와 발생한 손해를 보험자가 보상하지 않는 면책손해가 있으며, 담보위험과 인과관계가 직접적이냐 간접적이냐의 구분에 따라 직접손해와 간접손해로 구분된다. 보험자가 보상하는 간접손해에는 손해방지비용, 공동해손 분담금, 손해조사비용 등이 있다.

(98) 손해방지비용

해상보험에 있어서 손해를 방지하기 위해서 발생한 비용을 말하며 협회적하약관의 Forwarding charges clause에 의해 보상된다. 이 약관에 따라 피보험자가 그의 대리인 또는 사용인이 손해방지나 경감조치를 취하는 과정에서 발생한 제비용을 보험자가 부담하게 된다. 이 약관은 보험금액과는 별개로 보충협정이므로 만일 손해방지행위가 실패로 돌아가 화물의 손해와 손해방지비용의 합계가 보험금액을 초과한 경우에도 보험자는 이를 보상하여 준다.

(99) 손해보상의 원칙

보험계약은 사행계약에 속하며, 형식에 있어서는 도박과 비슷하나, 보험은 위험을 감소시키는 것이고, 도박은 위험을 증가시키는 것이다. 또 보험제도에서는 이득금지의 원칙이 적용되어야 하며 이를 위해서는 피보험자에게 지급되는 이재보상은 손해발생시의 손해금액을 한도로 지급되어야 하며 이것을 손해보상의 원칙이라고 한다.

(100) 손해보험

생명보험을 제외한 모든 보험의 총칭이다. 중요한 것으로는 통상의 해상위험을 담보하는 해상보험, 동산, 부동산의 화재위험을 담보하는 화재보험, 육상 및 내수로의 운송위험을 담보하는 운송보험, 상업상의 신용위험을 담보하는 신용보험이 있다. 이 외에 특수보험으로서 홍수보험, 침수보험, 습손보험, 뇌해보험, 가축보험, 산림보험, 자동차보험, 보일러보험, 기계보험, 초자보험, 도난보험, 예손보험, 투하 또는 파준보험, 전시보험, 스트라이크보험이 있다. 이들은 단독의 경우도 있지만 무역에 관한 손해보험제도로는 무역상품의 수송, 취급, 보관중 외부로부터 우발사고에 의해 화물에 발생한 물리적 위험을 담보하는 것이다. 이들 위험에 의한 손해는 계약에 따라 보험자에 의해서 보상되는 것으로, 이 중 많은 것은 해상보험자에 의한 해상보험, 이에 부수하는 각종의 손해보험의 운영에 의한 것이다.

101 손해조사비용

손해조사비용은 보험금 청구의 이유 및 그 금액을 증명하기 위한 비용으로서 원래 손해의 보상을 청구하는 피보험자가 부담하여야 할 성질의 것이다. 그러나 각국의 법률 및 약관은 이것을 보험자의 부담으로 하고 있는 경우가 많다.

102 수기문언의 우선원칙

해상보험증권은 본문약관, 난외약관, 협회특별약관, 스탬프약관, 수기문언 등으로 구성되는데, 동일한 증권의 각 약관의 내용과 기타 문언이 서로 다른 경우 수기문언을 가장 우선적으로 적용해야 한다는 원칙을 말한다.

103 수출 또는 출항금지

전쟁 및 이와 유사한 경우, 선박 및 화물의 이동을 금지하기 위해 자국 영토에 있는 일부 또는 일부의 항구로부터의 출항을 금지하는 정부의 명령이다. 평시 또는 전시를 불문한다. 출항금지에 따른 손해는 포획, 나포부담보약관이 있는 경우는 보험자 면책이 되며 또한 예상되는 전쟁위험담보의 특약을 하면 담보된다.

104 수출금융보험

금융기관이 수출업자, 생산자, 대외군납업자 또는 해외에서 건설업을 영위하거나 용역을 제공하는 자에게 생산, 적하, 가공에 필요한 자금을 어음대부 또는 어음할인의 형식으로 융자하였으나 융자받은 수출업자 등이 비상위험의 발생이나 상대측의 계약불이행 등으로 인해 수출불능, 인도불능 또는 대금회수가 불가능하게 되어 융자금을 반제할 수 없게 된 경우에 금융기관이 입게 되는 손실을 보상하는 보험이다.

105 수출보증보험

플랜트 수출이나 해외건설 수출 등은 단순한 상품 수출과는 달리 일시에 거액이 필요하거나 많은 시일이 요하게 되므로 해외의 발주자는 당해 수출이나 공사를 마지막까지 정확하게 이행할 것을 보증하는 은행이나 보험회사의 보증서를 제출할 것을 요구하게 되는데 이러한 보증서, 즉 본드 발행에 따른 위험부담을 수출보증보험에서 보상하고 있다.

106 수출어음보험

외국환은행이 수출업자가 발행한 신용장이 수반되지 않은 D/A나 D/P 조건의 화환어음을 매입한 후 어음만기일에 당해 화환어음대금을 회수할 수 없게 된 경우에 은행의 손실을 보상해 주는 보험이다.

107 Slip

보험중개인이 보험 목적물의 명칭, 가액 및 보험자의 인수조건 등 계약내용의 개요를 메모한 서류이다.

108 신속조치약관

피보험자는 보험기간 중에 위험이 발생하거나 그 가능성이 확실시되었을 때에는 적절한 조치를 취해야 한다. 이는 만일 피보험자가 취할 수 있는 조치를 소홀히 하거나 포기함으로써 적절한 조치를 취했으면 손해를 충분히 막을 수 있을 것을 그렇게 하지 않음으로써 확대된 손해에 대해서는 보험자가 책임을 지지 않아도 됨을 의미한다.

109 신용위험

수입업자의 일방적인 계약파기 또는 수입업자의 파산 등으로 인한 수출불능 및 대금회수불능의 위험이나 수입업자의 재정상태 악화로 인한 대금지불 지연의 위험 등 수입업자가 당연히 이행해야 할 채무를 이행하지 않거나 태만히 함으로써 발생되는 위험으로 수출보험에서 담보하고 있다.

110 습기와 가열에 의한 손해

Sweat는 선창내와 선외의 기온차에 의해 선창의 천정 또는 내부에 응결한 수분이 떨어지거나 또는 그러한 수분에 접촉함으로써 화물이 젖게 되거나 화물 자체가 수분을 발산함으로써 젖게 되는 등의 위험이다. 한편, heating은 항해 중에 기온, 습도 등의 변화에 따라 쪄지는 위험을 말한다. 보통 곡물이나 피혁 등에 이러한 손해가 일어나기 쉽다.

111 신속처리약관

화물에서 보험자에게 불리한 사정이 발생할 경우 피보험자가 신속하게 그것에 대응하는 의무를 정한 약관이다.

112 열거책임주의

보험자가 부담하는 위험을 구체적으로 열거하지 않은 위험에 대해서는 보험자가 부담하지 않는 방식으로 제한책임주의라 한다.

113 영국해상보험법

영국의 해상보험법은 오랫동안 판례법으로 구성되어 있었으나 1800년대에 가서는 판례가 2000을 넘어 이를 정리, 정정, 취사선택을 하여 체계화하여 법전화한 것이 1906년 영국 해상보험법이다. 해상보험법의 원리원칙을 거의 망라하여 완성도가 높은 것으로 평가되고 있다.

114 안전담보

보험의 목적이 시기 또는 장소에서 안전하였다는 뜻을 확언하는 진술로 보험증권에 기재되는 것을 말한다. 예컨대 "all safe or well on the 20th September 2010"이라든가 "warranted in port of Pusan on the 10th March 2010" 등의 진술내용 등이 이에 해당한다.

115 약관

보험증권이 보상조건에 관한 각종의 문장이나 조항을 보험약관이라 한다. 즉 보험증권은 각종의 약관으로 구성되어 있다고 말할 수 있다. 해상보험에서 영국의 보험자협회 양식의 보험증권상의 각 약관을 보통보험표준약관이라 하고, I.C.C.의 약관 등을 A(A/R), B(WA), C(FPA) 적하보험 특별약관이라고 말할 수 있다. 보험계약에 있어서 보험자의 보상범위를 제한하거나 확대하거나 혹은 피보험자의 조항을 완화하거나 강화시킬 필요가 있을 때는 보험증권의 보통보험 표준약관은 그대로 두고 특별약관만 수정 보완해 오고 있다.

116 약인약관

약인이란 영미법에 있어 약속에 대한 대가 개념으로 단순계약의 성립근거가 된다. 해상보험계약에서는 보험자에게 보험료를 지급하고, 보험자는 그 반대급부로 위험을 부담할 것을 약정한다. 이러한 취지를 기재한 것이 보험증권에서의 약인약관이다.

117 양도

보험증권상의 권리를 타인에게 양도하는 경우로 양도인은 일단 양도하면 피보험이익이 소멸하므로 보험사고가 발생했을 때 양수인이 그 증권에 대한 권리주장을 할 수 있다.

118 Assurer(Insurer)

보험료를 받아 해상위험을 부담하는 자, 즉 보험자를 말한다.

119 SR & CC

파업, 폭동, 소요의 위험(strikes, riots, and civil commotion)의 약자로, 이 위험을 담보하는 것이 Institute Strikes Clauses(Cargo)이다. 즉 동맹파업이나 폭동 및 노동쟁의에 참가하고 있는 자가 피보험화물에 방화한다든지 강탈함으로써 발생하는 손해에 대하여 담보하는 것이다.

120 Underwriter

보험업자 특히 해상보험기업을 말한다. 런던의 로이드조합의 보험업자로부터 생긴 용어로, 해상보험을 인수했다는 증거로 증서의 아래에 보험업자가 서명하기 때문에 이러한 명칭이 생기게 된 것이다.

(121) 예비적 이재통지

보험증권의 정당한 소지인으로 담보화물에 손해가 발생하였다는 사실을 알게 되면 우선 구두로 보험회사나 그의 대리점에 이 뜻을 통고하고 추후에 서면으로 정식의 구상절차를 밟아야 한다. 이러한 행위를 예비적 이재통지라고 하며, 해상보험증권에는 피보험자의 이재통지에 관한 의무조항이 난외약관에 명시되어 있다.

(122) 예정보험

해상화물보험을 청약하고자 할 때는 보험회사 소정의 보험청약양식에 해당 사항을 기재하고 소요되는 보험료를 지불하여야 한다. 이때 그 기재사항을 다 알고 있으면 확정보험이 되나 대개의 경우 모든 사항을 보험체결시 알 수 없으므로 사후에 기재사항이 확정되는 대로 지체없이 보험자에게 통고할 것을 조건으로 하는 예정보험의 형식을 취하게 되는데 이를 예정보험이라고 한다.

(123) 오염

액체화학약품이나 유류 등이 해수 또는 담수 등의 혼입으로 입게 되는 품질저하의 위험이다.

(124) Open Policy

예정해상보험계약에 의거하여 발급되는 보험증권을 말한다. 즉 이것은 일정 기간 계속해서 수출 혹은 수입하게 될 예정계획상품을 일괄해서 특정의 보험회사와 체결하는 포괄적 보험을 구체적으로 증명하는 보험증권으로, 영국에서는 "Floating Policy"라고도 부른다. 일정한 항로, 화물의 종류, 그 인수조건의 개요를 내용으로 해서 부보해야 할 개산예정액을 보험금액으로 정하고, 특히 물품은 적재할 때마다 명세를 보험사에 통고함으로써 예정보험 금액에 달할 때까지는 포괄적으로 Cover하게 된다. 대량 거액의 무역물자에 대한 부보방법으로서는 보다 더 확실, 안전, 유리한 것이다.

(125) 요크 앤트워프 공동해손규칙

해상보험의 공동해손을 구성하는 손해, 비용 및 정산에 관한 국제통일규칙을 말한다. 공동해손의 취급과 해석의 통일을 기하기 위해서 1864년에 York에서 개최된 국제공동회의에서 11조로 된 규칙을 채택하였고, 그 후 1890년에 Antwerp에서 이것을 더 보완하였다고 해서 요크 앤트워프 규칙으로 불리우게 되었다. 이 규칙은 다시 1924년과 1950년 및 1974년에 개정되어, 현재 세계 각국이 공동해손의 정산 및 해결에는 이를 적용하도록 선하증권과 보험증권에 규정하고 있다.

126 우수, 담수에 의한 손해

이는 바닷물 이외의 민물에 젖어 발생한 손해로서, 해상보험의 부가조건을 말한다. 하역작업중 비나 눈이 와서 젖거나 선박내에서 음료수가 선창에 침투하여 화물에 손해가 발생하는 경우를 말한다.

127 운송위험

광의로는 무역계약의 실행에 있어서 목적물품이 수출자의 점유로부터 수입자의 점유로 옮겨지기까지의 국내수송 도중에 발생할지도 모르는 위험을 총칭한다. 협의로는 육상이나 내수로운송에서 일어날지도 모르는 운송위험을 말한다. 후자에 있어서는 선적항에서 본선의 태클에 옮겨서 양륙항에서 본선의 태클을 떠나기까지의 해상위험이며, 이 양자를 연락하는 부선수송중의 위험은 이것과 별개이다. 현행에서는 협의의 운송위험을 대상으로 하는 운송보험이 되지만 타의 부가보험과 더불어 해상보험에 부수시키고 있다.

128 운임보험

선박회사가 도착지불 운송을 인수한 경우 이 미수운임을 피보험이익의 목적으로 1항해에만 부보하는 해상보험을 말한다. 이 운임은 약정의 항해가 완료되지 않으면 취득하지 못하는 것이며, 불가항력으로 미착의 경우에는 선박회사의 손실이 되는 것으로 이 미수운임이 보험의 목적으로 된다. 용선료 보험도 동종의 것이다.

129 위부

해상보험의 용어의 하나로서 추정전손이 발생하였을 때 피보험자는 그 피보험물에 대해서 갖는 일체의 권리를 보험자에게 이전하여 전액보험금을 청구할 수 있는데 이를 위부라고 한다.

130 위험

위험은 손해를 초래할 사고발생의 가능성을 말하는데, 해상에서 발생하는 위험은 해상위험이라 하고, 보험자가 보상하는 위험은 담보위험, 보험자가 담보하지 않은 위험은 부(비)담보위험 혹은 면책위험이라 한다.

131 위험변동의 원칙

보험계약을 체결할 때 보험자는 피보험자측이 고지한 위험사정을 기초로 하여 사고발생의 가능성 등을 예측하고 보험의 인수여부, 보험요율, 담보조건 등을 결정하게 되고 계약성립 후 이 기초사정이 변동하지 않을 것을 전제로 하고 있다. 따라서 계약이 성립한 후 보험자의 위험인수의 전제가 된 이 위험사정이 변동되면 보험자는 원칙적으로 그 변동 이후의 위험부담책임이 면제되는데 이를 위험변동의 원칙이라 한다.

132 이로

선박이 발항항 및 목적항을 변경함이 없이 보험증권에 특정항로를 지정한 때는 그 항로를, 특정하지 않은 때는 관습상 정해진 항로를 이탈하거나 또는 보험증권에 정해진 순서나 지리적 순서에 따르지 않고 기항하는 것과 같이 정당한 항로를 이탈하거나 정당하지 않은 기항을 하는 것을 말한다. 이 경우는 위험변동으로서 원칙적으로 보험자는 그 이로시부터 위험부담책임으로부터 벗어난다.

133 인치마리 약관

기선 '인치마리' 호의 사건 판결에서 유래된 용어로 선박보험에 있어 선원 또는 수선 안내인의 과실에 의해 직접적으로 발생된 선체 또는 기관의 손해는 보험자가 담보한다는 규정이다. 선원의 과실에 의한 손해는 해상위험이라 볼 수 없으므로 이 약관에 의한 특약이 필요하다.

134 일부보험

보험금액이 보험가액에 미달하는 경우로 이는 보험계약자측이 보험료를 절약하기 위해 일부러 하는 경우도 있고 물가상승으로 자연히 일부보험이 되는 경우도 있다. 이 경우 손해가 발생하면 보험자는 비례보상의 원칙에 따라 보험가액에 대한 비율로써 손해를 보상한다.

135 잔존물대위

보험의 목적물의 전부가 멸실한 것으로 간주하여 보험금액의 전부를 지급한 보험자가 잔존의 보험목적물에 대하여 가지는 피보험자의 권리를 취득하는 것을 말한다.

136 재보험

보험자가 자기가 부담한 계약상의 책임의 일부 또는 전부를 타보험자에게 전가하기 위해서 재가입한 보험을 말한다. 이에 대해서 제1차 보험을 원수보험이라 하여, 보험자는 원수보험자가 되고 그 책임을 인수한 자가 재보험자가 된다. 보험목적을 거액의 보험자가 부담을 느끼는 경우 또는 보험목적물이 대단히 영업상 불리한 경우, 원수보험자가 부담할 손해보상을 재보험자가 일부 또는 전액을 부담하는 것이기 때문에 책임보험이 된다.

137 적법담보

보험의 대상인 항해사업이 적법한 항해사업이고 또 피보험자가 사태를 지배할 수 있는 한, 그 항해사업이 적법한 방법으로 수행되어야 한다는 묵시담보의 하나이다.

138 적하보험

선박에 의하여 수송되는 물품의 멸실, 손상에 의하여 하주가 받는 손실을 보상하는 해상보험을 말한다. 무역에서 매매당사자가 가입하는 보험은 대부분이 적하보험이며, 그 계약을 증명하는 보험증권이 적하보험증권이다. 보통의 상품 외에 귀중품, 우편물, 이동화물, 여객의 소지품, 유가증권 등도 이 보험의 목적물이 되지만 선원의 소지품 또는 본선내에서 소비되는 연료나 식료품은 적하가 아니므로 이 보험의 대상으로 되지 않는다.

139 적하의 투하

해상운송과 보험에서 공동의 안전을 위하여 선박의 하중을 가볍게 하기 위하여 화물의 일부를 고의로 바다에 던져버리는 행위를 말한다.

140 전손

화물의 전부가 해상위험에 의해서 멸실되는 것을 말하며, 전손은 다시 현실전손과 추정전손으로 구분된다.

141 전손담보조건

가장 기본적인 보험조건으로 보험의 목적이 전손이 된 경우에 한하여 보상하는 조건이나 실제로는 거의 이용되지 않고 있다.

142 전액보험

보험금액이 약정 보험평가액과 동액인 경우를 말하며, 그보다 적거나 초과하는 경우를 각각 일부보험 및 초과보험이라고 한다.

143 전위험담보약관

보험자가 피보험자의 고의적인 불법행위로 인한 일체의 손해, 화물의 고유의 결함 또는 성질과 지연으로 인하여 발생한 손해, 통상의 손해, 전쟁, 폭동, 파업 등에 기인한 손해 이외의 모든 외부적 우발사고에 의한 손해를 면책한도의 적용없이 담보할 것을 규정한 협회약관을 말한다.

144 전쟁위험약관

모든 전쟁위험으로부터 야기되는 운송계약 불이행에 대해서는 운송인이 면책된다는 것을 규정한 약관으로서 해상보험에서는 포획 및 나포약관이라고 한다.

145 중립담보

보험의 목적물이 중립재산임을 확약하는 담보로 명시담보의 하나이다. 이 담보는 선박이나 적하가 교전국에 의해 나포 또는 포획될 염려가 있는지의 여부를 보험자가 확인하기 위해 필요한 것으로 피보험자가 보험의 목적물이 중립임을 담보한 경우 그것이 중립재산이 아니면 보험자의 위험부담책임은 해제된다.

146 중복보험

동일한 물건에 관련된 1개의 피보험이익에 대해 둘 이상의 보험에 가입시키는 것을 말한다. CIF 조건으로 매입하면서 매수인이 다시 이것을 부보한다면 부보금액을 증명하는 증권이 중복되는 결과가 된다. 이 경우 어느 한쪽이 무효가 되는 것으로 피보험자는 중복된 증권의 어느 하나를 임의로 선택하여 그 한쪽으로부터 보상금을 회수한다.

147 좌초

좌초는 선박이 암초나 그 밖의 견고한 물체에 얹여 일정기간 진퇴가 불가능한 상태를 말한다.

148 쥐 및 벌레에 의한 손해

곡물이나 목재 등이 운송 중 쥐나 벌레로 인하여 손해를 입는 위험이다.

149 창고간약관

이 약관은 보험기간을, 화물이 보험증권상에 기재된 선적항의 창고 또는 보관장소를 출고한 때부터 최종 양륙항의 창고에 인도될 때까지로 규정한 보험기간에 관한 특약이다.

150 초과보험

보험금액이 협정보험가액보다 많게 부보된 보험을 초과보험이라고 한다.

151 충돌약관

정확하게 말한다면 '충돌 손해배상금 보상약관'이며, 충돌약관은 약칭이다. 선박충돌의 경우 손해배상 보상금에 관한 것으로, 그 세부적인 내용은 협회기간약관(선박)에 규정되어 있다.

152 최대선의계약

보험자의 입장에서는 계약을 체결할 때 중요한 사항을 미리 검토하기가 불가능할 뿐 아니라 구체적인 사실을 통보받지 않으면 모든 정보를 모르게 되기 때문에 불리한 입장에 놓여 있다. 따라서 보험계약에서는 목적물에 대해 위험사정을 잘 알고 있는 보험계약자가 보험자가 사고발생의 가능성을 추정하는 데 도움이 되도록 자기가 알고 있는 중요한 사항을 보험계약체결 전에 최대의 선의로 보험자에게 고지하도록 하고 있다. 이를 보험계약에서는 고지의 의무라 한다. 만일 보험계약자나 중개인이 이 고지의무를 위반하게 되면 보험자는 보험계약을 무효 또는 해지할 수 있다.

(153) 추정전손

보험의 목적물이 현실적으로 전멸하지 않았으나 그 손해 정도가 심하여 종래 그 목적물이 갖는 용도에 사용할 수 없게 되었을 때와 그 수선 및 수리비가 수선 후 그 목적물이 갖는 시가보다 클 때 위부에 의하여 그 잔여화물을 보험자의 임의처분에 맡겨 전손추정으로 인정할 수 있는 경우의 해상손해를 말한다.

(154) 충돌

해상위험에서의 충돌은 협의의 개념과 광의의 개념으로 구분된다. 협의의 충돌은 선박과 타 선박간의 충돌만을 의미하는 것으로 로이즈 보험증권상의 충돌을 지칭한다. 광의의 충돌은 선박과 타 선박간의 충돌 뿐 아니라 난파물, 암벽 등의 일체의 다른 물체(물은 제외, 얼음은 포함)와 직접적으로 접촉하는 것을 말한다.

(155) 침몰

침몰은 선박이 부력을 상실하고 수중에 가라앉아 항해가 불가능한 상태를 말하는데, 이는 우연적으로 발생한 것이어야 하며 초과적재나 선박의 불내항 등에 의한 침몰은 제외된다. 한편, 침몰은 심해에서 구조불은의 침몰인 심몰(foundering: 전실전손으로 인정)과 천해에서 구조 가능한 침몰인 천몰(submersion: 추정전손으로 인정되며 위부행사가능)로 구분된다.

(156) 보험승낙서

보험중개인이 보험계약자에 대하여 보험계약 존재의 증거로서 교부하는 보험료의 영수증을 겸한 손해보상각서를 말하는데, 보험증권과는 구별되어야 한다.

(157) 투하

투하는 선장이 다수의 이익을 위하여 현실적으로 공동의 중대한 위험에 직면하여 임의로 화물을 바다에 던지는 행위로 가장 전형적인 공동해손에 속한다. 그러나 투하라 하더라도 화물이 부패하거나 화물고유의 하자로 인한 투하는 로이즈증권에서 보상되지 않는다.

158 투하, 갑판유실 위험담보조건

갑판상에 적재된 화물의 투하 및 풍랑에 의한 화물의 유실 위험에 대해 담보되는 조건을 말한다.

159 특별비용

보험목적물의 안전 또는 보존을 위하여 피보험자에 의하여 또는 피보험자를 위하여 지출된 비용으로 공동해손비용과 구조료 이외의 비용을 말한다.

160 특정분손

해상보험의 대상이 되는 위험 가운데 선박의 침몰, 좌초, 교사, 화재, 충돌의 5대 중요위험에서 생긴 단독해손을 말한다. 각 단어의 두문자를 나열하여 SSGBC에 의한 손해라고도 말하고, 그 원인이 명백하므로 이것에는 손해(2%)의 면책비율제가 적용되지 않는다.

161 도난, 발하, 불착

도난은 상품을 포장된 단위로 훔쳐가는 것이고, 발하는 포장된 물품 중의 일부만 훔쳐가는 것이다. 불착(不着: non-delivery)은 화물의 일부가 목적지에 도착하지 않은 경우를 말하는데 대개는 다른 화물과 섞여 양륙되거나 다른 목적지에서 양륙되는 경우에 종종 발생한다. 이런 위험에 대해서 담보되는 약관으로 도난, 발하, 불착의 위험담보조건이라 한다.

162 파손

도자기나 유리제품 등 깨어지기 쉬운 화물의 경우는 보통 담보위험 이외의 사유로 인한 파손을 보상받기 위해 특약하게 된다.

163 포괄보험

하주가 보험회사와 매건마다 개별적인 보험계약을 체결하지 않고 일정 화물에 대해서 일정기간 동안 포괄적으로 보험계약을 체결하는 것을 말하는데, 이렇게 되면 계약회사에서 취급하는 모든 화물이 자동적으로 부보되며 보험료도 싸다.

164 포괄예정보험계약

일정한 기준에 의하여 정한 다수의 보험의 목적에 관하여 포괄적으로 이루어지는 예정보험으로 보험계약자는 사전에 화물의 종류, 항로 등에 보험조건, 요율 등을 정해 두고 일정한 기간 자기가 취급하는 모든 화물을 포괄적으로 부보하게 된다.

165 포기약관

피보험 목적물을 구조, 보호 또는 복구하기 위한 피보험자 또는 보험자의 조치는 위부의 포기 또는 승낙으로 간주되지 아니하며, 또한 각 당사자의 권리를 침해하지 아니함을 규정한 약관이다.

166 표도

표도는 약탈물을 구하려고 해상을 배회하는 자로 해적행위와 동의어이다. 이 위험은 ICC(A)에서는 담보되지만 ICC(B)나 ICC(C)에서는 담보되지 않는다.

167 풍파의 이례적인 작용과 악천후

해상고유의 위험에는 해상에서 발생하는 풍파의 이례적인 작용이 속하며, 황천인 악천후도 속한다. 특히, 악천후는 화물의 해수침손이나 갑판적화물의 풍량유실 및 악천후에 의한 곰팡이 손해 등이 속하며, ICC(A)나 ICC(B)는 보상되지만, ICC(C)조건은 담보되지 않는다.

168 피보험목적물

피보험목적물은 해상보험에서 보험을 통하여 보호되는 객체를 말하며, 보험목적물이라고도 한다. 해상보험에 있어서 피보험목적물이 될 수 있는 것은 적하, 선박, 운임, 희망이익, 선임, 선주의 화주에 대한 책임 등이다.

169 피보험이익

피보험이익은 보험의 목적물 즉, 피보험목적물에 대해 특정인이 갖는 이해관계를 말한다. 다시 말해 보험목적물에 손실 또는 손상됨으로써 경제적 손실을 입게 되는 특정인이 보험계약에 의거하여 보험자로부터 보호받는 이익을 말한다. 따라서 해상보험계약에서 보호되는 것은 피보험목적물이 아니라 피보험이익이라 할 수 있으며, 보험금은 바로 이러한 피보험이익을 금액으로 환산한 것이라 할 수 있다. 피보험이익이 없는 곳에 보험도 없다는 말과 같이 피보험이익이 존재하지 않으면 사고가 발생해도 손해를 보지 않으므로 해상보험은 성립하지 않는다.

170 피보험자

피해의 보상을 받는 당사자로, 손해발생시 보험금 청구의 권리를 갖는다. 자신을 위해 피보험자 스스로가 보험계약을 체결하는 경우, 보험계약자와 피보험자가 일치하나 CIF의 경우, 수출상은 수입상을 대신해서 보험계약을 체결함으로써 보험계약자와 피보험자은 각각 별개로 된다.

171 선주책임보험상호조합

일반보험에서는 피보험자의 재물상의 손상만 보상해 주고 있는 것에 비해 선주책임보험상호조합은 선박을 소유하고 있기 때문에 발생하는 위험에 대해서 또한 선주상대로 제기되는 손해배상 소송에 대해서 선주와 선주들의 권익을 보호해 주기 위한 일종의 공제회라고 볼 수 있다.

172 항해계속의 지연

항해보험에 있어 부보된 항해가 상당한 속도로 수행되지 않을 때 항해계속의 지연문제가 발생한다. 항해의 도중 선박이 기항지에서 상당기간을 초과하여 정박한다든가, 환적지에서 화물이 양륙된 채 통례의 소요기간내에 계속운반이 개시되지 못하는 경우라든가, 항해가 선박의 형편에 의하여 중간항에서 중지하였을 때 하주가 지체없이 계속운송을 도모하지 않는 경우 등이 그 일례이다. 영국 해상보험법 제49조에 의하면 해상보험에 있어서 항해는 전항정을 통하여 상당한 속도로 수행되어야 하며, 그렇지 않고 부당하게 지연이 된 때에는 보험자는 면책되는 것으로 규정되어 있다.

173 항해변경약관

보험의 개시 후 목적지가 피보험자에 의하여 임의로 변경된 경우에는 보험자에게 지체없이 통지할 것을 조건으로, 추후에 협정되어야 할 보험료 및 보험조건에 의하여 담보가 계속됨을 규정한 약관이다.

174 항해보험

보험기간이 A지역으로부터 B지역까지와 같이 일정한 항해를 기준으로 하여 보험계약이 체결되는 것으로 증권상에 "at and from or from one place to another or others"식으로 부보된 경우이다. 보통 적하보험이 이 형태로 부보된다.

175 항해종료약관

피보험자의 영향력이 미치지 못하는 사정에 의하여 목적지에 도착하기 전에 항해가 종료되는 경우에 계속 담보하기 위한 특별약관이다.

176 해난구조료

해상 위험을 당한 인명, 선박, 물자를 구조 또는 구원하는 데 소요되는 비용이다. 구조된 무역선과 관련된 이해관계인은 1910년 '해난에 대한 구원, 구조 규정의 통일에 관한 조약'에 따라 어떠한 국적에도 불문하고 해난구조비용이 적용되도록 되어 있다. 만일 '구조가 성공하지 못한 경우에는 그 구조비를 받을 수 없는 것'이 원칙이다. 조난을 당한 선박이 피난항으로 피신한 때로부터 원항로에 복귀하기까지 소요된 선원의 임금, 연료, 기관용 저장품의 잔여분의 지출은 이에 관련된 이해관계인들의 구조해 준 선주에게 배상하지 않으면 안 되기 때문에 해난구조비는 해상보험의 목적이 된다.

177 해산

선박업자가 자기선박의 추정전손을 받기 위하여 보험회사에서 지불하는 금액을 재산으로 보고 이 재산을 가리키는 말이다. 구체적으로는 항해가 끝나는 선박, 수령되지 않은 운임, 선박소유자가 그의 선박에 관하여 가지고 있는 손해배상액 또는 보수의 청구권 등 그의 선박을 중심으로 한 특정의 재산을 총칭한다. 선박업자가 가지고 있는 육산(陸産 ; fortune de terre)과 상대되는 법률용어이다.

178 해상고유의 위험

해상고유의 위험이란 해상의 우연한 사고 또는 재해만을 말하며, 통상적인 풍파에 의한 작용을 포함하지 않는다. 그러므로 해상고유의 위험은 우연성이 요건이며, 사고의 당연한 발생이 예측되는 경우는 해상고유의 위험이 되지 않는다. 무역실무상 대개 다음과 같은 것이 해상고유의 위험이 된다. 선박의 침몰, 파선, 좌초, 교사, 촉초, 충돌 등이다.

(179) 해상위험

해상운송중에 발생할지도 모를 각종 위험을 말한다. 법률상으로 '항해에 관한 사고' 라고 불리고 있다. 그러나 해상보험업자는 원인 및 그 사정여하에 불문하고 무역품에 발생한 모든 것의 해상위험을 담보하는 것은 아니다. 그의 담보범위는 일정한도가 있으며, 원칙적으로는 해상에 있어서 항해에 의하여 통상 발생할 가능성이 있는 위험에 한한다.

(180) 해손계약서

공동해손이 발생하면 선박이 입항하는 즉시 선박회사는 우선 하주에게 공동해손 발생에 관한 통지서를 발송하고 이해관계자로 하여금 해손계약서를 제출케 한다. 이 계약에 의거하여 해손정산인을 선정하고 그 해손의 원인과 정도를 검사, 감정시킬 것을 선박회사에 위임하게 되는데 이때 이해관계자가 선박회사에 제출하는 것을 해손계약서라고 말한다. 이 계약서는 해손정산지의 지정, 정산인의 선정, 정산방법, 이해 관계인의 정산인에 대한 의무, 현존화물의 평가, 선박대가의 결정, 각 관계자의 부담금의 지급, 해손부담의 보증금 등 협정사항이 기재된 문서이다.

(181) 해손정산인

공동해손의 정산사무를 전문으로 맡아 하는 사람을 말한다. 공동해손 법규는 물론, 해상보험의 이론과 실무에 정통한 고도의 지적 직업인이다.

(182) 해손채권

자기의 화물이 공동해손의 희생으로 된 경우 다른 이해 관계인(선주와 하주)으로부터 손해에 대해 보상을 받는 권리를 말한다. 이 채권액은 정산인이 정산의 결과를 결정하고 이해관계인에게 할당해서 지출된다.

(183) 해손채무

해상채권과는 반대로 공동해손이 발생한 뒤에 손해를 보상할 당사자들에 의해서 분담 지출될 채무를 말한다. 이 때 분담금은 해상보험자로부터 보험금으로 보상된다.

184 현실전손

보험의 목적물이 파괴되어 상품가치가 완전히 없어질 정도로 손해를 입었을 때, 또는 피보험자가 보험목적물의 점유권이 박탈되어 이를 회복할 수 없을 때, 위험에 당면한 선박이 행방불명이 되었을 때나 상당한 기간이 경과되어도 그 소식을 알 수 없을 때는 현실전손이 있었던 것으로 간주한다.

185 협정보험요율

보험회사, 특히 손해보험회사간에 협정한 요율로서 자유경쟁요율로 인한 요율의 덤핑, 계약자에 대한 부당한 차별대우의 폐해 등을 방지하기 위한 공동안전주의의 조치로서 세계 여러 나라에서 보험의 Pool을 형성하여 요율협정을 행하고 있는 실정이다. 다만, 협정요율은, 보험기업의 부당한 이윤확보 등으로 피보험자의 이익을 침해할 우려가 있다. 우리나라에서는 대한손해보험협회가 적정 보험요율을 산정하여 정부당국으로부터 승인을 받아 적용하고 있다.

186 협회동맹파업약관

ICC (A), (B), (C)에서 면책으로 하고 있는 동맹파업위험을 담보하는 약관으로 이 위험을 부보하고 싶으면 할증료를 내고 특약하게 된다. 여기서 담보하는 위험은 동맹파업자, 직장폐쇄를 당한 노동자, 또는 노동분쟁, 소요, 폭동에 가담한 자, 테러리스트 또는 정치적 동기에 의하여 행동한 자들로 인하여 보험 목적물에 발생한 손해이다.

187 협회약관

협회약관이란 London의 보험회사, Lloyd' s 보험업자 및 해손정산인 등으로 구성된 기술 및 약관위원회가 제정 또는 개정한 약관을 말하는데, 오늘날 세계 모든 무역국들간에 널리 이용됨에 따라 그 성격이 일반화 및 정형화되어 일반약관과 같은 취급을 하고 있다. 현재 사용되고 있는 협회약관은 협회화물약관, 협회전쟁약관, 협회동맹파업,폭동 및 소요약관, 도난,분실 및 불착약관, 기타 특정 상품에 관한 약관 등이 있다.

188 협회전쟁약관

전쟁위험은 ICC (A), (B), (C)에서 모두 면책위험으로 되어 있다. 그러나 실제로 전쟁중이거나 발발할 가능성이 있는 지역을 항해해야 할 경우에는 이 위험을 담보해야 하는데 이를 담보하는 것이 협회전쟁약관이다.

189 해적

해상보험에서 해적의 뜻은 약탈자가 약탈, 방화, 파괴, 폭행을 함으로써 초래시킨 손해를 말하며, 그러한 행위를 담보하는 보험약관을 해적 행위약관이라고 한다.

190 화재

화재는 로이즈증권이든 ICC 협회적하약관이든 모두 보상되는 위험이다.

다만, 화재의 원인이 자연발화나 피보험목적물의 고유의 하자 또는 성질을 근인으로 하는 멸실 혹은 손상의 경우에는 보상되지 아니한다. 그러나 화염에 의한 소실, 화재에 의한 연기나 열에 의한 손해 및 소화주 수에 의한 손해와 폭발과 낙뢰도 동종제한의 원칙에 따라 담보된다.

191 확정보험

예정보험에 대하여 보험계약 체결당시 계약내용이 확정되어 있는 것을 확정보험이라 한다.

192 희망이익

화물이 무사히 목적지에 도착함으로써 하주가 얻을 수 있는 이익으로 다시 말해서 화물의 도착에 의해 그 화물이 매수인이 취득할 것을 기대하는 이익이며 매매가격에 산입되어 있는 매도인의 이익과는 구별된다. 희망이익은 대개 당해 적하의 보험가액에 포함하여 적하보험으로서 부보된다.

193 희망보수

화물의 안착에 의하여 취득할 수 있는 중개인의 수수료, 수탁자의 구전, 기타 보수를 총칭하며, 이것의 보험가액은 당사자의 협정에 의해 정해진다.

2 | 국제무역보험 입문 영문 용어 해설

❶ Marine insurance: Insurance in which an insurer enters into a contract with the assured agreeing to indemnify the assured, subject to the limits of the contract, for losses incidental to a marine adventure.

→ 해상보험: 보험자가 항해사업에 부수되는 손해에 대해 계약의 범위를 조건으로 피보험자에게 보상할 것을 합의하는 피보험자와의 계약을 체결하는 보험.

❷ Insurance Policy: A document which shows that the goods are insured while being delivered.

→ 보험증권: 인도되는 동안에 화물이 부보되는 것을 보여주는 서류.

❸ Insurance certificate: A document issued to the assured certifying that an insurance has been effected and that a policy has been issued. In marine insurance practice, certificates are used where an open cover is effected with underwriters.

→ 보험증명서: 보험계약이 체결되었고 보험증권이 발행되었다는 것을 증명하여 피보험자에게 발행된 서류. 해상보험관습에서 보험증명서는 포괄예정보험이 보험자와 체결된 경우에 사용된다.

❹ Insurable value: In case of ship, the actual value of a ship at commencement of the risk including machinery, fittings etc., fuel, stores, outfit, wages, disbursements and insurance premiums. On cargo, the cost of the cargo plus freight and insurance charges.

→ 보험가액: 선박의 경우 위험의 개시시에 선박의 실제가액에 기계, 속구 등, 연료, 소모품, 의장선구, 급료, 선비 그리고 보험료를 추가한다. 화물에 대해서는 화물의 원가에 운임 그리고 보험경비를 추가한다.

❺ Jettison: Casting property overboard to lighten the vessel in time of peril.

This could apply to either cargo or part of the ship, but mostly concerns cargo in practice.

▸ 투화: 위험의 시기에 선박을 가볍게 하기 위해 재산을 배 밖으로 버리는 것. 이것은 화물이나 선박의 일부에 적용될 수 있지만 대개 실제적으로 화물과 관련이 있다.

❻ Pilferage: Petty theft without breaking cases or boxes or felonious breaking into containers and taking and removing property of others.

▸ 발화: 상자나 박스를 부수지 않는 좀도둑질 또는 컨테이너에 사악하게 침투하여 다른 사람들의 재산을 절취하여 옮기는 것.

❼ Franchise: Originally, the term meant 'free from' but in marine insurance practice it came to mean an amount or percentage specified in the policy which must be reached before a claim is payable. Once the amount or percentage is attained the claim is payable in full.

▸ 소손해면책률: 원래 이 용어는 '로부터 면책되는'을 의미하였지만 해상보험 관습에서 그것은 보험금이 지급될 수 있기 전에 도달되어야 하는 증권상에 명시된 금액 또는 비율을 의미하게 되었다. 일단 그 금액이나 비율이 달성되면 보험금은 전부 지급 가능하다.

❽ Abandonment: The condition precedent to a constructive total loss. In order to claim a constructive total loss the assured must render reasonable notice of abandonment to an insurer.

▸ 위부: 추정전손에 있어서 정지조건[선행조건]. 추정전손을 주장하기 위해서는 피보험자는 보험자에게 합리적인 위부의 통지를 제공하여야 한다.

❾ General average: A principle whereby all parties to an adventure, who benefit from the sacrifice or expenditure, must contribute to make good the amount sacrificed or the expenditure incurred.

··))▶ 공동해손: 희생이나 지출로부터 이익을 보는 항해상의 모든 당사자가 희생된 금액이나 부담된 지출을 보상하는 데 분담하여야 하는 원칙.

⑩ Claim: A demand by the assured upon the insurer to fulfill his guarantee of indemnity by reason of an accident in respect of the insured property proximately caused by a peril insured against whereby the assured has suffered a loss.

··))▶ 보험금청구: 피보험재산과 관련하여 피보험자가 손해를 입은 부보된 위험에 의해 근인된 사고를 이유로 보험자의 보상보증을 이행하도록 피보험자에 대한 피보험자의 요구.

⑪ General average: A principle whereby all parties to an adventure, who benefit from the sacrifice or expenditure, must contribute to make good the amount sacrificed or the expenditure incurred.

··))▶ 공동해손: 희생이나 지출로부터 이익을 보는 항해상의 모든 당사자가 희생된 금액이나 부담된 지출을 보상하는 데 분담하여야 하는 원칙.

⑫ All risks: A term to denote the conditions covered by the insurers. It is not to be construed as meaning that the insurance covers each and every loss. In cargo insurance the term embraces all fortuitous losses occurring during the currency of insurance and the term always incorporate a number of excluded perils. In hull practice, the term is often applied to full conditions in a hull and machinery policy, but, in fact such conditions cover only specified perils.

··))▶ 전위험부보조건: 보험자에 의해 부보되는 조건을 나타내는 용어. 이 용어는 보험이 각 그리고 모든 손해를 부보하는 것을 의미하는 것으로 해석되지 않아야 한다. 화물보험에서 이 용어는 보험의 기간 중에 발생하는 모든 우연한 손해를 포함하고 있고 이 용어는 아주 많은 면책위험을 항상 포함하고 있다. 선박보험관습에서 이 용어는 종종 선박 및 기계 보험에서의 모든 조건에 종종 적용되지만 실제로 그러한 조건은 특정 위험만을 부보한다.

⑬ Premium: The consideration or sum of money, paid by the assured to the insurer in return for which the insurer agrees to indemnify the assured in the event of loss from an insured perils. The insurer is not bound to issue a policy until the premium is paid.

➡ 보험료: 피보험자가 보험자에게 지급하는 약인 또는 금전총액으로 그 보상으로 보험자는 담보위험으로부터의 손해의 경우 피보험자에게 보상할 것을 합의한다. 보험자는 보험금이 지급되기 전까지 증권을 발행할 의무가 없다.

⑭ Jettison: The voluntary sacrifice in time of peril of something in or upon the ship, by throwing it overboard, with the intention of preserving the ship and cargo.

➡ 투화: 위험시에 선박과 화물을 보존할 의도로 선박에 있는 어떤 것을 바다에 투척함으로써 그것을 자발적으로 희생시키는 것.

⑮ Average adjuster: An expert in loss adjustment in marine insurance, particular with regard to hulls and hull interest. He is more particularly concerned with general average adjustments. He is usually appointed to carry out general average adjustments for the shipowner on whom falls the onus to have the adjustment drawn up. His charges and expenses form part of the adjustment.

➡ 해손정산인: 특히 선체 및 선체이익과 관련하여 해상보험에서 손해정산에서의 전문가. 그는 좀 더 특별히 공동해손정산에 관련하고 있다. 일반적으로 정산서를 작성하게 할 수 있는 책임을 부담하는 선주를 위해 공동해손정산을 이행하기 위해 지정된다. 자신의 경비와 비용은 그 정산의 일부를 구성한다.

⑯ Constructive total loss: Total loss in which because of the operation of an insured peril, the insured is deprived of the insured property and is unlikely to recover it, or an actual total loss appears to be inevitable, or in the case of a ship – the estimated costs of recovery and repair would exceed the repaired value or in the case of cargo –

the estimated costs of recovery, reconditioning and forwarding to destination would exceed the arrived value.

▸ 추정전손: 부보위험의 작용 때문에 피보험자가 피보험재산을 박탈당하고 그것을 회복할 가망이 없거나, 현실전손이 불가피한 것으로 보이거나 선박의 경우에 회복과 수리의 예상비용이 수리가액을 초과하거나 화물의 경우 회복과 수선하고 목적지까지 운송하는 예상비용이 도착가액을 초과하는 전손.

⑰ Particular charges: An expense incurred by the assured, his agents or assigns to prevent or minimise a loss of the subject matter insured from an insured peril. Neither general average nor salvage charges are included in the term "particular charges".

▸ 특별비용: 담보위험으로부터 피보험목적물의 손해를 방지하거나 경감시키기 위하여 피보험자, 그 대리인이나 양수인에 의해 부담되는 비용. 공동해손이나 구조료는 특별비용의 용어에 포함되지 않는다.

⑱ Double insurance: Insurance occurring when two or more policies are effected on the same interest and adventure, so that the total sum insured exceeds the properly insurable amount. The assured may claim on either policy but he may not retain more than the properly allowable indemnity.

▸ 이중보험: 2개 이상의 보험계약이 동일한 이익과 항해에 대해 체결되어 부보된 총금액이 적절한 보험가액을 초과하는 경우에 발생하는 보험. 피보험자는 어느 보험에 대해 보험금을 청구할 수 있으나 적절하게 허용될 수 있는 보상 이상을 보전할 수 없다.

⑲ Excepted perils: The perils exempting the insurer from liability where the loss of or damage to the subject-matter insured arises from certain causes such as wilful misconduct of the assured, delay, ordinary wear and tear, inherent vice and vermin or where losses is not proximately caused by perils insured against.

▸ 면책위험: 피보험목적물의 멸실이나 손상이 피보험자의 악의, 지연, 통상적인 누손, 고유의 하자, 해충과 같은 특정 원인으로부터 발생하거나 손해가 부보된 위험에 근인하지 않는 경우 보험자를 책임으로부터 면제하는 위험.

⑳ Marine insurance policy: The written contract of insurance which shipper (known as the insured or assured) makes with the insurer. In this policy are set forth in detail the rights and liabilities of both parties to the contract.

▸ 해상보험증권: 화주(피보험자로서 알려져 있음)가 보험자와 체결한 서면의 보험계약. 이 보험증권에서 계약의 양 당사자의 권리와 의무가 자세히 규정되어 있다.

㉑ Expropriation: The taking of possession by a government of someone else's property or goods.

▸ 수용: 정부에 의하여 다른 자의 재산 또는 물품의 소유의 인수.

㉒ Latent defect: A hidden or concealed defect. One which could not be discovered by reasonable and customary inspection; one not apparent on face of goods, product, document, etc.

▸ 잠재적 하자: 숨겨지거나 감추어진 하자. 합리적이고 통상적인 검사에 의하여 발견되지 않는 하자; 물품, 상품, 서류, 기타 표면상에 분명하지 않은 하자

㉓ Marine perils: The perils relating to, incidental, or consequent to navigation at sea. These include fire, war, pirates, rovers, capture, etc.

▸ 해상위험: 바다에서 항해와 관련하고, 부수하거나 결과로 생기는 위험. 이러한 것은 화재, 전쟁, 해적, 도적, 포획 등을 포함한다.

㉔ Pilferage: As distinct from theft, a theft made in secret, and also the taking of a small part only rather than the whole.

▸ 발화: 도난과는 명확히 다른 것으로서 비밀리에 이루어지는 도난 그리고 전부가 아닌 소규모 일부만을 절취하는 것.

㉕ Floating policy: An insurance policy where the name or names of the ships, the commodities, the specific amounts and ports of loading and discharging of every voyage are not specified.

▸ 선명미상보험증권: 한 척 또는 수척의 선박명, 화물, 특정 금액, 모든 항해의 선적항과 양륙항이 명기되지 않은 보험증권.

㉖ Slip: An abbreviated memorandum of the risk submitted by insurance brokers to underwriters for acceptance and signature for the proposed object to be insured.

▸ 보험청약서: 청약된 대상이 부보되도록 하기 위해 승낙과 서명을 위해 보험 중개인이 보험업자에게 제출된 위험의 축약된 각서.

㉗ Surveyor's report: The report made by the surveyor appointed to examine damaged goods or damage to a ship and giving the place and date of survey and details of the cause and extent of the damage.

▸ 감정인 보고서: 손상된 물품과 선박의 손상을 검사하기 위해 임명된 감정인에 의해 만들어지고 감정 장소와 일자 그리고 손상의 원인과 범위의 세목을 제공하는 보고서.

3 | 국제무역보험실무 기본 이론

- 해상보험은 왜 필요한가?

1) 해상보험이란 무엇인가

해상보험이란 일종의 손해보험으로서 물품을 수송 도중 선박이 침몰했거나 예기치 않은 해상 재난 등으로 인해 피해가 발생했을 때 보험회사가 피보험자에게 손해를 보상해 줄 것을 약속하는 것이다.

(1) 해상보험의 부보

① 보험기간

보험기간은 보험자의 위험부담이 존속하는 기간, 즉 보험자의 위험부담의 시간적 한계를 말한다. 보험계약기간은 보험기간의 개시여부에 관계없이 보험계약이 유효하게 존속하는 기간 즉 보험계약 체결일로부터 종료일까지의 기간을 말한다.

② 보험금액

보험계약을 체결할 경우에 보험금액이란 보험회사가 보험사고 발생시 보상하는 최고한도액을 의미한다. 신용장통일규칙을 보면 신용장에 다른 조건이 없는 한 최저부보금액은 CIP, CIF금액의 110%로 명시되어 있다.

③ 보험료율

보험료율은 화물적재선박의 상태나 상대국의 항만 사정 등, 또는 선적화물의 성질 또는 형태 등을 감안하여 보험조건(WA 조건 등)에 따라 결정한다.

④ 피보험자

영국 해상보험법 제4조에 의하면 피보험자와 보험대상물 간에는 재산상의 이해관계가 있어야 한다고 명시되어 있다. 보험을 들면 이런 재산상의 이해관계에서 특정인이 일정금액을 받을 수 있게 된다.

2) 해상보험 약관과 해상위험의 종류

(1) 해상보험약관

① 구협회적하약관

구약관은 손해의 형태를 담보의 기준으로 하는데, 1963년 런던 보험업자협회가 제정한 협회적하약관과 적하보험증권을 가리킨다.

② 신협회적하약관

신약관은 손해의 원인을 담보의 기준으로 삼는데, 1982년에 제정한 협회적하약관과 적하보험증권을 가리킨다.

그런데 1982년 약관은 그 제정이후 4반세기가 경과하고 있어 제정 당시와 비교하면 국제화물의 취급이나 2001년에 발생한 미국의 동시다발적인 테러를 발단으로 하는 테러리스트의 위협 등 해상적하보험시장을 둘러싼 환경이 크게 변하고 있다. 따라서 영국보험시장의 합동적하보험위원회(Joint Cargo Committee: 이하 "JCC"라 한다)는 1982년 약관의 개정 작업을 진행, 2008년 11월 24일자로 새로운 ICC 및 그 관련 약관을 공표하고 2009년 1월 1일부터 발효되는 것으로 하였다. 이에 따라 이미 영국이나 일본 등에서는 2009년 약관을 표준약관으로 채용하고 있다. 우리나라의 경우 아직 2009년 약관을 사용하지 않고 있으나 머지않아 이용될 것으로 예상된다. 따라서 신증권에 첨부하여 이용하는 협회적하약관은 1982년 약관과 2009년 약관의 두 가지가 있음을 유의할 필요가 있다.

(2) 해상위험의 종류

해상위험은 고유의 위험과 인위적인 위험으로 나누어진다.

① 해상고유의 위험

바다에서 발생할 수 있는 우연한 사고로서 선박의 침몰 위험, 선박의 파손위험, 선박의 좌초 위험, 선박의 교사 위험, 선박끼리의 충돌 위험 등.

② 인위적인 위험

강도 위험, 투하 위험, 전쟁 위험, 억류 위험, 선원의 악행 위험, 화재 위험 등.

(3) 추가위험의 종류

전쟁위험, 동맹파업 위험, 도난 위험, 좀도둑질, 부족, 구부러짐, 곰팡이, 벌레 및 쥐, 증발, 녹슴, 땀과 열, 오염 등.

위에서 살펴본 추가위험은 선적화물의 종류, 포장, 발송항의 상황 등을 고려하여 보통 부가적으로 특약합니다. 그러나 특약하는 것을 잊거나 실수할 수가 있어 구약관에서는 전위험담보조건(A/R), 신약관에서는 ICC(A)의 보험가입이 기정사실화되어 있습니다.

3) 해상손해에는 어떤 종류가 있나

(1) 해상손해의 종류

해상손해에서는 해상위험으로부터 선적화물이 얼마만큼 손해를 입었는지, 그 손해에 대해서는 과연 누가 책임지는지가 중요하다.

① 물적손해

보험목적물의 멸실이나 손상으로 인한 직접손해로서 전손과 분손으로 구분되는데 다시 전손은 현실전손과 추정전손으로 구분되고 분손은 단독해손과 공동해손으로 구분된다.

② 비용손해

위험발생의 결과로 피보험자에 의해 또는 그를 위하여 비용이 지출되는 경우의 손해를 말하며 단독비용, 구조비용, 공동해손비용, 부대비용이 있다.

(2) 물적손해

물적손해는 손해의 정도에 따라 전손과 분손으로 구분됩니다.

① 전손(Total Loss)

전손이란 전부 손실된 상태를 말하며, 전손에는 현실전손과 추정전손이 있다.

현실전손(Actual Total Loss)은 보험에 부보된 선박이나 화물이 심하게 부서져 그 상품의 가치가 상실된 것을 말한다.

추정전손(Constructive Total Loss)은 부보된 화물이 현실적으로 전멸하지는 않았지만 손해의 정도가 심해 전멸로 추정되는 경우가 추정전손이다.

② 분손(Partial Loss: Average)

보험에 부보된 화물의 일부분이 손실된 상태를 말하며, 분손에는 단독해손과 공동해손이 있다.

단독해손(Particular Average Loss)은 손해를 입었을 경우 손해 부담자가 혼자인 경우를 단독해손이라 한다.

공동해손(General Average Loss)은 선박이나 화물이 해상위험에 처한 경우, 공동의 이익을 위해 고의로 화물의 일부분을 바다에 버리는 해손을 공동해손이라고 한다.

(3) 비용손해

① 단독비용(Particular Charges)

단독비용이란 피보험자가 부보된 선박이나 화물의 안전을 위해 지출하는 비용으로 공동해손비용이나 구조비용 이외의 비용을 말한다. 이러한 단독비용에는 손해방지비용과 특별비용이 있다. 손해방지비용은 손해방지약관에 따라 손해방지의무를 이행하는데 필요한 비용이다. 특별비용은 단독비용의 일종으로 이미 발생한 손해에 의하여 필요하게 된 사후적 비용이다.

② 구조비용(Salvage Charges)

구조비용이란 제3자가 의무나 계약에 의하지 않고 임의로 재산을 구조했을 때 해상법에 따라 그 구조자가 보상받을 수 있는 비용이다.

③ 공동해손비용(General Average Expenditure)

공동해손행위에 의하여 지출된 비용을 말한다.

④ 부대비용(Extra Charges)

부대비용이란 손해의 원인을 조사하고 손해액을 입증하기 위한 비용이다.

4) 보험약관의 조건에는 어떤 것이 있나

(1) 협회적하약관

우리나라는 구약관인 영국의 해상보험단체 Lloyd's가 제정한 Lloyd's SG Form의 구협회적하약관을 사용하고 있습니다. 뿐만 아니라 1982년 영국보험자협회가 제정한 신협회적하약관도 함께 사용하고 있다.

1982년 1월 1일에 개정한 신협회적하약관은 읽기 쉽고 이해하기 쉬운 문장표현으로 바뀐 보험증권이다.

그런데 1982년 약관은 그 제정이후 4반세기가 경과하고 있어 제정 당시와 비교하면 국제화물의 취급이나 2001년에 발생한 미국의 동시다발적인 테러를 발단으로 하는 테러리스트의 위협 등 해상적하보험시장을 둘러싼 환경이 크게 변하고 있다. 따라서 영국보험시장의 합동적하보험위원회(Joint Cargo Committee: 이하 "JCC"라 한다)는 1982년 약관의 개정 작업을 진행, 2008년 11월 24일자로 새로운 ICC 및 그 관련 약관을 공표하고 2009년 1월 1일부터 발효되는 것으로 하였다. 이에 따라 이미 영국이나 일본 등에서는 2009년 약관을 표준약관으로 채용하고 있다. 우리나라의 경우 아직 2009년 약관을 사용하지 않고 있으나 머지않아 이용될 것으로 예상된다. 따라서 신증권에 첨부하여 이용하는 협회적하약관은 1982년 약관과 2009년 약관의 두 가지가 있음을 유의할 필요가 있다.

구약관은 손해의 형태를 담보의 기준으로, 신약관은 발생원인을 기준으로 하고 있다.

(2) 구보험조건

① 단독해손부담보(FPA)조건

구약관 상의 담보 위험 때문에 생긴 손해 중 비용손해를 보상하나 원칙적으로 단독해손은 보상하지 않는다. 신약관에서는 ICC(C)가 이 조건에 해당된다.

② 분손담보(WA)조건

신약관에서는 ICC(B)가 여기에 해당된다. 이 조건에서는 전손, 공동해손 외에 단독해손인 분손의 경우도 모두 보상되는데, 다만 손해방지비용, 구조비용, 개별추정 전손은 보상되지만 면책비율은 적용되지 않는다. 면책비율이란 어느 정도이하의 작은 손해는 불가피한 것일 뿐만 아니라 계산에도 시간이 걸리므로 일정비율 이하의 작은 손해는 보상되지 않는 것을 말합니다. 그러나 침몰, 좌초, 화재, 충동사고 등의 공동해손인 경우에는 작은 손해라도 보상된다.

③ 전위험담보(A/R)조건

신약관에서는 ICC(A)가 이 조건에 해당되며, 보험회사가 선박화물에 대한 위험을 담보하는 조건으로 보험회사는 전손, 단독해손인 분손과 공동해손인 분손

등을 담보할 뿐만 아니라 면책비율에 미달하는 작은 손해까지도 보상해준다. 하지만 전쟁 또는 동맹파업 위험만은 담보해주지 않는데, 이것을 담보받기 위해선 추가적 특약을 설정해야만 한다.

(3) 신보험조건

① 신ICC(A)조건

이 조건은 보험회사가 부보된 화물의 손해 및 손상 등 모든 위험을 보상해주는 조건으로, 공동해손비용, 구조비용, 손해방지비용, 특별비용을 보상해준다. 그러나 전쟁이나 일반면책, 동맹파업 등으로 인한 손해는 보험회사가 보상해주지 않는다.

② 신ICC(B)조건

이 조건으로 부보되어 보상되는 경우는 해상고유의 위험으로 인한 재해나 지진, 낙뢰 등 자연적인 재해 외에도 갑판상 유실로 인한 손해, 선적이나 하역작업 중 생긴 손해 등의 공동해손이 생겼을 때이다.

③ 신ICC(C)조건

이 조건으로 부보되어 보상되는 것은 화재 또는 폭발로 인한 손해, 침몰, 충돌, 전복 또는 탈선 등으로 인해 발생한 손해의 경우이다.

ICC(C)조건은 ICC(B), ICC(A)에 모두 포함되는 공통조건으로 보험회사에서는 보험자의 작은 손해에 대해서도 면책할 수 없다. 즉 면책손해도 인정되며, 구조비용, 단독비용, 공동해손비용, 손해비용, 쌍방과실 충돌에 의한 약관의 책임손해 역시 보험회사가 보상해준다는데 있다.

(4) 부가위험조건

부보의 조건 중 A/R이나 ICC(A)조건은 기본조건 중 가장 보상범위가 넓습니다. 그러나 보험료 또한 가장 높기 때문에 WA, FPA, ICC(B), ICC(C)조건에 추가적으로 부보하면 보험료를 적게 내면서도 원하는 보상을 받을 수 있습니다.

■ 부가위험

① 누손담보

② 도난, 불착, 발화 손해담보

③ 갈고리 손상 담보

④ 투하, 갑판의 유실 손해담보

⑤ 지연 발화 손해담보

⑥ 습기와 땀에 의한 손해담보

⑦ 타화물과 접촉에 의한 손해담보

⑧ 파손, 굴곡, 눌림 자국에 의한 손해담보

⑨ 마찰에 의한 손상담보

⑩ 곰팡이 손상담보

⑪ 벌레 및 쥐 손상담보

⑫ 우, 담수 손해담보

⑬ 부족위험담보

⑭ 불착위험담보

⑮ 금속물의 녹에 의한 손상담보

4 | 국제무역보험관련 절차

1) 보험금 청구절차

(1) 피보험자의 클레임 통지

피보험자는 손해 발생 즉시 보험회사와 운송인에게 클레임 통지를 하고 손해를 방지하거나 경감시키도록 조치를 취한다.

(2) 보험회사의 클레임 임시접수 및 손해사정인 지정

클레임을 통보받은 보험회사는 클레임을 임시로 접수하고 손해사정인을 지정하여 손해조사를 한다.

(3) 정식 클레임 신청

손해사정인의 조사결과에 따라 피보험자는 필요서류를 갖추어 정식클레임을 청구한다 손해검정을 위한 조사시에는 보험증권상에 기재된 당 회사의 사무소 또는 대리점의 승인을 얻어야만 한다.

(4) 보험금 수령

보험자는 클레임 신청서류를 검토한 후 보험금을 지급하고, 피보험자를 대위하여 운송인이나 기타 손해발생인으로부터 지급보험금을 구상받는다.

5 국제무역보험관련 필수 영단어

· marine insurance: 해상보험
· cargo insurance: 화물보험
· floating policy insurance: 선명미상보험
· franchise insurance: 면책보험
· FPA(Free from Particular Average) insurance: 분손부담보보험
· deck cargo insurance: 갑판적화물보험
· TLO(Total Loss Only) insurance: 전손담보보험
· WA(With Average) insurance: 분손담보보험
· AAR(Against All Risks): 전위험보험(A/R)
· export insurance: 수출보험
· TPND(Theft, Pilferage, and Non-Delivery) insurance: 도난, 발화, 불착보험
· W/W(Warehouse to Warehouse) clause insurance: 창고간 약관보험
· breakage insurance: 파손보험
· open cover: 포괄예정보험
· wave and tidal insurance: 파랑보험
· jettison insurance: 투화보험
· leakage insurance: 누손보험
· valued policy: 기평가 보험증권

· unvalued policy: 미평가 보험증권
· insurable value: 보험가액
· insurable interest: 피보험이익
· unknown clause: 부지약관
· insurance policy: 보험증권
· insurance certificate: 보험증명서
· insurance documents: 보험서류
· insurance premium: 보험료
· insurance application: 보험신청서
· insurer: 보험자(assurer)
· insured: 피보험자(assured)
· policy holder: 보험계약자
· utmost good faith: 최대선의
· disclosure: 고지
· warranty: 담보
· Express [Implied] warranty: 명시[묵시] 담보
· lost or not lost clause: 소급약관
· subject matter of insurance: 보험 목적물
· actual [constructive] total loss: 현실[추정]전손
· total loss: 전손
· partial loss:분손(average)
· particular [general] average: 단독[공동]해손
· inherent defect of the goods: 물품의 고유하자
· sue and labor charges: 손해방지비용
· salvage charge: 구조비
· particular charge: 특별비용
· general average adjuster: 공동해손정산인
· statement of general average: 공동해손정산서
· jettion: 투화
· peril insured: 부보위험
· proximate cause: 근인
· W.A. irrespective of percentage: 면책비율이 없는 분손담보조건(WAIOP)
· sweat & heating: 한습손 및 열손
· abandonment: 위부
· subrogation: 대위
· Insurance policy endorsed in blank: 백지배서된 보험증권

6 | 국제무역보험관련 필수 영숙어

· effect insurance on the goods: 물품을 부보하다(cover the goods by insurance)
· cover the goods for some amount at a premium of~: ~보험료로 어떤 금액에 대해 부보하다
· cover a risk by an insurance: 보험으로 위험을 부보하다
· effect [cover, open, close, provide] (the) insurance on~: ~에 대해 보험계약을 체결하다
· cover all risks of loss or damage to: ~에 대한 멸실 또는 손상의 모든 위험을 담보하다
· close an insurance on the goods with an insurance company: 보험회사와 물품에 대한 보험계약을 체결하다
· be insured for (the amount of) $10,000: 만달러의 금액에 대해 부보되다
· arrange for insurance: 보험을 수배하다(arrange insurance)
· insure on the goods against the marine damage for the amount of $100,000: 10만달러의 금액에 대해 해상손해에 대해 물품을 부보하다
· proximately caused by a peril: 위험에 의해 근인하는

7 | 국제무역보험관련 핵심 무역영어 용법

(1) 해상보험에 들다 [부보하다]의 표현

· to insure(cover) 상품 for 사람
· to insure(cover) 사람 on 상품
· to take (effect, cover, take out, contract) insurance on 상품 for 사람
· to take out an insurance policy on 상품 for 사람

① 명사 insurance를 사용한 표현

· to cover (an) insurance on goods

· to cover goods by insurance

② 동사 insure를 사용한 표현

· to insure goods against risk[lose; damage] for an amount[for the sum of; to the amount of; amounting to] at[at the rate of] a percentage with[in; by] an insurance company[an underwriter]

(2) ~의 요금으로 보험에 들다

· to cover the goods for some amount at a premium of~

(3) 보험으로 위험을 담보하다

· to cover a risk by insurance

(4) 보험회사와 보험계약을 맺다

· to close insurance on the goods with an insurance company

(5) ~의 손해에 대해 5%의 면책 비율로 부보하다

· to insure the damage with franchise of 5%

(6) ×× 보험회사에 금액 미화 1,000불의 (손해) 보험을 (상품에) 들다 [부보하다]

· to insure (a thing) against (damage) for US$1,000.00 with ×× Insurance Co., Ltd.

· to cover (a thing) from (damage) for US$1,000.00 by ×× Insurance Co., Ltd.

· to insure (a person) for US$1,000.00 against (damage) on (a thing) with ×× Insurance Co., Ltd.

· to insure (a person) for US$1,000.00 from (damage) on (a thing) by ×× Insurance Co., Ltd.

· to cover (a person) for US$1,000.00 from (damage) on (a thing) in ×× Insurance Co., Ltd.

· to effect insurance on (a thing) for US$1,000.00 against (damage) with ×× Insurance Co., Ltd.

(7) ×× 보험회사에 저율로 (상품에) 보험을 들다

· to insure (a thing) at low premium with ×× Insurance Co., Ltd.

(8) 화물을 보험에 들다

· to have a cargo insured; to carry insurance on a cargo

(9) 미화 10만 불의 보험을 들다

· to apply for insurance for US$100,000.00; to apply for an insurance policy of US$ 100,000.00

8 | 국제무역보험관련 주요 국제상관습 및 법제의 영문해석

(1) 영국해상보험법(Marine Insurance Act 1906)

Article 1 [Marine insurance defined]
A contract of marine insurance is a contract whereby the insurer undertakes to indemnify the assured, in manner and to the extent thereby agreed, against marine losses, that is to say, the losses incident to marine adventure.

해석
제1조 [해상보험의 정의]
해상보험계약이란 보험자가 그 계약에 의하여 합의한 방법과 범위 내에서 해상

손해, 즉 해상사업에 수반되는 손해에 대하여 피보험자에게 손해보상을 약속하는 계약이다.

Article 3 [Marine adventure and maritime perils defined]

1. Subject to the provisions of this Act, every lawful marine adventure may be the subject of a contract of marine insurance.
2. In particular there is a marine adventure where
   a. Any ship goods or other moveables are exposed to maritime perils. Such property is in this Act referred to as "insurable property".
   b. The earning or acquisition of any freight, passage money, commission, profit, or other pecuniary benefit, or the security for any advances, loan, or disbursements, is endangered by the exposure of insurable property to maritime perils.
   c. Any liability to a third party may be incurred by the owner of, or other person interested in or responsible for, insurable property, by reason of maritime perils.

"Maritime perils" means the perils consequent on, or incidental to, the navigation of the sea, that is to say, perils of the seas, fire, war, perils, pirates, rovers, thieves, captures, seizures, restraints, and detainment's of princes and peoples, jettisons, barratry, and any other perils, either of the like kind or which may be designated by the policy.

해석

제3조 [해상사업과 해상위험의 정의]

1. 이 법의 규정을 전제로 하며, 모든 적법한 해상사업은 해상보험계약의 목적이 될 수 있다.
2. 특히 다음의 경우에 해상사업이 있다.
   a. 일체의 선박, 화물 또는 동산이 해상위험에 노출되는 경우, 그러한 재산을 이 법에서는 "피보험재산"이라고 한다.
   b. 일체의 화물운임, 여객운임, 수수료, 이윤 또는 기타 금전적 이익의 수입이나 취득, 또는 일체의 전도금이나 대출금 또는 선비를 위한 담보가 피보험재산이 해상위험에 노출됨으로써 위험에 직면한 경우.
   c. 피보험재산의 소유자 또는 피보험재산에 기타 이해관계가 있거나 책임이 있는 자가 해상위험 때문에 제3자에 대해 배상책임을 부담하는 경우.

"해상위험"은 바다의 항해에 기인하거나 부수하는 위험을 의미하며, 즉 바다의 위험, 화재, 전쟁위험, 해적, 강도, 절도, 포획, 나포, 군주와 국민의 억류 및 억지, 투하, 선원의 악행, 및 이와 동종의 또는 보험증권에 기재되는 일체의 기타 위험을 말한다.

Article 5 [Insurable interest defined]

1. Subject to the provisions of this Act, every person has an insurable interest who is interested in a marine adventure.
2. In particular a person is interested in a marine adventure where he stands in any legal or equitable relation to the adventure or to any insurable property at risk therein, in consequence of which he may benefit by the safety or due arrival of insurable property, or may be prejudiced by its loss, or by damage thereto, or by the detention thereof, or may incur liability in respect thereof.

해석

제5조 [피보험이익의 정의]

1. 이 법의 규정이 있는 경우를 제외하고, 해상사업에 이해관계가 있는 자는 모두 피보험이익을 갖는다.
2. 특히 해상사업에 대하여 또는 해상사업에서 위험에 노출된 일체의 피보험재산에 대하여 어떤 자가 보통법 또는 형평법상 관계에 있는 경우, 그 결과로 인하여 피보험재산의 안전이나 예정시기의 도착으로 이익을 얻거나, 피보험재산의 멸실이나 손상 또는 억류로 손해를 입거나, 또는 피보험재산에 관하여 배상책임을 발생시키는 자는 해상사업에 이해관계가 있다.

(2) 신협회적화약관(Institute Cargo Clauses 1982)

Article 8 [Transit Clause]

8.1 This insurance attaches from the time the goods leave the warehouse or place of storage at the place named herein for the commencement of the transit, continues during the ordinary course of transit and terminates either

8.1.1 on delivery to the Consignees' or other final warehouse or place of storage at the destination named herein,

8.1.2 on delivery to any other warehouse or place of storage, whether prior to or at the destination named herein, which the Assured elect to use either

8.1.2.1 for storage other than in the ordinary course of transit or

8.1.2.2 for allocation or distribution, or

8.1.3 on the expiry of 60 days after completion of discharge overside of the goods hereby insured from the oversea vessel at the final port of discharge, whichever shall first occur.

8.2 If, after discharge overside from the oversea vessel at the final port of discharge, but prior to termination of this insurance, the goods are to be forwarded to a destination other than that to which they are insured hereunder, this insurance, whilst remaining subject to termination as provided for above, shall not extend beyond the commencement of transit to such other destination.

8.3 This insurance shall remain in force(subject to termination as provided for above and to the provisions of Clause 9 below) during delay beyond the control of the Assured, any deviation, forced discharge, reshipment or transhipment and during any variation of the adventure arising from the exercise of a liberty granted to shipowner or charterers under the contract of affreightment.

해석

제8조 [운송약관]

8.1 이 보험은 화물이 운송개시를 위하여 이 보험증권에 기재된 장소의 창고나 보관장소를 떠날 때부터 개시되고, 통상의 운송과정에 있는 동안 계속되며, 다음 중의 어느 것이든 먼저 발생하는 때에 종료한다.

8.1.1 이 보험증권에 기재된 목적지의 수화인의 또는 기타의 최종창고나 보관장소에 인도될 때.

8.1.2 이 보험증권에 기재된 목적지에 도착하기 이전 또는 목적지에서를 불문하고 피보험자가 다음의 목적 중 어느 것에 사용하고자 선택한 기타의 창고 또는 보관장소에 인도될 때.

8.1.2.1 통상의 운송과정이 아닌 보관, 또는

8.1.2.2 할당 또는 분배, 또는

8.1.3 최종양륙항에서 외항선으로부터 피보험화물의 하역이 완료된 후 60일이 경과될 때.

8.2 최종양륙항에서 외항선으로부터의 하역 후, 그러나 이 보험기간의 종료 전에 화물이 이 보험에 부보된 목적지 이외의 장소로 운송되는 경우에는, 이

보험은 위의 보험종료의 규정에 따라 계속되나 새로운 목적지로 운송이 개시될 때 종료된다.

8.3 이 보험은 (위의 보험종료의 규정 및 다음의 제9조의 규정에 따라) 피보험자가 통제할 수 없는 지연, 일체의 이로, 불가피한 하역, 재선적, 환적 및 해상운송 계약상 선주 또는 용선자에게 부여된 자유재량권의 행사로부터 발생하는 위험의 변경기간중에는 유효하게 계속된다.

Article 9 [Termination of Contract of Carriage Clause]

If owing to circumstances beyond the control of the Assured either the contract of carriage is terminated at a port or place other than the destination named therein or the transit is otherwise terminated before delivery of the goods as provided for in Clause 8 above, then this insurance shall also terminate unless prompt notice is given to the Underwriters and continuation of cover is requested when the insurance shall remain in force, subject to an additional premium if required by the Underwriters, either

9.1 until the goods are sold and delivered at such port or place, or unless otherwise specially agreed, until the expiry of 60 days after arrival of the goods hereby insured at such port or place, whichever shall first occur, or

9.2 if the goods are forwarded within the said period of 60 days (or any agreed extension thereof) to the destination named herein or to any other destination, until terminated in accordance with the provisions of Clause 8 above.

해석

제9조 [운송계약종료약관]

피보험자가 통제할 수 없는 사정에 의하여 운송계약이 그 계약서에 기재된 목적지 이외의 항구 또는 장소에서 종료되거나 또는 기타 위의 제8조에 규정된 화물의 인도 이전에 운송이 종료되는 경우에는, 이 보험도 또한 종료한다. 다만 보험자에게 그 취지를 지체없이 통고하고 담보의 계속을 요망하는 경우에는 보험자로부터 청구가 있으면 추가보험료를 지급할 것을 조건으로 하여 유효하게 계속된다.

9.1 화물이 위의 항구 또는 장소에서 매각된 후 인도되거나, 또는 별도의 합의가 없는 한, 그러한 항구 또는 장소에서 피보험화물이 도착한 후 60일이 경과된 것 중의 어느 것이든 먼저 발생한 때까지, 또는

9.2 화물이 위의 60일의 기간 내에 (또는 합의된 연장기간 내에) 보험증권에 기재된 목적지 또는 기타의 어떠한 목적지로 계속 운송되는 경우에는, 위의 제8조의 규정에 따라 이 보험이 종료될 때까지 유효하게 계속된다.

Article 10 [Change of Voyage Clause]

Where, after attachment of this insurance, the destination is changed by the Assured, held covered at a premium and on conditions to be arranged subject to prompt notice being given to the Underwriters.

해석

제10조 [항해변경약관]

이 보험이 개시된 후에 피보험자에 의하여 목적지가 변경되는 경우에는 보험자에게 그 취지를 지체없이 통고할 것을 조건으로 하여 추후 협약되어야 할 추가 보험료와 보험조건에 따라 담보가 계속된다.

(3) 신협회적화약관(Institute Cargo Clauses 2009)

Article 8 [Transit Clause]

8.1 Subject to Clause 11 below, this insurance attaches from the time the subject-matter insured is first moved in the warehouse or at the place of storage (at the place named in the contract of insurance) for the purpose of the immediate loading into or onto the carrying vehicle or other conveyance for the commencement of transit, continues during the ordinary course of transit and terminates either

8.1.1 on completion of unloading from the carrying vehicle or other conveyance in or at the final warehouse or place of storage at the destination named in the contract of insurance,

8.1.2 on completion of unloading from the carrying vehicle or other conveyance in or at any other warehouse or place of storage, whether prior to or at the destination named in the contract of insurance, which the Assured or their employees elect to use either for storage other than in the ordinary course of transit or for allocation or distribution, or

8.1.3 when the Assured or their employees elect to use any carrying vehicle or other conveyance or any container for storage other than in the ordinary course of transit or

8.1.4 on the expiry of 60 days after completion of discharge overside of the subject-matter insured from the oversea vessel at the final port of discharge, whichever shall first occur.

8.2 If, after discharge overside from the oversea vessel at the final port of discharge, but prior to termination of this insurance, the subject-matter insured is to be forwarded to a destination other than that to which it is insured, this insurance, whilst remaining subject to termination as provided in Clauses 8.1.1 to 8.1.4, shall not extend beyond the time the subject-matter insured is first moved for the purpose of the commencement of transit to such other destination.

8.3 This insurance shall remain in force (subject to termination as provided for in Clauses 8.1.1 to 8.1.4 above and to the provisions of Clause 9 below) during delay beyond the control of the Assured, any deviation, forced discharge, reshipment or transhipment and during any variation of the adventure arising from the exercise of a liberty granted to carriers under the contract of carriage.

해석

제8조 [운송약관]

8.1 하기 약관 제11조를 조건으로 하여, 이 보험은 운송개시를 위해 운송차량 또는 기타 운송용구에 보험의 목적을 곧바로 적재할 목적으로 (이 보험계약에 명시된 장소의) 창고 또는 보관장소에서 보험의 목적이 최초로 움직인 때에 개시되고, 통상의 운송과정 중에 계속되며,

8.1.1 보험계약에 기재된 목적지의 최종창고 또는 보관장소에서, 운송차량 또는 기타 운송용구로부터 양하가 완료된 때

8.1.2 보험계약에 기재된 목적지로 가는 도중이든 목적지든 불문하고, 피보험자 또는 그 사용인이 통상의 운송과정상의 보관 이외의 보관을 위해, 또는 할당 또는 분배를 위하여 사용하고자 선택한 기타의 창고 또는 보관장소에서, 운송차량 또는 기타 운송용구로부터 양하가 완료된 때, 또는

8.1.3 피보험자 또는 그 사용인이 통상의 운송과정이 아닌 보관을 목적으로, 운송차량 또는 기타 운송용구 또는 컨테이너를 사용하고자 선택한 때, 또는

8.1.4 최종양륙항에서 외항선으로부터 보험의 목적의 양륙을 완료한 후 60일이 경과한 때 중 어느 것이든 먼저 발생한 때에 종료된다.

8.2 최종양륙항에서 외항선으로부터 양륙후, 그러나 이 보험이 종료되기 전에 보험의 목적이 부보된 목적지 이외의 장소로 계속 운송되는 경우, 이 보험은 약관 8.1.1에서 8.1.4에 규정된 보험종료규정에 따라 계속되나, 보험의 목적이 그러한 목적지로 운송개시를 위해 최초로 움직인 때에 종료된다.

8.3 이 보험은 피보험자가 좌우할 수 없는 지연 · 일체의 항로이탈 · 부득이한 양하 · 재선적 · 환적 및 운송계약상 운송인에게 부여된 자유재량권의 행사로부터 생기는 위험의 변경기간 중 (상기 약관 8.1.1에서 8.1.4까지에 규정된 보험종료규정 및 하기 제9조의 규정에 따라) 유효하게 계속된다.

Article 9 [Termination of Contract of Carriage Clause]

If owing to circumstances beyond the control of the Assured either the contract of carriage is terminated at a port or place other than the destination named therein or the transit is otherwise terminated before unloading of the subject-matter insured as provided for in Clause 8 above, then this insurance shall also terminate unless prompt notice is given to the Insurers and continuation of cover is requested when this insurance shall remain in force, subject to an additional premium if required by the Insurers, either

9.1 until the subject-matter insured is sold and delivered at such port or place, or, unless otherwise specially agreed, until the expiry of 60 days after arrival of the subject-matter insured at such port or place, whichever shall first occur, or

9.2 if the subject-matter insured is forwarded within the said period of 60 days (or any agreed extension therof) to the destination named in the contract of insurance or to any other destination, until terminated in accordance with the provisions of Clause 8 above.

해석

제9조 [운송계약종료약관]

피보험자가 좌우할 수 없는 사정에 의하여 운송계약이 그 계약서에 기재된 목적지 이외의 항구 또는 지역에서 종료되거나 또는 기타의 사정으로 제8조에 규정된 보험의 목적의 양하 이전에 운송이 종료될 경우에는 이 보험도 또한 종료된다. 다만 (피보험자가) 지체없이 그 취지를 보험자에게 통지하고 담보의 계속을 요청할 경우에 보험자의 청구가 있으면 추가보험료를 지급하는 조건으로, 이 보험은

9.1 보험의 목적이 상기 항구 또는 지역에서 매각된 후 인도될 때 또는 별도의 합

의가 없는 한, 그러한 항구 또는 지역에 보험의 목적의 도착후 60일이 경과 될 때 중 어느 한 쪽이 먼저 생길 때까지 또는

9.2 만약 보험의 목적이 상기 60일의 기간(또는 합의하에 60일의 기간을 연장한 기간)내에 보험계약에 기재된 목적지 또는 기타의 목적지로 계속 운반될 경우에는 상기 제8조의 규정에 따라 보험이 종료될 때까지 유효하게 존속된다.

Article 10 [Change of Voyage Clause]

10.1 Where, after attachment of this insurance, the destination is changed by the Assured, this must be notified promptly to Insurers for rates and terms to be agreed, Should a loss occur prior to such agreement being obtained cover may be provided but only if cover would have been available at a reasonable commercial market rate on reasonable market terms.

10.2 Where the subject-matter insured commences the transit contemplated by this insurance (in accordance with Clause 8.1), but, without the knowledge of the Assured or their employees the ship sails for another destination, this insurance will nevertheless be deemed to have attached at commencement of such transit.

해석

제10조 [항해변경약관]

10.1 이 보험의 개시후 목적지가 피보험자에 의하여 변경된 경우에는 지체없이 그 취지를 보험자에게 통지하고, 보험요율과 보험조건을 협정하여야 한다. 그러한 협정 전에 손해가 발생한 경우에는 영리보험시장에서 타당하다고 생각되는 보험조건 및 보험요율에 의한 담보를 받을 수 있는 때에 한하여 담보한다.

10.2 보험의 목적이 이 보험(약관 제8.1조에 따라)에서 예상된 운송을 개시하였지만, 피보험자 또는 그들의 사용인이 알지 못하고 선박이 다른 목적지로 향하는 경우에도 이 보험은 그러한 운송의 개시시에 개시한 것으로 간주된다.

국제무역분쟁

Chapter 7

1 | 국제무역분쟁 입문 용어 해설

❶ 강제적 중재

일명 사법적 중재라고도 하며 경미한 분쟁을 소송보다 중재에 의하여 해결하도록 법적으로 강제하는 중재를 말한다.

❷ 계약의 해제

계약의 체결 후 유효하게 성립하고 있는 계약의 효력을 당사자 일방의 의사표시에 의해 계약관계를 소급적으로 해소함으로써 계약이 처음부터 있지 않았던 것과 같은 상태로 복귀시키는 것을 의미한다.

❸ 권리침해조항

수출물품이 특허출원을 한 신 개발품 등일 경우 수입상의 복제생산을 방지하기 위하여 계약서상에 이에 관한 사항을 명기해 둘 때 이용된다.

❹ 금지명령

일정행위를 행하지 않도록 강제력 있는 명령을 내리는 것

❺ 구제방법

일정한 권리가 침해당하게 되는 경우에 그러한 침해를 방지하거나, 시정하거나 보상하게 하는 것을 말한다.

❻ 뉴욕협약

중재판정의 효력, 즉 중재판정의 집행력에 관하여는 세계 각국간에 현실적인 제사정 때문에 그 집행의 보장은 사실상 어려운 형편이었으나 금세기 후반에 들어서면서 확대되는 무역거래량에 수반되는 여러 가지 국제상사분쟁의 효율적 해결을 도모하기 위하여는 각국간에 외국중재판정에 대한 보장이 필요하게 되었다. 이러한 시대적 요청에 응하여 설립된 국제상업회의소와 UN의 경제사회이사회는 '외국 중재판정의 승인 및 집행에 관한 협약'의 체결을 주도하여 결국은 1958년 6월 UN에서 자유, 공산국 등 48개국 대표가 참석한 가운데 외국 중재판정의 승인과 집행을 보장하는 국제협약으로서 이를 채택하였으며 1959년 7월 7일 정식으로 그 효력이 발생하였다. 동 협약은 뉴욕에서 채택되었기 때문에 뉴욕협약이라고 부르기도 한다.

❼ 답변서

중재신청의 수리를 통지받은 피신청인은 그 통지의 발송일로부터 30일 이내에 답변할 수 있다. 이 기간 내에 답변서를 제출하지 아니한 경우에는 신청인의 주장을 거부한 것으로 추정하고 중재는 속행된다.

❽ 등록중재인

중재인 명부에 등록되어 있는 중재인을 말한다.

❾ 마아켓 클레임

계약이 체결된 후 매수인측이 시황이 나빠 사소한 결점을 이유로 가격의 인하를 요구하거나 고의적으로 악덕 클레임을 제기하는 경우가 있는데, 이를 마아켓 클레임이라고 한다.

❿ 불가항력

인간의 의지를 초월하는 모든 상황을 의미하는 포괄적인 개념으로 단순한 천재지변을 포함하여 전쟁, Strike, 수출입봉쇄, 수출입허가금지, 나포 등과 같은 정부의 법적, 행정적 간섭 같은 인위적인 사건들이 대체적인 유형이다. 불가항력적인 이러한 사태들은 계약서의 불가항력조항에 의해 계약의 불이행을 정당화시키는 사유가 될 수 있다.

⑪ 불가항력조항

불가항력이 구체적으로 무엇을 의미하는가는 각 상황을 고려하여 판단할 문제로 이 조항은 그에 해당하는 사태가 발생한 경우 이행기를 연장시키거나 혹은 계약을 정지시키거나 취소시키며, 때로는 양당사자 또는 당사자 일방에게 정지나 취소의 선택권을 허용할 것을 규정한 조항이다.

⑫ 사법적 중재

강제적 중재를 사법적 중재라고 한다.

⑬ 상사중재

계약당사자간에 자발적 중재합의에 의하여 당사자간에 현존하는 분쟁 또는 장차 발생가능한 분쟁을 법원의 소송절차에 의하지 않고 민간인인 제3자를 중재인으로 하여 그에게 분쟁의 해결을 부탁함으로써 그 위임된 분쟁에 대하여 중재인은 당사자들의 주장과 증거에 입각하여 최종적인 판정을 내리고 당사자는 이에 구속되는 자주적 분쟁해결방법

⑭ 섭외사법

국제거래에서 어떤 문제가 발생하면 적용법간에 대립이 생길 수 있으므로 준거법이 문제가 된다. 이와 같이 어떤 특정 사건이 국내외법의 적용을 동시에 받을 때 이를 조정, 절충하기 위하여 만들어진 법이 섭외사법이다.

⑮ 소송

당사자간 무역분쟁이 발생할 경우 중재에 의해 해결한다는 약정이 없는 한 소송에 의해 해결할 수 밖에 없다. 소송은 개인간의 분쟁을 국가기관인 재판소의 판결에 의하여 강제적으로 해결하는 방법이다. 국제간의 거래에 있어선 상대자가 법역을 달리하므로 우리 나라의 재판권이 상대국까지 미치지 못한다

는 장애가 있으므로 사법협정이 체결되어 있지 않기 때문에 소송에 의한 판결은 외국에서의 승인 및 집행이 보장되지 않는다. 소송에 의한 무역분쟁해결은 3심제인데다 많은 시간과 경비가 소요되고 기업비밀 등이 누설되며, 또한 해당국 당사자에게 집행도 할 수 없다는 단점을 갖고 있다.

⑯ 소송절차의 중단

중재계약을 체결한 당사자가 법원에서 소송절차를 개시한 때에는 그 소송절차의 어떤 당사자도 소송절차의 중단을 법원에 청구할 수 있다. 이때 법원은 중재에 회부할 이유가 충분하다고 인정할 때에는 소송절차를 중단하는 명령을 말할 수 있다.

⑰ 심문연기요금

중재인은 직권으로 당사자의 일방이 상당한 이유를 들어 심문연기를 요청할 경우 심문을 연기할 권리를 갖는다. 이때 연기를 신청한 당사자는 중재사무국에 심문연기요금을 예납하여야 한다.

⑱ 심판중재인

두 명의 중재인이 판정내용을 결정함에 있어서 합의가 이루어지지 않을 경우 심판중재인을 선정하여 그에게 결정권을 부여하고 있다. 이때 두명의 중재인이 심판중재인을 지명하지 못하면 법원에 신청하여 지명을 받을 수 있다.

⑲ 알선

알선이란 공정한 제3자적 기관이 당사자의 일방 또는 쌍방의 의뢰에 의하여 사건에 개입하여 원만한 타협이 이루어지도록 협조하는 방법으로 당사자간에 비밀이 보장되고 거래관계가 지속을 유지할 수 있는 장점이 있다. 알선은 쌍방의 협력이 없으면 실패로 돌아가고 강제력은 없으나 알선수임기관의 역량에 따라 그 실효성이 나타난다.

⑳ 우의적 중재

중재인에게 중재절차를 자유로이 적용할 수 있도록 하는 중재제도를 지칭하는 것으로 본질적 속성은 형평과 선에 의한 피해의 구제에 있다.

㉑ 의도적 클레임

매수인이 매매계약을 체결함에 있어서 물품을 매입하고자 체결하는 것이 아니라 처음부터 클레임을 제기할 목적으로 계약서상에 함정을 설정해 놓고 이 조항을 악용하여 클레임을 제기하는 것을 말한다.

㉒ 이행지법주의

비록 계약체결은 타국에서 이루어 졌을지라도 분쟁의 원인이 된 사항이 해당국에서 이행되었다면 계약(채무) 이행이 이루어진 이행지의 법을 준거법으로 결정한다는 주의로 계약의 전부 또는 상당부분이 이행된 국가의 법률이 적용된다.

㉓ 임시적기관중재

중재가 상설기관에 의해서 이루어지는 것이 아니라 중재계약에 의해 중재의 위임을 받은 중재인이 중재절차의 관리를 위한 행정절차를 담당함으로써 존재하게 되는 임시기관에 의해 중재가 이루어지는 제도를 말한다.

㉔ 이행거절

쌍무계약에서 당사자의 일방이 이행기 전후를 불문하고 채무를 이행할 의사가 없거나 불가능함을 표명하는 것으로 영, 미법상으로는 계약위반에 속한다.

㉕ 이행지체

채무가 이행기에 있고 그 이행이 가능함에도 불구하고 채무자가 책임있는 사유로 채무내용에 따른 이행을 하지 않는 것을 말한다.

㉖ 재판관할조항

무역계약체결시 분쟁해결을 중재에 의하지 않을 경우 어느 특정국가의 관할법원으로 정할 때 삽입되는 조항을 말한다. 예를 들면, 본 계약과 관련하여 당사자간에 원만히 해결할 수 없는 사안은 대한민국 법원에서 관할한다는 내용을 계약서에 명기하게 되는 것을 말한다.

㉗ 조정

무역거래에서 발생하는 클레임의 해결 방법중의 하나로서, 당사자간의 원만한 합의가 이루어지지 않을 경우, 공정하고 전문적인 지식이 있는 제3자를 조정인으로 하여, 이를 개입시켜 분쟁을 해결하는 방식을 말한다. 조정은 당사자의 일방 또는 쌍방의 요청에 의거, 양당사자가 공정한 제3자를 조정자로 선임하여 분쟁 해결방안을 제시해 줄 것을 부탁하고 조정인이 제시하는 조정안에 양당사자가 합의함으로써 분쟁을 해결하는 방식이다.

㉘ 준거법

무역계약 체결시 그 계약의 성립과 이행 그리고 해석에 관하여 어느 나라 법을 적용할 것인가를 명시하게 되는데, 이를 준거법이라 한다.

㉙ 중립중재인

3인의 중재인을 선정하기로 한 경우 분쟁당사자가 각각 1인의 중재인을 선정하고 그 선정된 2인의 중재인이 선정하는 중재인을 중립 중재인이라 한다.

㉚ 중재

계약 이행 과정에서 클레임이 제기되었을 경우 당사자간에 원만한 해결이 이루어지지 않을 때 쌍방이 중재로 해결하겠다는 약정이 있어야 하며, 당사자간의 분쟁은 법관이 아닌 제3자, 즉 중재인에 의해 판정이 내려진다. 중재는 단심제이며, 중재판정은 뉴욕협약에 의거 외국에 대해서도 효력이 인정된다. 중재조항 삽입시 중재규칙, 중재지, 중재기관이 명시되어야 한다.

㉛ 중재부탁

계약에 중재조항을 설정하지 못한 경우 계약의 이행과정에 분쟁이 발생하였을 때 양 당사자가 중재의 실익을 인정하여 분쟁을 중재에 의하여 해결하기로 규정하는 것을 중재부탁이라 한다. 이에 반하여 사전에 계약서상에 중재에 관한 규정을 삽입하였을 때 이를 중재조항이라고 한다.

㉜ 중재의 개시

중재의 개시는 중재의 특성과 신속성에 견주어 볼 때 중재판정부가 구성된 시점을 중재의 개시로 간주한다.

㉝ 중재의 대리

당사자는 이 규칙에 의한 절차의 대리를 변호사 또는 상당하다고 인정되는 자로 하여금 하게 할 수 있다. 그러나 중재판정부가 대리인이 중재절차대리에 부적당하다고 판단되는 경우 동 대리인을 거부할 수 있음.

㉞ 중재인의 기피

중재인의 공정성에 의심이 가거나 또는 중재인이 당사자들이나 분쟁에 이해관계가 있어 중재판정에 영향을 줄 것이라는 사실을 분쟁의 이해관계자가 알았을 경우 분쟁당사자는 이미 선정된 중재인의 기피를 법원에 신청할 수 있다.

㉟ 중재판정의 효력

'외국중재판정의 승인 및 집행에 관한 국제연합협약(the United Nations Convention on the Recognition and Enforcement of Foreign Arbitral Awards: 일명 뉴욕협약'이 UN 경제사회이사회의 주도 아래 1958년 6월 10일 미국 NewYork에서 채택됨으로써 각 체약국내에서는 외국중재판정의 승인 및 집행을 보장받게 되었다. 우리나라도 1973년 2월 8일 가입, 동년 5월 9일부터 그 효력이 발효됨에 따라 국내 유일한 상설중재기관인 대한상사중재원의 중재판정도 본 협약 체약국간에서는 그 승인 및 집행을 보장받게 되었다.

㊱ 청구권의 포기

피해자가 상대방에게 청구권을 행사하지 않은 경우로서 이는 대체적으로 상대방이 사전 또는 즉각적으로 손해배상 제의를 통해 해결될 경우에 이루어진다. 청구권의 포기는 분쟁해결을 위한 가장 바람직한 방법으로 향후 양당사자간에 지속적이고 안정적인 거래를 보장받을 수 있다.

㊲ 체결지법주의

계약이 체결되고 계약의 전부 또는 일부가 이행된 경우에 당해 국가의 법률을 적용해야 한다는 주의이다.

㊳ 클레임

매매계약에 있어서의 위반행위에 의한 손해에 관해서 매매 당사자에게 일어나는 상사분쟁의 구상을 말한다. 이 구상은 피해자인 당사자로부터 책임이 있는 상대방에게 대하여 제기되는 것으로서, 여기에는 일상 무역에서 일어나는 일반적인 것과 부당한 의도하에서 행해지는 의장적 내지 계획적인 클레임이 있다. 전자는 우발적이며, 또한 불가항력적인 사정이나 또는 약간의 과실이나 태만에서 생기는 것으로서, 당사자의 타협, 조정, 중재로 해결되나, 후자는 고의적으로 계약수행에 지장을 가져오는 악질적인 것이다.

㊴ 클레임 약관

매매당사자들은 무역거래조건협정서에서 클레임의 해결조항을 협의해서 규정하고, 그 뒤에 필요에 따라 조항의 수정이나 추가에 의해서 그것을 가급적 완전한 클레임 약관으로 만들어 둔다. 여기에는 분쟁의 해결방법, 클레임 제기의 시일, 검사조항, 클레임 비용의 분담, 불가항력적인 제사정으로 발생하는 손해의 처리문제 등이 규정되어 있다. 문제가 발생하면 이 약관에 의거해서 교섭을 거듭하고 상호평등의 기초에 서서 상호양보에 의하여 또는 판매자가 구매자의 어느 한쪽의 양보에 의해 어떤 타협점을 발견하여 처리하게 된다.

㊵ 특정이행

재판에 따라 손해배상을 위해 금전지급을 명한다 해도 그것만으로 손해가 완전히 회복되지 않는 경우 법원이 재량으로 작위의무를 채무자로 하여금 적극적으로 이행시키는 것을 말한다.

㊶ 피고지주의

계약체결시 계약서에 중재조항을 규정하여 클레임 발생시 중재방법에 의하여 해결한다는 취지만을 규정하였을 때, 실제 클레임이 발생하게 되면 중재조항의 규정 불충분으로 중재절차에 들어갈 수가 없는 경우가 있다. 이러한 때를 예상하여 클레임 발생시 중재장소를 미리 중재조항에 규정해 둠으로써 실제 발생 후의 분쟁을 해결할 수 있다. 자동적으로 중재장소가 정해지는 방법으로서는 피고지주의, 양륙지주의 등이 있다. 전자는 클레임이 제기된 쪽 당사자의 나라에서 중재를 하는 것을 말하며, 후자는 품질수량에 대한 클레임의 경우는 그 화물의 양륙지에서 중재하는 것을 말한다.

42 화해

당사자간의 자주적인 교섭과 양보로 분쟁을 해결하는 방법으로서 당사자가 직접적인 협의를 통하여 상호평등의 원칙하에 납득할 수 있는 타협점을 찾는 방법이 경우 대체적으로 화해계약을 체결한다. 화해는 당사자가 서로 양보할 것, 분쟁을 종결할 것, 그 뜻을 약정할 것 등 3가지 요건을 필요로 한다.

2 국제무역분쟁 입문 영문 용어 해설

1 Surveyor's report: The report made by the surveyor appointed to examine damaged goods or damage to a ship and giving the place and date of survey and details of the cause and extent of the damage.

감정인 보고서: 손상된 물품과 선박의 손상을 검사하기 위해 임명된 감정인에 의해 만들어지고 감정 장소와 일자 그리고 손상의 원인과 범위의 세목을 제공하는 보고서.

2 Recourse: The right of a holder of a negotiable instrument to recover against a party secondarily liable eg., prior endorser or guarantor.

상환청구: 이차적으로 책임이 있는 당사자 예를 들면 이전의 배서인 또는 보증인에 대해 회복할 수 있는 유통증권 소지인의 권리.

3 Arbitration: A process of dispute resolution in which a neutral third party(arbitrator) renders a decision after a hearing at which both parties have an opportunity to be heard. Arbitration may be voluntary or contractually required.

중재: 중립적인 제3자(중재인)가 양당사자가 심리될 수 있는 기회를 가지는 심문 후에 판결을 내리는 분쟁해결의 과정. 중재는 자발적이거나 계약적으로 요구될 수 있다.

❹ Arbitration clause: A clause in a treaty, contract or similar agreement, which provides that all disagreements or disputes be settled by arbitration instead of going to a court of law.

▸ 중재조항: 모든 불일치 또는 분쟁이 소송을 제기하는 대신에 중재에 의해 해결된다고 규정하고 있는 협정, 계약 또는 유사한 합의서에서의 조항.

❺ Mediation: The act of a third person in intermediating between two contending parties with a view to persuading them to adjust or settle their dispute.

▸ 조정: 당사자들간의 분쟁을 조정하거나 해결하기 위하여 두 당사자를 설득할 목적으로 논쟁하는 두 당사자들 사이에서 조정하는데 있어서 제3자의 행위.

❻ Litigation: Legal action, including all proceedings therein. Contest in a court of law for the purpose of enforcing a right or seeking a remedy.

▸ 소송: 모든 소송절차를 포함하는 소송행위. 권리를 집행하거나 구제책을 찾기 위한 법정에서의 논쟁.

❼ Act of God: An act occasioned exclusively by forces of nature without the interference of any human agency. A misadventure or casualty is said to be caused by the act of God, when it happened by the direct, immediate, and exclusive operation of the forces of nature, uncontrolled and uninfluenced by the power of man, and human intervention, and is of such a character that it could not have been prevented or escaped from by any amount of foresight or prudence, or by any reasonable degree of care or diligence, or by the aid of any appliances which the situation of the party might reasonably require him to use. Any accident produced by any physical cause which is irresistible, such as lighting, tempests, perils of the seats, tornados, earthquakes.

▸ 천재, 천재지변: 어떤 인간의 힘이 개입되지 않고 자연의 힘에 의해 배타적으

로 유발되는 행위. 불운이나 재난은 그것이 사람의 힘이나 인간의 개입에 의해 통제되지 않고 영향을 받지 않는 자연의 힘이 직접적이고, 즉각적이면서 배타적인 작용에 의해 유발되었을 때 천재에 의해 유발되었다고 언급되고 당사자의 상황이 당사자로 하여금 사용하도록 요구할 수도 있는 상당한 예견이나 분별에 의하여 또는 상당한 정도의 주의 또는 노력에 의하거나 어떤 설비의 원조에 의해 방지되거나 회피될 수 없는 그러한 성질을 가진다. 저항할 수 없는 어떤 물리적인 원인 즉, 낙뢰, 폭풍우, 해상고유의 위험, 대선풍(회오리바람), 지진에 의해 발생되는 재난.

❽ Claimant: The person suffering the loss who presents the claim.
➜ 신청인: 손해를 입고 클레임을 제기한 자.

❾ Respondent: The person against whom the claim is enforced.
➜ 피신청인: 클레임이 제기되는 당사자.

❿ Arbitral awards: Awards made by arbitrators appointed for each case and made by permanent arbitral bodies to which the parties have submitted.
➜ 중재판정: 각 사건을 위해 임명된 중재인에 의해 이루어지고 당사자들이 부탁한 상설 중재기관에 의해 이루어진 판정.

⓫ Agreement in writing: An arbitral clause in a contract or an arbitration agreement, signed by the parties or contained in an exchange of letters or telegrams.
➜ 서면합의: 계약서상의 중재조항 또는 당사자들에 의해 서명되었거나 서신이나 전보의 교환에 포함된 중재합의.

⓬ Arbitrator: A neutral person either chosen by the parties to a dispute or appointed by a court, to hear the parties' claims and render a decision.
➜ 중재인: 당사자들의 주장을 심문하고 판정을 내리기 위해 분쟁 당사자들에 의해 선정되거나 판정부에 의해 임명된 중립적인 자.

⑬ Remedy: The right given to a party by law or by contract which that party may exercise upon a default by the other contracting party, or upon the commission of a wrong by another party.

→ 구제책: 타 계약당사자에 의한 불이행이나 제3자의 부당한 행위의 작위에 대하여 당사자가 행사할 수 있는 법률이나 계약에 의해 당사자에게 주어지는 권리.

3 | 국제무역분쟁 실무 기본이론

1) 무역클레임의 발생원인과 예방책

(1) 클레임이란

클레임은 정당한 권리를 요구하는 것으로, 수출입업자간에 어느 한쪽이 무역계약을 이행하지 않았을 때 피해자가 가해자를 상대로 청구하는 배상청구, 즉 손해배상청구를 말한다.

클레임은 크게 세 가지로 구분된다.

① 무역클레임

수출업자가 납품한 물품이 수입업자에게 손해를 끼쳤을 때 그 손해에 대하여 수입업자가 수출업자에게 제기하는 것이 무역클레임이다.

② 운송클레임

운송 도중 사고로 인하여 화물이 손상되거나 손해가 발생했을 때 선박회사에 손해배상을 청구하는 것이 운송클레임이다.

③ 보험클레임

운송 도중 자연적인 재앙에 의해 화물에 손상을 입었을 때 보상받을 수 있는 것이 보험 클레임이다.

(2) 무역클레임의 발생원인

무역 클레임은 발생원인에 따라 직접적 요인과 간접적 요인으로 나눌 수 있는데, 직접적 요인은 품질불량, 수량부족, 포장불량, 선적지연, 결제위반 등을 들 수 있고, 간접적 요인으로는 상호간의 의견차이, 언어, 관습, 법률 등의 차이를 들 수 있다.

① 품질에 관한 클레임

피해자가 품질조건의 위반을 이유로 제기하는 클레임으로 품질불량, 품질상이, 불량품의 혼입 등을 들 수 있다.

② 수량에 관한 클레임

피해자가 '수량조건의 위반'을 이유로 제기하는 클레임으로 수량부족, 도착화물 부족 등을 들 수 있다.

③ 포장에 관한 클레임

피해자가 '포장조건의 위반'을 이유로 제기하는 클레임으로 포장의 불량이나 불안전한 포장 등으로 인해 발생하는 클레임이다.

④ 선적 및 인도에 관한 클레임

피해자가 선적 및 인도 조건의 위반을 이유로 제기하는 클레임으로 선적의 지연, 인도의 지연 등을 들 수 있다.

⑤ 결제 및 보험에 관한 클레임

피해자가 결제 및 보험 조건의 위반을 이유로 제기하는 클레임으로 L/C 불개설, L/C 개설 지연, 부보의 태만 등을 들 수 있다.

⑥ 마켓에 관한 클레임

어느 특정 지역에 특정 상품이 대량으로 납품되었을 때 판매가격이 하락되어 수입업자가 피해를 입을 우려가 있을 경우 수출업자에게 가격인하를 요구하는 클레임이다.

(3) 무역클레임의 예방

무역에서는 매매계약의 중심이 되는 품질, 수량, 가격, 선적, 결제 가운데 어느 한 가지라도 결함이 있다면 반드시 클레임의 형태로 되돌아온다. 그러나 시장상황 악화에 의한 손실을 수입업자가 클레임으로 보상받으려 한다든가 수출입자 어느 한쪽이 고의로 제기하는 클레임을 제외하고는 대부분의 무역 클레임은 사전에 예방이 가능하다.

① 일반적인 클레임의 경우

일반적인 클레임은 수출입업자 중 어느 한쪽의 과실이나 태만으로 인해 클레임이 발생하는 경우, 또는 운송인, 제조업자 등 제3자로 인해 발생하는 클레임도 일반적인 클레임에 포함된다.

② 고의적인 클레임의 경우

수출입업자 중 어느 한쪽에서 고의로 발생시키는 클레임이다. 주로 수입업자가 의도적으로 발생시키는 것으로 고의적 또는 계획적 클레임이라고도 부른다. 이러한 경우를 예방하기 위해서라도 매매계약을 하기 전에 수입업자의 신용조사를 꼭 해둘 필요가 있다.

③ 마켓클레임의 경우

매매계약 이후 수입국 시장 가격이 떨어져 수입업자의 손해가 예상될 경우 수출업자의 사소한 잘못을 구실로 가격인하를 요구하는 클레임이 마켓 클레임인데, 이것도 고의적인 클레임과 같이 계약을 하기 전에 수입업자의 신용을 철저히 조사해 사전에 예방하는 것이 중요하다.

2) 무역클레임의 해결방법

(1) 당사자간 해결방법

당사자간 해결방법은 양 당사자간의 직접적인 방법으로 청구권의 포기와 화해 방법이 있다.

① 청구권의 포기(Waiver of Claim)

이 방법은 배상을 포기하는 것으로 금액이 적거나 앞으로의 거래를 고려해 클레임을 포기하는 방법이다.

② 화해(Amicable settlement)

이 방법은 당사자간의 자주적인 교섭과 양보로 클레임을 원만하게 해결하는 것이다.

클레임의 해결방법 중 가장 바람직한 방법인데, 무역 클레임은 대부분 이 화해의 방법으로 해결하고 있다.

(2) 제3자 개입에 의한 해결방법

만약 당사자간에 화해가 되지 않을 경우 불행하게도 제3자의 판단으로 해결하는 수밖에 없다.

① 알선(Intermediation)

알선이란 제3자인 전문기관에 의뢰하여 사건의 해결을 조인하는 방법으로 제3자가 양 당사자간의 주장을 듣고 문제점을 찾아내어 자주적으로 해결하도록 하는 방법이다.

② 조정(Conciliation)

조정이란 공정한 제3자를 조정인으로 내세우고 그 조정인이 제시하는 방법으로 해결하는 방법이다. 그러나 조정에는 강제력이 없기 때문에 양 당사자의 한쪽 또는 쌍방이 불복을 한다면 조정은 실패로 끝난다.

③ 중재(Arbitration)

중재란 분쟁 당사자간의 중재합의에 의거해 제3자를 중재인으로 선정하고, 이 중재인이 최종적으로 '중재판정'을 하면 무조건 복종함으로써 클레임을 해결하는 방법이다.

중재는 소송에 비해 적은 비용이 들고 절차가 간편하므로 신속하게 처리된다. 또한 비밀이 유지되는 공정하고 합리적인 분쟁 해결방법이다.

④ 소송(Litigation)

소송이란 민사소송을 통해 법원의 판단을 바라는 것으로, 앞에서 말한 방법으로도 해결되지 않을 경우 강제적으로 해결하는 방법이다.

그러나 소송을 해결하기 위한 국제법원은 사실상 존재하지 않고, 또한 우리나라의 재판권이 상대국에까지 미치지 않기 때문에 강제집행이란 있을 수 없다. 그러므로 소송보다는 중재에 의한 해결방법이 바람직하다.

4 | 국제무역분쟁관련 절차

■ 중재절차

① **중재계약**: 당사자 간 중재합의

② **중재신청**: 중재계약에서 정하는 중재기관(예: 대한상사중재원)에 중재신청

③ **접수통지**: 사무국(대한상사중재원)은 중재의 신청을 접수하면 신청이 적합한지 여부를 확인하고 적합한 경우에는 쌍방 당사자 간에게 이를 수리하였음을 통지

④ **조정**: 양 당사자가 합의할 경우 중재절차 개시 이전에 조정을 시도하며, 조정에 실패하면 30일 이내에 자동적으로 중재절차 진행

⑤ **중재인 선정**: 사무국은 접수, 수리통지와 함께 중재인단 명부에서 중재인 후보자 10명을 선정하여 양 당사자에게 보내면, 양 당사자는 의장 중재인과 기타 중재인에 대하여 선호순위를 표시하여, 송부일로부터 국내중재의 경우 15일, 국제중재의 경우 30일 이내에 사무국에 제출(피신청인에게 중재신청서 등 송부)

⑥ **답변서 제출 및 반대신청**: 사무국은 양 당사자로부터 중재인 후보자 선정명단과 피신고인으로부터 답변서를 접수(신고인에게 답변서 송부)

⑦ **심리**: 사무국은 양 당사자에 의해 작성된 중재인 후보자 선정명단 중에서 희망순위에 따라 선정된 중재인에게 수락서를 받아 [중재판정부]를 구성하고, 제1차 심리기일을 결정

⑧ **중재판정:** 중재재판부는 심리종결일로부터 30일 이내에 중재판정 사무국이 중재요금 및 비용예납에 대해 판정부담비율에 따라 작성된 중재판정문 정본을 양 당사자에게 발송함으로써 중재절차 종료

5 국제무역분쟁관련 필수 영단어

· complaint: 불평
· claim: 클레임
· preliminary notice claim: 클레임 예비통지서
· Letter of Claim: 클레임통지서
· surveyor' s report: 검정인 보고서(survey report)
· survey report: 검정보고서[증명서](surveyor' s report)
· Master' s Protest: 해난증명서
· Account Sales: 매상계정서
· Notice of Damage: 손해통지서
· claim note: 클레임 노트
· Non-delivery: 불착
· forced loading or unloading in the rain: 우중강제하역
· change of sailing: 출항변경
· inferior [defective, wrong] quality: 품질불량
· different quality: 품질상이
· inferior grade: 불량등급
· deterioration: 변질
· discoloration: 변색
· shortage: 부족
· diminution: 감소
· delayed shipment: 지연선적
· wrong shipment: 선적상이
· shut out: 셧아웃, 화물접수 마감
· reshipment: 재선적
· damage during transhipment: 환적중 손상

- bad packing: 포장불량
- missing: 분실
- incorrect invoice: 부정확한 송장
- breach of contract: 계약위반
- cancellation of contract: 계약취소
- misdescription: 기재상이
- overcharge: 과다비용
- International Commercial Arbitration Association: 국제상사중재협회
- amicable settlement: 화해
- intercession: 주선
- conciliation, mediation: 조정
- arbitration: 중재
- litigation: 소송
- award: 중재판정
- claimant: 청구인
- claimee: 피청구인

6 | 국제무역분쟁관련 필수 영숙어

- lodge a claim with a person for loss: 손해에 대해 ~에게 클레임을 제기하다(fire a claim against a person for damage, claim on a person for loss, claim compensation on a person for damage)
- file [enter, lodge, put in, send in] one's claim with A for B: A에게 B에 대하여 클레임을 제기하다(make one's claim on A for B)
- meet the claim: 클레임에 응하다(accept the claim)
- make a complaint: 불평하다(complain about a person or thing, complain to a person, direct one's complaint against)
- complain to the court of justice: 법정에 불평을 제기하다(lay a complaint before a court)
- have a cause to complain of: 불평할 이유를 가지고 있다(have a reason to complain of)

· lodge a complaint with(against): ~에게 불평을 제기하다
· receive a complaint about~: ~에 대한 불평을 접수하다
· redress one's complaint: 불평을 조정하다
· apologize to A for B: A에게 B에 대해 사과하다
· issue a recall: 회수하다
· lay aside [drop, abandon, give up, waive] a claim: 클레임을 포기하다
· put ~into abeyance: 보류하다(hold[leave]~in abeyance)
· put the matter in hand: 본건을 시작하다

7 | 국제무역분쟁관련 핵심 무역영어 용법

(1) 클레임(claim)을 제기하다의 표현

무역영어에서 클레임(claim)은 일반적으로 손해배상(compensation 또는 damages)의 청구를 뜻한다.(복수형의 damages는 [손해배상]을 뜻하고, 이에 대해 uncountable noun의 damage는 [손해]를 뜻한다.

claim의 용법으로 가장 많이 사용되는 문형(pattern)은 다음과 같다.

· file a claim
· file a claim with + 명사(사람)
· file a claim for + 명사(손해배상, 금액)
· file a claim with + 사람 + for + 명사(손해배상, 금액)
· file a claim for [in] the amount of + 명사(금액)
· file a claim for [in] the amount of US$1,000
· file a claim with the manufacturer for compensation [damages]
· file a claim for US$1,000 in damages [compensation]

① 클레임을 제기하다: claim; claim for damage; lodge a claim with a person for loss; claim compensation on a person for damage

· 당사는 그 회사에 대해 그 손해배상을 청구하였다. [클레임을 제기하였다]

- We have made a claim with them for the loss.
- We have find a claim with them for the loss.
- We have claimed with them for the loss.
- We have claimed against them for the loss.
- We have lodged a claim with them for the loss.

② **클레임에 응하다:** meet the claim; accept the claim

③ **고정(苦情)을 말하다:** make a complaint; complain about a person or thing; complain to a person; direct one's complaint against another

④ **물품에 대해서 사람에게 고정을 말하다:** complain to(사람) about(물품) make a complaint against(사람) of[about] (물품)

※ complaint는 구체적으로 금전상의 손해배상 청구가 아니고 경고의 뜻을 가지고 있어 claim과는 구별된다.

(2) claim에 관련된 용어

- 선적지연(또는 인도부족): claim for late shipment (or short delivery)
- ~에 배상을 청구하다: make a claim against(사람), submit a claim to (사람)
- 품질불량: inferior quality; defective quality; wrong quality
- 품질차이: different quality
- 품질등급저하: inferior grade
- 변질: deterioration
- 변색: discoloration; fading
- 부족: shortage; deficiency
- 출하상위: wrong shipment
- 분실: missing; loss
- 클레임을 조정하다: adjust a claim
- 클레임을 인정하다: allow one's claim
- 누구에게 클레임을 제기하다: bring forward one's claim to a person
- 누구에 대해 배상을 요구하다: enter[file, lodge, put in, send in] one's

claim with a person for compensation; make one's claim on a person for compensation
· 누구에게 배상요구서를 제출하다: submit one's claim to a person; place one's claim before a person
· 배상요구권을 포기하다: drop[abandon, give up, lay aside, waive] one's claim
· 누구에 대해 손해배상을 강행하다: enforce a claim against a person
· 누구에 대해 손해배상을 요구하다: claim compensation for damage of [from] a person
· 조정: conciliation; adjustment
· 중재: arbitration; mediation; intervention
· 소송: litigation; a lawsuit; an action
· 부당한 클레임: an empty claim

(3) Claim조정(해결)의 영어표현

클레임을 조정(해결)하다

① **클레임을 중재에 회부하다:** submit a claim to arbitration

· 당사는 이 클레임을 중재에 회부해도 좋다.

→ We are willing to submit this claim to arbitration.

② **클레임을 대화로 해결하다:** adjust a claim by amicable settlement

· 당사는 이 클레임을 대화로 해결하고자 한다.

→ We would like to adjust this claim by amicable settlement.

③ **당사는 클레임을 중재로 해결하고자 한다.**

→ We would like to adjust this claim by arbitration.

(4) 피해야 될 클레임 조정의 영어표현

① (×) We are astonished at your complaint, as no other customers have ever found fault with our materials.

(○) Upon receipt of your letter pointing to fault with our products, we immediately passed your complaints onto the factory for close checkup. We are very sorry for this incident.

⇒ 당사 제품의 결함을 지적한 귀사 서한을 받자마자 즉시 사고조사를 위해서 귀사 고정을 회부하였다. 대단히 미안하다.

② (×) The delay was not our fault.

(○) We are extremely sorry about this delay, which you will realize was due to circumstances beyond our control.

⇒ 이번의 지연에 대해서 대단히 죄송하게 생각하며 이 건은 당사가 통제할 수 없는 사정에 기인한 것이라는 점을 이해해 주기 바란다.

③ (×) As the mistake was made on your part, we are not held responsible for the mishap.

(○) We consider it unreasonable to press the responsibility upon us because it appears that you are responsible for the mishap.

⇒ 당사에 책임을 미루는 것은 불합리하다고 생각한다. 그 사고는 귀사의 책임인 것 같다.

④ (×) As the mistake was made on your side, we cannot agree to the return of the goods.

⇒ 잘못을 저지른 것은 당신 쪽이기 때문에 당사는 반품하는 데 승복할 수 없다.

(○) It is quite strange to make a complaint of our slight delay, for other exports in Korea are slower starters.

⇒ 조금 늦었다고 해서 불평을 제기하는 것은 아주 이상한 일이다. 한국의 다른 수출품들은 더 늦고 있다.

(5) damage 및 damages

① damage(손해): 손해의 의미에서는 불가산명사이므로 복수형으로 될 수 없다.

· The latest dock strike caused us considerable damage.

⇒ 최근의 항만파업은 우리들에게 상당한 손해를 입혔다.

· That breach of contract will do much damage to your credit.

→ 그 계약의 위반은 귀사 신용을 크게 손상시킬 것이다.

· The damage to the products which have recently arrived at Pusan will be covered by insurance.

→ 최근 부산항에 도착된 제품의 손해는 보험에 의하여 커버될 것이다.

② damages(손해배상금): damage에 -s가 붙으면 법률용어로 [손해배상(금)]의 의미가 된다.

· Your company should pay US$10,000 to cover damages for loss of customer confidence.

→ 고객 신용의 손실에 대한 손해배상으로서 1만 달러를 지급하여야 한다.

· We claimed US$30,000 damages with this company for the loss caused by the delayed shipment.

→ 선적 지연에 의해 입은 손해에 대하여 당사는 미화 3만 달러의 손해배상금을 요구 하였다.

· We intend to sue your for US$5,000 in damages.

→ 당사는 미화 5천 달러의 손해배상을 청구하기 위하여 귀사를 고소할 작정이다.

(6) examine과 investigate

수입업자는 그 화물을 조사하였다.

(×) The importer investigated the cargo.

(○) The importer examined the cargo.

examine은 물건을 조사하는 경우에 사용되고, investigate는 문제나 사건 등을 조사하는데 사용된다. 따라서 위의 문례는 조사의 대상이 화물이므로 investigated는 사용될 수 없다. examine에는 물건 등의 구체적인 조사 이외에 문제나 사건의 조사라는 뜻도 있다.

(7) study 및 review

· We did not have enough time to study your proposals, so we cannot comment on them.

→ 귀사 제의를 검토할 충분한 시간이 없었으므로 그것에 대하여 평을 할 수 없다.

· Before proceeding with the project, we should review our financial situation.

→ 그 프로젝트를 진행하기 전에 재정상태를 재검토하여야 된다.

※ study는 서류나 계획, 문제 등을 아주 주의 깊게 시간이 걸려서 조사하는 것을 말한다.

※ review는 재검토한다는 뜻으로 사용된다. reexamine, restudy로 사용될 수 있다.

8 | 국제무역분쟁관련 주요 국제상관습 및 법제의 영문해석

(1) 외국중재판정의 승인과 집행에 관한 유엔협약(United Nations Convention on the Recognition and Enforcement of Foreign Arbitral Awards 1958)

Article 1

1. This Convention shall apply to the recognition and enforcement of arbitral awards made in the territory of a State other than the State where the recognition and enforcement of such awards are sought, and arising out of differences between persons, whether physical or legal. It shall also apply to arbitral awards not considered as domestic awards in the State where their recognition and enforcement are sought.
2. The term "arbitral awards" shall include not only awards made by arbitrators appointed for each case but also those made by permanent arbitral bodies to which the parties have submitted.
3. When signing, ratifying or acceding to this Convention, or notifying extension under article X hereof, any State may on the basis of reciprocity declare that is will apply the Convention to the

recognition and enforcement of awards made only in the territory of another Contracting State. It may also declare that it will apply the Convention only to differences arising out of legal relationships, whether contractual or not, which are considered as commercial under the national law of the State making such declaration.

해석

제1조 [적용범위]

1. 이 협약은 중재판정의 승인 및 집행의 요구를 받은 국가 이외의 국가의 영토 내에서 내려진 판정으로서, 자연인이든 법인이든 이를 불문하고 당사자간의 분쟁으로부터 발생하는 중재판정의 승인 및 집행에 적용한다. 또한 이 협약은 그 승인 및 집행의 요구를 받은 국가에서 내국판정으로서 인정되지 아니한 중재판정에도 적용한다.
2. "중재판정"이라 함은 각개의 사건을 위하여 선정된 중재인에 의하여 내려진 판정뿐만 아니라 당사자들이 부탁한 상설의 중재기관에 의하여 내려진 판정도 이에 포함한다.
3. 모든 국가는 이 협약에 서명, 비준 또는 가입하거나, 또는 이 협약 제10조에 따라 확대적용을 통고할 경우에는 상호주의에 기초하여 다른 체약국의 영토 내에서만 내려진 판정의 승인 및 집행에 이 협약을 적용한다고 선언할 수 있다. 그리고 모든 국가는 계약적인 성질의 것이거나 또는 아니거나를 불문하고 그러한 선언을 행한 국가의 국내법에 따라 상사상의 것이라고 인정되는 법률관계로부터 발생하는 분쟁에 한하여 이 협약을 적용한다고 선언할 수도 있다.

Article 2

1. Each Contracting State shall recognize an agreement in writing under which the parties undertake to submit to arbitration all or any differences which have arisen or which may arise between them in respect of a defined legal relationship, whether contractual or not, concerning a subject matter capable of settlement by arbitration.
2. The term "agreement in writing" shall include an arbitral clause in a contract or an arbitration agreement, signed by the parties or contained in an exchange of letters or telegrams.
3. The court of Contracting State, when seized of an action in a matter in respect of which the parties have made an agreement within the meaning of this article, at the request of one of the parties, refer the

parties to arbitration, unless it finds that the said agreement is null and void, inoperative or incapable of being performed.

해석

제2조 [중재합의]

1. 각 체약국은 계약적인 성질의 것이거나 또는 아니거나를 불문하고 중재에 의하여 해결이 가능한 사항에 관한 일정한 법률관계에 관련하여 당사자간에 발생하였거나 또는 발생할 수 있는 분쟁의 전부 또는 일부를 중재에 부탁하기로 약정한 당사자간의 서면에 의한 합의를 승인하여야 한다.
2. "서면에 의한 합의"라 함은 계약서상의 중재조항 또는 당사자간에 서명되었거나 또는 교환되는 서신이나 전보에 포함되어 있는 중재의 합의를 포함한다.
3. 본조의 의미 내에서 당사자가 합의를 한 사항에 관한 소송이 제기된 경우에는, 체약국의 법원은 당사자 일방의 청구에 따라 중재에 부탁할 것을 당사자에게 명하여야 한다. 다만 前記의 합의가 무효, 실효 또는 이행이 불가능한 것이라고 인정하는 경우에는 그러하지 아니하다.

Article 3

Each Contracting State shall recognize arbitral awards as binding and enforce them in accordance with the rules of procedure of the territory where the award is relied upon, under the conditions laid down in the following articles. There shall not be imposed substantially more onerous conditions or higher fees or charges on the recognition or enforcement of arbitral awards to which this Convention applies than are imposed on the recognition or enforcement of domestic arbitral awards.

해석

제3조 [판정의 승인과 집행절차]

각 체약국은 이하의 조항에 규정된 조건에 따라 중재판정을 구속력 있는 것으로 승인하고 또 그 판정이 적용되는 영토의 절차상의 규칙에 따라 이를 집행하여야 한다. 이 협약이 적용되는 중재판정의 승인 또는 집행에 있어서는 국내의 중재판정의 승인 또는 집행에 있어서 부과되는 것보다 실질적으로 엄중한 조건이나 또는 고액의 요금 또는 수수료를 부과하여서는 아니 된다.

Bibliography

참고문헌

· 무역실무연습: 강원진, 삼영사(2001)
· 신무역실무: 박병호, 고시연구원(2001)
· 무역상무론: 남풍우, 두남(2003)
· 무역실무론: 박종수 · 채훈, 삼영사(2001)
· 무역실무: 송창석 · 유영석, 고시학회21(2002)
· 종합무역실무연습: 허재창, 박영사(2001)
· 무역상무론: 양영환 · 오원석, 법문사(2003)
· 국제무역상무른: 윤광운, 삼영사(1998)
· 무역실무(상)(하): 강홍중 · 신민호, 지원미디어(2002)
· 무역실무: 강원진, 박영사(2002)
· 무역실무: 박대위, 법문사(2002)
· 무역실무: 김태인 · 장창규, 한국고시회(2001)
· 종합무역영어연습: 허재창, 박영사(1998)
· 무역영어연습: 조병중, 학문사(1998)
· 무역영어: 김용원, 고시학회21(2002)
· 수험무역영어: 이정기, 고담사(1999)
· 관세사무역영어(상)(하): 신영주, 박문각(2004)
· 초급무역영어연습: 최석범, 명경사(2003)
· 중급무역영어연습: 최석범, 명경사(2003)
· 고급무역영어연습: 최석범, 명경사(2003)
· 관세사무역영어연습: 최석범, 율곡출판사(2000)
· UPGRADE무역영어연습: 허재창, VISION미디어(1999)
· 객관식무역영어2003: 김재범, 두남(2003)
· 무역영어연습: 강원진, 박영사(2001)
· 무역영어: 남풍우, 두남(2002)
· 무역영어연습: 박대위, 법문사(1996)

· 무역서한사례연구: 전창원, 시사영어사(1998)
· 무역영작문:전영학, 시사영어사(1993)
· 관세사무역영어:김병수, 대방열림출판사(2004)
· 신용장통일규칙 : 전순환, 한올(2007)
· 통합수험무역영어, 김병수, 경영과회계(2009)

이 책을 저작하는 데 있어서 도움을 주신 여러 저명한 교수님들과 강사님들에게 지면을 통해서 감사를 드립니다. 직접 찾아뵙고 그 감사함을 인사드림이 도리이나, 일단 지면을 통해서 먼서 감사함을 전합니다. 부분 부분마다 그분들의 존함과 서적 명을 적절히 하나 하나 인용하지 못함을 큰 불찰이라 생각하고, 너그러운 이해와 용서를 구합니다.

■ 저 / 자 / 소 / 개

■ 김 병 수

▷ 약 력

- 고려대학교 졸업
- 서울대학교 대학원 수료
- 롯데그룹 근무
- 한국무역협회 무역아카데미 관세환급 강의
- 대방열림고시학원 관세사 무역영어 강의
- 중소기업청 해외시장 개척요원 선발
  (체코 프라하, 그리스 아테네 2회 선발)
- 국제무역사 자격취득
- 사이버무역사 자격취득
- 물류관리사 자격취득
- 물류관리사 자격취득
- 무역영어검정 1급 자격취득
- 관세사 자격취득

▷ 자문 및 심의경력

- 관세사 무역영어(대방열림출판사)
- 관세사 무역영어 문제집(대방열림출판사)
- 핵심 무역영어(도서출판 두남)
- 통합수험 무역영어(경영과 회계)
- 온 · 오프 무역영어(비즈프라임)

수험 무역실무 영어

2010년 4월 10일 초판1쇄 인쇄
2010년 4월 15일 초판1쇄 발행

저 자 김 병 수
펴낸이 임 순 재
펴낸곳 한올출판사
등록 제11-403호
121-849
주 소 서울특별시 마포구 성산동 133-3 한올빌딩 3층
전 화 (02)376-4298(대표)
팩 스 (02)302-8073
홈페이지 www.hanol.co.kr
e-메 일 hanol@hanol.co.kr
정 가 22,000원

저자와의 협의하에 인지생략

□ ISBN 978-89-8325-741-3